碳排放与环境资源法律制度

黄 静 刘期湘 主 编

贾韶琦 袁 露 副主编

清華大学出版社

北 京

内容简介

为应对全球气候变化、解决日益严峻的环境资源问题，2020年，我国提出于2030年实现碳达峰、2060年实现碳中和的"双碳"目标。环境资源法律制度是我国实现"双碳"目标的保障。本书以"双碳"目标为视角，对我国环境资源法基本原理和制度、环境资源法主要内容进行了提炼和阐述，突出与"双碳"相关的环境资源法律制度内容，包括促进减污降碳的污染防治法律制度、碳税及碳市场法律制度、提升碳中和能力的自然资源保护法律制度、增进能源资源结构性优化的能源法律制度，以及应对气候变化全球治理的国际公约与国际合作等内容。

本书立足于环境资源法基本理论，紧密结合环境资源法律法规具体内容和立法动态，配套典型案例和习题，可作为大学本科和硕士研究生的课程教材。

图书在版编目（CIP）数据

碳排放与环境资源法律制度 / 黄静，刘期湘主编. —北京：清华大学出版社，2024.1
ISBN 978-7-302-65021-8

Ⅰ.①碳… Ⅱ.①黄… ②刘… Ⅲ.①二氧化碳－排气－研究－中国 ②环境保护法－研究－中国 Ⅳ.①G252.17 ②D922.680.4

中国国家版本馆CIP数据核字(2023)第251947号

责任编辑： 强 激
封面设计： 傅瑞学
责任校对： 刘 静
责任印制： 杨 艳

出版发行： 清华大学出版社
网　址： https://www.tup.com.cn，https://www.wqxuetang.com
地　址： 北京清华大学学研大厦A座　**邮　编：** 100084
社 总 机： 010-83470000　**邮　购：** 010-62786544
投稿与读者服务： 010-62776969，c-service@tup.tsinghua.edu.cn
质量反馈： 010-62772015，zhiliang@tup.tsinghua.edu.cn
课件下载： https://www.tup.com.cn，010-83470410
印 装 者： 三河市天利华印刷装订有限公司
经　销： 全国新华书店
开　本： 185mm×260mm　**印　张：** 17.75　**字　数：** 431千字
版　次： 2024年1月第1版　**印　次：** 2024年1月第1次印刷
定　价： 59.00元

产品编号：099869-01

前 言

党的二十大报告指出:“积极稳妥推进碳达峰碳中和。实现碳达峰碳中和是一场广泛而深刻的经济社会系统性变革。立足我国能源资源禀赋,坚持先立后破,有计划分步骤实施碳达峰行动。完善能源消耗总量和强度调控,重点控制化石能源消费,逐步转向碳排放总量和强度‘双控’制度。推动能源清洁低碳高效利用,推进工业、建筑、交通等领域清洁低碳转型。深入推进能源革命,加强煤炭清洁高效利用,加大油气资源勘探开发和增储上产力度,加快规划建设新型能源体系,统筹水电开发和生态保护,积极安全有序发展核电,加强能源产供储销体系建设,确保能源安全。完善碳排放统计核算制度,健全碳排放权市场交易制度。提升生态系统碳汇能力。积极参与应对气候变化全球治理。”

我国在 2020 年第 75 届联合国大会上正式提出中国将在 2030 年前实现碳达峰、2060 年前实现碳中和的“双碳”目标。2022 年 7 月,生态环境部等七部门联合印发的《减污降碳协同增效实施方案》明确提出要推进大气、水、土壤、固体废物等领域环境治理环节的碳排放协同控制,增强污染防治与碳排放治理的协调性。由此可见,大气、水、土壤、固体废物等领域的污染治理以及自然资源、生态环境保护也成为实现碳达峰碳中和的关键领域。

鉴于环境与资源的共通性和区别性,且“双碳”目标的实现与生态环境保护和自然资源、能源的合理利用密切相关,本书将环境与资源并列但又不完全割裂,在内容上将污染防治法律制度、自然资源法律制度和能源法律制度结合在一起,故称为环境资源法律制度。

本书的内容包括五个部分。第一,基本理论部分,阐述“双碳”目标的提出、意义及对我国环境资源法制建设的影响,介绍环境资源法律制度的相关概念、特征、地位体系、基本原则、基本制度、法律责任等理论。第二,污染防治法律制度部分,介绍与碳排放目标相关联的大气污染防治、水污染防治、土壤污染防治、固体废物污染防治等法律制度的主要内容,介绍减排降碳的市场机制调整,即碳交易市场的建立和规范,以及减排降碳的税费制度调整,包括关于环境保护税和碳税的主要法律规定。第三,自然资源法律制度部分,介绍与提升碳汇能力有关的矿产、土地、森林、草原以及自然保护区、风景名胜区、国家公园、湿地等特定区域的合理利用与保护法律制度。第四,能源法律制度部分,分析能源利用、能源法制建设与“双碳”目标的内在联系,介绍对实现“双碳”目标具有重要战略意义的可再生能源法律制度和节约能源法律制度。第五,减排降碳的国际公约与国际合作部分,分析减排降碳、应对全球气候变化国际合作的历史发展和重要意义，介绍与环境资源保护相关的国际组织和国际公约、典型国家减排降碳制度以及国际合作主要模式。

本书以碳排放为视角，将“双碳”目标与生态环境保护、资源与能源合理利用融为一体，具有一定的创新性和较强的实践性；在学习借鉴已有研究成果的基础上对相关基本概念进行尽可能准确的界定，对环境资源法基本理论加以整理和诠释，遵循降碳、增汇的二元逻辑，在内容和结构安排上紧扣“双碳”目标的实现而自成体系；将我国的减排降碳与国际社会的共同努力相结合，强调全球环境资源的一体性与国际合作的重要性，体现了“只有一个地球”的紧迫感；从环境资源法基本原理出发，注重“双碳”政策与法律法规相结合、法律制度与典型案例相对应，便于学习掌握和进一步深入研究环境资源法制的现状与发展。

本书由黄静、刘期湘担任主编，贾韶琦、袁露担任副主编，各章节编写人员如下：第一章由黄静、袁露编写；第二章由唐曼丽、虢丽霞编写；第三章由赵银雀、齐晓芸、贺栩溪、彭诗程编写；第四章由胡艳香、齐晓芸、刘期湘编写；第五章由张慧、李雯静、黄静编写；第六章由李光恩、彭诗程编写；第七章由陈哲、潘超、贾韶琦编写；第八章由陶银球编写；第九章由陈蓉编写。

由于篇幅有限，本书无法将环境资源保护领域的各项制度全部纳入进来，比如海洋环境保护法律制度、水和水土保持法律制度、野生动植物保护法律制度等。由于编者水平有限，书中难免存在不足或疏漏之处，欢迎广大读者批评、指正。

编　者

2023年10月

目　录

第一章 绪　论

环境与自然资源是人类赖以生存的基础和保障。自然因素和人为原因导致各种环境资源问题出现，这些问题随着人类社会的发展愈演愈烈，破坏了人与自然的和谐，阻碍了人类社会的可持续发展。在此背景下，人类反思环境资源与发展的关系，提出可持续发展、生态文明、绿色发展的战略，并针对全球气候变化的危机提出减排降碳的解决策略。

第一节　环境资源与环境资源问题

一、环境与自然资源

（一）环境

环境是人类生存和活动的场所，也是向人类提供生产和消费所需自然资源的基地。环境的概念在环境科学、生态学，以及环境法学领域都各不相同。

环境科学以"人类环境"作为研究对象，在1972年的人类环境会议上，"人类环境"被界定为以人类为中心的外部世界，即人类赖以生存和发展的天然的和经过人类改造的各种自然因素的综合体。由此，人类环境可以分成自然环境与人工环境两大类。

生态学则以生态系统作为研究对象，是研究有机体与环境之间相互关系及其作用机理的科学。生态学把环境定义为生物以外的整个客观环境，所以生态学的环境具有更深的哲学思维，更体现了众生平等和敬畏生命的理念。特别是随着人口的快速增长，人类活动的干扰对环境与自然资源造成了极大压力，人类迫切需要掌握生态学理论来调整人与环境和自然资源的关系，协调社会经济发展与生态环境的矛盾，促进可持续发展。这也是生态学关于环境的界定在现代社会得到广泛认可与推崇的原因所在。

环境法学领域对环境的界定主要以环境科学中的定义为基础，但又有一定的区别。环境法学特别是环境立法对环境的界定必须是内容具体、范围明确的。《中华人民共和国环境保护法》（以下简称《环境保护法》）第二条明确指出："本法所称环境，是指影响人类生存和发展的各种天然和经过人工改造的自然因素的总体，包括大气、水、海洋、土地、矿藏、森林、草原、湿地、野生生物、自然遗迹、人文遗迹、自然保护区、风景名胜区、城市和乡村等。"其中，"影响人类生存和发展的各种天然和经过人工改造的自然因素的总体"就是对环境的概括性界定。它具有两层含义：第一，环境法学领域所说的环境，是指以人为中心的人类生存环境，关系到人类的毁灭与生存；第二，环境不是泛指人类周围的一切自然的和社会的客观事物整体，它必须体现为一些具体的要素，但又不限于这些要素，因此各国环境立法都以列举的方式对环境进行界定，同时又用“等”“不限于”之类的表述，或者以概括式的描述表明环境的内涵与外延。

（二）自然资源

自然资源是指自然界存在的可直接或间接用于满足人类需要的所有有形之物与无形之物，包括空气、水、土地、森林、草原、野生生物、各种矿物和能源等有形资源和光资源、热资源等无形资源。《辞海》对自然资源的定义为：人类可直接从自然界获得，并用于生产和生活的物质资源。联合国环境规划署对自然资源的定义为：在一定的时间和技术条件下，能够产生经济价值，提高人类当前和未来福利的自然因素和条件的总称。

自然资源为人类提供生存、发展和享受的物质与空间，具有可用性、整体性、变化性、空间分布不均匀性和区域性等特点，是人类生存和发展的物质基础和社会物质财富的源泉，是可持续发展的重要依据之一。随着社会的发展和科学技术的进步，人类需要开发和利用更多的自然资源，这势必会加大对自然生态的干扰和破坏，因此自然资源的合理利用与保护显得更加重要。

（三）环境与自然资源的关系

环境与自然资源在内涵上有很大的交集，有观点认为二者是可以通用的，也有观点认为，环境与自然资源是两个完全不同的概念。

一般认为，环境与自然资源既有联系又有区别。首先，二者是紧密联系、相互影响的。环境与自然资源都是人类生存和发展的必要条件，自然资源属于自然环境的一部分，随着社会物质生活水平的提高和人口的增长，人类对自然资源的需求日益增长，同时对环境的破坏也日趋加剧。其次，二者存在一定的区别。从范围上看，环境的范围大于自然资源的范围，自然资源属于环境要素的一部分；从内涵上看，在特定的时期，环境里的要素不一定都是自然资源，因为有的要素虽具备“自然属性”特点，但不一定“有用”或者“能用”。当然“有用”“无用”和“能用”只是相对的，它取决于人类的需求和技术的进步。从属性上看，以经济学视角来分析，自然环境属于公共产品，而自然资源属于私人产品，所以自然环境常常被无偿滥用，导致环境质量下降或恶化，而自然资源常常被过度开发变为生产和生活资料，导致自然资源的生态价值下降或消失。

二、环境资源问题

（一）环境资源问题概述

环境问题是指因自然原因或人类活动导致环境质量的恶化与自然资源的退化或生态系统的破坏，从而影响到人类社会的生存和发展。

根据产生的原因，环境问题可分为两大类。一类是因自然因素包括自然演变和自然灾害等造成的环境污染和生态破坏，又称为原生性环境问题或第一类环境问题。如火山活动、地震、风暴、海啸等自然灾害引发的生态破坏，因环境中的元素天然分布不均引起的地方病，以及自然界中放射物质产生的放射病等。另一类是人为因素造成的环境污染和生态破坏，又称为次生性环境问题或第二类环境问题，如人类生产、生活活动中产生的各种排放物（或污染因素）进入环境，超过了环境容量及环境自净能力，使生态环境受到污染和破坏，或者人类在开发利用自然资源时，超越了环境自身的承载极限和自我恢复能力，使自然资源遭受破坏，甚至出现自然资源枯竭的现象。环境法领域所说的环境问题，通常指人为因素造成的环境污染和生态破坏。

人为因素造成的环境污染和生态破坏可概括为以下四个方面：一是由于人口不断增加对环境资源供给造成的巨大压力；二是伴随人类的生产经营、生活活动的排污所产生的环境污染；三是人类在开发建设活动中造成的资源枯竭与生态破坏；四是由于人类社会活动的不断拓展，如军事活动、旅游活动等，造成的人文遗迹，风景名胜区、自然保护区的破坏，珍稀物种的灭绝以及海洋等自然环境的污染与破坏。

（二）环境资源问题现状

当前人类面临着严峻的环境资源问题，它直接威胁着生态环境，威胁着人类的健康和生存，威胁着人类社会的可持续发展。

1. 全球性环境资源问题

到目前为止，已经被人类认识到的威胁人类生存的环境问题主要有：全球气候变暖、臭氧层破坏、酸雨、淡水资源危机、能源短缺、森林资源锐减、土地荒漠化加剧、物种灭绝加速、垃圾成灾、有毒化学品和放射性物质污染等。

1）全球气候变暖

全球气候变暖是指全球气温逐年升高并带来一系列环境问题，从而影响人类和生态系统的生存发展的现象。近100多年来，全球平均气温经历了冷—暖—冷—暖两次波动，总的来看为上升趋势。进入20世纪80年代后，全球气温明显上升。1981—1990年全球平均气温比100年前上升了0.48℃。尽管发生了具有降温效应的拉尼娜现象，但2020年仍是有记录以来最暖的三个年份之一，全球平均温度较工业化前水平高出1.2℃左右。2011—2020年是有记录以来最暖的十年。[①]

导致全球气候变暖的主要原因是人类在近一个世纪以来大量使用煤、石油等，排放出大量二氧化碳等多种温室气体。[②] 由于这些温室气体对来自太阳辐射的短波具有高度的透过性，而对地球反射出来的长波辐射具有高度的吸收性，由此出现“温室效应”，导致全球气候变暖。全球气候变暖对人类造成的影响总体上是负面的，气候变化将给人类带来环境、经济、社会等方面一系列的损失，包括冰川消融、海平面上升、极端气候天气的频繁发生、生物多样性消失等。从经济上看，英国的科学家做过一个估计，气候变化带来的经济损失占全世界每年GDP的5％～20％。

2）臭氧层破坏

在地球大气层近地面20～30千米的平流层里存在着一个臭氧层，其中臭氧含量占这一

---

① 参见世界气象组织2021年4月19日发布的2020年全球气候状况报告（State of the Global Climate 2020）http://download.caixin.com/upload/1264_Statement_2020_en.pdf.

② 世界气象组织发布的《2021年全球气候状况》报告显示，全球大气温室气体浓度曾在2020年达到历史新高，当时全球二氧化碳浓度达到413.2ppm（1ppm为百万分之一），为工业化前水平的149％。而来自特定地点的数据表明，大气中温室气体浓度在2021—2022年初继续上升。

高度气体总量的十万分之一。臭氧含量虽然极微,却具有强大的吸收紫外线的功能,因此,它能挡住太阳紫外线辐射对地球生物的伤害,保护地球上的一切生命。

20 世纪 50 年代末到 70 年代,人们发现臭氧浓度有减少的趋势。1985 年英国南极考察队在南纬 60°地区观测发现臭氧层空洞,引起世界各国极大关注。到 1994 年,南极上空的臭氧层破坏面积已达 2 400 万平方千米。南极上空的臭氧层是在 20 亿年里形成的,可是在一个世纪里就被破坏了 60%。北半球上空的臭氧层也比以往任何时候都薄,欧洲和北美上空的臭氧层平均减少了 10%~15%,西伯利亚上空甚至减少了 35%。因此科学家警告说,地球上空臭氧层破坏的程度远比一般人想象的要严重得多。关于臭氧层空洞的形成,占主导地位的是人类活动化学假说:人类大量使用的氯氟烷烃化学物质(如制冷剂、发泡剂、清洗剂等)在大气对流层中不易分解,当其进入平流层后受到强烈紫外线照射,形成活性很强的原子与臭氧层的臭氧(O_3)作用,使其变成氧分子(O_2),这种作用连锁发生,臭氧迅速耗减,使臭氧层遭到破坏。为此,二十几个国家于 1987 年在世界范围内签订了限量生产和使用氯氟烷烃等物质的蒙特利尔协定书。[①]

3) 酸雨

酸雨是由于空气中的二氧化硫(SO_2)和氮氧化物(NO_x)等酸性污染物引起的 pH 值小于 5.6 的酸性降水。受酸雨危害的地区,出现了土壤和湖泊酸化,植被和生态系统遭受破坏,建筑材料、金属结构和文物被腐蚀等一系列严重的环境问题。酸雨在 20 世纪五六十年代最早出现于北欧及中欧,当时北欧的酸雨是由于欧洲中部工业酸性废气迁移所致,70 年代以来,许多工业化国家采取各种措施防治城市和工业的大气污染,其中一个重要的措施是增加烟囱的高度,这一措施虽然有效地改变了排放地区的大气环境质量,但却加剧了大气污染物的远距离迁移,污染物越过国界进入邻国,甚至可以漂浮很远的距离,形成了更广泛的跨国酸雨区。此外,全世界使用矿物燃料的数量有增无减,也使得受酸雨危害的地区进一步扩大,全球受酸雨危害严重的有欧洲、北美及东亚地区。

4) 淡水资源危机

地球表面虽然 2/3 被水覆盖,但是超过 97%为无法饮用的海水,只有不到 3%是淡水,其中又有 2%封存于极地冰川之中。在仅有的 1%淡水中,25%为工业用水,70%为农业用水,只有很少的一部分可供饮用和其他生活用途。然而,在这样一个缺水的世界里,水却被大量滥用、浪费和污染。加之区域分布不均匀,致使世界上缺水现象十分普遍,全球淡水危机日趋严重。根据联合国 2020 年 3 月 23 日发布的《世界水发展报告》,水资源组织评估得出的结论是,在照常运作的情况下,到 2030 年,全球可能面临 40%的水资源短缺。

5) 能源短缺

当前,能源短缺问题已经在大多数国家甚至全球范围内出现。这种现象的出现,主要是人类无计划、不合理的大规模开采所致。20 世纪 90 年代初,全世界消耗能源总量约 100 亿吨标准煤,到 21 世纪能源消耗量翻了很多倍。由于石油、煤炭等目前大量使用的传统化石能源日渐枯竭,更受到低碳减排的约束,传统能源的资本项下投资越来越少,许多传统能源的生产处于停摆状态。同时新的能源生产供应体系又未能建立,因此,在新能源(如太阳能、

---

① 《关于消耗臭氧层物质的蒙特利尔协定书》,1987 年在蒙特利尔签订,后经 1990 年、1991 年两次修订,于 1992 年 8 月 20 日生效。

风能、核能等)开发利用尚未取得较大突破之前,世界能源供应将日趋紧张,2022 年全球能源价格暴涨就是这种现象最好的证明。此外,其他不可再生性矿产资源的储量也在日益减少,有些资源终究会被消耗殆尽。根据英国石油公司(BP)发布的《世界能源统计年鉴 2022》的信息,自 1952 年《世界能源统计年鉴》首次发布以来,当前全球能源系统面临的挑战和不确定性是近 50 年来最大的,日益严重的短缺和不断上涨的价格凸显了能源的"安全性"和"可负担性"以及"低碳"的持续重要性。

6) 森林资源锐减

森林是人类赖以生存的生态系统中一个重要的组成部分。但是由于气候的改变、人类的砍伐以及自然灾害等因素,对森林的破坏在不断升级之中。地球上曾经有 76 亿公顷的森林,到 20 世纪初时下降为 55 亿公顷,到 1976 年已经减少到 28 亿公顷。根据联合国《全球森林资源评估》数据,自 1990 年以来,生境(动植物所处的自然环境)已丧失 1.78 亿公顷。2015—2020 年,每年的森林砍伐率约为 1 000 万公顷。

7) 土地荒漠化加剧

1992 年联合国环境与发展大会对荒漠化的概念做出如下定义:"荒漠化是由于气候变化和人类不合理的经济活动等因素,使干旱、半干旱和具有干旱灾害的半湿润地区的土地发生了退化。"荒漠化已经不再是一个单纯的生态环境问题,而是演变为经济问题和社会问题,它给人类带来贫困和社会不稳定。据联合国资料,目前荒漠化已影响到全球五分之一的人口和三分之一的陆地面积,荒漠化区域主要位于亚洲、非洲、南美洲等气候干旱的发展中国家,36 亿公顷耕地和牧场受到荒漠化影响,每年由此造成的直接经济损失达 423 万亿美元,而且荒漠化正以每年 5 万～7 万平方千米的速度扩展。①

8) 物种灭绝加速

现今地球上生存着 500 万～1 000 万种生物,一般来说,物种灭绝速度与物种生成的速度应该是平衡的,但是,人类活动破坏了这种平衡,使物种灭绝速度加快,据《世界自然资源保护大纲》估计,每年有数千种动植物灭绝,而且,灭绝速度越来越快。世界野生生物基金会发出警告:21 世纪鸟类每年灭绝一种,在热带雨林,每天至少灭绝一个物种。物种灭绝将对整个地球的食物供给带来威胁,对人类社会发展带来的损失和影响是难以预料和挽回的。

9) 垃圾成灾

根据 2018 年 12 月世界银行发布的调查报告,2016 年全球城市生活垃圾产生量为 20.1 亿吨。东亚太平洋地区是目前产生垃圾最多的区域,占世界垃圾总量的 23%。尽管高收入国家人口仅占全球人口的 16%,但产生的垃圾量却超过世界垃圾总量的 1/3。世界银行报告预测:随着快速城市化、人口增长和经济发展,全球垃圾量 2030 年将达到 25.9 亿吨,2050 年将达到 34 亿吨。增长最快的地区将是撒哈拉以南非洲和南亚,预计到 2050 年,这两个地区垃圾产生总量将分别增加 2 倍和 1 倍,占世界垃圾总量 35%。在全球垃圾总量中,难以降解的塑料占垃圾总量的 12%,且随着时间的推移而不断增长,对生态系统的影响可持续

---

① 中国新闻网. 多国面临土地荒漠化危机[EB/OL]. [2021-03-19]. http://www.china news.com.c/g/2021/03-19/9435674.html.

上千年,垃圾分类和回收利用已经迫在眉睫。[①]

目前,各国垃圾处理的能力远远赶不上垃圾产生的速度,特别是一些发达国家,已处于垃圾危机之中。美国素有垃圾大国之称,其生活垃圾主要靠表土掩埋。过去几十年内,美国已经使用了一半以上可填埋垃圾的土地,30 年后,剩余的这种土地也将全部用完。在许多城市周围,排满了一座座垃圾山,除了占用大量土地外,还污染大气和土壤环境。其中的危险垃圾,特别是有毒、有害垃圾的处理问题(包括运送、存放及处置),因其造成的危害更为严重、影响更为深远,而成了当今世界各国面临的一个十分棘手的环境问题。

10) 有毒化学品和放射性物质污染

市场上有七八万种化学品,对人体健康和生态环境有危害的约有 3.5 万种。其中有致癌、致畸、致突变作用的有 500 余种。随着工农业生产的发展,如今每年又有 1 000～2 000 种新的化学品投入市场。由于化学品的广泛使用,全球的大气、水体、土壤乃至生物都受到了不同程度的污染、毒害,连南极地区也未能幸免。自 20 世纪 50 年代以来,涉及有毒有害化学品的污染事件日益增多,如果不采取有效防治措施,将对人类和动植物造成严重的危害。放射性物质污染是指由于天然辐射源和人工辐射源排放出来的放射性物质使环境的放射水平高于天然本底或超过国家规定的标准,导致对人体产生极大伤害。

2. 我国环境资源问题

随着我国政府对环境资源问题的高度重视以及绿色低碳发展战略的大力推进,民众的环境保护意识与资源危机意识也不断提升,近几年我国的环境问题得到了有效遏制,但仍应保持警惕并不懈努力,防止环境问题反复甚至恶化。根据生态环境部公布的历年中国生态环境状况公报,我国环境资源领域还存在以下几个较为突出的问题。

1) 大气污染及酸雨问题

大气污染是我国第一大环境污染问题,根据生态环境部发布的《2021 年中国生态环境统计年报》,在《排放源统计调查制度》确定的统计调查范围内,2021 年全国废气中二氧化硫排放量为 274.8 万吨,氮氧化物排放量为 988.4 万吨,颗粒物排放量为 537.4 万吨,挥发性有机物排放量为 590.2 万吨。从总体状况来看,全国废气排放情况较 2021 年有所改善。但是,2021 年全国 339 个地级及以上城市中,仍有 121 个城市环境空气质量超标,占全部城市 35.7%,339 个城市"平均超标天数"比例为 12.5%,城市空气污染防治形势仍然严峻。

20 世纪 80 年代,我国酸雨主要发生在西南地区,到 90 年代中期,已发展到长江以南、青藏高原以东及四川盆地的广大地区。2021 年,我国酸雨区面积约 36.9 万平方千米,占国土面积的 3.8%,主要分布在长江以南、云贵高原以东地区,包括浙江、上海的大部分地区,以及福建北部、江西中部、湖南中东部、重庆南部、广西南部和广东部分地区。全国降水 pH 值范围为 4.79～8.25,平均为 5.73,酸雨和较重酸雨城市分别占 11.6%和 1.3%。

2) 水资源匮乏及水环境污染问题

《2017—2022 年中国水资源开发行业发展前景分析及发展策略研究报告》表明,按照国际公认的标准,人均水资源低于 3 000 立方米的为轻度缺水,人均水资源低于 2 000 立方米的为中度缺水,人均水资源低于 1 000 立方米的为重度缺水,人均水资源低于 500 立方米的

① 韦伯咨询. 2021 年中国垃圾分类及处理行业专题调研与深度分析报告[EB/OL].[2021-06-21]. https://baijiahao.baidu.com/s?id=1703153075017685221&wfr=spider&for=pc.

为极度缺水，我国目前有16个省（区、市）人均水资源量（不包括过境水）低于重度缺水量，有6个省、区（宁夏、河北、河南、山西、江苏）人均水资源低于500立方米，为极度缺水地区。

根据生态环境部发布的《2021年中国生态环境统计年报》，2021年，排放源统计调查范围内废水中化学需氧量排放量为2 531.0万吨，氨氮排放量为86.8万吨，总氮排放量为316.7万吨，总磷排放量为33.8万吨，石油类排放量为2 217.5吨，挥发酚排放量为51.8吨，氰化物排放量为28.1吨，重金属排放量为50.5吨。2021年，长江、黄河、珠江、松花江、淮河、海河、辽河七大流域和浙闽片河流、西北诸河、西南诸河监测的3 117个国考断面中，Ⅰ～Ⅲ类水质断面占87%，还有13%的在Ⅲ类水质以下。地下水质量方面，监测的1 900个国家地下水环境质量考核点位中，Ⅰ～Ⅳ类水质点位占79.4%，Ⅴ类占20.6%，主要是硫酸盐、氯化物和钠超标。

3）垃圾排放及处理问题

根据生态环境部发布的《2021年中国生态环境统计年报》，2021年，在《排放源统计调查制度》确定的统计调查范围内，全国一般工业固体废物产生量为39.7亿吨，综合利用量为22.7亿吨，处置量为8.9亿吨。城市生活垃圾方面，2016年，我国大、中城市生活垃圾产生量18 850.5万吨；2019年，生活垃圾产生量增至23 560.2万吨。在调查统计的196个大、中城市中，上海和北京以超过千万吨的规模位列前2位，垃圾产生量分别为1 076.8万吨和1 011.2万吨。广州、重庆和深圳位列第3至5位，产生量分别为808.8万吨、738.1万吨和712.4万吨。自国家推行生活垃圾分类处理以来，垃圾的回收利用率及卫生处理率有大幅提高，但垃圾排放总量仍居高不下，并没有从根本上解决由此而引起的一系列环境问题。

4）土地资源短缺及土地污染问题

由于我国较长一段时间忽略对土地资源的保护，土地资源形势严峻，土地污染因素复杂。随着近几年对土地保护力度的加强，全国土壤环境风险得到基本管控，土地污染加重趋势得到初步遏制，但仍存在土地资源紧张、土壤污染严重、水土流失、荒漠化及沙化面积扩大等问题。首先，耕地数量有限。我国国土面积排名世界第3，但人口基数大，人均耕地不到世界平均水平的40%。其次，耕地质量有待改善。根据2021年《中国生态环境公报》，全国耕地质量平均等级为4.76等。[①] 其中，一等至三等、四等至六等、七等至十等耕地面积分别占耕地总面积的31.24%、46.81%、21.95%。第三，土壤污染问题严重。主要污染物质为重金属，镉为首要污染物。第四，水土流失严重。全国水土流失面积为269.27万平方千米，其中水力侵蚀面积为112万平方千米，风力侵蚀面积为157.27万平方千米。按侵蚀强度分，轻度、中度、强烈、极强烈和剧烈侵蚀面积分别占全国水土流失总面积的63.3%、17.2%、7.6%、5.7%和6.2%。第五，土地荒漠化和沙化问题不容忽视。目前，全国荒漠化土地面积为261.16万平方千米，沙化面积为172.12万平方千米，岩溶地区现有石漠化土地面积10.07万平方千米，土地荒漠化和沙灾问题导致农作物减产，宜居环境减少，人口迁徙。

5）气候变化与自然灾害问题

中国气象局气候变化中心发布的《中国气候变化蓝皮书(2022)》显示，随着温室气体排

---

① 依据《耕地质量等级》(GB/T 33469—2016)评价，耕地质量划分为十个等级，一等耕地质量最好，十等耕地质量最差。一等至三等、四等至六等、七等至十等分别划分为高等地、中等地、低等地。

放不断增加，中国升温速率高于同期全球平均水平，是全球气候变化的敏感区。1951—2021年，中国地表年平均气温呈显著上升趋势，升温速率为0.26℃/10年，近20年是20世纪初以来中国的最暖时期，2021年，中国地表平均气温较常年值偏高0.97℃，为1901年以来的最高值。中国平均暖昼日数为1961年以来最多，云南（元江44.1℃）、四川（富顺41.5℃）等62站日最高气温突破历史极值。

随着气温上升，强降水等极端天气气候事件趋多、趋强，自然灾害次数及强度不断升级。气象灾害方面，全国年降水量变化加剧，且地区分布不均。近几年我国旱涝灾害的区域性、阶段性明显，并呈现出强度大、极端性等特征。如河南等地出现严重暴雨灾害，黄河流域出现严重秋汛，渭河发生自1935年以来同期最大洪水。2022年9月25日中央气象台继续发布气象干旱黄色预警：江苏西南部、安徽大部、河南中部和南部、湖北大部、浙江南部、福建、江西、湖南、贵州北部和东部、广东北部和东部、广西中北部、重庆东南部等地存在中度至重度气象干旱，浙江西南部、安徽南部、湖北东南部、福建西北部和东北部、江西大部、湖南中部至南部等地有特旱。此外，全国范围内的地震灾害、地质灾害、森林灾害（包括病虫害、森林火灾）、草原灾害（包括有害生物危害、火灾等）不断发生，严重毁损了我国的环境资源，威胁到我们的生存和发展。

第二节 环境资源保护与社会经济发展关系的历史演变

一、环境资源保护的兴起

环境资源是人类赖以生存和延续的条件，它为人类提供各种生活资料与生产资料以及各种活动的场所。在人类社会发展的初期，生存需求为第一要务，环境资源问题并不突出，也没有所谓的环境资源保护。随着环境问题愈演愈烈，人类的生存受到威胁，由此唤醒了人类的环境资源保护意识。

环境资源保护是指人类为解决现实的或潜在的环境资源问题，协调人类与环境的关系，实现经济社会的可持续发展而采取的行政、经济、技术、教育、法律等各种措施的总称。环境资源保护包含以下两个方面的内容：第一，保护和改善生活环境和生态环境，包括保护人工环境和自然环境，如城乡环境、自然资源各要素及自然生态系统，改善环境质量，保持生态系统的良性循环；第二，防治环境污染和其他公害，主要针对人类活动产生的各种污染和其他公害进行预防和治理。上述环境保护的两项内容是相辅相成、密切联系的。

人类对环境保护的认知及环境保护的方法是随着人类文明的进步而不断发展的。在20世纪中叶前，人类自身的生存发展需求弱化了环境保护意识，直到1972年瑞典斯德哥尔摩联合国人类环境会议召开，会议发表了《联合国人类环境宣言》，明确指出："保护和改善人类环境是关系到全世界各国人民的幸福和经济发展的重要问题，也是世界各国人民的迫切希望和各国政府的责任。"1973年联合国环境规划署成立，此后，保护环境的政府机构和组织在世界范围内不断增加。为了纪念和巩固环境保护运动及其成果，人们将4月22日命名为"地球日"，我国从1990年开始，每年都举行"地球日"的纪念宣传活动。

二、可持续发展概念的提出与战略的实施

（一）可持续发展概念的提出

可持续发展（sustainable development）概念的明确提出，最早可以追溯到1980年由世界自然保护联盟（IUCN）、联合国环境规划署（UNEP）、野生动物基金会（WWF）共同发表的《世界自然保护大纲》："必须研究自然的、社会的、生态的、经济的，以及利用自然资源过程中的基本关系，以确保全球的可持续发展。"1981年，美国生态经济学者莱斯特·布朗（Lester R. Brown）出版《建设一个可持续发展的社会》，提出以控制人口增长、保护资源基础和开发再生能源来实现可持续发展。

1987年由挪威首相布伦兰特（G. H. Brudtland）夫人担任主席的世界环境与发展委员会（WCED）通过长达4年的研究，发表了一份报告——《我们共同的未来》。这份报告正式使用了可持续发展概念，并对其内涵做出了比较系统的阐述，对解决环境保护与经济发展的矛盾提供了指引，在世界范围内产生了广泛的影响。1992年6月，联合国在里约热内卢召开"环境与发展大会"，通过了以可持续发展为核心的《里约环境与发展宣言》《21世纪议程》等文件。

有关可持续发展的定义有很多种，但被广泛接受且影响最大的仍是世界环境与发展委员会在《我们共同的未来》中的定义。该报告将可持续发展定义为：既能满足当代人的需要，又不对后代人满足其需要的能力构成危害的发展。其内涵包含以下几个方面：第一，突出发展的主题，它所强调的发展包括但不限于经济发展，且与经济增长有根本区别，是集社会、科技、文化、环境等多项因素于一体的整体的发展，是人类共同的、普遍的权利；第二，倡导发展的可持续性，即人类经济和社会的发展不能超越资源和环境的承载能力；第三，强调人与人需求的公平性，包括代内公平和代际公平，当代人在发展与消费时应努力做到使后代人有同样的发展机会，同一代人中一部分人的发展不应当损害另一部分人的利益。

1992年，我国签署了《里约环境与发展宣言》《21世纪议程》等文件，向国际社会表明了积极推进可持续发展的立场。随后，我国编制了《中国21世纪议程：中国21世纪人口、环境与发展白皮书》，首次把可持续发展战略纳入经济社会发展的长远规划。1997年，党的十五大把可持续发展作为一种新的发展观、道德观和文明观，将"可持续发展战略"确立为我国现代化建设中必须实施的重大战略。2002年，党的十六大正式将"可持续发展能力不断增强"作为全面建设小康社会的重要目标之一。

（二）可持续发展战略的实施

可持续发展是一种新的发展理念，它不同于以往的以高消耗、高浪费、高污染为特点的经济增长模式，也不认同消极悲观的"零增长"主张，它的提出得到了世界广泛的认同并得以实施。1992年在巴西里约热内卢举行的联合国环境与发展会议和1997年在纽约举行的第十九届特别联大之后，由于国际环境发展领域中的矛盾错综复杂，利益相互交错，以全球可持续发展为目标的《21世纪议程》等重要文件的执行情况并不理想，全球环境危机没有得到有效扭转。一方面，发展中国家由于自身的生存需求及经济发展水平的限制，实现经济发展和环境保护的目标面临重重困境；另一方面，发达国家并没有完全履行在公约中承诺的向发展中

国家提供技术、资金支持的义务。因而,全球贫困现象还普遍存在,南北差距不断增大。大多数国家认为,有必要召开新的国际会议,总结回顾里约会议的精神,讨论里约会议建立的全球伙伴关系所面临的新问题。在此背景下,2002 年 8 月 26 日至 9 月 4 日在南非约翰内斯堡召开了第一届可持续发展世界首脑会议(World Summit on Sustainable Development,WSSD),这次会议广泛涉及政治、经济、环境与社会等问题,全面审议和评价了《里约环境与发展宣言》《21 世纪议程》等重要文件和其他一些主要环境公约的执行情况,并在此基础上就如何重振全球可持续发展伙伴关系以及今后的工作形成了面向行动的战略与措施,积极推进全球的可持续发展。

自 2008 年以来,联合国在全球范围内推广绿色新政,以可持续发展战略为指导,以政府、专业经济体、科研学术机构为参与主体,构建气候变化、可持续发展与经济增长的互利双赢的政府与企业交流合作平台,研究绿色战略规划,推动城市低碳经济与环境建设,实施节能环保、新能源、技术项目与资本对接,引领世界各国向绿色生态发展模式转变,共同应对全球面临的持续恶化的环境问题。

2019 年 3 月 11 日在肯尼亚首都内罗毕的联合国环境规划署总部召开了第四届联合国环境大会,来自全球的 4 700 余名政要、商界人士和民间机构代表参会,会议以"寻找创新解决方案,以应对环境挑战并实现可持续的消费和生产"为主题,讨论与环境和可持续经济有关的创新解决方案等问题。

三、我国的生态文明、绿色发展战略及"双碳"目标

(一)生态文明和绿色发展战略

党的十八大报告明确将生态文明建设纳入中国特色社会主义事业"五位一体"(经济建设、政治建设、文化建设、社会建设和生态文明建设为一体)的总体布局中,报告指出,建设生态文明,是关系人民福祉、关乎民族未来的长远大计,面对资源约束趋紧,环境污染严重,生态系统退化的严峻形势,必须树立尊重自然、顺应自然、保护自然的生态环境理念,要把生态文明建设放在突出地位,融入经济、政治、文化和社会建设各个方面和全过程,努力建设美丽中国,实现中华民族永续发展。

党的十九大报告全面阐述了加快生态文明体制改革、推进绿色发展、建设美丽中国的战略部署。报告明确指出,我们要建设的现代化是人与自然和谐共生的现代化,既要创造更多物质财富和精神财富以满足人民日益增长的美好生活需要,也要提供更多优质生态产品以满足人民日益增长的优美生态环境需要。党的十九大报告为未来中国推进生态文明建设和绿色发展指明了路线。第一,必须加大环境治理力度,着力解决突出环境问题;第二,加快构建环境管控的长效机制,发挥环境管控的绿色发展导向作用,引导企业通过技术创新实现绿色转型;第三,全面深化绿色发展的制度创新,包括完善绿色产业、绿色消费、绿色金融的制度创新,以及改革生态环境监管体制,完善生态环境管理制度。[①] 生态文明建设功在当代、利在千秋,建设生态文明是中华民族永续发展的千年大计。

---

① 石敏俊. 十九大报告:生态文明建设和绿色发展的路线图[EB/OL]. [2017-10-20]. http://www.china.com.c/opinion/think/2017-10/20/content_41765709.html.

党的二十大报告提出，尊重自然、顺应自然、保护自然，是全面建设社会主义现代化国家的内在要求。必须牢固树立和践行绿水青山就是金山银山的理念，站在人与自然和谐共生的高度谋划发展。报告提出，在推进美丽中国建设进程中，要坚持山水林田湖草沙一体化保护和系统治理，统筹产业结构调整、污染治理、生态保护、应对气候变化，协同推进降碳、减污、扩绿、增长，推进生态优先、节约集约、绿色低碳发展。

（二）"双碳"目标

2020 年，我国宣布了碳达峰和碳中和的目标愿景。它不仅是我国实现可持续发展的内在要求和加强生态文明建设、实现美丽中国目标的重要抓手，更展现了我国在构建人类命运共同体进程中的责任担当。

1."双碳"目标提出的背景

目前，全球每年向大气排放约 510 亿吨的温室气体，要避免气候灾难，人类需停止向大气中排放温室气体，实现零排放。为了实现 1992 年《联合国气候变化框架公约》确定的"共同但有区别责任"，使人类免受气候变暖的威胁，1997 年 12 月在日本京都由《联合国气候变化框架公约》第三次缔约方大会制定《京都议定书》，其目标是"将大气中的温室气体含量稳定在一个适当的水平，进而防止剧烈的气候改变对人类造成伤害"。2005 年 2 月 16 日，《京都议定书》正式生效，为了促进各国完成温室气体减排目标，允许采取以下四种减排方式：①"排放权交易"方式，即难以完成削减任务的国家，可以花钱从超额完成任务的国家买进超出的额度；②"净排放量"计算方式，即从本国实际排放量中扣除森林所吸收的二氧化碳的数量后作为该国温室气体的排放量；③"绿色开发"方式，促使发达国家和发展中国家共同减排温室气体；④"总量控制"方式，又称"集团方式"，即欧盟内部的许多国家可视为一个整体，采取有的国家削减、有的国家增加的方法，在总量上完成减排任务。

2009 年 12 月 7—18 日，在丹麦首都哥本哈根召开《联合国气候变化框架公约》第 15 次缔约方会议暨《京都议定书》第 5 次缔约方会议，来自 192 个国家的谈判代表召开峰会，商讨《京都议定书》一期承诺到期后的后续方案，即 2012 年至 2020 年的全球减排协议，发表了一份不具法律约束力的《哥本哈根协议》，提出要把未来的全球升温控制在 2℃以内。

2015 年 12 月 12 日在巴黎气候变化大会上，195 个国家代表签订了《巴黎气候协定》，承诺将全球平均气温升高控制在 2℃内。这份协定于 2016 年 11 月 4 日正式生效，成为史上首个具有法律约束力的全球气候条约。《巴黎气候协定》确立了 2020 年后全球应对气候变化制度的总体框架，其签署无疑具有重要的里程碑意义。《巴黎气候协定》签订后，多数发达国家在实现碳排放达峰后，明确了碳中和的时间表，芬兰确认在 2035 年，瑞典、奥地利、冰岛等国家在 2045 年实现净零排放，欧盟、英国、挪威、加拿大、日本等将碳中和的时间节点定在 2050 年。

2021 年 11 月 13 日，《联合国气候变化框架公约》第 26 次缔约方大会闭幕，最终达成了《格拉斯哥气候公约》，巩固了《巴黎气候协定》达成的气候共识，就全面实施碳市场等关键议题达成一致，在气候适应、气候减缓和气候资金等重要内容方面达成协议，建立和签署了减煤、燃油车退市、去化石能源补贴等新一批行业低碳倡议。总体来看，绿色低碳转型已成为全球发展大趋势。

中国作为《联合国气候变化框架公约》的首批缔约方和政府间气候变化委员会（IPCC）

发起国之一，一直积极参与和推动着气候变化的国际谈判和《联合国气候变化框架公约》进程。早在2007年中国政府即制定了《应对气候变化国家方案》，自2008年起每年公布《中国应对气候变化的政策与行动》，公开透明地向国际社会展示中国的每一步努力。此后，陆续颁布了一系列应对气候变化的国家政策，并于2015年向政府间气候变化委员会提交了中国国家自主决定贡献文件。此外，在其他的国家政策文件中也纳入了应对气候变化的内容，如国家“十三五”规划中提出了“单位国内生产总值能源消耗年均累计下降15%，单位国内生产总值二氧化碳排放年均累计下降18%”的目标。继2020年“双碳”目标提出一年后，国务院发布《关于完整准确全面贯彻新发展理念做好碳达峰碳中和工作的意见》《2030年前碳达峰行动方案》，正式启动了构建碳达峰、碳中和“1＋N”政策体系的进程，重点领域和行业碳达峰实施方案和一系列配套保障措施陆续发布，为我国系统科学开展能源转型工作指明了方向。党的二十大报告强调了我国的“双碳”目标，表示要积极稳妥推进碳达峰碳中和，并且从碳排放总量和强度“双控”、深入推进能源革命、健全碳排放权市场交易制度、提升生态系统碳汇能力等方面做了具体部署。报告提出要立足我国能源资源禀赋，坚持先立后破，有计划分步骤实施碳达峰行动，深入推进能源革命，加强煤炭清洁高效利用，加快规划建设新型能源体系，积极参与应对气候变化全球治理。

2.“双碳”目标的内容

“双碳”是碳达峰碳中和的简称，“双碳”战略包含两个阶段的碳减排奋斗目标（简称“双碳”战略目标），即二氧化碳排放力争于2030年达到峰值，努力争取2060年实现碳中和。[①]

根据国务院印发的《2030年前碳达峰行动方案》，实现碳达峰目标的时间是在2030年前，其中：①到2025年，绿色低碳循环发展的经济体系初步形成，重点行业能源利用效率大幅提升。单位国内生产总值能耗比2020年下降13.5%；单位国内生产总值二氧化碳排放比2020年下降18%；非化石能源消费比重达到20%左右；森林覆盖率达到24.1%，森林蓄积量达到180亿立方米，为实现碳达峰碳中和奠定坚实基础。②到2030年，经济社会发展全面绿色转型取得显著成效，重点耗能行业能源利用效率达到国际先进水平。单位国内生产总值能耗大幅下降；单位国内生产总值二氧化碳排放比2005年下降65%以上；非化石能源消费比重达到25%左右，风电、太阳能发电总装机容量达到12亿千瓦以上；森林覆盖率达到25%左右，森林蓄积量达到190亿立方米，二氧化碳排放量达到峰值并实现稳中有降。

碳中和目标时间是2060年前，到2060年，绿色低碳循环发展的经济体系和清洁低碳安全高效的能源体系全面建立，能源利用效率达到国际先进水平，非化石能源消费比重达到80%以上，碳中和目标顺利实现，生态文明建设取得丰硕成果，开创人与自然和谐共生新境界。

碳达峰、碳中和目标之间有着密切联系，是一个目标的两个阶段。第一阶段，2030年前碳排放达峰，与2035年中国现代化建设第一阶段目标和美丽中国建设第一阶段目标相吻合，是中国2035年基本实现现代化的一个重要标志；第二阶段，2060年前实现碳中和目标，与《巴黎协定》提出的全球平均温升控制在工业革命前的2℃以内并努力控制在

① 碳达峰是指在某一个时点，二氧化碳的排放不再增长达到峰值，之后逐步回落。碳中和是指企业、团体或个人测算在一定时间内直接或间接产生的温室气体排放总量，通过植树造林、节能减排等形式，以抵消自身产生的二氧化碳排放量，实现二氧化碳“零排放”。

1.5℃以内的目标相一致，与中国在21世纪中叶建成社会主义现代化强国和美丽中国的目标相契合，实现碳中和是建成现代化强国的一个重要内容。由此可见，碳达峰是具体的近期目标，碳中和是中长期的愿景目标，二者相辅相成。尽早实现碳达峰，能使后续碳中和目标具有更大的空间和灵活性，而碳达峰时间越晚，峰值越高，则后续实现碳中和目标的挑战和压力就越大。

3."双碳"目标的战略意义

作为一项重要的战略决策，我国提出的碳达峰碳中和目标，不仅是技术问题，也不仅是单一的能源、气候环境问题，而是一个影响广泛和复杂的经济社会问题，势必对今后发展产生重大影响。从长远看，实现"双碳"目标有利于改善生态环境，促进经济高质量发展。

(1)"双碳"目标倒逼产业转型升级，提高经济增长质量。"双碳"目标将推动我国工业制造业尤其是初级制造业向绿色低碳转型升级，并将大大增加绿色发展相关新技术的研发投资，巩固我国在此领域的优势地位。

(2)"双碳"目标加速我国能源转型和能源革命进程。通过大幅提升能源利用效率和大力发展非化石能源，逐步摆脱对化石能源的依赖，以更低的能源消耗和更清洁的能源，保障居民生活水平提高，支撑我国经济社会发展。

(3)"双碳"目标促使高耗能、高排放产业去产能、优化整合。实现"双碳"目标将严格限制钢铁、石化、建材、水泥、有色金属等产业的产能扩张，加快产能退出和压减速度，支持产业内技术、设施更为先进的龙头企业进一步发挥竞争优势，实现产业结构优化。

(4)"双碳"目标将新增大量绿色投资需求，从而改善投资结构。为实现"双碳"目标将新增三大投资需求：新增大量风电、光伏等非化石能源投资；高耗能、高排放产业为降低排放，需要新增大量清洁能源设备、低碳排放设备等技术改造投资；快速降低碳排放，需要新增大量绿色、低碳、零碳等技术投资。这三大新增投资需求分布在能源、工业、建筑、交通等众多行业领域。

(5)实现"双碳"目标有利于打破国际贸易"碳壁垒"，推动产品出口。未来，在碳减排倒逼下，为满足本国环保团体要求并保护本国产业，部分国家或将碳减排与贸易联系在一起，动用"碳壁垒"严格审查发展中国家基础设施投资的可能性增大。我国提出"双碳"目标，可打破"碳壁垒"，消除出口产品被征收碳税(碳调节税)的潜在风险。

4."双碳"目标带来的机遇与挑战①

在展望实现"双碳"目标的巨大利好的同时，我们也要认识到我国仍处于工业化发展阶段，工业化和城市化持续推进，二氧化碳排放量在一定时间里还会有所增加。在以产业结构调整、行业节能和非化石能源发展为主要减排手段的前提下，一段时期内的碳减排势必给传统产业和我国经济运行带来压力和挑战。

(1)企业生产成本增加可能带来商品价格上涨。在现有技术条件下，传统化石能源的碳减排以及大力发展风电、光伏，提高风、光的电力电量，将增加终端电价上涨压力，并导致整个能源使用成本的上升。

(2)高碳企业面临相应发展压力。我国将在2060年前实现碳中和，要求大部分行业在

① 刘满平."双碳"目标带来的机遇与挑战[N].经济日报，2021-05-27.

30 年至 40 年间大幅度降低碳排放，对此，煤炭、油气等高碳产业和企业需要积极应对，快速实现绿色低碳转型。

(3) 区域协调发展面临新挑战。我国地区经济发展差异大，不同地区资源禀赋、产业优势和经济发展水平的差异性，造成不同区域绿色低碳发展的成本有着显著差异。“双碳”目标的要求将给不同地区、不同人群带来不同程度的影响。

5.“双碳”目标下我国经济社会的绿色低碳转型

对于上述压力和挑战，我们要牢固树立发展是第一要务的理念。绿色发展注重解决的是人与自然和谐发展问题，而温室气体排放导致的各种环境问题严重破坏了这种和谐，碳达峰碳中和是限制温室气体排放的重要措施，因此绿色发展与“双碳”目标具有内在逻辑性和关联性。实现“双碳”目标不仅需要政策、技术支持，还需要社会经济体系的全面深刻转型。当前我国生态文明建设同时面临实现生态环境根本好转和碳达峰碳中和两大战略任务，协同推进减污降碳已成为我国新时期经济社会发展全面绿色转型的必然选择。

绿色低碳发展是指以采取清洁生产、循环利用、优化消费等手段，重点对能源开发利用等领域进行减排从而达到促进社会经济可持续发展的一种理念和发展模式。我国将经济社会绿色低碳转型作为生态文明建设的重要抓手，采取了调整产业结构、优化能源结构、节能提高能效、完善市场机制、增加森林碳汇等一系列有效、务实的举措。近年来，我国在应对气候变化领域取得积极进展和成效：国家应对气候变化的体制机制不断完善，应对气候变化目标的引领作用日益显现，二氧化碳排放控制取得了较为显著的成效，全国碳市场建设取得积极进展，低碳试点示范工作不断深化，应对气候变化宣传积极开展。

为完整、准确、全面贯彻新发展理念，做好碳达峰碳中和工作，《关于完整准确全面贯彻新发展理念做好碳达峰碳中和工作的意见》明确了总体要求、主要目标、推进经济社会发展全面绿色转型、深度调整产业结构、加快构建清洁低碳安全高效能源体系、加快推进低碳交通运输体系建设、提升城乡建设绿色低碳发展质量、加强绿色低碳重大科技攻关和推广应用；持续巩固提升碳汇能力、提高对外开放绿色低碳发展水平、健全法律法规标准和统计监测体系、完善政策机制、切实加强组织实施等方面的内容。

2022 年 1 月，国务院印发《“十四五”节能减排综合工作方案》(以下简称《方案》)。《方案》明确，到 2025 年，全国单位国内生产总值能源消耗比 2020 年下降 13.5%。《方案》要求完善实施能源消费强度和总量双控、主要污染物排放总量控制制度，组织实施节能减排重点工程，进一步健全节能减排政策机制，推动能源利用效率大幅提高、主要污染物排放总量持续减少，实现节能降碳减污协同增效、生态环境质量持续改善，确保完成“十四五”节能减排目标，为实现碳达峰碳中和目标奠定坚实基础。

为深入贯彻落实党中央、国务院关于碳达峰碳中和决策部署，落实新发展阶段生态文明建设有关要求，2022 年 6 月 10 日，生态环境部、国家发展改革委、工业和信息化部、住房城乡建设部、交通运输部、农业农村部、国家能源局联合印发《减污降碳协同增效实施方案》，对推动减污降碳协同增效作出系统部署。《减污降碳协同增效实施方案》坚持稳中求进工作总基调，锚定美丽中国建设和碳达峰碳中和目标，科学把握污染防治和气候治理的整体性，以结构调整、布局优化为关键，以优化治理路径为重点，以政策协同、机制创新为手段，完善法规标准，强化科技支撑，全面提高环境治理综合效能，实现环境效益、气候效益、经济效益多赢。坚持突出协同增效、强化源头防控、优化技术路径、注重机制创新、鼓励先行先试的工作原则，提出到 2025 年减污降碳协同推进的工作格局基本形成，到 2030 年减污降碳协同能力显著提升等工作目标。①

第三节 “双碳”目标下环境资源法制的新走向

绿色发展、“双碳”目标是一场深刻的系统性变革，它将带来国家治理理念和治理体系的调整，“双碳”目标以减少碳排放、降低大气中的碳总量和碳浓度为二元路径，这既要约束各类主体的碳排放行为，又要提升生态系统的碳汇能力。有学者提出，实现“双碳”目标须从资源增效减碳、能源结构降碳、地质空间存碳、生态系统固碳、市场机制融碳等方面予以谋划。② “双碳”目标的实现，必须在具有强制性、规范性、可操作性特征的法律制度指引下稳妥推进。这必然对我国的污染防治法律制度、自然资源保护法律制度、能源法律制度，以及环境保护税收制度、排污权交易制度等层面提出新的挑战，现有的环境资源立法与司法应与时俱进，为“双碳”目标的实现提供制度依据和司法保障。

一、围绕“双碳”目标完善环境资源立法

首先，转变环境资源立法理念。“双碳”目标以减少碳排放、降低大气中的碳总量和碳浓度为目标，这既要约束各类主体的碳排放行为，减少碳总量，又要提升生态系统的碳汇能力，实现碳中和，在立法上要贯彻新发展理念，树立降碳增汇、协同发展的二元思路，即需求与限制并行，利用与保护并重。由于“双碳”目标的实现具有很强的紧迫性和艰巨性，由此倒逼我们在环境资源法制建设中必须突破传统观念，比如在完善能源法律制度时必须改变我国能源体系长期以来高度依赖煤炭等石化能源的制度格局，将发展清洁能源作为制度激励与保护的重点和目标。

其次，完善环境资源立法结构体系。要从“政策先导”走向“有法可依”，科学立法、规范立法，构筑实现“双碳”目标的法律规范体系。目前，理论界关于环境法典编纂的呼声高涨，有学者认为，编纂环境法典的条件已基本成熟，环境法典作为一部新时代以可持续发展为己任的集大成者，在内部的篇章结构安排上，应回应气候变化、碳达峰碳中和目标、能源开发利用等新问题，设计“绿色低碳发展编”。③。还有学者主张“通过对环境法规范的识别和提取、解释和补充，形成一部符合法治要求的体系化法律文本”，④但在结构安排上也有其他不同建议，比如关于能源立法是制定能源基本法还是将其安排在环境法典各编中的问题尚在探讨中。

---

① 参见生态环境部等七部门 2022 年 7 月 16 日印发的《减污降碳协同增效实施方案》。

② 贺克斌.“双碳”行动：生态文明建设的新征程[N]. 新华日报，2022-8-30.

③ 张忠民. 环境法典绿色低碳发展编对可持续发展理念的体系回应与制度落实[J]. 法律科学（西北政法大学学报），2022(1)：87-95.

④ 吕忠梅. 类型化思维下的环境法典规范体系建构[J]. 现代法学，2022(4)：89-103.

最后，丰富环境资源立法内容。理论界建议修改《环境保护法》总则的相关条款，在立法目的中充分体现“双碳”目标；完善碳排放、碳交易、碳税、新能源开发利用等规范体系，将应对气候变化纳入生态环境保护范畴，增加应对气候变化相关内容，将控制温室气体排放规定为企事业单位义务，同时要求各级政府将应对气候变化相关费用纳入财政支出范围，使“双碳”目标的实现于法有据。

二、环境资源司法服务和保障“双碳”目标的实现

实现碳达峰碳中和，只有建立科学的制度、严谨的法治，才能为生态文明建设提供可靠保障，这对我国的环境资源司法提出了新的要求。司法部门要严格执行污染防治、生态保护、环境管理等法律法规，不断完善服务“双碳”目标的相关司法保障机制，为维护环境权益和建设生态文明提供司法保障。

首先，在司法审判中贯彻落实生态优先、绿色发展原则，严格执行国家关于减碳、汇碳、保护生态环境的法律法规，妥善协调保护生态环境与推动经济发展之间的关系，强化对党和国家工作大局的司法服务保障。比如，在依法审理涉高耗能、高排放企业污染纠纷时，要体现鼓励清洁生产，推动重点行业和重要领域绿色转型升级的裁判引领。

其次，严格执行环境管理制度及环境监测制度。环境管理立法，比如，环境影响评价法是预防环境资源问题行之有效的制度，环境司法要对在项目的审批环节和实施进程中弄虚作假、玩忽职守，导致各类污染物和二氧化碳违规排放的违法犯罪行为依法严肃处理；环境监测是国家进行生态环境保护的重要检查监督手段，随着国家“双碳”目标的确立，监测的范围必将有所扩大，近年来，一些地方和企业随意篡改监测数据，在应对环境监测和执法检查时弄虚作假，导致一些环境监测数据失真，严重影响了政府的环境决策和环境监管效果，环境司法应当严格执行国家关于环境监测的各项法律法规，依法严惩抗拒监测、篡改监测数据的违法行为，确保党和国家制定的“双碳”目标如期实现。

再次，环境资源司法要积极配合国家立法机关围绕“双碳”目标的立法活动。一方面，要从充分发挥人民法院审判和执行职能的高度，不断总结审判实践经验，针对“双碳”目标和应对气候变化，积极主动地提出有益建议，协助立法机关完善相关立法；另一方面，要积极创新各类环境资源案件的审判和执行方式，比如，秉持恢复性司法理念，探索以减少污染物排放量抵消超标排放量，以技改费用抵扣生态环境修复费用等修复方式的合理性和可行性。同时适时总结本土案件和国外案件的审判经验，为立法机关提供典型案例和司法建议，以完善我国现行审判制度和裁判规则。

最后，司法部门要加强与各级人民政府及其相关部门的沟通与协助。在实现“双碳”目标的进程中，各级人民法院要及时提出相关的司法建议，协助各级人民政府及时解决减污降碳中存在的具体问题；要通过资源共享、信息互通，促进与生态环境保护、资源管理等行政部门在环境司法、环境管理等领域的衔接和合作。由于环境要素的整体性和关联性，跨地区的司法协作十分重要，实现“双碳”目标必须强化跨地区的司法协同机制，发挥整体合力，提高环境执法效率；针对实现“双碳”目标的长期性和艰巨性，根据形势变化，环境资源审判庭和有关部门应当运用审判执行领域数字化审判的改革成果，及时分析研判，不断优化环境司法决策，努力提高审判和执行工作水平，进一步完善服务“双碳”目标的相关司法保障和服务机制。

思考题

1. 如何理解环境资源的概念?
2. 简述环境问题的概念及其种类。
3. 环境保护的概念及内容是什么?
4. 简述“双碳”目标的内容及意义。
5. 论述“双碳”目标下我国环境资源法的发展趋势。

第二章 环境资源法基本原理

环境资源法是指由国家制定和认可并以国家强制力保证施行的，调整因保护和改善环境，合理开发利用自然资源，防治环境污染和其他公害而产生的社会关系的法律规范的总称。环境资源法律关系是由环境资源法调整、以环境资源权利与环境资源义务为内容的社会关系，以主体、内容和客体为构成要素。环境资源法因其独特的调整对象而具有区别于其他法律的特征，环境资源法是生态环境科技与法律的结合，具有明显的社会性、综合性、可持续性特征。我国环境资源法以保护优先、预防为主、综合治理、公众参与、损害担责为基本原则。

第一节　环境资源法的概念与调整对象

一、环境资源法的概念

关于环境与资源的综合性立法，不同国家有不同的名称，如俄罗斯称之为“生态法”，东欧国家称之为“自然保护法”，英国称之为“污染控制法”，日本曾称之为“公害法”，并于 1967 年出台了《公害对策基本法》，但 1993 年改为《环境基本法》。理论界对于环境与资源立法也有不同的命名，包括如环境法、环境资源法、环境和资源保护法、环境保护法、自然资源法等多种名称。①

关于环境资源法的定义，一些西方国家，注重的是实用性，即各种环境法律法规中的内容，不太注重环境法的定义，也很难在法院使用的案例文献或法学教材、著作中找到一个公认的标准定义，各国法学理论界虽然也给环境法下了定义，但其内容、思维方式与我国法学界的定义存在着较大的差别。例如，美国当代著名环境法教授威廉·罗杰斯(William H. Rodgers)认为：“环境法可以被定义为行星家政(planetary housekeeping)法。它是旨在保护地球这颗行星和它的居民免受损害和其生命保障系统的活动所产生的危害的法律。”②

我国理论界对环境资源法的概念有不同的理解和表述。韩德培主编的《环境保护法教程》(1998 年版)将其表述为“环境保护法是调整因保护和改善环境、合理利用自然资源，防治污染和其他公害而产生的社会关系的法律规范的总称”；金瑞林主编的《环境法学》(2016 年第四版)将其表述为“环境法是由国家制定或认可，并由国家强制保证执行的关于保护与

---

① 蔡守秋. 环境资源法教程[M]. 北京：高等教育出版社，2017.

② 王树义. 俄罗斯生态法[M]. 武汉：武汉大学出版社，2001.

改善环境、防治污染和其他公害、合理开发利用与保护自然资源的法律规范的总称”;周珂等主编的《环境与资源保护法》(2019年第四版)将其表述为“我国环境法是国家制定或认可的,为实现经济和社会可持续发展的,调整有关保护和改善环境、合理利用自然资源、防治污染和其他公害的法律规范的总和”。不同学者对其概念的理解,反映了人们对环境资源法和特点的不同认识,是环境资源法这一新兴法律部门和新兴学科发展过程中的正常现象。

环境资源法作为一种新兴的法律部门,具有独特的调整对象、立法目的和历史使命,因此环境资源法的概念有着不同于其他部门法概念的核心内容。但由于大家对环境资源的界定、范围的认知不同,目前尚没有一个十分准确且一致认同的定义。

结合环境资源现状、国内外环境资源立法经验和不断更新的理论研究成果,本书认为,环境资源法是指为实现经济社会与环境资源的可持续发展,由国家制定或认可的,调整因保护和改善生态环境,合理开发利用和保护自然资源,防治环境污染和其他公害而产生的社会关系的法律规范的总称。该定义包含以下几层含义:第一,环境资源法具有国家强制性,是由国家制定或认可并由国家强制力保证执行的行为规范;第二,环境资源法的立法目的是通过合理利用和切实保护环境资源、防治环境污染和其他公害,实现社会经济与环境资源的可持续发展;第三,环境资源法调整众多社会关系中的特定领域,即在防治环境污染和其他公害,合理利用和保护环境资源过程中产生的特定的社会关系,从而与其他法律部门一起共同维护整个社会的和谐与发展,构成有机协调的整体。

二、环境资源法的调整对象

理论界关于环境资源法调整对象的争论一直没有停止过,争论的焦点在于环境资源法是否调整人与自然的关系,关于这方面尚有一些无法回避的理论和实际问题亟待解决,本书采用较为保守的观点,即认为环境资源法调整与环境资源有关的社会关系,这些社会关系在保护和改善生态环境、合理开发利用和保护自然资源、防治环境污染和其他公害的活动中产生,包括对环境资源的行政管理、保护和利用关系,以及环境权益保障等关系。

(一) 环境资源行政管理关系

环境资源行政管理关系是基于国家对环境资源的开发、利用和保护进行监督管理而产生的社会关系,其显著特点是行政隶属性、协同合作性以及管理和被管理性。这种社会关系具体表现为两种类型。一是环境资源行政管理主体之间的关系,包括具有隶属关系的环境行政管理部门之间的领导(指导)与被领导(指导)的关系,以及因为职责分工不同而产生的不同环境资源监督管理部门之间的协调共管关系。我国行政管理机关的设置一般按照从中央到地方各级分别设置,彼此之间为上下级关系,比如生态环境部门,国家设立生态环境部,在地方设各级生态环境行政主管部门,这种纵向设置的各级行政主管部门之间具有领导与被领导的关系。与此同时,由于环境资源法调整对象的广泛性特点和环境资源保护的专业性要求,对环境资源的监督管理必须由多个部门协同共管,因此,除生态环境行政主管部门外,其他部门如各类资源主管部门以及交通、海事、公安等部门都在各自的职责范围内负有环境资源监督管理职能,这些部门彼此之间既有分工又要协作,形成协调共管关系。二是环境资源行政管理机关与环境资源利用者之间的关系,即国家在对环境资源进行管理中与环境资源利用者产生的管理(服务)与被管理(被服务)关系。如各类环境资源行政许可的授予,环境资源监督检查、环境污染行政处罚等。

(二) 环境资源的保护和利用关系

环境资源作为人们赖以生存的物质基础必然要被开发和使用,从而在各种社会主体之间产生因使用环境空间和开发利用自然资源而引发的社会关系,这类社会关系在平等的社会主体之间产生,包括环境资源的权属关系、流转关系、相邻关系等。如《中华人民共和国草原法》规定,集体所有的草原或者依法确定给集体经济组织使用的国家所有的草原,可以由本集体经济组织内的家庭或者联户承包经营。草原承包经营权受法律保护,可以按照自愿、有偿的原则依法转让。

(三) 环境资源权益保障关系

环境资源权与国家主权和基本人权相联系,是各国法律法规的保护对象。环境资源权益包括国家的环境资源权益和个人的环境资源权益,国家基于主权原则享有本国的环境资源权益,同时负有尊重和不侵犯他国环境资源权益的义务,国际条约和公约、协定等在处理各国之间的环境权益问题上做出了指引,如《控制危险废物越境转移及其处置巴塞尔公约》,旨在控制危险废物在国际的转移,尤其是向发展中国家的转移,以免对人类健康和环境造成严重的危害。个人的环境权益保障关系基于环境资源的公共性和环境资源管理的民主性原理而产生。现代社会,公众的环境权益意识和环境保护意识越来越强,公众自觉参与环境资源管理与保护的活动也越来越频繁,由此而产生的社会关系应该由立法加以确认、保护和规范。

三、环境资源法的特征

作为一个具有特定历史使命和调整对象的法律部门,环境资源法除了具备法的一般本质特征外,还具有不同于其他部门法的特性。

(一) 社会性

保护基本人权和社会公共利益是环境资源法的价值追求,环境资源法的保护对象是人类赖以生存的环境和自然资源,其保护的成果将为人类社会带来普遍性福利,环境资源法保护的利益与人类社会所追求的利益的一致性决定了环境资源法具有明显的社会性特征。

(二) 科学技术性

环境资源法在尊重自然规律的基础上,运用环境科学技术,制定一系列技术规范、环境标准、操作规程等,对环境污染和其他公害进行防治,对自然资源予以合理利用和保护,兼顾环境利益和社会经济利益,实现人与自然的和谐。环境资源法的科学技术性在环境资源立法、执法和司法中都有明显的体现,因此,环境资源法是法与环境科学技术的紧密结合。

（三）综合性

环境资源法调整的社会关系广泛而复杂，包括自然环境、人文环境，甚至生态系统及其各种环境要素，涉及生产、流通、生活各个产业和环节，囊括国家、社会组织、自然人等各类主体，调整方法必然多样化，由此决定了环境资源法成为一个极具综合性特征的法律部门。

（四）以促进可持续发展为目的

可持续发展的理念自 20 世纪提出以来得到全世界普遍认同，许多国家已将其作为本国环境法的价值目标，我国《环境保护法》明确将“促进经济社会可持续发展”规定为立法目的。环境资源法以人类的生存环境和物质基础作为保护对象，不仅保护当代人生存和发展，而且还通过限制当代人的需求来满足后代人的需求，使得人类社会与环境资源得以永续共存。环境资源法的这一特征在环境资源法的立法目的、基本原则，以及各项制度中都有明显的体现。

第二节　环境资源法律关系

一、环境资源法律关系的概念

环境资源法律关系是指环境资源法律规范在确认和调整人们在保护和改善生态环境、合理开发利用和保护自然资源、防治环境污染和其他公害过程中产生的以环境资源权利和环境资源义务为内容的社会关系。环境资源法律关系与环境、资源具有不可分割性，是基于环境、资源而产生的一种特殊的法律关系。

环境资源法律关系的概念主要包括以下几层含义。

第一，环境资源法律关系是人与人之间发生的与环境资源有关的意志关系。首先，环境资源法律关系是人与人的关系，而不是人与物的关系；其次，环境资源法律关系是以环境资源为介质的社会关系；最后，环境资源法律关系是具有目的性和意志性的人与人之间的关系。

第二，环境资源法律关系是环境资源法对具体社会关系调整的结果。法律调整是一般社会关系上升为法律关系的前提，环境资源法通过对与环境资源有关的社会关系进行确认、管理、规制等形成环境资源法律关系。

第三，环境资源法律关系以环境资源权利和义务为内容。

二、环境资源法律关系的构成

环境资源法律关系是经环境资源法调整而形成的与环境资源有关的社会关系，与其他法律关系一样，它包括三个不可或缺的构成要素：主体、内容和客体。

（一）环境资源法律关系的主体

环境资源法律关系的主体是指依法享有权利和承担义务的环境资源法律关系的参加者，又称“权利主体”或“权义主体”。在我国，环境资源法律关系的主体具有广泛性特征，包括国家、国家机关、企业事业单位、其他社会组织和公民。其中,国家是一种特殊的主体,某些法律关系的主体只能是国家,如在一些自然资源所有权关系中,国家是唯一的主体;国家环境资源管理机关是最重要的主体,而且在环境资源行政管理关系中,国家环境资源管理机关是环境资源法律关系的必要主体,具有不可替代和不可选择性;企业事业单位、其他社会组织和公民是普遍性主体,是环境资源权益的享有者,也是环境行政管理的相对人。

(二)环境资源法律关系的内容

环境资源法律关系的内容是指环境资源法律关系的主体依法所享有的权利和所承担的义务,这些权利和义务的实现受到环境资源法的保护和强制。环境资源法律关系主体享有的权利,是指某种权能或利益,它表现为权利主体可以自己作出或不作出一定的行为,或相应地要求他人作出或不作出一定的行为。如依法取得的探矿权、采矿权,与集体组织签订土地承包经营合同等。国家机关作为环境资源法律关系主体参加环境资源管理活动时,所享有的权利和义务与“职权”“职责”同义。

环境资源法律关系主体承担的义务是指必须履行某种责任,它表现为必须作出某种行为或不得作出某种行为。如《环境保护法》规定,排污单位不得超标排放污染物;《中华人民共和国森林法》规定,占用林地的单位应当缴纳森林植被恢复费;禁止毁林开垦、采石、采砂、采土以及其他毁坏林木和林地的行为。

(三)环境资源法律关系的客体

环境资源法律关系的客体是指环境资源法律关系主体的权利和义务所指向的对象,也称“权利客体”或“权义客体”。一般认为环境资源法律关系的客体包括物、行为。物是指可作为环境资源权利、义务对象的物品或其他物质。如土地、水、森林等资源。行为是指环境资源法律关系主体从事与环境资源有关的活动的行为,包括作为和不作为。例如:生态修复行为、保护生态环境行为。

第三节 环境资源法的地位与体系

一、环境资源法的地位

(一)环境资源法是可持续发展战略的重要组成部分

随着环境资源问题的加剧,人类开始反省传统的生产生活方式,继而提出并实施可持续发展的新战略。可持续发展战略的基本内容中包括生态安全和资源(能源)安全,环境资源法规范的范畴中包括了上述可持续发展战略的内容,它针对环境污染和生态破坏以及资源(能源)保护进行规范和控制,成为实施可持续发展战略的行为规范,环境资源法以其独特的调整对象和价值追求迎合了可持续发展战略的要求,在人类维护生态安全、资源(能源)安全,促进可持续发展问题上,发挥了重要的作用,成为可持续发展战略的重要组成部分。

（二）环境资源法律部门的独立性问题

从世界范围看，20 世纪 60 年代以后，随着环境的日益恶化，环境保护逐渐为各国所关注，同时，环境科学不断发展，环境资源法迅速发展成为一个数量庞大的新兴法律规范群体。经济比较发达的国家，对环境资源保护事业比较重视，因而环境资源法制建设进展较快，美国、德国、日本和欧洲的一些发达国家是环境资源法制较为完善和先进的国家，形成了比较完备的环境保护法体系。美国是典型的习惯法国家，但是，对于环境资源立法却采用了成文法的形式，制定了大量的环境资源法律法规，到目前为止，美国的环境资源立法是世界上最完备的，它的环境资源法律文本的完备程度，甚至超过了大多数成文法国家。

从国内来看，2011 年 10 月 27 日，国务院新闻办公室发布《中国特色社会主义法律体系》白皮书，宣布“中国特色社会主义法律体系，是以宪法为统帅，以法律为主干，以行政法规、地方性法规为重要组成部分，由宪法相关法、民法商法、行政法、经济法、社会法、刑法、诉讼与非诉讼程序法等多个法律部门组成的有机统一整体”。如此看来，环境资源法在这里并没有以一个独立的法律部门出现在国务院对法律体系的认定中。

从理论界来看，关于法律部门划分的理论，一直有不同的见解和学说，概括起来主要有“客观说”“主客观一致说”两种。“客观说”主要按照调整对象的不同，或者辅之以调整方法的不同作为划分法律部门的标准；“主客观一致”说则主张划分法律部门除了要考虑客观因素外，还应该考虑主观方面的因素。按照主客观一致、以主观为主导的部门法划分理论，环境资源法不仅具有独立的调整对象和区别于其他法律部门的立法目的、特征等客观条件，在主观方面，法学家们也普遍认同环境资源法作为独立法律部门的地位。经过几十年的发展，我国环境资源法“已经初步形成由《环境保护法》为基础，综合性法律、污染防治法、资源保护法、生态保护法、应对不确定环境风险的法律等为主体的相对完整的体系”。①

二、环境资源法的体系

一个国家现行的全部法律规范按照调整对象的不同组成不同的法律部门，法律体系就是不同部门法所形成的有机联系的统一整体。环境资源法体系是指由调整因保护和改善生活环境与生态环境，合理开发利用自然资源，防治环境污染和其他公害而产生的社会关系的法律规范所形成的有机统一体。

从法学理论的角度看，法律体系可以从内容以及表现形式或渊源上分别加以构建。从内容上看，法律体系由调整不同社会关系的法律规范构成，我国环境资源法的调整对象包括环境资源管理关系、环境污染防治关系、生态资源保护关系等，因此，环境资源法体系由环境资源管理法、环境污染防治法、生态资源保护法等构成。从表现形式或渊源上看，法律体系由宪法、法律、行政法规、地方性法规、自治法规、部门规章、国际惯例和条约等构成。我国环境资源法体系的构成包括宪法中关于环境资源保护的规范，环境资源保护基本法和环境资源保护单行法，环境资源行政法规、部门规章和环境标准，自治法规和地方性法规，其他部门法中的环境资源保护法律规范，以及我国参加和批准的国际条约、国际公约中的环境资源保护规范。

① 李艳芳．论生态文明建设与环境法的独立部门法地位［J］．清华法学，2018，12(5)：36-50．

（一）《中华人民共和国宪法》中有关环境资源保护的法律规范

宪法关于环境资源保护的规定是环境立法的基础和依据。大多数现代国家都将环境资源保护上升到宪法高度，在宪法中规定环境资源保护的基本政策和原则，有的国家还将环境权作为公民的基本人权写进宪法。

我国各个时期的宪法都不同程度地设有环境资源保护规范，现行宪法对环境资源保护工作提出了更高的目标和要求，明确了保护和改善环境是我国的基本国策，《中华人民共和国宪法》（以下简称《宪法》）第二十六条规定："国家保护和改善生活环境和生态环境，防治污染和其他公害。"

宪法规定了环境资源保护的主要任务、资源范围和权属。《宪法》第九条规定："矿藏、水流、森林、山岭、草原、荒地、滩涂等自然资源，都属于国家所有，即全民所有；由法律规定属于集体所有的森林和山岭、草原、荒地、滩涂除外。国家保障自然资源的合理利用，保护珍贵的动物和植物。禁止任何组织或者个人用任何手段侵占或者破坏自然资源。"

环境资源保护的宪法性规定为环境资源立法提供基本依据，为开展环境资源保护工作提供指导原则。

（二）综合性环境资源基本法和环境资源单行法

综合性环境资源基本法是环境资源专门立法中地位最高的核心法、龙头法。人类环境资源立法经历了一个从局部保护立法到综合性全面保护立法的过程。综合性环境资源基本法是适应环境要素的相关性、环境问题的复杂性以及环境保护对策的综合性和科技性的需要而出现的，是对国家环境资源保护领域的重大问题，如环境资源保护的目的、适用对象、方针政策、基本原则和制度、措施，以及监督管理体制等作出的基础性、原则性规定。如美国的《国家环境政策法》、俄罗斯联邦的《环境保护法》、日本的《环境基本法》、我国的《环境保护法》均属于这一类。环境资源基本法在整个环境资源法体系中具有重要的地位和不可代替的作用，是制定其他单行环境资源立法的基本依据。

环境资源单行法是由全国人大及其常委会针对特定的保护对象或环境要素、特定的环境资源社会关系进行专门调整而制定或认可的法律，从其内容分，包括环境资源管理法、环境污染防治法和自然资源保护法几类。①环境资源管理单行法。这一类立法适用于对多种环境要素和自然资源保护的综合管理，为从事环境资源保护活动提供条件要求和管理规程，如《中华人民共和国环境影响评价法》（以下简称《环境影响评价法》）、《中华人民共和国清洁生产促进法》（以下简称《清洁生产促进法》）、《中华人民共和国循环经济促进法》（以下简称《循环经济促进法》）、《中华人民共和国环境保护税法》（以下简称《环境保护税法》）。②环境污染防治单行法。污染防治单行法是指由国家为了预防和治理环境污染和其他公害，针对不同环境要素污染或不同污染因子而分门别类地制定的法律，在污染防治领域，我国先后颁布了《中华人民共和国大气污染防治法》（以下简称《大气污染防治法》）、《中华人民共和国水污染防治法》（以下简称《水污染防治法》）、《中华人民共和国固体废物污染环境防治法》（以下简称《固体废物污染环境防治法》）、《中华人民共和国环境噪声污染防治法》（以下简称《环境噪声污染防治法》）、《中华人民共和国放射性污染防治法》（以下简称《放射性污染防治法》）、《中华人民共和国海洋环境保护法》（以下简称《海洋环境保护法》）等。③自然资源保护单行法。自然资源保护单行法是指为了维护生态平衡和生态安全，对具有重要生态功能的人工环境或者自然生态加以保护而颁布的法律，如《中华人民共和国水法》(以下简称《水法》)、《中华人民共和国土地管理法》(以下简称《土地管理法》)、《中华人民共和国农业法》(以下简称《农业法》)、《中华人民共和国渔业法》(以下简称《渔业法》)、《中华人民共和国矿产资源法》(以下简称《矿产资源法》)、《中华人民共和国森林法》(以下简称《森林法》)、《中华人民共和国草原法》(以下简称《草原法》)、《中华人民共和国野生动物保护法》(以下简称《野生动物保护法》)、《中华人民共和国水土保持法》(以下简称《水土保持法》)、《中华人民共和国防沙治沙法》(以下简称《防沙治沙法》)、《中华人民共和国节约能源法》(以下简称《节约能源法》)、《中华人民共和国可再生能源法》(以下简称《可再生能源法》)、《中华人民共和国种子法》(以下简称《种子法》)、《中华人民共和国海域使用管理法》(以下简称《海域使用管理法》)、《中华人民共和国海岛保护法》(以下简称《海岛保护法》)、《中华人民共和国湿地保护法》(以下简称《湿地保护法》)等。

(三) 环境资源行政法规、部门规章、生态环境标准

环境资源行政法规指国务院根据宪法和法律，按照法定程序制定的有关行使环境资源行政权力，履行环境资源行政职责的规范性文件的总称。如 2009 年 8 月 12 日国务院第 76 次常务会议通过的《规划环境影响评价条例》，国务院 1994 年 10 月 9 日发布、2017 年 10 月 7 日修正的《自然保护区条例》，国务院 1996 年 9 月 30 日发布、2017 年 10 月 7 日修正的《野生植物保护条例》，2006 年 9 月 19 日国务院发布、2016 年 2 月 6 日修订的《风景名胜区条例》等。

环境资源部门规章是指国务院所属的生态环境部、自然资源部等负有生态环境保护和自然资源管理的部门根据法律和行政法规制定的关于环境资源保护的规范性文件和为使环境资源保护单行法具体化和便于实施而制定的各种实施细则、条例和办法等。如 2020 年 11 月 5 日由生态环境部部务会议审议通过的《生态环境标准管理办法》，2021 年为配合“双碳”目标的实现，生态环境部颁布的《碳排放权交易管理办法(试行)》《碳排放权登记管理规则(试行)》《碳排放权交易管理规则(试行)》和《碳排放权结算管理规则(试行)》。

生态环境标准是对环境资源保护工作中需要统一的各项技术规范和技术要求所作的规定。具体讲，生态环境标准是国家根据环境资源政策和法规，在综合考虑本国自然环境特征、社会经济条件和科学技术水平的基础上，规定环境中污染物的允许含量和污染源排放污染物的数量、浓度、时间和速度、监测方法，以及其他有关技术规范。生态环境标准是由国家按照法定程序制定和批准的技术规范，是国家环境资源政策在技术方面的具体体现，是执行各项环境资源法律法规的基本依据，是构成环境资源法体系的重要组成部分。

(四) 地方性环境资源保护法规、规章

地方性环境资源保护法规、规章也是我国环境资源法体系的重要组成部分。环境问题的地方性特点和我国地域广阔、人口众多的国情，决定了这一层次的环境资源法律规范具有特殊的意义。20 世纪 80 年代以来，全国各地依据《宪法》和《环境保护法》，结合本地区的实际，先后制定了大量的地方性环境资源法规、规章。从立法主体来看，包括省、自治区、直辖市，以及有地方立法权的较大的市、经济特区的人大及人大常委会；从内容上看，有综合性的

方性法规，也有以某类环境要素为保护对象，或者以某类环境污染为防治对象的单行法规、规章。这些立法数量很多，涉及事项相当广泛，规定也比较具体、详细，可操作性强，在地方环境保护监督管理中起着重要和不可或缺的作用，还为国家环境资源立法的完善提供了宝贵经验。

（五）其他部门法中的环境资源保护规范

环境资源保护是我国的基本国策，尤其是21世纪以来，绿色发展、生态文明战略全面贯彻实施，这在我国各部门法中得到很好的体现，这类规范包括以下几种。

第一，《中华人民共和国行政许可法》（以下简称《行政许可法》）、《中华人民共和国行政复议法》（以下简称《行政复议法》）、《中华人民共和国行政处罚法》（以下简称《行政处罚法》）中关于行政执法的效力、特点、种类和程序的规定。

第二，刑法中针对污染环境、破坏生态资源的违法犯罪行为的规范。《中华人民共和国刑法》（以下简称《刑法》）第六章"妨害社会管理秩序罪"专设一节"破坏环境资源保护罪"，对污染环境、破坏生态资源犯罪进行了系统规定。在后续的几次刑法修正中又对"破坏环境资源保护罪"的规定进行了完善。如《刑法修正案（十一）》提高了污染环境罪的最高法定刑，明确列举了四类对生态空间和人体健康造成严重危害的行为，也拓宽了环境刑法打击范围。

第三，2020年颁布的《中华人民共和国民法典》（以下简称《民法典》）被称为"绿色民法典"，不仅在总则编中将绿色原则确立为民事活动的基本原则，也在各分编中规定了环境相邻关系、绿色合同、环境污染和生态破坏侵权责任等约30个绿色条款，对绿色原则予以系统贯彻。

第四，各类程序法中适用于追究污染或者破坏环境者和违法失职的环境行政监督管理人员的行政责任、民事责任和刑事责任的程序性法律规范。处理环境资源纠纷，现代各国一般都沿用国家颁布的行政诉讼、民事诉讼和刑事诉讼以及调解、仲裁的有关程序法律规定。只有日本制定了专门解决环境资源纠纷程序立法，于1970年颁布《公害纠纷处理法》。

我国的做法与大多数国家类似，环境资源纠纷的解决程序也适用其他部门法中的相关程序规则，如《中华人民共和国民事诉讼法》《中华人民共和国行政诉讼法》《中华人民共和国刑事诉讼法》《中华人民共和国仲裁法》《行政复议法》《监察机关处理不服行政处分申诉的办法》等，环境资源立法有特别规定的适用环境资源法的规定，如在海洋污染损害赔偿民事诉讼方面，可根据《中国海事仲裁委员会仲裁规则》的规定进行处理。

（六）我国参加和批准的国际条约中的环境资源保护规范

这一类规范包括我国参加、批准并对我国生效的一般国际条约中的环境资源保护规范和专门性国际环境资源保护条约。前者如《联合国海洋法公约》中关于保护海洋环境的国际法律规范；后者如我国参加的《控制危险废物越境转移及其处置巴塞尔公约》《保护臭氧层维也纳公约》及其《议定书》《气候变化框架公约》《生物多样性公约》《联合国湿地公约》《关于持久性有机污染物的斯德哥尔摩公约》等，它们都属于我国环境资源法体系的组成部分。这些国际环境资源保护规范除我国声明保留的条款之外，其效力优于国内法。需要注意的是，这些国际环境保护规范，只有通过国内法加以确认转化，才能得以贯彻实施，执法、司法部门不应直接引用这些国际条约作为解决我国环境资源纠纷的依据。[①]

目前，我国环境资源法体系日臻完善，特别是2014年4月24日修订了《环境保护法》以后，环境资源法体系的框架已基本形成，各层次的环境资源法律、法规、规章和地方性环境资源法规、规章发展迅速，并已具备相当的规模，调整的范围也在不断扩大；环境资源实体法、程序法也基本配套，使环境资源执法、司法有法可依，尤其是近年修订和新颁布的环境资源法律、法规更好地体现了可持续发展、生态文明的战略思想。

从实现我国"双碳"目标的角度，环境资源立法已成为我国"双碳"法制框架的重要组成部分。我国生态环境问题本质上是高碳能源结构、高耗能和高碳产业结构问题，碳的排放与常规污染物的排放具有同源性。[②] 因此，我国环境资源法体系中的大多数立法都对"双碳"目标的实现具有重要意义，其中，《环境保护法》《大气污染防治法》《环境影响评价法》《环境保护税法》《碳排放权交易管理办法（试行）》《森林法》《草原法》《矿产资源法》《可再生能源法》《清洁生产促进法》《循环经济促进法》等立法中有关防治污染、减排降碳、保护资源，增加碳汇的规定，皆与实现"双碳"目标息息相关。

第四节　环境资源法的立法目的和基本原则

一、环境资源法的立法目的

环境资源法的立法目的是指达到生态环境和自然资源保护的目标和预期要实现的结果。我国《环境保护法》第一条规定："为保护和改善环境，防治污染和其他公害，保障公众健康，推进生态文明建设，促进经济社会可持续发展，制定本法。"第四条规定："保护环境是国家的基本国策。国家采取有利于节约和循环利用资源、保护和改善环境、促进人与自然和谐的经济、技术政策和措施，使经济社会发展与环境保护相协调。"由此可见，我国环境保护立法的目的是通过调整在保护和改善环境、防治污染和其他公害过程中产生的社会关系，促使经济社会发展与环境保护相协调，最终实现经济社会的可持续发展。

可持续发展是人类社会发展的科学理念和模式，是终极目标，包含人类社会在经济、文化、福利等多方面的发展目标。《联合国人类环境宣言》指出："人类既是环境的创造物，也是环境的塑造者，环境给予人以维持生存的东西，并为其提供了在智力、道德、社会和精神等方面获得发展的机会。"因此，保护和改善环境是保障基本人权、开展经济建设和社会发展的前提和重要物质保障，也是全人类实现自身福祉的共同希望。保护和改善环境与争取和平、推动全世界的经济与社会发展具有内在一致性，同属人类社会的基本目标。《关于环境与发展的里约热内卢宣言》指出："人类处于普遍关注的可持续发展问题的中心。他们应享有以与自然相和谐的方式过健康而富有生产成果的生活的权利。"

协调发展是可持续发展理念在我国环境保护法中的具体阐述，是可持续发展在我国环境资源领域的子目标。协调发展是指将环境资源保护与经济建设和社会发展统筹规划，实

① 韩德培，陈汉光. 环境保护法教程[M]. 北京：法律出版社，2018.

② 黄润秋. 把碳达峰碳中和纳入生态文明建设整体布局[N]. 学习时报，2021-11-17.

现经济效益、社会效益和环境资源效益的统一，促进环境资源、经济、社会的可持续发展。协调发展的核心是使经济建设、社会发展与环境资源保护相协调。协调发展模式要求人类社会的发展过程和发展方式要充分考虑环境资源的承载力并维护生态平衡。实践经验表明，从根本上解决环境资源问题的有效途径，是通过对国民经济建设和社会发展的全面规划和自然资源的合理开发利用，遵循生态规律进行综合性防治，达到保护与改善环境资源、实现可持续发展的目的。

2005年国务院作出《关于落实科学发展观加强环境保护的决定》，明确提出“经济社会发展必须与环境保护相协调”，并第一次在国务院的文件中提出了“环境优先”的要求。该决定指出，全面落实科学发展观，必须把环境资源保护摆在更加重要的战略位置，要坚持“协调发展，互惠共赢。正确处理环境资源保护与经济发展和社会进步的关系，在发展中落实保护，在保护中促进发展，坚持节约发展、安全发展、清洁发展，实现可持续的科学发展”。经济社会发展必须与环境资源保护相协调，就是要促进地区经济与环境资源协调发展，要大力发展循环经济，要积极发展环境保护产业。这绝不只是文字和语序上的一种变化，而是反映了中国环境资源政策正在发生历史性的转变，进而也必将引起环境资源法立法导向的历史性调整。

2011年国务院发布《国务院关于加强环境保护重点工作的意见》，重申要通过全面提高环境保护监督管理水平、着力解决影响科学发展和损害群众健康的突出环境问题、改革创新环境保护体制机制等方法和手段，深入贯彻落实科学发展观，加快推动经济发展方式变革，提高生态文明建设水平。

2014年修订的《环境保护法》第四条规定：“国家采取有利于节约和循环利用资源、保护和改善环境、促进人与自然和谐的经济、技术政策和措施，使经济社会发展与环境保护相协调。”其中，将1989年《环境保护法》第四条规定的“使环境保护工作同经济建设和社会发展相协调”，修订为“使经济社会发展与环境保护相协调”。同时，该法第五条提出了坚持保护优先的环境保护工作原则。这是协调发展目标在立法上的重申和完善。协调发展目标同样也体现在其他环境资源单行立法中，如《森林法》第一条规定：“为了践行绿水青山就是金山银山理念，保护、培育和合理利用森林资源，加快国土绿化，保障森林生态安全，建设生态文明，实现人与自然和谐共生，制定本法。”

二、环境资源法的基本原则

法律原则作为立法中的弹性条款可以根据不同的社会发展需求作出广泛的解释，既维护了立法的稳定性，又满足了社会调整的需要，同时也可以弥补法律规则的不合理、不周延、模糊性和滞后性等缺陷，保证了法律的公平、正义、效率、安全等价值的实现。

环境资源法的基本原则指在环境资源法中规定或体现的对环境资源保护实行法律调整的基本指导方针，是调整因保护和改善环境而产生的社会关系的基本准则。环境资源法的基本原则为环境资源法确认和体现，适用于所有的环境资源保护法律、法规，贯穿在整个环境资源立法、司法中。各项原则彼此相互联系而又相互制约，是正确认识环境资源法的性质、精准执行环境资源立法的关键所在，对环境资源的开发、利用、保护、改善等活动具有普遍指导作用。环境资源法的基本原则是体现环境资源法根本目的和价值的超级法律规则，具有特殊性、抽象性、规范性和指导性等特征。

环境资源法的基本原则在环境资源法制建设中具有十分重要的作用,这主要表现在以下几个方面。首先,由于环境资源概念的不确定性和环境资源法调整范围的相对性,具体法律规范对环境资源法律关系的调整不可能面面俱到,需要通过环境资源法的基本原则予以弥补。其次,随着经济与社会的发展,一些新型的环境资源关系需要纳入环境资源法的调整范围,而具体立法可能一度滞后,在这种情况下,根据环境资源法基本原则的要求可以推动立法进程,也可以在司法活动中直接适用有关的法律原则。在无具体的规则作为环境资源法救济的依据或具体的法律规则不足以救济时,环境资源法的实施主体可以把环境资源法的基本原则纳入法律救济的规则依据体系。再次,环境资源法律规范内容非常庞杂,在实施中容易产生一些偏差,环境资源问题与其他社会问题相比较,具有高度科技背景与决策风险,涉及广泛的利益冲突与决策权衡,包括不同利益集团的利益冲突、国家(地区、区域)间的利益冲突、"代际分配"问题等,离开环境资源法基本原则而片面地适用具体的法律规范,可能减损法律适用的效率,甚至造成法律规范的不适当适用。

我国《环境保护法》第五条规定:"环境保护坚持保护优先、预防为主、综合治理、公众参与、损害担责的原则。"根据我国上述立法和环境资源法学的研究成果,环境资源法的基本原则可归纳为以下四项:保护优先原则;预防为主、综合治理原则;公众参与原则;损害担责原则。

(一)保护优先原则

1. 保护优先原则的内涵和意义

保护优先原则又称环境保护优先原则,理论界对保护优先的理解有不同的侧重,曹明德认为,保护优先是"在处理经济增长与生态环境保护之间的关系问题上,确立生态保护优先的法律地位";王树义认为环境保护优先是生态环境保护中应当把生态环境保护放在优先的位置,当生态环境利益与其他利益发生冲突时,优先考虑生态利益,满足生态安全的需要。不管理论界如何理解和表述,保护优先原则的核心要旨是环境保护行为优先于对环境资源的开发利用行为,经济社会发展必须限制在环境资源承载能力允许的前提下。具体来说,向环境排放污染物不能超过环境的自我净化能力,开发利用环境资源不能超过环境资源的自我恢复能力,要从源头上加强生态环境保护和合理利用资源,避免环境污染和生态破坏。

《环境保护法》将保护优先作为一项基本原则是环境保护立法理念的重大转变,也是生态文明建设规律的内在要求,是对原有的"先污染(破坏)后治理""边污染(破坏)边治理"等非持续发展模式的否定,实践证明,传统的发展模式和立法理念没能有效解决环境资源问题,巨大的环境资源压力倒逼人们寻求正确的发展模式。保护优先原则与《环境保护法》确立的协调发展目标相辅相成,避免了立法上的模棱两可,有利于解决实践中存在的价值冲突或保护利益竞合问题。值得注意的是,《环境保护法》虽然在立法上明确了环境保护的价值选择,但也要防止将环境保护绝对化或极端化,否则将造成其他合法利益的无畏牺牲,或导致环境行政执法上的简单粗暴和不计代价,从而引发新的社会矛盾,削弱环境保护的整体能力。

2. 保护优先原则的历史发展

保护优先原则历经了一个从无到有、从政策到立法、从限制使用到普遍性原则的发展过程。2005 年，国务院发布了《科学发展观环保决定》，第一次在国务院规范文件中提出“经济社会发展必须与环境保护相协调”，2006 年第十届人大第四次会议批准的“十一五规划”将国土空间规划为四类，即优化开发区域、重点开发区域、限制开发区域和禁止开发区域，规定在限制开发区域坚持优先保护原则。随后在 2009 年的《海岛保护法》、2010 年的《水土保持法》中相继规定了优先保护原则，直到 2014 年《环境保护法》将其明确为一项基本原则。此外，我国为保护自然生态而建立的自然保护区制度、国家公园制度、风景名胜区制度以及湿地保护制度等都是保护优先原则的具体体现和诠释。特别是 2021 年 12 月 24 日第十三届全国人民代表大会常务委员会第三十二次会议通过的《湿地保护法》第三条明确规定：“湿地保护应当坚持保护优先、严格管理、系统治理、科学修复、合理利用的原则，发挥湿地涵养水源、调节气候、改善环境、维护生物多样性等多种生态功能。”

（二）预防为主、综合治理原则

1. 预防为主、综合治理原则的内涵和意义

预防为主、综合治理原则简称预防为主原则，是指国家在环境资源保护工作中采取各种预测、分析和防范性措施，以防止环境资源问题的产生和恶化，或者把环境污染和破坏控制在能够维持生态平衡、保护人体健康和社会物质财富，以及保障经济、社会可持续发展的限度之内，并对已造成的环境污染和破坏积极科学治理的原则。

预防为主不是消极地替代治理措施，也不是忽略治理，而是对已经发生的环境污染与破坏，采取积极科学的治理措施，做到综合治理。坚持预防为主、综合治理的原则，可以尽量避免环境资源损害或者将其消除在生产过程中，做到防患于未然；对于不可避免的污染，则通过各种净化治理措施，达到环境资源保护目标的要求，以较少的投入达到较好的环境资源治理效果。由此可见，预防为主、综合治理的原则，是同经济建设与环境资源保护协调发展的目的相辅相成的，前者是后者在具体操作环节上的体现。

西方工业国家在经济发展过程中，大体都走了一条“先污染后治理”的道路，几乎没有例外。有些发展中国家也在步发达国家的后尘。但是，从世界环境资源明显恶化的 20 世纪 70 年代出现“环境资源危机”的情况看，经济的发展是以牺牲环境资源为代价的，而其后果是使社会和经济为之付出了重大的代价。人们从这一历史教训中认识到：在处理环境资源问题上，采取预防为主的原则是极为重要的。

1980 年，联合国环境规划署(UNEP)起草的《世界自然资源保护大纲》在环境与资源保护方面，首先提出了“预期的环境政策”。这种政策要求任何可能影响环境资源的重大决定，都应在其最早阶段即充分考虑到生态环境保护及其他的环境资源要求。在同一时期，经济合作与发展组织(OECD)环境委员会也提出建议：各国环境政策的核心，应该是预防为主。此后，各国开始调整和转变环境资源政策，预防为主原则越来越受到重视，并成为国家环境资源管理和立法的重要指导原则。

预防为主、综合治理原则的意义在于：该原则最大限度地体现了公平与效率的结合。首先，忽视事前保护和预防，在污染产生后再去治理，往往难以消除和恢复，还有可能造成生态环境不可逆的破坏。例如，重金属的污染、地下水的污染就很难消除；由于植被破坏造成的水土流失、土壤沙化或者物种的灭绝，也很难恢复或者根本无法恢复。这种状况将给人类健康和经济社会发展造成严重危害。其次，对环境资源造成污染和破坏以后，再进行治理，从

经济上来说是最不合算的，往往要耗费巨额资金，其治理的成本远远大于预防。最后，环境资源问题在时间和空间上的可变性很大，有些环境资源问题的产生和发展具有缓发性和潜在性特征，再加上科学技术的局限，人类对破坏环境的活动造成的长远影响和最终后果难以及时发现和认识，等到后果一旦出现，往往为时已晚，无法救治。这种情况要求人类活动必须审慎地注意对环境资源的长远的、全局的影响，做到“防患于未然”。

2. 预防为主、综合治理原则的实现

首先，贯彻预防为主原则，重点在于全面规划和合理布局。全面规划就是对工业和农业、城市和乡村、生产和生活、经济发展与环境资源保护各方面的关系全盘考虑，进而制定国土利用规划、区域规划、城市规划与环境资源规划，使各项事业得以协调发展。在城市规划中，还包括合理的功能区划分。在制定区域、城市和环境资源规划时，应该根据地区和城市的自然条件、经济条件，制定出一套既能有利于经济和社会发展、合理布局生产，又能维持区域生态平衡、保持环境质量的最佳总体规划方案，这是从宏观上贯彻预防为主原则的重要而有效的措施。

环境污染和生态破坏与生产经营的不合理规划、布局有重要的内在联系。其中工业生产布局与环境污染有直接关系，农业生产和资源开发的规划、布局与自然环境破坏有直接关系。物质生产部门基本上可以分为两大类。一类是直接以自然资源作为劳动对象的生产部门，如农、牧、渔、采掘业和部分化工工业。它们的布局直接受到自然条件的制约和影响，并会给环境和资源带来一定的损害和消耗。另一类是以第一类部门生产的产品作为原料和燃料的加工生产部门，它们对自然环境依赖性不大，但大都在生产过程中不同程度地排放各种废弃物而对环境产生污染。这两类生产部门在地区上的分布又直接影响人口的分布和规模，从而决定着城镇的布局、人口密度的分布，以及交通、文化设施的分布。由此可见，物质资料生产部门布局的合理性是环境资源保护的关键一环。

为了做到合理布局，《环境保护法》规定，各级政府的发展规划，必须包含环境保护内容，编制有关开发利用规划，建设对环境有影响的项目，应当依法进行环境影响评价。这样可以从根本上保证建设项目布局的合理性。同时还规定，禁止在污染已经比较严重的城市再建污染企业；从城市里迁走无法治理的企业，或者使其关、停、并、转；对老城市的规划、建设和改造，要按照不同的功能分区（如居民区、商业区、工业区、疗养区、风景区等）使城市总体布局合理，互不干扰。《大气污染防治法》规定，防治大气污染，应当以改善大气环境质量为目标，坚持源头治理，规划先行，转变经济发展方式，优化产业结构和布局，调整能源结构。

其次，采用环境标准控制和减少环境污染与生态破坏。环境标准是预先控制和防止环境污染与生态破坏的直接方法。通过适用一定的环境标准，可以预先对超过环境自净能力和资源承载力的污染排放与资源开发利用行为实施限制。目前，制定环境标准作为体现预防为主原则的法律和科学技术手段已经获得了世界许多国家的认可并得到广泛采用。

再次，制定和实施具有预防性的环境资源管理制度。很多国家接受预防为主作为环境资源法一项重要原则的同时，也在环境资源立法中引进了能够贯彻这一原则的具有预防性的环境资源管理制度，如土地利用规划制度、环境资源影响评价制度等。为了贯彻预防为主、综合治理的原则，中国还确立了“三同时”制度。

最后，在法典背景下，可以通过立法明确预防为主原则的内外逻辑关系，推动预防为主原则的体系化。在绿色低碳发展部分融入风险预防的运作机理，重塑精确立法、修改象征性规范，明确界定其规范价值取向，为充分发挥行政执法与司法适用的效能，提供有效且准确的规范依据。①

（三）公众参与原则

1. 公众参与原则的内涵和意义

公众参与原则也称环境民主原则，是指在国家的环境管理与资源开发活动中，公众应当有权依法通过一定的程序或途径参与一切与公众环境权益相关的开发决策等活动，知悉与之相关的环境资源信息和决策信息，表达自身的环境权益诉求，监督开发决策活动的实施，并在前述知悉、表达、参与决策和监督等权利受到侵害时得到相应的法律保护和救济。

环境资源问题是社会问题，环境污染和破坏是以损害公众利益为主的公害，在环境资源问题所涉及的法律关系当中，公众的环境资源利益又是最容易受到侵害的，而公众相对于企业、事业单位和行政部门处于弱者地位。如果没有公众参与，环境资源保护就必然失去基础和动力而流于形式，也根本无法保证法律的公平与正义。

在中国，环境资源保护关系到全国人民的切身利益，环境质量的好坏会影响到所有人的生活和健康。保持一个良好、清洁、舒适的环境，既是人们的愿望，也符合人民的利益。因此，个人、集体和国家在环境建设上的根本目标、利益是完全一致的。从法律上说，环境资源保护既是公民的一项基本权利，也是公民应尽的义务。应该把环境资源保护事业建立在更加广泛的民主基础上，把政府、企业的环境资源管理活动和环境法的实施建立在人民群众广泛支持、参与、监督的基础上。

公众参与环境资源保护作为一项法律原则的地位日益提高，功能逐步加强。长期以来由于我国环境资源法的产生和发展背景具有较强的行政主导性，公众参与的深度和广度十分有限。自党的“十五大”提出建设社会主义法治国家目标以来，公民的各项民主权利不断提升，环境资源法中的公众参与原则在理论和实践方面都得到迅速发展。

2. 公众参与原则的立法体现

中国公民有参与国家环境资源管理的权利，这项权利首先在《宪法》中作了规定：“中华人民共和国的一切权力属于人民。人民依照法律规定，通过各种途径和形式，管理国家事务，管理经济和文化事业，管理社会事务。”《环境影响评价法》规定，对环境资源可能造成不良影响和涉及公众环境资源权益的各种规划项目和建设项目，应当在报送审批前，举行论证会、听证会，或者采取其他形式，征求有关单位、专家和公众对环境资源影响报告书草案的意见。国家鼓励有关单位、专家和公众以适当方式参与环境影响评价。这是公众参与原则首次在立法上作出的正式规定和表述。2021 年修订的《民事诉讼法》第五十八条规定：“对污染环境、侵害众多消费者合法权益等损害社会公共利益的行为，法律规定的机关和有关组织可以向人民法院提起诉讼。”进一步确认了公众参与管理环境事务和从事环境保护的权利。

现行《环境保护法》明确将公众参与列为环境资源保护的一项基本原则。依据该法的规定，对于污染环境、破坏生态，损害社会公共利益的行为，依法在设区的市级以上人民政府民政部门登记，并专门从事环境保护公益活动连续五年以上且无违法记录的社会组织可以向

① 张忠民. 环境资源法典绿色低碳发展编的编纂逻辑与规范表达[J]. 政法论坛，2022(2)：36.

人民法院提起诉讼，从而为公众参与管理环境事务和保护环境提供了司法救济的基本途径。

2015年5月，环境保护部印发《关于推进环境保护公众参与的指导意见》。同年7月，环境保护部审议并原则通过《环境保护公众参与办法》。该办法自2015年9月1日起施行，对环境保护工作中公众参与的范围、形式、程序和保障措施等作出了规定，进一步明确规定了公民、法人和其他组织享有获取环境资源信息、参与和监督环境保护的权利。

（四）损害担责原则

1. 损害担责原则的内涵

损害担责原则是指对环境资源造成损害或者产生不利影响的主体，应当依法承担相应的损害赔偿、污染治理、生态恢复等责任，主要包括污染者负担、利用者补偿、开发者养护、破坏者恢复等具体内容，即造成环境污染的主体应当承担治理环境污染的费用，资源利用主体应当承担经济补偿的责任，环境资源的开发主体在取得相应开发、建设权利的同时负有合理开发和保护环境资源的义务，因开发环境资源造成环境资源破坏的主体应当承担整治和恢复的责任等。

环境污染与生态破坏是环境资源损害的主要表现形式，会带来两方面后果：一是以环境为媒介导致的个人或特定的部分人群的人身和财产损害；二是对环境媒介本身的损害，其并非传统意义上的对个人人身财产利益的侵犯，而是对人类整体的公共利益的侵犯，这种损害包括但不限于自然的生态价值损害、资源价值损害、精神价值损害，以及生物多样性的减少等，不仅表现为有关主体的行为造成的环境污染和生态破坏结果，还体现为人类活动超出环境资源承载能力导致环境退化的情形。因此，损害担责原则中所称的“损害”，既包括经由人类活动对环境资源产生负面影响，继而对不特定多数人的生命健康和财产带来的危害与损失，即对环境本身的损害或生态环境损害；也包括公民环境权益的受损事实，即经由环境对公民人身和财产的损害，即环境侵权损害。一方面，损害担责原则重视环境资源损害的预防工作，要求可能对环境资源带来负面结果的主体为了防止负面结果的发生，履行一定的义务，即承担预防性责任；另一方面，当预防性责任的担责主体已经充分地履行了自己的预防性责任，但是仍然造成了环境资源损害的结果，则环境资源损害主体应当承担一定的治理、修复和赔偿责任，即结果性责任。损害担责原则对于环境资源损害的含义与内容的把握，突破了传统的环境侵权语境下因行为人的侵权行为给个人带来的利益损失，将生态环境本身的价值提升到了更高的层次，体现了对公民应当享有的环境权的尊重。[①]

2. 损害担责原则的构建基础

1）损害担责原则的经济基础

损害担责原则的经济基础在于人类活动的负外部性。[②] 环境资源是一种公共产品，不具有消费的排他性，而人类的生产生活活动具有负外部性，如经营者的排放行为给排放者以外的社会公众强加了负担，生产者的开发利用行为给生态环境造成破坏等。20世纪70年代，西方工业国家不断增加公共财政资金用以治理和控制环境污染，一方面造成纳税人负担

---

① 丁存凡.损害担责原则的内涵及支撑[J].环境法评论，2020(2)：113-136.

② 刘志坚.环境法损害担责原则法理基础的经济与社会论证[J].法学评论，2022(2)：155-160.

增加,另一方面在治理和控制环境污染费用承担上也存在严重的社会不公平问题。在此背景下,污染者负担原则首先在国际贸易领域中产生。1972 年,经济合作与发展组织通过了协调成员国之间的贸易政策决议,要求污染企业承担减少污染措施的费用,即污染者付费原则(polluter pays principle),其目的在于指导分配预防、控制污染措施的费用。① 因此,污染者负担责原则产生的最初目的不在于防止污染,而在于解决企业的生产污染行为的负外部成本问题,从而促进贸易和投资的公平竞争。②

损害担责实际上就是对污染环境资源、破坏生态的行为的负外部性问题的法律回应,通过让污染者承担法律义务和责任的方式来解决污染行为的负外部性,即污染行为者可能要承担下列内容的一部分或全部:排污费或环境资源保护税的缴纳义务、对遭受人身财产损害的主体进行民事补偿的民事责任、行政处罚、刑罚、环境资源损害赔偿责任,以及生态环境资源损害惩罚性赔偿责任等。我国环境资源法的损害担责原则经历了从污染者治理原则到污染者负担原则再到损害担责原则的发展演进过程。对应的制度包括排污费制度、环境保护税制度、环境侵权民事赔偿制度、生态环境损害惩罚性赔偿制度,以及行政法和刑法上的惩罚与制裁制度等。

2)损害担责原则的社会基础

损害担责原则的社会基础在于环境社会连带关系与环境资源利益冲突、社会公共环境福利、人类追求良好生态环境及追究污染环境违法行为的情感与欲求等。③ 首先,环境资源社会连带关系是损害担责原则产生的社会基础与根源。环境资源的公共性决定了人和人之间不可避免地通过环境资源发生社会关联,人们基于环境资源而相互联系、相互作用、相互依赖。环境质量和生态状况的优劣就会影响到与环境资源发生关联的任何单位和个人,环境污染和生态破坏都会直接或间接地影响到每个社会成员的利益,如健康、财产、生命等。损害担责原则所展现的是在环境利益冲突和斗争中获胜的环境利益,是环境利益的产物。其次,社会公共环境福利是损害担责原则产生的终极原因。环境资源关乎社会公共福利,维护良好的生态环境会促进社会公共福利。而损害担责原则有利于让环境污染者和生态破坏者承担法律义务和不利后果,有利于保护环境和生态,增加环境社会公共福利。最后,人类追求良好生态环境及惩治环境违法行为的情感与欲求是损害担责原则产生的社会情感基础。社会成员对于污染环境和破坏生态行为的不满乃至深恶痛绝是毋庸置疑的,因而也希望禁绝"免费"使用环境资源、污染环境和破坏生态的行为,要求因环境污染和生态破坏遭受的损害获得赔偿,对污染环境和破坏生态的违法行为给予制裁与惩罚,这种情感和欲求也是损害担责原则产生的重要社会基础。

3. 损害担责原则的立法体现

损害担责原则在我国立法和政策上的表述经历了从谁污染谁治理到污染者负担再到损害担责的演变过程。1979 年《环境保护法(试行)》第六条规定:"已经对环境资源造成污染和其他公害的单位,应当按照谁污染谁治理的原则,制定规划,积极治理,或者报请主管部门批准转产、搬迁。"第十八条规定:"超过国家规定的标准排放污染物,要按照排放污染物的数

① 柯坚. 论污染者负担原则的嬗变[J]. 法学评论,2010(6):82-89.

② 刘志坚. 环境法损害担责原则法理基础的经济与社会论证[J]. 法学评论,2022(2):155-160.

③ 刘志坚. 环境资源法损害担责原则法理基础的经济与社会论证[J]. 法学评论,2022(2):155-160.

量和浓度，根据规定收取排污费。”前者侧重对已经造成损害的恢复，后者侧重预期污染成本的分配。这两条规定被认为是我国首次以法律形式正式规定谁污染谁治理原则和排污费制度。[1] 1989 年《环境保护法》虽然没有“污染者负担”的明确表述，但是学界根据其中关于排污费、限期治理和应急预防的规定，普遍将其归纳为污染者负担原则。1990 年《国务院关于进一步加强环境资源保护工作的决定》将环境资源治理的方针沿用至资源利用，表述为“谁开发谁保护，谁破坏谁恢复，谁利用谁补偿”，首次出现“生态补偿”这种激励性措施。1996 年《国务院关于环境保护若干问题的决定》还规定了“污染者付费、利用者补偿、开发者保护、破坏者恢复”，进一步扩大了责任承担主体。2014 年修订的《环境保护法》第五条将损害担责确立为环境资源保护的基本原则，并在第六条规定：“企业事业单位和其他生产经营者应当防止、减少环境污染和生态破坏，对所造成的损害依法承担责任。”除此之外，在环境资源单行立法中也毫无例外地体现了这一原则。

上述环境资源保护的基本原则，适用于所有的环境资源保护法律、法规，贯穿于整个环境资源法体系中，它们彼此相互联系而又相互制约，是环境资源保护立法、执法的指导原则，也是国家环境资源管理工作应遵循的基本准则。保护优先原则和预防为主、综合治理原则要求国家在环境资源保护工作中采取各种预防措施，以防止环境资源问题的产生和恶化，或者把环境污染和破坏控制在能够维持生态平衡、保护人体健康和社会物质财富及保障经济、社会持续发展的限度之内，对已造成的环境污染和破坏积极治理和恢复。公众参与原则保障公众对环境资源信息的知情权，环境资源保护事业的参与权，对污染环境和破坏生态的行为的监督权，增强其保护环境资源的责任感，以真正发挥人民群众的监督作用。损害担责原则要求对造成生态环境污染和破坏、资源减损的行为承担法律义务和责任，从而将行为人的违法成本内在化。这些原则充分地体现了环境资源保护必须遵循市场经济法则，是作为环境资源法重要法理学依据的民法原则的延伸，集中地体现了现代环境资源法的民主与法治要求，是环境资源法制建设的重要保证。

典型案例：生态环境保护民事公益诉讼案

思考题

1. 我国环境资源法的特点和调整对象是什么？
2. 简述环境资源法律关系含义及其构成要素。
3. 环境资源法的体系构成如何？
4. 简述保护优先原则的提出、内涵及其现实意义。
5. 损害担责原则的内涵是什么？如何实现？
6. 简述公众参与原则的含义及其实施保障。

---

① 刘志坚.“损害担责原则”面向问题的识别与损害担责中义务和责任的耦合[J]. 法治论坛，2019(1)：326-337.

第三章 环境资源法基本制度

环境资源法基本制度是环境资源法的制度化体现，各制度之间既相互独立又紧密关联，形成一个有机联系的制度体系。环境资源法基本制度主要有：环境资源规划制度、环境影响评价制度、环境资源行政许可制度、生态环境标准制度、清洁生产与循环经济制度、突发环境事件应急预案等。

第一节 环境资源法基本制度概述

一、环境资源法基本制度的内涵

环境资源法基本制度是指国家为保障环境资源法目的和基本原则的实现，由法定机关依法定程序制定的一系列有关环境资源保护和监督管理的实施规则系统。环境资源法的每一项基本制度分别侧重于环境资源保护的某一具体方面，各项基本制度既彼此独立，又相互关联，共同构成了环境资源法基本制度的完整体系，为推动环境资源法的具体实施，加强对环境资源的保护和合理利用发挥着重要作用。

二、环境资源法基本制度的特征

环境资源法基本制度作为国家保护和改善生活环境与生态环境，防治污染和其他公害的基本法律规范，既不同于一般的法律规范，也不同于环境资源法的基本原则，是为了实现环境资源法的目的和基本原则而制定的，具有以下特性。

(1) 环境资源法基本制度与环境资源法的目的和基本原则紧密联系，是环境资源法目的和基本原则的具体体现。根据我国《环境保护法》规定，环境保护法的主要目的在于保护和改善生活环境与生态环境，防治污染和其他公害，保障人体健康，促进社会主义现代化建设的发展。环境资源法的基本原则主要包括保护优先、预防为主、综合治理、公众参与、损害担责等。环境资源法基本制度则是围绕着上述目的和基本原则而构建的规则系统。

(2) 环境资源法基本制度具有体系性特征。环境资源法基本制度在规范的组成上具有系统性和相对完整性，各项基本制度既相互独立，又相互联系，共同组成环境资源法基本制度的完整体系，涵盖环境资源法调整的全部领域和全过程。正因为环境资源法基本制度具有体系性特征，所以环境资源法基本制度的健立与完善对促进环境资源法体系的完善以及环境管理的规范化有着重要的意义。

(3) 环境资源法基本制度在实施中具有较强的可操作性。环境资源法的目的和基本原则具有内容的抽象性和适用的广泛性特点，而环境资源法基本制度在适用对象上具有特定性，即一项制度只适用于环境保护、资源管理和开发利用的某一特定方面，只调整在开发、利用、保护、改善环境资源过程中发生的某一特定部分或方面的社会关系。因此其适用的对象、范围、程度、措施、法律后果，以及适用的程序等都是特定的、具体的，虽灵活性较小，但可操作性较强，还可在一定程度上避免法律适用的随意性。

三、环境资源法基本制度的内容

我国现代环境资源法基本制度的建立起步于20世纪70年代。经过不断的理论和实践探索，已逐步建立了较为完善且具有中国特色的环境资源法基本制度。这些基本制度已然成为环境资源法的重要组成部分，在污染防治和自然资源保护等方面起着至关重要的作用。我国环境资源法基本制度各有侧重，如环境影响评价制度、生态环境标准制度、清洁生产与循环经济制度、环境税费制度，以及突发环境事故应急预案制度等主要侧重于污染防治，环境资源行政许可制度等主要侧重于自然资源保护，环境资源规划制度则二者兼有，既注重污染防治，又注重对自然资源的保护。各项基本制度虽各有侧重，但又彼此契合，共同为推动污染防治和加强自然资源保护保驾护航。

第二节　环境资源规划制度

一、环境资源规划制度的内涵和特征

20世纪60年代末，随着环境污染和生态破坏日益严重，人们的环境保护意识逐渐增强。人们逐步认识到，保护环境首先应坚持预防为主原则，采取综合性的预防措施，防止环境污染和生态破坏；其次才是加强对环境污染的治理。

环境资源规划又称为环境资源计划，是指根据一定时期内环境资源保护目标和措施所作出的对环境资源保护工作的总体部署和行动方案。环境资源规划制度是环境资源保护预防为主原则的具体体现，也是我国实施可持续发展战略的重要组成部分。环境资源规划制度是指国家或地方人民政府在对国家或各地区环境资源客观状况开展调查的基础上，为满足社会经济发展的现实需求，对特定时期、特定范围内环境资源的开发、利用和保护等活动，从整体上进行规划和计划的一系列相对完整的实施规则体系。换言之，环境资源规划制度是在特定时空范围内，为实现生态环境保护目标，对环境资源保护工作所制定的具体措施。通过对环境资源的开发、利用和保护进行规划，以环境容量和环境承载力为基础，从源头上科学限制人类活动对环境资源的不利影响，确保人类对环境资源的开发利用在合理限度之内。如此一来，一方面可以有效预防环境资源问题的产生；另一方面针对已经出现的环境资源问题，科学合理地制定应对措施。

环境资源规划作为行政规划的具体内容，具备了行政规划的基本特征。首先，环境资源规划具有职权法定性、政策性特征。环境资源规划的制定主体应当是行政主体而非其他主体，行政主体根据相关法律和政策的规定，结合国家及地区环境资源的现状，对环境资源的

开发利用作出具体的规划部署和措施安排。其次，环境资源规划具有整体性、综合性特征。综合性环境规划涉及的领域较广，影响因素众多，因而在制定规划时必须对环境保护和资源利用进行整体性和综合性考量，所采取的措施也必须是多种多样的。最后，环境资源规划是一个静态和动态的结合体。在特定时空范围内，环境资源是静态的，而从长远来看，环境资源的开发、利用和保护是一个动态变化的过程，因此环境资源规划必然是静态和动态的结合。

除此之外，环境资源规划还有其自身特殊的属性。第一，环境资源规划具有环境资源保护的特征，即环境资源规划的直接目的不是促进经济社会的发展，而是从环境容量和环境资源的承载能力出发，对人们开发、利用环境资源的行为进行约束，以协调好环境保护和社会经济发展之间的关系。第二，环境资源规划的客体不是具体的社会经济生活，而是空气、水、森林、草原、环境空间等具体环境要素或主要环境污染物。第三，环境资源规划主要是从环境要素的整体性出发，依据环境功能进行规划，而不仅仅是依据行政区域进行规划。由于环境资源具有整体性和综合性特征，仅仅依据行政区域进行规划是不合理的，还需要遵循自然规律、结合环境功能，对环境资源保护和利用进行区域性或流域性的合理规划。

二、环境资源规划立法概况

我国现代最早的有关环境资源规划制度的立法可以追溯至1973年的《关于保护和改善环境的若干规定(试行草案)》，这是我国第一个综合性环境保护法规，是我国环境法的雏形，它提出了“全面规划，合理布局”的方针。1979年实施的《环境保护法(试行)》是我国环境法走向体系化的重要标志，它在传统的国民经济和社会发展规划中引进环境保护的概念，规定在制定国民经济计划时，必须对环境保护及其改善进行统筹安排，对已经造成的环境污染和其他公害，必须作出规划并有步骤地加以解决。1989年出台的《环境保护法》明确规定，国家制定的环境保护规划必须纳入国民经济和社会发展计划，并把制定和实施环境保护规划确定为县级以上人民政府的职责。

环境资源规划制度随着《环境保护法》的修订而不断完善。现行《环境保护法》(2014)第十三条规定：“县级以上人民政府应当将环境保护工作纳入国民经济和社会发展规划。国务院环境保护主管部门会同有关部门，根据国民经济和社会发展规划编制国家环境保护规划，报国务院批准并公布实施。县级以上地方人民政府环境保护主管部门会同有关部门，根据国家环境保护规划的要求，编制本行政区域的环境保护规划，报同级人民政府批准并公布实施。环境保护规划的内容应当包括生态保护和污染防治的目标、任务、保障措施等，并与主体功能区规划、土地利用总体规划和城乡规划等相衔接。”该条对环境资源规划的主体、客体、程序、内容等作出了具体规定，对环境资源单行立法具有指导性意义。此外，污染防治和自然资源保护领域的单行性法律基本上都对环境污染防治和自然资源保护等规划作出了具体规定，如《大气污染防治法》《防沙治沙法》等单行立法都对有关环境污染防治和生态环境保护规划做了规定；《矿产资源法》《水法》《土地管理法》《森林法》等自然资源保护类立法对自然资源的开发、利用、保护和管理规划作出了明确规定；《海域使用管理法》《中华人民共和国城乡规划法》等法律则对海洋功能区划、城乡规划等作了专门规定。

三、环境资源规划的种类及其协调

（一）环境资源规划的种类

按照不同的分类标准，环境资源规划可以分为不同的种类。

（1）以环境资源规划的性质为标准，环境资源规划可分为：国民经济和社会发展规划、国土规划、环境保护规划、自然资源规划四大类，每一类还可按范围、行业或专业再细化成子项规划。

（2）以规划的制定批准机构为标准，环境资源规划可分为：国家规划、部门规划和地方规划。

（3）以规划的法定效力为标准，环境资源规划可分为：强制性规划（指令性规划）和指导性规划。

（4）以规划的时间期限为标准，环境资源规划可分为：长期环境资源规划、中期环境资源规划和短期环境资源规划。长期环境资源规划通常是指战略性规划，一般期限在十年以上；中期环境资源规划主要是指五年规划，是长期环境资源规划的实施性计划；短期环境资源规划主要指年度计划，是长期环境资源规划、中期环境资源规划的具体实施计划。

（5）以规划的内容为标准，环境资源规划可分为：总体规划（整体规划）、多项规划（综合性规划）和专项规划。

（二）各类环境资源规划的协调

我国的环境资源规划类型众多，受价值目标等因素的限制，各类环境资源规划的内容重叠冲突、指标参数矛盾、规划管理冗乱、审批流程复杂烦琐等问题层出不穷。为了促进各类规划的有机协调与融合，建立科学、合理、统一、高效的环境资源规划制度，2014 年修订的《环境保护法》不仅明确规定了“环境保护规划的内容应当包括生态保护和污染防治的目标、任务、保障措施等”，而且要求其“与主体功能区规划、土地利用总体规划和城乡规划等相衔接”，不仅体现了国家“五位一体”的发展战略、国家与地方规划体系的协调性、相关规划之间的有机衔接，而且有利于环境资源规划的贯彻与实施。《环境保护法》第二十条第一款规定：“国家建立跨行政区域的重点区域、流域环境污染和生态破坏联合防治协调机制，实行统一规划、统一标准、统一监测、统一的防治措施。”该条款对环境规划提出了新的要求，即建立了区域、流域联防联治制度，对跨区域、流域环境污染和生态破坏实行统一规划、统一防治。2014 年，国家发展改革委、自然资源部、环保部和住建部四部委联合下发《关于开展市县“多规合一”试点工作的通知》，探索经济社会发展规划、城乡规划、土地利用规划、生态环境保护等多个规划的相互融合。“多规合一”不仅要求各类规划在编制内容上相衔接，同时还要求各类规划在实施时相协调。“多规合一”是实现环境资源高效、可持续利用的重要举措，是建立统一衔接、功能互补、相互协调的环境资源规划体系的重要基础，对加快转变经济发展方式和优化环境资源开发模式，促进经济社会与生态环境协调发展都具有十分重要的意义。2015 年，中共中央、国务院印发了《生态文明体制改革总体方案》，该方案不仅支持市县推进“多规合一”，统一编制市县空间规划，逐步实现一个市县一个规划、一张蓝图，还创新市县空间规划编制方法，探索规范化的市县空间规划编制程序，扩大社会参与，增强规划的科学性和透明度。2019 年,我国发布《关于建立国土空间规划体系并监督实施的若干意见》,要求将主体功能区规划、土地利用规划、城乡规划等空间规划融合为统一的国土空间规划,实行"多规合一"。

协调经济社会发展与环境资源的开发利用和保护的环境资源规划制度,一方面已取得了显著成效,另一方面也存在部分不完善之处。针对目前环境资源规划中存在的问题,在生态文明思想的指导下,可以通过完善环境资源规划体系、加强环境资源规划与环境资源管理的结合、完善环境规划法治建设等途径,保障国家战略的有效实施,提升国家环境资源治理能力和治理体系的现代化程度。

四、环境资源规划制度对实现绿色发展和"双碳"目标的意义

"十四五"时期,我国生态文明建设进入以降碳为重点战略方向,推动减污降碳协同增效,促进经济社会发展全面绿色转型,实现生态环境质量改善由量变到质变的关键时期。环境资源规划制度是协调经济社会发展与环境保护的重要手段,是环境保护预防为主原则的重要体现,为制定国民经济和社会发展规划、国土规划、区域(流域)规划及城乡规划提供了科学依据。

环境资源规划制度与绿色发展、"双碳"目标的实现是相辅相成的。环境资源规划制度可以促进绿色发展和"双碳"目标的实现,反过来,在实现绿色发展和"双碳"目标思想的指导下,环境资源规划制度可进一步得到有效优化。在生态文明建设过程中,将绿色发展理念贯彻到环境资源的开发、利用和保护中,可以克服经济发展过程中市场失灵的缺陷,促进国民经济与环境的协调、健康发展;在绿色发展理念和"双碳"目标的指导下完善环境资源规划制度,一方面有利于促进经济结构、能源结构和产业结构的转型升级,另一方面有利于推进生态文明建设和生态环境保护、持续改善生态环境质量,对实现我国经济社会发展全面绿色转型,加快形成以国内大循环为主体、国内国际双循环相互促进的新发展格局,推动绿色低碳高质量发展和全球可持续发展具有重要的促进作用。

第三节 环境影响评价制度

一、环境影响评价制度的内涵

环境影响评价(environmental impact assessment)又称环境质量预断评价,是指在开发建设以及进行其他的可能对环境产生影响的活动前,事先对该活动可能产生的环境影响进行调查、预测、评价、提出防治措施或替代方案,并编制成文件供有关部门审查批准等行为规范的总称。环境影响评价是一项社会性的活动,是运用科学方法和技术手段而做出的科学评价,具有前瞻预测性、科学技术性和内容综合性的特征。[①]

《环境影响评价法》第二条规定:"本法所称环境影响评价,是指对规划和建设项目实施

① 陈泉生. 环境法[M]. 厦门:厦门大学出版社,2013.

后可能造成的环境影响进行分析、预测和评估，提出预防或者减轻不良环境影响的对策和措施，进行跟踪监测的方法与制度。”

从上述环境影响评价的定义及我国立法对环境影响评价的界定来看，环境影响评价制度是环境影响评价活动的法定化和制度化，即国家通过立法对环境影响评价的范围、内容、程序、法律后果等事项制定的法律规则系统。[①] 环境影响评价制度作为一项强制性法律制度，对贯彻预防为主原则、合理布局、科学规划具有实质性意义。

二、环境影响评价制度的由来

1964 年，在加拿大召开的一次有关国际环境质量评价的学术会议上，环境影响评价这一概念被首次提出。环境影响评价制度则首创于美国 1969 年公布的《国家环境政策法》。美国随后又颁布了《关于实施国家环境政策法条例》，其直接目的在于为国家环境政策的有效实施提供强有力的手段，最终目的是实现《国家环境政策法》中的国家环境政策和目标。在《国家环境政策法》的带动下，20 世纪 70 年代末，美国各州基本上都建立了环境影响评价制度。环境影响评价制度在环境法律关系的调整中处于初始阶段，充分体现了预防为主的思想，一度被认为是预见性环境政策的支柱，它促使了环境管理思想的重大转变，为实施预防为主的环境政策奠定了基础，它的目的不仅在于对环境影响作出评价，更在于迫使行政机关重视其行为产生的后果。美国的《国家环境政策法》影响广泛，为各国环境影响评价立法提供了重要参考，环境影响评价制度几乎成为世界各国都采用的一种环境管理制度，如法国于 1976 年颁布的《自然保护法》中规定了环境影响评价制度，日本于 1984 年通过了《环境影响评价实施纲要》，德国的《联邦污染控制法》中也有类似环境影响评价制度的相关规定。

在西方环境影响评价制度的影响下，我国《环境保护法(试行)》首次规定了环境影响评价制度，该法第六条规定：“在进行新建、改建和扩建工程时，必须提出对环境影响的报告书，经环境保护部门和其他有关部门审查批准后才能进行设计。”此后在有关环境资源专项立法中，也对环境影响评价制度作出了具体规定，如《基本建设项目环境保护管理办法》[②]《海洋环境保护法》《水污染防治法》《大气污染防治法》《水法》《野生动物保护法》《环境噪声污染防治法》等专项立法中对基本建设项目、海洋、水、大气、水资源、野生动物、噪声等的环境影响评价作了明确规定。

然而，专项立法中的环境影响评价制度主要是针对具体项目进行环境影响评价，其适用的范围和效力都是有限的，我国的环境影响评价制度仍需不断地发展和完善。20 世纪 80 年代末，我国环境影响评价由单一的建设项目环境影响评价逐渐扩展到区域开发综合环境影响评价，进而扩展至对经济社会发展的重大决策所产生的环境影响进行评价，从对环境污染影响的评价发展到对生态系统影响的评价。《中国 21 世纪议程》提出，在以后的立法中建立可持续发展影响评价制度，要求政府部门在制定政策、规划过程中，以及审批企业立项时，对可持续发展可能产生的影响作出评估。2002 年 10 月，第九届全国人大常委会第三十次

---

① 史学瀛. 环境法[M]. 北京：清华大学出版社，2006.

② 1981 年颁布的《基本建设项目环境保护管理办法》于 1986 年被《建设项目环境保护管理办法》取代，1998 年国务院针对建设项目环境管理出现的新问题发布了《建设项目环境保护管理条例》，《建设项目环境保护管理办法》被废止。

会议通过了《环境影响评价法》，规定了发展规划和建设项目都必须按照其规定进行环境影响评价。基于规划环评的重要性，2009 年 8 月，国务院颁布《规划环境影响评价条例》，二者是我国对环境影响评价制度的内容和程序予以专门规范的重要法律法规。除此之外，我国各项单行环境资源立法中的环境影响评价规范也在不断完善，标志着我国环境影响评价制度日臻成熟。

除中国制定了专门的环境影响评价立法外，还有部分国家也制定了专门的法律，如韩国于 1993 年制定了《环境影响评价法》，加拿大于 1995 年制定了《环境评价法》，日本于 1997 年制定了《环境影响评价法》。

三、环境影响评价制度的主要内容

环境影响评价制度的主要内容包括：环境影响评价制度的原则、环境影响评价的适用范围和程序、环境影响评价的法律效力及法律责任。

（一）环境影响评价制度的原则

环境影响评价制度的原则对环境影响评价具体工作的开展具有指导作用。根据我国《环境影响评价法》的规定，环境影响评价制度应遵循客观、公开、公正、综合评价原则，公众参与原则，以及信息共享原则。

1. 客观、公开、公正、综合评价原则

环境影响评价被称为在发展中守住青山绿水的第一道防线。《环境影响评价法》第四条规定："环境影响评价必须客观、公开、公正，综合考虑规划或者建设项目实施后对各种环境因素及其所构成的生态系统可能造成的影响，为决策提供科学依据。"在环境影响评价中坚持客观、公开、公正、综合评价原则，可以确保在实施环境影响评价过程中能客观反映真实情况和科学规律，切实做到综合考量、科学评价、信息公开，有利于从源头预防规划或项目建设造成环境污染和生态破坏，兼顾了环境效益和社会经济效益。

2. 公众参与原则

《环境影响评价法》第五条规定的"国家鼓励有关单位、专家和公众以适当方式参与环境影响评价"，是公众参与原则的具体内容。公众参与原则是指在进行环境影响评价、编制、审批环境影响报告书时，必须征求公众对拟议行动的意见，将公众意见作为决策的一项依据，从而避免拟议行动对环境可能造成的损害，保护相关利害关系人的环境权益。[①] 在环境影响评价制度中坚持公众参与原则，对促进经济发展与环境保护的协调发展、提高公众的环境保护意识、监督项目方和行政机关、提高行政管理效率等方面有着十分重要的作用。

3. 信息共享原则

信息共享是指在信息标准化和规范化的基础上，将信息或信息产品在不同信息系统之间实现交流与分享的活动，以节约社会成本，优化资源配置，提高信息资源利用率。《环境影响评价法》第六条规定："国家加强环境影响评价的基础数据库和评价指标体系建设，鼓励和

---

① 史学瀛. 环境法[M]. 北京：清华大学出版社，2006.

支持对环境影响评价的方法、技术规范进行科学研究,建立必要的环境影响评价信息共享制度,提高环境影响评价的科学性。国务院生态环境主管部门应当会同国务院有关部门,组织建立和完善环境影响评价的基础数据库和评价指标体系。"概言之,为了提高环境影响评价的科学性,相关部门有必要建立环境影响评价协同共享机制,完善环境影响评价的基础数据库和评价指标体系建设,实现信息共享。

(二)环境影响评价的适用范围和程序

一般来说,环境影响评价的范围限于对环境有较大影响的规划、开发活动和建设项目。根据我国《环境影响评价法》的规定,环境影响评价分为开发利用规划的环境影响评价(以下简称规划的环境影响评价)和建设项目的环境影响评价。

1. 规划的环境影响评价

1)规划的环境影响评价的类型

《环境影响评价法》第二章对"规划的环境影响评价"进行了专门规定,《规划环境影响评价条例》则对规划环境影响评价制度进一步予以补充和细化。规划可以分为综合性规划和专项规划。依照《环境影响评价法》和《规划环境影响评价条例》的规定,综合性规划即国务院有关部门、设区的市级以上地方人民政府及其有关部门组织编制的土地利用的有关规划,区域、流域、海域的建设、开发利用规划。专项规划即国务院有关部门、设区的市级以上地方人民政府及其有关部门组织编制的工业、农业、畜牧业、林业、能源、水利、交通、城市建设、旅游、自然资源开发的有关规划。

2)规划的环境影响评价的程序

规划的环境影响评价的程序包括以下几个方面。

(1)规划环境影响评价的提出。根据《环境影响评价法》的规定,对于综合性规划,编制机关应当在规划编制过程中组织进行环境影响评价,编写该规划有关环境影响的篇章或者说明。规划有关环境影响的篇章或者说明,应当对规划实施后可能造成的环境影响作出分析、预测和评估,提出预防或者减轻不良环境影响的对策和措施,作为规划草案的组成部分一并报送规划审批机关。未编写有关环境影响的篇章或者说明的规划草案,审批机关不予审批。对于专项规划,编制机关应当在该专项规划草案上报审批前,组织进行环境影响评价,并向审批该专项规划的机关提出环境影响报告书。专项规划的环境影响报告书应当包括下列内容:实施该规划对环境可能造成影响的分析、预测和评估;预防或者减轻不良环境影响的对策和措施,以及环境影响评价的结论。

(2)规划的环境影响评价的公众参与。环境保护与公众利益密切相关,建立环境保护公众参与机制不仅是我国公众环境保护意识逐渐提高的重要体现,也是我国环境保护工作的重要内容。根据《环境影响评价法》的规定,专项规划的编制机关对可能造成不良环境影响并直接涉及公众环境权益的规划,应当在该规划草案报送审批前,通过调查问卷、座谈会、论证会、听证会等形式,征求有关单位、专家和公众对环境影响报告书的意见,依法需要保密的除外。有关单位、专家和公众的意见与环境影响评价结论有重大分歧的,规划编制机关应当采取论证会、听证会等形式进一步论证。规划编制机关应当在报送审查的环境影响报告书中附具对公众意见采纳或者不采纳情况及其理由的说明。

(3)规划的环境影响评价的审查。环境影响评价的审查需按照一定的程序进行。首先，提交审查。规划编制机关在报送审批专项规划草案时，应当将环境影响报告书一并附送规划审批机关审查；未附送环境影响报告书的，规划审批机关应当要求其补充；未补充的，规划审批机关不予审批。其次，组成审查小组。设区的市级以上人民政府在审批专项规划草案，作出决策前，应当先由人民政府指定的生态环境主管部门或者其他部门召集有关部门代表和专家组成审查小组，对环境影响报告书进行审查。参加审查小组的专家，应当从按照国务院生态环境主管部门的规定设立的专家库内的相关专业的专家名单中，以随机抽取的方式确定。最后，审查小组应当提出书面审查意见。规划审批机关在审批专项规划草案时，应当将环境影响报告书结论以及审查意见作为决策的重要依据。

(4) 规划的环境影响评价的跟踪评价。根据《环境影响评价法》的规定，对环境有重大影响的规划实施后，规划编制机关应当及时组织环境影响的跟踪评价，跟踪评价应当采取调查问卷、现场走访、座谈会等形式征求有关单位、专家和公众的意见，并将评价结果报告审批机关；发现有重大不良环境影响的，规划编制机关应当及时提出改进措施，向规划审批机关报告，并通报环境保护等有关部门。

2. 建设项目的环境影响评价

1) 建设项目的环境影响评价的分类管理

《环境影响评价法》第三章"建设项目的环境影响评价"进行了专门规定。国家根据建设项目对环境的影响程度，对建设项目的环境影响评价实行分类管理。建设单位应当按照不同情况组织编制环境影响评价文件。

第一类，可能造成重大环境影响的建设项目，应当编制环境影响报告书，对产生的环境影响进行全面评价。建设项目的环境影响报告书应当包括：建设项目概况；建设项目周围环境现状；建设项目对环境可能造成影响的分析、预测和评估；建设项目环境保护措施及其技术、经济论证；建设项目对环境影响的经济损益分析；对建设项目实施环境监测的建议；环境影响评价的结论。

第二类，可能造成轻度环境影响的建设项目，应当编制环境影响报告表，对产生的环境影响进行分析或者专项评价。

第三类，对环境影响很小、不需要进行环境影响评价的建设项目，应当填报环境影响登记表。

2) 建设项目的环境影响的后评价制度

《环境影响评价法》第二十七条规定："在项目建设、运行过程中产生不符合经审批的环境影响评价文件的情形的，建设单位应当组织环境影响的后评价，采取改进措施，并报原环境影响评价文件审批部门和建设项目审批部门备案；原环境影响评价文件审批部门也可以责成建设单位进行环境影响的后评价，采取改进措施。"实施环境影响后评价，可以检查环境影响报告书的各项环保措施是否落实，检验建设过程中工艺流程和环保设施的实际效果，验证环境影响评价的模式、预测的结论是否符合当地的环境实际情况，判断原有环境影响评价结论是否准确，以便对环境影响评价结论进行必要补充或修正，对各项环保措施进行及时调整，确保有效控制建设项目对环境的不利影响。

3. 规划环境影响评价与建设项目环境影响评价的协调

为了协调规划环境影响评价与建设项目环境影响评价的关系，《环境影响评价法》第十八条规定:"建设项目的环境影响评价,应当避免与规划的环境影响评价相重复。作为一项整体建设项目的规划,按照建设项目进行环境影响评价,不进行规划的环境影响评价。已经进行了环境影响评价的规划包含具体建设项目的,规划的环境影响评价结论应当作为建设项目环境影响评价的重要依据,建设项目环境影响评价的内容应当根据规划的环境影响评价审查意见予以简化。"

(三) 环境影响评价的法律效力及法律责任

根据法律的相关规定,进行环境影响评价的建设项目和开发活动,都必须履行法定程序。经批准后的环评文件具有行政审批的法律效力。建设项目的环境影响评价文件未依法经审批部门审查或者审查后未予批准的,建设单位不得开工建设。建设项目的环境影响评价文件经批准后,建设项目的性质、规模、地点、采用的生产工艺或者防治污染、防止生态破坏的措施发生重大变动的,建设单位应当重新报批建设项目的环境影响评价文件。建设项目环境影响报告书、报告表未经批准或者未经原审批部门重新审核同意,建设单位擅自开工建设的,由县级以上生态环境主管部门责令停止建设,根据违法情节和危害后果,处建设项目总投资额1%以上5%以下的罚款,并可以责令恢复原状;对建设单位直接负责的主管人员和其他直接责任人员,依法给予行政处分。

《环境影响评价法》第四章对规划编制机关、规划审批机关、建设单位、建设项目审批单位、环评技术单位、环评审批部门和生态环境主管部门存在失职或违反《环境影响评价法》规定的行为所应承担的行政责任和刑事责任作出了具体规定。

四、环境影响评价制度对实现"双碳"目标的意义

《环境影响评价法》的实施确立了环境影响评价制度在我国的法律地位,是我国环境影响评价制度发展史上的里程碑。在实施的20多年间,历经2016年、2018年两次修正,我国环境影响评价制度不断完善,对于加强规划和建设项目的环境影响评价管理,预防环境资源问题的产生,保障人们的环境权利,协调环境资源保护和促进经济发展,实现绿色转型和生态文明等方面发挥了重要作用。

环境影响评价制度要求在规划和建设项目实施之前对可能产生的环境影响进行预测和评估,并采取消除不利影响的措施。在"双碳"目标的战略背景下,随着环境影响评价制度的调整,必然要把对减排降碳的不利影响、气候变化影响、能源利用效率等纳入其评价范围,以便采取有效措施尽可能地减少高污染、高排放、高能耗现象的发生,促进清洁生产、绿色能源的发展。

2021年5月,生态环境部发布《关于加强高耗能、高排放建设项目生态环境源头防控的指导意见》(以下简称《指导意见》),针对高耗能、高排放项目,要求从环境影响评价、排污许可核发,以及持续监管执法三个层面从严把关。《指导意见》首次将"碳排放影响评价"纳入环境影响评价体系,为环境影响评价增加了新的内容要求,在环境影响评价政策层面体现碳达峰碳中和的战略要求。

2022年11月,国家发展改革委发布的《政府投资项目可行性研究报告编制通用大纲(征求意见稿)》第八部分"项目影响效果专题分析"中,提出要有进行资源利用效率分析、项

目节能效果分析、环境和生态影响分析、碳排放与“双碳”目标影响分析、经济影响评价及社会影响评价等方面的论证。

基于环境影响评价机制的优越性，环境影响评价制度必然对“双碳”目标的实现起到积极的作用。

第四节 环境资源行政许可制度

“双碳”目标背景下，环境资源行政许可对碳排放管理有着特别的意义。排污许可通过设定排污申请者的相关条件能有效控制包括碳排放在内的污染物排放；自然资源开发利用类行政许可通过全面把握国家或地区自然资源的拥有状况，结合环境、经济发展需求，对自然资源的开发利用进行许可、限制或禁止，有利于对生态环境和自然资源予以整体性保护，体现可持续发展的理念，也有利于我国实现“双碳”战略目标。

一、环境资源行政许可概述

（一）行政许可的概念、特征和种类

1. 行政许可的概念

我国《行政许可法》对行政许可有如下定义：行政许可是指行政机关根据公民、法人或者其他组织的申请，经依法审查，准予其从事特定活动的行为。传统行政法学中定义的行政许可就是“禁止的解除”，先有对某一活动的禁止或者限制，再解除这种禁止或者限制，赋予相应主体从事特定活动的权利。由于环境资源的有限性，许多经济活动和社会活动都应该受到一定的限制，所谓“没有约束就没有自由”。政府通过行政许可手段解禁和赋权实现对社会生活和经济生活的干预和调整。比如水资源的利用，过去无论个人还是企业从江河取水被认为天经地义，但现实是如果不设法保护水资源，就可能导致水质恶化和水资源枯竭。所以政府必须采取一定行政手段保障环境资源在利用时不被污染和破坏，这就产生了环境资源保护领域的行政许可制度。

2. 行政许可的特征

1）行政许可是行政主体实施的外部管理活动

根据《行政许可法》的规定，行政许可的实施主体可以是有行政许可权的行政机关，也可以是法律、法规授权的管理公共事务的组织。行政许可是行政主体依据行政相对人申请实施的外部管理行为。例如，《清洁生产促进法》第二十七条第一款规定：“企业应当对生产和服务过程中的资源消耗以及废物的产生情况进行监测，并根据需要对生产和服务实施清洁生产审核。”该规定明确企业是实施清洁生产审核的主体，但企业不是行政机关，同时企业的审核行为是对企业内部生产和服务进行的监督管理活动，因此这一审核不是行政许可。

2）行政许可是有限设禁和解禁的授益行政行为

经典行政法学认为，行政许可设定的前提是法律规范的一般禁止，行政许可的实施是对可否解除禁止依法作出判断的过程，其目的是对符合条件和具备资格的特定对象解禁，从而

使申请许可的行政相对人获得某种“特权”。从这一意义上讲，行政许可是赋予行政相对人某种权利和资格的授益性行政行为。

3）行政许可的内容是准许行政相对人从事特定活动

行政许可归类于授益行为，因为它赋予行政相对人从事某一特定活动的行为能力。但行政许可与一般授益行为不一样，行政许可通过许可事项，实现对行政相对人行为的控制，进而实现公共管理目的。一般行政受益事项如社会保险金发放、税费减免，行政相对人不提出申请将得不到政府提供的这些利益，但其从事相关活动不属于违法，不会受到处罚；对于许可事项，相对人未取得许可从事有关活动，即属违法，应受到处罚。

3. 行政许可的种类

（1）一般（普通）许可。直接涉及国家安全、公共安全、经济宏观调控、生态环境保护以及直接关系人身健康、生命财产安全等特定活动，需要按照法定条件予以批准的事项。

（2）特许。有限自然资源开发利用、公共资源配置，以及直接关系公共利益的特定行业的市场准入等，需要赋予特定权利的事项。

（3）认可。提供公众服务并且直接关系公共利益的职业、行业，需要确定具备特殊信誉、特殊条件或者特殊技能等资格、资质的事项。

（4）核准。直接关系公共安全、人身健康、生命财产安全的重要设备、设施、产品、物品，需要按照技术标准、技术规范，通过检验、检测、检疫等方式进行审定的事项。

（5）登记。企业或者其他组织的设立等，需要确定主体资格的事项。

（二）环境资源行政许可的概念、特征、意义及种类

1. 环境资源行政许可的概念

环境资源许可是指国家有关环境资源管理机关，根据公民、法人或者其他组织的申请，经依法审查，准予其从事某项对环境资源有影响的行为。比如为改善生态环境质量，实行排污许可制，按标准排污，禁止随意排污。比如为提高投资治沙积极性，许可对沙化国有土地享有70年土地使用权。

环境资源行政许可又可称为环境资源行政许可制度，是对有关环境资源行政许可的各项法律规范的总称，是环境资源行政许可活动的制度化和法定化。该制度是国家为加强环境资源管理而采用的一种卓有成效的行政管理制度，是加强环境资源监督管理的有效手段，是防治环境污染、保护自然资源和生态平衡的重要途径，被视为环境资源法律调控的支柱。它采用相对规范化的行政许可程序，从源头控制对环境与资源产生消极影响的开发、建设、经营和排污行为，与各项规划制度有机联系，保障经济社会发展与环境资源保护相协调。

目前我国经济发展进入了新时期，基本特征就是我国经济已由高速增长阶段转向高质量发展阶段。2018年习近平主席在全国生态环境保护大会上讲话指出，生态文明建设正处于压力叠加、负重前行的关键期，已进入提供更多优质生态产品以满足人民日益增长的优美生态环境需要的攻坚期，也到了有条件有能力解决突出生态环境问题的窗口期。《行政许可法》第十一条规定：“设定行政许可，应当遵循经济和社会发展规律，有利于发挥公民、法人或者其他组织的积极性、主动性，维护公共利益和社会秩序，促进经济、社会和生态环境的协调发展。”这一规定中“促进经济、社会和生态环境协调发展”的行政许可设定原则与“绿水青山

就是金山银山”的生态文明建设理念是一脉相承的。环境资源行政许可制度是生态文明建设理念的一个着力点，大量的中央和政府文件提出构建以排污许可为核心的环境资源监管制度体系，通过行政许可制度调整人与自然的关系，如设置“一证式”排污许可、采矿许可、林业采伐许可等，推进了生态文明建设。

2. 环境资源行政许可的特征

环境资源行政许可除了具备一般行政许可的特点之外，还具有以下特点。

1）环境公益性与综合管理性

环境资源行政许可管制对象是对生态环境可能造成损害的活动或行为。许多环境污染和破坏，如森林锐减、物种灭绝、土壤沙化、重金属污染等，往往是不可逆转的，很难消除和恢复。因此环境资源行政许可以维护环境公益和生态环境可持续发展为设立目的。环境资源行政许可一般是针对涉及自然资源、公共资源、公共安全、人身健康、为公众提供服务、国家安全、垄断市场准入等与环境公共利益有关的事项，具有广泛的公益性和社会性，充分体现了法的社会职能。环境资源行政许可也是一种综合性管理活动，行政许可赋予需要综合考量各环境资源要素的关联性，同时还要对经济社会发展的需求与环境资源的承载能力进行协调，作出科学、理性的选择。因此环境资源行政许可不单是某一个部门或某一个环节的活动，还与环境资源规划的编制和落实、环境标准的制定与执行等活动环环相扣，其本身也是由申请、审查、决定、实施、监督等多步骤组成，是一种系统性和综合性管理活动。

2）科学性与权衡性

从全球视角看，某些环境问题是现代科学技术发展的产物。环境资源行政许可的最大特点在于其无论是立法还是执法，必须以大量的科学技术规范、操作规程、环境标准和控制污染的工艺技术等作为支撑。但许多情况下，环境资源行政许可往往决策于科技未知之中，所作许可决定在日后能否被证明是正确的无法定论。环境资源行政许可与开发、利用和保护自然资源的广泛社会活动都有关，涉及生产、流通、生活各个领域，时常引发多方面的利益冲突。例如，鼓励多用纸制品以减少对塑胶容器的依赖，虽然有助于垃圾的处理以及降低化学制品制造过程中污染源的产生，但却对森林资源的保护带来压力。又例如，对特定物质的使用进行控制，往往会引发产业者的经济利益与受害人的健康权、生存权的冲突，间接触动消费者的消费权益、从业劳工的工作权，以及相关企业的竞争优势等广泛的利益纠葛。此外，环境资源问题所衍生的利益冲突也可能扩大到国际或区域范围内，臭氧层破坏、温室效应、酸雨、油污、核废水等问题都有待在国际或区域层面解决。但是各国对这些问题的形成负有不同程度的责任，不同发展阶段的国家对这些问题的缓急定位也颇不相同，进而引发国际社会的利益冲突。因此进行环境行政许可时，不仅要依靠科学技术规范，而且还需要多个相关部门相互协调，重视公众参与，权衡各方利益，共同审查、协同作出决定。

3）预限性和关联性

环境资源存在于地球生态系统中，具有一定的稀缺性、有限性。在特定的时空范围内，环境容量固定不变，环境污染直接导致他人对环境容量利用的缺乏。一个国家或地区对环境利用行为所实施的法律控制，必然会在一定的程度上对其他国家或地区产生积极或消极的影响。19—20世纪的工业化在全球的扩散导致人类对其自身生存环境的影响超出单个国家范围所产生的世界性影响。立法者在设计环境资源行政许可制度时，应当具备国际视野，参考国际环境保护规范，预先设立限制条件、特定范围、标准、申请条件、时限和程序等，在行政许可种类上探索综合性许可。

3. 环境资源许可的意义

(1) 有利于国家从总体上把握环境保护的方向,合理分配、利用有限的自然资源,把影响环境资源的各种开发、建设、经营、排污活动纳入国家统一管理的轨道,科学合理地平衡生态利益和经济利益。

(2) 有利于保障和监督环境资源行政机关掌握各方面情况,有效实施环境资源行政管理,及时制止不当开发、生产和各种损害环境资源的活动,加强国家环境资源管理部门的监督检查,及时发现违法者,确保法律、法规的有效实施。

(3) 有利于维护公民、法人和其他组织的合法环境资源权益,维护环境公共利益、人与人之间的社会秩序、人与自然之间的生态秩序。行政机关通过实施环境行政许可,使相对人在环境法上的权利、义务和责任具体化、现实化,从而使环境风险处于政府可控制的范围内,保障公民、法人和其他组织的合法环境资源权益。

(4) 有利于促使开发利用环境资源者加强环境资源管理,进行技术和工艺改造,推行清洁生产,节约资源,减少排污。如《北京市支持清洁生产资金使用办法》规定,企业申请清洁生产项目资金补助,需要提交环保、规划、土地等部门的许可手续。

(5) 有利于调动公民、法人和其他组织保护环境资源的积极性,参与环境资源管理,特别是对损害环境资源的活动的监督。环境许可证通常表明企业的经济活动符合法定的环境标准,企业是否损害环境利益,公民、法人和其他组织可以依据环境许可标准进行监督。

4. 环境资源行政许可的种类

《行政许可法》将行政许可分为一般(普通)许可、特许、认可、核准、登记五类,现行法律法规中涉及环境资源行政许可的种类主要有以下几种。

1) 污染防治类许可

为控制因污染物排放对环境产生污染和危害,对企业事业单位和其他生产经营者的污染物排放进行许可。我国《环境保护法》规定:“国家依照法律规定实行排污许可管理制度。实行排污许可管理的企业事业单位和其他生产经营者应当按照排污许可证的要求排放污染物;未取得排污许可证的,不得排放污染物。”《水污染防治法》规定:“直接或者间接向水体排放工业废水和医疗污水以及其他按照规定应当取得排污许可证方可排放的废水、污水的企业事业单位和其他生产经营者,应当取得排污许可证;城镇污水集中处理设施的运营单位,也应当取得排污许可证。排污许可证应当明确排放水污染物的种类、浓度、总量和排放去向等要求。排污许可的具体办法由国务院规定。禁止企业事业单位和其他生产经营者无排污许可证或者违反排污许可证的规定向水体排放前款规定的废水、污水。”

2021 年 3 月 1 日实施的《排污许可管理条例》对加强排污许可管理,规范企业事业单位和其他生产经营者排污行为,控制污染物排放,保护和改善生态环境作出了更为全面、具体的规定。2021 年 2 月 1 日实施的《碳排放权交易管理办法(试行)》对全国碳排放权交易及相关活动进行了规范,比如碳排放配额分配和清缴,碳排放权登记、交易、结算,温室气体排放报告与核查等活动。

2) 生态环境影响类建设项目许可

为预防建设开发活动对生态环境带来的不利影响,实行建设项目环境影响评价制度,建设单位应当在开工建设前将环境影响报告书、环境影响报告表,报有审批权的生态环境行政主管部门审批;建设项目的环境影响评价文件未经依法审批或者审查后未予批准的,建设单位不得开工建设。

3）自然资源保护类许可

为防止环境资源破坏,需要申请人依法向主管行政主体提出申请,经审查核实符合法定条件的,该申请人获得从事某项资源利用的权利或者资格。如采矿许可、取水许可、野生动植物的出售、收购、利用、进出口等许可。

4）专业机构和专业人员资格认定

为生态环境保护提供社会化服务的专业机构和专业人员的资格、资质许可。如废弃电器电子产品处理企业资格审批、兽药安全性评价单位资格认定、民用核设施操作人员资格认定等。

5）环境保护设备设施核准

直接关系环境治理、检测、监测等的重要设备、设施、产品、物品,需要按照技术标准、技术规范,通过检验、检测、检疫等方式进行审定。如环境保护专用设备制造的核准、建设项目竣工环境保护设施验收的核准、一般轻污染项目验收核准等。

二、环境资源行政许可的实施及程序

行政许可的实施是指国家为保障行政许可权的公正和有效行使,规定享有行政许可权并承担相应责任的行政机关和法律、法规授权的具有管理公共事务职能的组织实施行政许可行为必须遵循的方式、步骤、时限和顺序。行政许可程序的设置是否适当,对于保护申请人的合法权益,提高行政效率,防止行政机关及其工作人员权力"寻租",具有重要意义。我国行政许可中出现的一些问题,直接原因就是目前关于行政许可的有关程序还不完善,如行政许可环节过多、手续烦琐、时限过长等。针对上述行政许可程序的诸多问题,依据《行政许可法》在环境资源行政许可领域确立了公开制度、告知制度、申请人陈述和申辩制度、说明理由制度、期限制度和听证制度等,通过相应法律、法规和规章对环境资源行政许可的实施程序进行规范。

（一）环境资源行政许可的实施主体

行政许可实施主体是指行使行政许可权并承担相应责任的行政机关以及法律、法规授权的具有管理公共事务职能的组织。依据环境资源保护相关法律法规,环境资源行政许可的实施主体主要有以下三种。

1. 行政机关

依据《环境保护法》的规定,国务院生态环境保护主管部门会同有关部门,根据国民经济和社会发展规划编制国家环境保护规划,负责全国排污许可的统一监督管理;地方各级人民政府应当对本行政区域的环境质量负责。县级以上地方人民政府生态环境保护行政机关是地方生态保护和污染防治的主管部门,负责本行政区域排污许可的监督管理,有关行政机关依法配合生态环境保护行政机关行使相应环境资源行政许可权。比如,《大气污染防治法》第四十条规定,县级以上人民政府市场监督管理部门应当会同生态环境主管部门对锅炉生产、进口、销售和使用环节执行环境保护标准或者要求的情况进行监督检查；不符合环境保护标准或者要求的，不得生产、进口、销售和使用。另外，依据环境资源行政许可管制领域的不同，相关立法确定的主管部门也会不同。比如，《环境噪声污染防治法》第十九条规定，在城市范围内从事生产活动确需排放偶发性强烈噪声的，须事先向当地公安机关提出申请，经批准后方可进行。《水土保持法》第二十五条规定：在山区、丘陵区、风沙区及水土保持规划确定的其他区域开办可能造成水土流失的生产建设项目，生产建设单位须编制水土保持方案，报县级以上人民政府水行政主管部门审批。《渔业法》第二十九条规定：未经国务院渔业行政主管部门批准，任何单位或者个人不得在水产种质资源保护区内从事捕捞活动。

2. 被授权的具有管理公共事务职能的组织

法律法规授权的具有管理公共事务职能的组织，在法定授权范围内，以自己的名义实施行政许可。被授权实施行政许可的具有管理公共事务职能的组织应当具备下列条件：第一，该组织必须是依法成立的；第二，被授权实施的行政许可事项应当与该组织管理公共事务的职能相关联；第三，该组织应当拥有熟悉与被授权实施的行政许可有关的法律、法规和专业的正式工作人员；第四，该组织应当具备实施被授权实施的行政许可所必需的技术、装备条件等；第五，该组织能对实施被授权实施的行政许可引起的法律后果独立地承担责任。比如依据《环境影响评价法》第二十三条规定，不属于国务院生态环境主管部门负责审批的建设项目的环境影响评价文件审批权限，由省、自治区、直辖市人民政府规定。根据该规定，为深化环评审批“放管服”改革，一些省、自治区人民政府授权自由贸易试验区或者开发区实施建设项目环境影响评价文件审批、环境影响后评价备案、建设项目环境影响评价文件技术审查等事项。

3. 被委托的行政机关

行政机关在其法定职权范围内，依照法律、法规、规章的规定，可以委托其他行政机关实施行政许可。受委托行政机关在委托范围内，以委托行政机关的名义实施行政许可。委托实施行政许可必须遵循以下规则：①委托主体只能在其法定职权范围内委托实施行政许可；②委托实施行政许可的依据是法律、法规和规章；③委托机关应当对被委托行政机关实施行政许可的行为负责监督，并对被委托机关的行政许可行为的后果承担法律责任；④被委托实施行政许可的行政机关不得将行政许可实施权再转委托给其他组织或者个人；⑤委托行政机关应当将被委托行政机关和被委托实施行政许可的内容予以公告。比如，《放射性同位素与射线装置安全许可管理办法》第五条规定：省级以上人民政府环境保护主管部门可以委托下一级人民政府环境保护主管部门审批颁发许可证。

（二）环境资源行政许可的实施程序

1. 申请与受理

申请人提出申请，是环境资源行政许可的前提条件，是申请人从事某种特定行为之前必须履行的法定义务。环境资源行政许可是依申请的行政行为，行政机关遵循“不告不理”的原则，申请程序因相对人行使其申请权而开始。申请权是一种程序上的权利，相对人有权通过合法的申请，要求行政机关作出合法的应答。无论申请人在实体法上是否符合获得许可的条件，在程序上都享有该权利。比如依照法律规定实行排污许可管理的企业事业单位和其他生产经营者,应当依照规定申请取得排污许可证。

行政机关应当将法律、法规、规章规定的有关行政许可的事项、依据、条件、数量、程序、期限,以及需要提交的全部材料的目录和申请书示范文本等在办公场所公示。行政机关认为申请书应该采用格式文本的,应提前公示并免费向申请人提供格式文本。申请人可以亲自向许可实施机关提出许可申请,也可以委托代理人提出许可申请,法律另有规定的除外;行政许可申请可以通过信函、电报、电传、传真、电子数据交换和电子邮件等方式提出。

环境资源行政许可申请的内容不仅包括申请人要求行政机关准予其从事某种特定活动的意思表示,还包括行政机关要求申请人提供的申请是否符合环境资源行政许可条件和标准的有关信息。比如建设项目可能产生环境噪声污染的,建设单位必须提出环境影响报告书或报告表。辐射工作单位在申请领取许可证前,应当组织编制或者填报环境影响评价文件。《排污许可管理条例》规定,申请排污许可证,应依法提交排污许可证申请表。排污许可证申请表应当包括下列事项:①排污单位名称、住所、法定代表人或者主要负责人、生产经营场所所在地、统一社会信用代码等信息;②建设项目环境影响报告书(表)批准文件或者环境影响登记表备案材料;③按照污染物排放口、主要生产设施或者车间、厂界申请的污染物排放种类、排放浓度和排放量,执行的污染物排放标准和重点污染物排放总量控制指标;④污染防治设施、污染物排放口位置和数量,污染物排放方式、排放去向、自行监测方案等信息;⑤主要生产设施、主要产品及产能、主要原辅材料、产生和排放污染物环节等信息,以及是否涉及商业秘密等不宜公开情形的情况说明。排污许可证申请除以上材料外,如果属于实行排污许可重点管理的,排污单位还应当提交在提出申请前已通过全国排污许可证管理信息平台公开单位基本信息、拟申请许可事项的说明材料;属于城镇和工业污水集中处理设施的,排污单位还应当提交纳污范围、管网布置、最终排放去向等说明材料;属于排放重点污染物的新建、改建、扩建项目以及实施技术改造项目的,排污单位还应当提交通过污染物排放量削减替代获得重点污染物排放总量控制指标的说明材料。

关于受理,依据《行政许可法》,行政机关对申请人提交的申请材料进行形式审查后,应根据不同情况分别作出受理或不予受理的处理,并出具加盖本行政机关专用印章和注明日期的书面凭证。申请事项依法不需要取得行政许可的,应当及时告知申请人不受理;申请事项依法不属于本行政机关职权范围的,应当即时作出不予受理的决定,并告知申请人向有关行政机关申请;申请材料存在可以当场更正的错误的,应当允许申请人当场更正;申请材料不齐全或者不符合法定形式的,应当当场或者在5日内一次告知申请人需要补正的全部内容,逾期不告知的,自收到申请材料之日起即为受理;申请事项属于本行政机关职权范围,申请材料齐全、符合法定形式,或者申请人按照本行政机关的要求提交全部补正申请材料的,应当受理行政许可申请。

《排污许可管理条例》规定,审批部门对收到的排污许可证申请,应当根据下列情况分别作出处理:①依法不需要申请取得排污许可证的,应当及时告知不需要申请取得排污许可证;②不属于本审批部门职权范围的,应当即时作出不予受理的决定,并告知排污单位向有审批权的生态环境主管部门申请;③申请材料存在可以当场更正的错误的,应当允许排污单位当场更正;④申请材料不齐全或者不符合法定形式的,应当当场或者在3日内出具告知单,一次性告知排污单位需要补正的全部材料;逾期不告知的,自收到申请材料之日起即视为受理;⑤属于本审批部门职权范围,申请材料齐全、符合法定形式,或者排污单位按照要求补正全部申请材料的，应当受理。审批部门应当在全国排污许可证管理信息平台上公开受理或者不予受理排污许可证申请的决定，同时向排污单位出具加盖本审批部门专用印章和注明日期的书面凭证。

2. 审查

依据《行政许可法》规定，对于已经受理的行政许可申请，行政机关应对申请人提交的申请材料进行审查。对于可以当场作出决定的，行政机关应当当场作出书面许可决定；对于需要进行实质性审查的，除审查书面材料外，还应指派两名以上工作人员进行现场核查。环境资源行政许可具体的审查程序需要依据相关法律法规，比如《排污许可管理条例》第十条规定，审批部门应当对排污单位提交的申请材料进行审查，并可以对排污单位的生产经营场所进行现场核查。审批部门可以组织技术机构对排污许可证申请材料进行技术评估。

对于依法需要通过听证、招标、拍卖、检验、检测、检疫、鉴定和专家评审等手段来进行审查的，行政机关应当认真组织和实施，不得逾越。《行政许可法》第四十六条、第四十七条规定，在三种情形下需要进行许可听证：①法律、法规、规章明确规定应当听证的；②行政机关认为许可事项涉及公共利益需要听证的；③许可事项直接涉及申请人与他人之间重大利益关系，申请人、利害关系人依法申请听证的。例如，《环境影响评价公众参与办法》规定，对环境影响方面公众质疑性意见多的建设项目，建设单位应当以组织召开公众座谈会或者听证会、专家论证会等方式，开展深度公众参与。并对收到的公众意见进行整理，组织有能力的单位进行专业分析后提出采纳或者不采纳的建议。对未采纳的意见，建设单位应当说明理由。

听证按照下列程序进行：①行政机关应当于举行听证的七日前将举行听证的时间、地点通知申请人、利害关系人，必要时予以公告；②听证应当公开举行；③行政机关应当指定审查该行政许可申请的工作人员以外的人员为听证主持人，申请人、利害关系人认为主持人与该行政许可事项有直接利害关系的，有权申请回避；④举行听证时，审查该行政许可申请的工作人员应当提供审查意见的证据、理由，申请人、利害关系人可以提出证据，并进行申辩和质证；⑤听证应当制作笔录，听证笔录应当交听证参加人确认无误后签字或者盖章。行政机关应当根据听证笔录，作出行政许可决定。

3. 决定

行政机关对环境行政许可申请进行审查后，应当在法定期限内作出明确的准予行政许可的书面决定或不予行政许可的书面决定，准予行政许可的应当公开书面决定，不予行政许可的应说明理由，并履行告知申请人享有申请行政复议或提起行政诉讼的权利。行政机关作出准予行政许可的决定，应当自作出决定之日起 10 日内向申请人颁发、送达行政许可证件，或者加贴标签，加盖检验、检测、检疫印章。

以排污许可为例，排污单位具备下列条件的，由有权机关颁发排污许可证：①依法取得建设项目环境影响报告书(表)批准文件，或者已经办理环境影响登记表备案手续；②污染物排放符合污染物排放标准要求，重点污染物排放符合排污许可证申请与核发技术规范、环境影响报告书(表)批准文件、重点污染物排放总量控制要求；其中，排污单位生产经营场所位于未达到国家环境质量标准的重点区域、流域的，还应当符合有关地方人民政府关于改善生态环境质量的特别要求；③采用污染防治设施可以达到许可排放浓度要求或者符合污染防治可行技术;④自行监测方案的监测点位、指标、频次等符合国家自行监测规范。

对实行排污许可简化管理的排污单位,审批部门应当自受理申请之日起 20 日内作出审批决定;对符合条件的颁发排污许可证,对不符合条件的不予许可并书面说明理由。对实行排污许可重点管理的排污单位,审批部门应当自受理申请之日起 30 日内作出审批决定;需要进行现场核查的,应当自受理申请之日起 45 日内作出审批决定;对符合条件的颁发排污许可证,对不符合条件的不予许可并书面说明理由。审批部门应当通过全国排污许可证管理信息平台生成统一的排污许可证编号。

第五节 生态环境标准制度

一、生态环境标准制度概述

(一) 概念和价值

生态环境标准(ecological and environmental standards)是为了保障人群健康,保护生态平衡,防治环境污染,有效合理利用资源,由法律授权的政府及其主管部门按照法定程序和方法制定的,用以规范评判有关环境活动和结果的规范性技术文件。广义的生态环境标准还包括行业组织、社会团体和企业所制定的自治性环境技术要求。

生态环境标准通过科学客观的技术要求对人类活动所产生环境负荷进行数据分析,以量化方法来说明、预测和判断环境承载能力,规范人类的生态环境利用行为。具体而言具有以下法律价值。

(1) 生态环境标准将生态环境保护工作中需要统一的各项技术要求上升为法律,构成环境保护法的重要组成部分。

(2) 生态环境标准是衡量生态环境质量和环保工作优劣的尺度。相关企业对生态环境影响的判断,一个地区环境质量的评估均需要与环境标准相比较。

(3) 生态环境标准是各级生态环境部门从事生态环境监督执法和生态环境管理的基本依据。生态环境标准是贯穿环保管理工作的一根基线,排污收费,污染源监督,项目生态环境影响评价,生态环境相关诉讼等均须以生态环境标准为依据。

(4) 生态环境标准是企业污染治理是否符合国家或地区要求的限定值。生态环境标准对企业举足轻重,通过实施生态环境标准可以防止企业任意排污,促进企业采用先进的少污染或无污染工艺,提高能源和资源利用率。

(二) 我国生态环境标准制度的发展历史

我国生态环境标准是与环境保护工作同步发展起来的。1973 年 8 月全国第一次环境保护工作会议召开,会议审查通过了我国第一个环境标准——《"工业三废"排放试行标准》,这一标准为我国刚刚起步的环保事业提供了执法和管理依据,奠定了我国生态环境标准制度的基础。

1979 年 9 月国家颁布《环境保护法(试行)》,明确环境标准的制定、审批和实施权限,使环境标准制度有了法律保证和支撑。1984 年国家环境保护局成立,进一步形成环境标准研究、制定和颁布的组织化和系统化。随后，有关水质、大气、噪声等环境质量标准及有关化工、钢铁、轻工等四十多个国家工业污染物排放标准陆续出台。20世纪80年代中期，为配合上述环境质量标准和污染物排放标准，国家又制定了相应的方法标准和标准样品标准。

1991年12月在广州召开环境标准工作座谈会，会议提出建立新的环境标准体系。自此开始对现有环境标准清理整顿，着手修订综合排放标准和重点行业排放标准，1996年颁布一批水、气污染物排放标准。2000年4月通过的《大气污染防治法》，贯彻"超标即违法"思想，使环境标准的地位得到进一步提升。

除建立国内环境标准体系之外，我国还积极参加国际环境标准化活动，1980年加入国际标准化组织(ISO)，1996年随着ISO 14000(环境管理体系)系列陆续发布，我国积极开展试点工作，并于1997年成立中国环境管理体系认证指导委员会，为顺利推进该国际标准提供组织保障。

随着新《环境保护法》等环境保护法律法规及新《中华人民共和国标准化法》的出台，为适应新的环境管理要求，2020年12月，我国生态环境部发布《生态环境标准管理办法》，实现从环境标准制度向生态环境标准制度的转变，这也是我国第一部专门针对生态环境标准的单行立法。该办法提出了我国新时期生态环境标准工作的总体思路和方向，完善了标准类别和体系划分，明确了各类标准的作用定位、制定原则、实施细则，规定了地方标准制修订及实施工作的开展，成为目前我国环境标准工作的重要法律依据。

二、生态环境标准的制定原则

生态环境部于2020年12月15日公布、自2021年2月1日起施行的《生态环境标准管理办法》第七条规定："制定生态环境标准，应当遵循合法合规、体系协调、科学可行、程序规范等原则。"为贯彻上述原则，该办法从要求与禁限两个方面对生态环境标准的制定进行了规范。

在要求方面，制定生态环境标准应当根据生态环境保护需求编制标准项目计划，组织相关事业单位、行业协会、科研机构或者高等院校等开展标准起草工作，广泛征求国家有关部门、地方政府及相关部门、行业协会、企业事业单位和公众等方面的意见，并组织专家进行审查和论证。

在禁限方面，针对制定生态环境标准与设定行政许可、行政处罚、限制公民权利等行为容易产生混淆的问题，该办法特别对以下事项作出禁止性规定：制定生态环境标准，不得增加法律法规规定之外的行政权力事项或者减少法定职责；不得设定行政许可、行政处罚、行政强制等事项，增加办理行政许可事项的条件，规定出具循环证明、重复证明、无谓证明的内容；不得违法减损公民、法人和其他组织的合法权益或者增加其义务；不得超越职权规定应由市场调节、企业和社会自律、公民自我管理的事项；不得违法制定含有排除或者限制公平竞争内容的措施，违法干预或者影响市场主体正常生产经营活动，违法设置市场准入和退出条件等。

此外，在合法合规原则方面，生态环境标准还不得规定采用特定企业的技术、产品和服务，不得出现特定企业的商标名称，不得规定采用尚在保护期内的专利技术和配方不公开的试剂，不得规定使用国家明令禁止或者淘汰使用的试剂。

在程序规范原则方面,该办法要求生态环境标准发布时,应当留出适当的实施过渡期。生态环境质量标准、生态环境风险管控标准、污染物排放标准等标准发布前,应当明确配套的污染防治、监测、执法等方面的指南、标准、规范及相关制订或者修改计划,以及标准宣传培训方案,确保标准有效实施。

三、生态环境标准的分类

根据标准内容、制定主体以及是否具有强制性的不同,环境标准可以进行以下几种分类。

(一)依据内容的分类

依据内容不同,生态环境标准可以分为生态环境质量标准、生态环境风险管控标准、污染物排放标准、生态环境监测标准、生态环境基础标准和生态环境管理技术规范。该分类将在后文进行详细阐述。

(二)依据制定主体的分类

依据制定主体的不同,环境标准可以分为国家生态环境标准和地方生态环境标准。

国家生态环境标准由国务院生态环境主管部门制定,包括国家生态环境质量标准、国家生态环境风险管控标准、国家污染物排放标准、国家生态环境监测标准、国家生态环境基础标准和国家生态环境管理技术规范。国家生态环境标准在全国范围或者标准制定区域范围执行。

地方生态环境标准由省级人民政府制定,包括地方生态环境质量标准、地方生态环境风险管控标准、地方污染物排放标准和地方其他生态环境标准,其在发布该标准的省、自治区、直辖市行政区域范围或者标准制定区域范围执行。有地方生态环境质量标准、地方生态环境风险管控标准和地方污染物排放标准的地区,应当依法优先执行地方标准。

地方生态环境质量标准、地方生态环境风险管控标准和地方污染物排放标准发布后,应当依法报国务院生态环境主管部门备案。值得注意的是,该备案属于事后备案而非事前备案,备案不是地方标准生效的前提条件,国务院生态环境主管部门备案与否并不影响地方标准生效执行。备案需说明与该标准适用范围相同或者交叉的国家生态环境标准中控制要求的对比分析情况。国务院生态环境主管部门收到地方生态环境标准备案材料后,予以备案并公开相关备案信息;发现问题的,可以告知相关省级生态环境主管部门,建议按照法定程序修改。

地方生态环境标准是对国家生态环境标准的补充和加强。地方生态环境质量标准、地方生态环境风险管控标准和地方污染物排放标准可以对国家相应标准中未规定的项目作出补充规定,也可以对国家相应标准中已规定的项目作出更加严格的规定,但不能制定低于国家相应标准的标准。新发布实施的国家生态环境质量标准、生态环境风险管控标准或者污染物排放标准严于现行相对应的地方生态环境标准的,该地方生态环境质量标准应当依法修订或者废止。

省级地方政府针对本行政区域内没有国家污染物排放标准的特色产业、特有污染物,或者国家有明确要求的特定污染源或者污染物应当补充制定地方污染物排放标准。

下列情形应当制定比国家污染物排放标准更严格的地方污染物排放标准：①产业密集、环境问题突出的；②现有污染物排放标准不能满足行政区域内环境质量要求的；③行政区域环境形势复杂，无法适用统一的污染物排放标准的。国务院生态环境主管部门应当加强对地方污染物排放标准制定工作的指导。

制定地方流域（海域）或者区域性污染物排放标准，应当按照生态环境质量改善要求，进行合理分区，确定污染物排放控制要求，促进流域（海域）或者区域内行业优化布局、调整结构、转型升级；制定地方生态环境标准，或者提前执行国家污染物排放标准中相应排放控制要求的，应当根据本行政区域生态环境质量改善需求和经济、技术条件，进行全面评估论证，并充分听取各方意见。

（三）依据是否具有强制性的分类

依据是否具有强制性，生态环境标准可以分为强制性生态环境标准和推荐性生态环境标准。强制性生态环境标准包括国家和地方的生态环境质量标准、生态环境风险管控标准、污染物排放标准和法律法规规定强制执行的其他生态环境标准。强制性生态环境标准必须执行。

法律法规未规定强制执行的国家和地方生态环境标准，以推荐性生态环境标准的形式发布。当推荐性生态环境标准被强制性生态环境标准或者规章、行政规范性文件引用并赋予其强制执行效力的，被引用的内容必须执行，推荐性生态环境标准本身的法律效力不变。

四、生态环境标准的内容

（一）生态环境质量标准

1. 生态环境质量标准的概念和性质

依照《生态环境标准管理办法》，生态环境质量标准是为保护生态环境，保障公众健康，增进民生福祉，促进经济社会可持续发展，限制环境中有害物质和因素所做的统一技术规范和要求。生态环境质量标准包括大气环境质量标准、水环境质量标准、海洋环境质量标准、声环境质量标准、核与辐射安全基本标准。如《地面水环境质量标准》《环境空气质量标准》《海水水质标准》等。

国家和地方均可制定生态环境质量标准，其中国家生态环境质量标准在整个生态环境标准中处于核心地位，是国家环境政策目标的综合体现和反映，国家实行生态环境保护规划、分级分类管理环境、控制污染以及科学评价环境质量的基础，判断某地域环境质量状况的直接依据。

生态环境质量标准属于强制性标准。《环境保护法》规定，地方各级人民政府应当对本行政区域的环境质量负责。生态环境质量标准的强制性主要体现在对政府环境管理行为的评价方面，可以作为考评各级人民政府负责人的直接依据。

2. 生态环境质量标准的编制和实施

编制生态环境质量标准的主要依据为生态环境基准研究成果，需要反映生态环境质量特征，并与经济社会发展和公众生态环境质量需求相适应。

生态环境质量标准应当包括下列内容：①功能分类；②控制项目及限值规定；③监测要求；④生态环境质量评价方法；⑤标准实施与监督等。

生态环境质量标准由生态环境主管部门统一组织实施。实施大气、水、海洋、声环境质量标准时，应当按照标准规定的生态环境功能类型划分功能区，在各划分的区域内明确适用不同的控制项目指标和控制要求，并采取措施达到生态环境质量标准的要求；实施核与辐射安全基本标准时，应当确保核与辐射的公众暴露风险可控。

（二）生态环境风险管控标准

1. 生态环境风险管控标准的界定和设立背景

生态环境风险管控标准是为保护生态环境，保障公众健康，推进生态环境风险筛查与分类管理，维护生态环境安全，控制生态环境中的有害物质和因素所做的统一技术规范和技术要求。如《土壤环境质量农用地土壤污染风险管控标准（试行）》《土壤环境质量建设用地土壤污染风险管控标准（试行）》。

生态环境风险管控标准是2020年12月以后在《生态环境标准管理办法》中新出现的类别，包括土壤污染风险管控标准以及法律法规规定的其他环境风险管控标准。其设立源自于我国日益严峻的土壤污染形势，土壤污染对土地使用及人类健康构成严重威胁，却缺乏有效的指标体系对土壤环境风险进行评价。2018年我国通过《土壤污染防治法》，明确规定国务院生态环境主管部门根据土壤污染状况、公众健康风险、生态风险和科学技术水平，并按照土地用途，制定国家土壤风险管控标准，加强土壤污染防治标准体系建设。根据《土壤污染防治法》关于土壤污染防治风险管控的原则，土壤污染风险管控标准主要用于风险筛查和分类，而非质量达标评价。因此《生态环境标准管理办法》将"生态环境风险管控标准"设立生态环境标准的新增类别，并成为必须执行的强制性标准。

2. 生态环境风险管控标准的编制和实施

编制生态环境风险管控标准的主要依据为环境污染状况、公众健康风险、生态环境风险、环境背景值和生态环境基准研究成果等因素，区分不同保护对象和用途功能，科学合理确定风险管控要求。

编制生态环境风险管控标准应当包括下列内容：①功能分类；②控制项目及风险管控值规定；③监测要求；④风险管控值使用规则；⑤标准实施与监督等。

实施土壤污染风险管控标准，应当按照土地用途分类管理，管控风险，实现安全利用。生态环境风险管控标准是开展生态环境风险管理的技术依据。

（三）污染物排放标准

1. 污染物排放标准的概念和分类

污染物排放标准是为改善生态环境质量，控制排入环境中的污染物或者其他有害因素，根据生态环境质量标准和经济、技术条件所做的统一技术规范和技术要求。如《污水综合排放标准》《大气污染物综合排放标准》《恶臭污染物排放标准》等。

国家污染物排放标准是对全国范围内污染物排放控制的基本要求。地方污染物排放标准是地方为进一步改善生态环境质量和优化经济社会发展，对本行政区域提出的国家污染物排放标准的补充规定或者更加严格的规定。

污染物排放标准包括大气污染物排放标准、水污染物排放标准、固体废物污染控制标准、环境噪声排放控制标准和放射性污染防治标准等。

水和大气污染物排放标准，根据适用对象分为行业型、综合型、通用型、流域(海域)或者区域型污染物排放标准。行业型污染物排放标准适用于特定行业或者产品污染源的排放控制；综合型污染物排放标准适用于行业型污染物排放标准适用范围以外的其他行业污染源的排放控制；通用型污染物排放标准适用于跨行业通用生产工艺、设备、操作过程或者特定污染物、特定排放方式的排放控制；流域(海域)或者区域型污染物排放标准适用于特定流域(海域)或者区域范围内的污染源排放控制。

2. 污染物排放标准的制定

制定行业型或者综合型污染物排放标准，应当反映所管控行业的污染物排放特征，以行业污染防治可行技术和可接受生态环境风险为主要依据，科学合理确定污染物排放控制要求。

制定通用型污染物排放标准，应当针对所管控的通用生产工艺、设备、操作过程的污染物排放特征，或者特定污染物、特定排放方式的排放特征，以污染防治可行技术、可接受生态环境风险、感官阈值等为主要依据，科学合理确定污染物排放控制要求。

制定流域(海域)或者区域型污染物排放标准，应当围绕改善生态环境质量、防范生态环境风险、促进转型发展，在国家污染物排放标准基础上作出补充规定或者更加严格的规定。

污染物排放标准应当包括下列内容：①适用的排放控制对象、排放方式、排放去向等情形；②排放控制项目、指标、限值和监测位置等要求，以及必要的技术和管理措施要求；③适用的监测技术规范、监测分析方法、核算方法及其记录要求；④达标判定要求；⑤标准实施与监督等。

3. 污染物排放标准的实施

污染物排放标准规定的污染物排放方式、排放限值等是判定污染物排放是否超标的技术依据，也是判断行为是否违法的法律依据。排放污染物或者其他有害因素，应当符合污染物排放标准规定的各项控制要求，否则应承担相应的法律后果。如《环境保护法》规定："企业事业单位和其他生产经营者超过污染物排放标准或者超过重点污染物排放总量控制指标排放污染物的，县级以上人民政府环境保护主管部门可以责令其采取限制生产、停产整治等措施；情节严重的，报经有批准权的人民政府批准，责令停业、关闭。"

污染物排放标准具有严格的执行顺序。①地方污染物排放标准优先于国家污染物排放标准；地方污染物排放标准未规定的项目，应当执行国家污染物排放标准的相关规定。②同属国家污染物排放标准的，行业型污染物排放标准优先于综合型和通用型污染物排放标准；行业型、综合型污染物排放标准未规定的项目，应当执行通用型污染物排放标准的相关规定。③同属地方污染物排放标准的，流域(海域)或者区域型污染物排放标准优先于行业型污染物排放标准，行业型污染物排放标准优先于综合型和通用型污染物排放标准。流域(海域)或者区域型污染物排放标准未规定的项目，应当执行行业型或者综合型污染物排放标准的相关规定；流域(海域)或者区域型、行业型、综合型污染物排放标准均未规定的项目，应当执行通用型污染物排放标准的相关规定。

（四）生态环境监测标准

1. 生态环境监测标准概述

依照《生态环境标准管理办法》的规定，生态环境监测标准是为监测生态环境质量和污染物排放情况，开展达标评定和风险筛查与管控，规范布点采样、分析测试、监测仪器、卫星遥感影像质量、量值传递、质量控制、数据处理等监测技术要求所做的统一技术规范和技术要求。《环境保护法》规定："国家建立、健全环境监测制度。国务院环境保护主管部门制定监测规范，会同有关部门组织监测网络，统一规划国家环境质量监测站（点）的设置，建立监测数据共享机制，加强对环境监测的管理。"

生态环境监测标准包括生态环境监测技术规范、生态环境监测分析方法标准、生态环境监测仪器及系统技术要求、生态环境标准样品等。

生态环境监测标准为推荐性生态环境标准，其与前述三类标准的关系为，生态环境监测标准配套支持生态环境质量标准、生态环境风险管控标准、污染物排放标准的制定和实施，为这三类标准提供监测分析的方法。

2. 生态环境监测标准的制定

制定生态环境监测标准应当考虑下列因素：配套支持生态环境质量标准、生态环境风险管控标准、污染物排放标准的制定和实施；优先控制化学品环境管理、国际履约等生态环境管理及监督执法需求；采用稳定可靠且经过验证的方法，在保证标准的科学性、合理性、普遍适用性的前提下提高便捷性，易于推广使用。

生态环境监测技术规范应当包括监测方案制定、布点采样、监测项目与分析方法、数据分析与报告、监测质量保证与质量控制等内容。生态环境监测分析方法标准应当包括试剂材料、仪器与设备、样品、测定操作步骤、结果表示等内容。生态环境监测仪器及系统技术要求应当包括测定范围、性能要求、检验方法、操作说明及校验等内容。

3. 生态环境监测标准的适用

制定生态环境质量标准、生态环境风险管控标准和污染物排放标准时，应当采用国务院生态环境主管部门制定的生态环境监测分析方法标准；国务院生态环境主管部门尚未制定适用的生态环境监测分析方法标准的，可以采用其他部门制定的监测分析方法标准。

对生态环境质量标准、生态环境风险管控标准和污染物排放标准实施后发布的生态环境监测分析方法标准，未明确是否适用于相关标准的，国务院生态环境主管部门可以组织开展适用性、等效性比对；通过比对的，可以用于生态环境质量标准、生态环境风险管控标准和污染物排放标准中控制项目的测定。

对地方生态环境质量标准、地方生态环境风险管控标准或者地方污染物排放标准中规定的控制项目，国务院生态环境主管部门尚未制定适用的国家生态环境监测分析方法标准的，可以在地方生态环境质量标准、地方生态环境风险管控标准或者地方污染物排放标准中规定相应的监测分析方法，或者采用地方生态环境监测分析方法标准。适用于该控制项目监测的国家生态环境监测分析方法标准实施后，地方生态环境监测分析方法不再执行。

（五）生态环境基础标准

1. 生态环境基础标准的界定和作用

生态环境基础标准是为统一规范生态环境标准的制定技术工作和生态环境管理工作中具有通用指导意义的技术要求所提出的标准。生态环境基础标准的内容包括生态环境标准制定技术导则，生态环境通用术语、图形符号、编码和代号（代码）及其相应的编制规则等。

生态环境基础标准的作用体现为对生态环境标准的统一和通用，其统一性和通用性贯穿于整个生态环境标准的制定和执行工作中。制定生态环境标准，应当符合相应类别生态环境标准制定技术导则的要求，采用生态环境基础标准规定的通用术语、图形符号、编码和代号（代码）编制规则等，做到标准内容衔接、体系协调、格式规范；在生态环境保护工作中使用专业用语和名词术语，设置图形标志，对档案信息进行分类、编码等，应当采用相应的术语、图形、编码技术标准。

2. 生态环境基础标准的制定

制定生态环境标准技术导则，应当明确标准的定位、基本原则、技术路线、技术方法和要求，以及对标准文本及编制说明等材料的内容和格式要求。

制定生态环境通用术语、图形符号、编码和代号（代码）编制规则等，应当借鉴国际标准和国内标准的相关规定，做到准确、通用、可辨识，力求简洁易懂。

（六）生态环境管理技术规范

依照《生态环境标准管理办法》的规定，为规范各类生态环境保护管理工作的技术要求，制定生态环境管理技术规范，包括大气、水、海洋、土壤、固体废物、化学品、核与辐射安全、声与振动、自然生态、应对气候变化等领域的管理技术指南、导则、规程、规范等。

制定生态环境管理技术规范应当有明确的生态环境管理需求，内容科学合理，针对性和可操作性强，有利于规范生态环境管理工作。

生态环境管理技术规范为推荐性标准，在相关领域环境管理中实施。

五、生态环境标准实施评估

（一）标准实施评估的作用定位

依照《生态环境标准管理办法》的规定，为掌握生态环境标准实际执行情况及存在的问题，提升生态环境标准科学性、系统性、适用性，标准制定机关应当根据生态环境和经济社会发展形势，结合相关科学技术进展和实际工作需要，组织评估生态环境标准实施情况，并根据评估结果对标准适时进行修订。

标准实施评估是《生态环境标准管理办法》新增内容，针对之前相关规制缺失标准实施评估的管理要求，不能反映生态环境标准管理改革进展和标准在实施过程中的实际效果问题，为充分发挥标准在环境治理和优化经济发展方面的作用，《办法》第四十八条至第五十条增加标准实施评估内容。

（二）标准实施评估原则

强制性生态环境标准应当定期开展实施情况评估，可以与其配套的推荐性生态环境标准实施情况同步开展评估。

生态环境质量标准实施评估应当依据生态环境基准研究进展，针对生态环境质量特征的演变，评估标准技术内容的科学合理性。

生态环境风险管控标准实施评估应当依据环境背景值、生态环境基准和环境风险评估研究进展，针对环境风险特征的演变，评估标准风险管控要求的科学合理性。

污染物排放标准实施评估应当关注标准实施中普遍反映的问题，重点评估标准规定内容的执行情况，论证污染控制项目、排放限值等设置的合理性，分析标准实施的生态环境效益、经济成本、达标技术和达标率，开展影响标准实施的制约因素分析并提出解决建议。

生态环境监测标准和生态环境管理技术规范的实施评估应当结合标准使用过程中反馈的问题、建议和相关技术手段的发展，重点评估标准规定内容的适用性和科学性，以及与生态环境质量标准、生态环境风险管控标准和污染物排放标准的协调性。

第六节 清洁生产与循环经济制度

一、清洁生产制度

（一）清洁生产的概念

“清洁生产”(clean production)这一概念源起于1976年欧共体无废工艺和无废生产国际研讨会。会议提出了“消除造成污染的根源”的思想。1989年，联合国环境规划署(UNEP)明确了“清洁生产”的概念，其将“清洁生产”定义为：将污染预防战略持续地应用于生产过程、产品和服务中，通过不断地改善管理和推进技术进步，提高资源利用效率，减少污染物产生和排放，以降低对人类和环境的危害①。

1992年在巴西里约热内卢召开的“联合国环境与发展大会”上，通过了《21世纪议程》。这份重要文件号召工业提高能效，开展清洁技术，更新替代对环境有害的产品和原料，推动实现工业可持续发展。中国政府对执行《21世纪议程》做出了郑重承诺。1994年，《中国21世纪议程》经国务院第十六次常务会议审议通过，将清洁生产列为“重点项目”之一。《中国21世纪议程》将“清洁生产”定义为：既可满足人们的需要又可合理使用自然资源和能源，并保护环境的实用生产方法和措施。清洁生产不仅要求生产过程无污染、少污染，最大可能地节约原材料和能源，而且要求产品本身的绿化，即减少产品在整个生产周期中对人类和环境的影响，包括产品报废后回收与处理过程的无污染。

2002年，我国制定《中华人民共和国清洁生产促进法》。依照该法第二条的解释，“清洁生产”是指不断采取改进设计、使用清洁的能源和原料、采用先进的工艺技术与设备、改善管

① 汪劲. 环境法学[M]. 4版. 北京：北京大学出版社，2018.

理、综合利用等措施，从源头削减污染，提高资源利用效率，减少或者避免生产、服务和产品使用过程中污染物的产生和排放，以减轻或者消除对人类健康和环境的危害。

（二）我国的清洁生产制度发展历程

1992年，按照联合国环境与发展大会精神和我国具体情况，当时的国家环保总局提出了我国环境与发展领域应采取的十条对策和措施，即《环境与发展十大对策》。该文件明确指出，将清洁生产正式列入《环境与发展十大对策》，要求新建、扩建、改建项目的技术起点要高，尽量采用能耗物耗低、污染物排放量少的清洁生产工艺。

自1993年第二次全国工业污染防治工作会议正式提出要积极推行清洁生产以来，我国先后颁布或修改的《大气污染防治法》《水污染防治法》《固体废物污染环境防治法》和《淮河流域水污染防治暂行条例》等法律法规中都增加了有关清洁生产的法律规定。至此，清洁生产已开始成为我国环境保护的一项新的基本制度。[①]

1998年，联合国环境规划署确定太原市为清洁生产示范城市。1999年，国家经济贸易委员会将太原市列为全国第一个清洁生产试点城市。同年，我国第一部关于清洁生产的地方性法规《太原市清洁生产条例》正式出台，这也预示着全国性的清洁生产立法即将到来。

2002年6月29日，第九届全国人大常委会第二十八次会议通过了《清洁生产促进法》并予以公布，2003年1月1日起施行。这是我国第一部以推行清洁生产为目的的法律，它的出台标志着我国推行清洁生产步入法治化阶段，我国实施清洁生产有了基本的法律依据。

2012年，《全国人民代表大会常务委员会关于修改〈中华人民共和国清洁生产促进法〉的决定》由中华人民共和国第十一届全国人民代表大会常务委员会第二十五次会议于2012年2月29日通过。此次修正建立了清洁生产推行规划制度，加强了对清洁生产促进工作的资金支持，扩大了企业实施强制性清洁生产的审核范围，强化了清洁生产审核法律责任及政府和社会的监督作用。

自《清洁生产促进法》出台后，我国许多省市陆续制定和实施了关于清洁生产的地方性法规，旨在促进本行政区域内的清洁生产。《云南省清洁生产促进条例》（2006年发布）、《天津市清洁生产促进条例》（2008年发布，2017年修正）、《山东省清洁生产促进条例》（2010年发布，2020年修正）先后面世。2009年，湖南省出台了《湖南省实施〈中华人民共和国清洁生产促进法〉办法》（2020年修正）。2017年，《菏泽市煤炭清洁生产使用监督管理》正式实施。

（三）清洁生产政策与“双碳”目标

清洁生产是预防和减少环境污染的有效手段，清洁生产的实施推动了污染防治从单一的“末端治理”向“源头预防、过程控制、末端治理、综合利用”全生命周期管理的转变。我国正处于低碳转型期，推行清洁生产更是助力实现碳达峰、碳中和的必要措施。党中央、国务院高度重视清洁生产促进工作，多次在会议和文件中强调要通过全面推行清洁生产促进实现“双碳”目标，加快推进绿色低碳发展进程。

2021年2月，《国务院关于加快建立健全绿色低碳循环发展经济体系的指导意见》明确将“清洁生产”列为工作率先突破的重点，把清洁生产水平持续提高作为主要目标。

---

① 周珂，等. 环境法[M]. 6版. 北京：中国人民大学出版社，2021.

2021 年 9 月,《中共中央、国务院关于完整准确全面贯彻新发展理念做好碳达峰碳中和工作的意见》明确指出全面推进清洁生产。

2021 年 10 月,《2030 年前碳达峰行动方案》指出要构建有利于绿色低碳发展的法律体系,推动《清洁生产促进法》等法律的制定修订。

2021 年 10 月,国家发展改革委等十部门发布《"十四五"全国清洁生产推行方案》,基于新形势新要求,在清洁生产"节能、降耗、减污、增效"八字方针的基础上,将"减污降碳"作为"十四五"清洁生产工作的又一新目标,将清洁生产向工业、交通运输业、农业、建筑业、服务业等领域推进,并且提出"研究将碳排放指标纳入清洁生产审核范围",以此为重要抓手,推动各行业、各领域提前谋划,全力实现碳达峰、碳中和目标。

(四)各级政府及其有关部门的推行职责与实施要求

1. 清洁生产促进工作的管理主体

依照法律规定,政府及其环境保护等部门是规划、组织、协调、领导、推行清洁生产促进工作的行政管理主体。

(1) 负责规划清洁生产促进工作的主体:国务院和县级以上地方人民政府负责将清洁生产促进工作纳入国民经济和社会发展规划、年度计划以及环境保护、资源利用、产业发展、区域开发等规划。

(2) 负责组织、协调、领导清洁生产促进工作的主体:国务院清洁生产综合协调部门负责组织、协调全国的清洁生产促进工作;县级以上地方人民政府确定的清洁生产综合协调部门负责组织、协调本行政区域内的清洁生产促进工作;县级以上地方人民政府负责领导本行政区域内的清洁生产促进工作。

(3) 直接负责有关清洁生产促进工作的主体:国务院环境保护、工业、科学技术、财政部门和其他有关部门,以及县级以上地方人民政府其他有关部门,按照各自的职责,负责有关的清洁生产促进工作。

2. 推行清洁生产的职责

《清洁生产促进法》第二章规定了各级政府及其有关部门对推行清洁生产的责任。

1) 制定有利于实施清洁生产的政策

按照法律规定,国务院应当制定有利于实施清洁生产的财政税收政策;国务院及其有关部门和省、自治区、直辖市人民政府,应当制定有利于实施清洁生产的产业政策、技术开发和推广政策。

2) 编制清洁生产推行规划

国家清洁生产推行规划应当包括:推行清洁生产的目标、主要任务和保障措施,按照资源能源消耗、污染物排放水平确定开展清洁生产的重点领域、重点行业和重点工程。

(1) 国家清洁生产推行规划的编制。国务院清洁生产综合协调部门会同国务院环境保护、工业、科学技术部门和其他有关部门,根据国民经济和社会发展规划及国家节约资源、降低能源消耗、减少重点污染物排放的要求,编制国家清洁生产推行规划,报经国务院批准后及时公布。

(2) 行业专项清洁生产推行规划的制定。国务院有关行业主管部门根据国家清洁生产推行规划确定本行业清洁生产的重点项目,制定行业专项清洁生产推行规划并组织实施。

(3) 地方推行清洁生产实施规划的制定。县级以上地方人民政府根据国家清洁生产推行规划、有关行业专项清洁生产推行规划,按照本地区节约资源、降低能源消耗、减少重点污染物排放的要求,确定本地区清洁生产的重点项目,制定推行清洁生产的实施规划并组织落实。

3) 保障清洁生产促进工作的财政投入

中央预算应当加强对清洁生产促进工作的资金投入,包括中央财政清洁生产专项资金和中央预算安排的其他清洁生产资金,用于支持国家清洁生产推行规划确定的重点领域、重点行业、重点工程实施清洁生产及其技术推广工作,以及生态脆弱地区实施清洁生产的项目。中央预算用于支持清洁生产促进工作的资金使用的具体办法,由国务院财政部门、清洁生产综合协调部门会同国务院有关部门制定。县级以上地方人民政府应当统筹地方财政安排的清洁生产促进工作的资金,引导社会资金,支持清洁生产重点项目。

4) 组织和支持建立促进清洁生产信息系统和技术咨询服务体系

国务院和省、自治区、直辖市人民政府的有关部门,应当组织和支持建立促进清洁生产信息系统和技术咨询服务体系,向社会提供有关清洁生产方法和技术、可再生利用的废物供求以及清洁生产政策等方面的信息和服务。

5) 发布清洁生产技术、工艺、设备和产品导向目录

国务院清洁生产综合协调部门会同国务院环境保护、工业、科学技术、住房城乡建设、农业农村等有关部门定期发布清洁生产技术、工艺、设备和产品导向目录。

6) 组织编制重点行业或者地区的清洁生产指南

国务院清洁生产综合协调部门、环境保护部门和省、自治区、直辖市人民政府负责清洁生产综合协调的部门、环境保护部门会同同级有关部门,组织编制重点行业或者地区的清洁生产指南,指导实施清洁生产。

7) 实行限期淘汰制度

国家对浪费资源和严重污染环境的落后生产技术、工艺、设备和产品实行限期淘汰制度。国务院有关部门按照职责分工,制定并发布限期淘汰的生产技术、工艺、设备以及产品的名录。

8) 批准设立环境与资源保护方面的产品标志

国务院有关部门可以根据需要批准设立节能、节水、废物再生利用等环境与资源保护方面的产品标志,并按照国家规定制定相应标准。

9) 指导、支持清洁生产技术的示范和推广工作

县级以上人民政府科学技术部门和其他有关部门,应当指导和支持清洁生产技术和有利于环境与资源保护的产品的研究、开发以及清洁生产技术的示范和推广工作。

10) 组织开展清洁生产的宣传和培训

国务院教育部门应当将清洁生产技术和管理课程纳入有关高等教育、职业教育和技术培训体系。县级以上人民政府有关部门组织开展清洁生产的宣传和培训,提高国家工作人员、企业经营管理者和公众的清洁生产意识,培养清洁生产管理和技术人员。各级人民政府应当通过宣传、教育等措施,鼓励公众购买和使用节能、节水、废物再生利用等有利于环境与资源保护的产品。

11）支持优先采购有利于环境与资源保护的产品

各级人民政府应当优先采购节能、节水、废物再生利用等有利于环境与资源保护的产品。

12）提供清洁生产公众监督渠道

省、自治区、直辖市人民政府负责清洁生产综合协调的部门、环境保护部门，根据促进清洁生产工作的需要，在本地区主要媒体上公布未达到能源消耗控制指标、重点污染物排放控制指标的企业的名单，为公众监督企业实施清洁生产提供依据。列入前述名单的企业，应当按照国务院清洁生产综合协调部门、环境保护部门的规定公布能源消耗或者重点污染物产生、排放情况，接受公众监督。

3. 清洁生产的实施要求

《清洁生产促进法》第三章、第四章、第五章规定了清洁生产的实施要求，这些要求具体体现为三类规范：指导性规范、自愿性规范和强制性规范。

指导性规范是指对生产经营者实施清洁生产提供指导与发出倡导的规范。这类规范一般不附带否定式法律后果。此类规范的主要内容涉及以下几个方面的要求：①新建、改建、扩建项目；②企业技术改造；③产品包装设计；④对农业生产者、服务型企业、建筑工程、矿产资源勘查和开采、废物回收和利用以及普通企业清洁生产审核都提出了相应的倡导性要求。

自愿性规范是指鼓励生产经营者自愿实施清洁生产的规范。这类规范不附带任何法律义务与责任，还可能产生奖励等肯定式法律后果。自愿性规范所涉范围主要包括：自愿签订节约资源、削减污染物排放量的协议和自愿取得环境管理体系认证。

强制性规范是指要求生产经营者必须强制实施清洁生产的规范。这类规范一般附带法律制裁等否定式法律后果。《清洁生产促进法》第五章规定了生产经营者不履行清洁生产强制性要求将要承担的法律责任。①未标注产品材料的成分或者不如实标注的，由县级以上地方人民政府质量技术监督部门责令限期改正；拒不改正的，处以五万元以下的罚款。②生产、销售有毒、有害物质超过国家标准的建筑和装修材料的，依照《产品质量法》和有关民事、刑事法律的规定，追究行政、民事、刑事法律责任。③不实施强制性清洁生产审核或者在清洁生产审核中弄虚作假的，或者实施强制性清洁生产审核的企业不报告或者不如实报告审核结果的，由县级以上地方人民政府负责清洁生产综合协调的部门、环境保护部门按照职责分工责令限期改正；拒不改正的，处以五万元以上五十万元以下的罚款；承担评估验收工作的部门或者单位及其工作人员向被评估验收企业收取费用的，不如实评估验收或者在评估验收中弄虚作假的，或者利用职务上的便利谋取利益的，对直接负责的主管人员和其他直接责任人员依法给予处分；构成犯罪的，依法追究刑事责任。

4. 推动清洁生产的鼓励措施

为了确保清洁生产工作顺利有效地开展，《清洁生产促进法》第四章特设鼓励措施以激励生产经营者实施清洁生产。激励措施包括以下几个方面。

（1）表彰和奖励。国家建立清洁生产表彰奖励制度，人民政府对在清洁生产工作中做出显著成绩的单位和个人，给予表彰和奖励。

（2）资金支持。县级以上人民政府对从事清洁生产研究、示范和培训，实施国家清洁生产重点技术改造项目和自愿节约资源、削减污染物排放量协议中载明的技术改造项目，给予资金支持。

(3) 基金支持。在依照国家规定设立的中小企业发展基金中,应当根据需要安排适当数额用于支持中小企业实施清洁生产。

(4) 税收优惠。依法利用废物和从废物中回收原料生产产品的,按照国家规定享受税收优惠。

(5) 审核培训支持。企业用于清洁生产审核和培训的费用,可以列入企业经营成本。

二、循环经济促进制度

(一) 循环经济的概念及原则

1. 循环经济的概念

20 世纪 60 年代,循环经济(circular economy)的思想萌芽在美国诞生。20 世纪 90 年代,我国提出发展循环经济的战略目标,并开始着力探索实现可持续发展的有效途径。2008 年,我国正式通过《循环经济促进法》,该法将循环经济定义为:循环经济是指在生产、流通和消费等过程中进行的减量化、再利用、资源化活动的总称。

我国的《循环经济促进法》第二条对减量化、再利用、再循环进行了解释。其中,减量化是指在生产、流通和消费等过程中减少资源消耗和废物产生;再利用是指将废物直接作为产品或者经修复、翻新、再制造后继续作为产品使用,或者将废物的全部或者部分作为其他产品的部件予以使用;资源化是指将废物直接作为原料进行利用或者对废物进行再生利用。

循环经济与清洁生产是递进的关系,循环经济是在清洁生产发展基础上的突破与提升,在终极目的上二者是一致的,都是致力于保护和改善环境,保障人体健康,促进经济社会可持续发展。从功能上看,清洁生产能提高资源利用效率,减少和避免污染物的产生,而循环经济则上升到生态社会的高度,以物质闭路循环的模式来解决一系列环境资源问题,构建人与自然的和谐关系;在实施上,清洁生产侧重于从技术规范层面解决生产、服务领域的环境污染和资源浪费问题,循环经济则以战略性眼光从更高层次和更广范围上对生态、经济和社会发展作出综合考量和全面部署,因此循环经济又被称为生态经济,它以清洁生产为基础,但在实施上比清洁生产要求更高。

2. 循环经济的原则

循环经济活动的行为准则包括:减量化原则(reduce)、再利用原则(reuse)、再循环原则(recycle)。这三项原则又称"3R"原则。

(1) 减量化原则。要求用较少的原料和能源投入来达到既定的生产目的或消费目的,从经济活动的源头注意节约资源和减少污染。

(2) 再利用原则。要求制造的产品和包装容器能够以初始的形式被反复使用。

(3) 再循环原则。要求生产出来的物品在完成其使用功能后能重新变成可以利用的资源,而不是不可恢复的垃圾。

(二) 循环经济促进立法的历程

2005 年 7 月,国务院发布了《关于加快发展循环经济的若干意见》,为循环经济的发展提供了明确的政策依据。该文件明确提出，要结合我国国情，加快研究建立和健全循环经济的法律法规体系。2005年12月，十届全国人大常委会第四十次委员长会议决定将制定循环经济法补充列入立法计划，并明确由全国人大环境与资源保护委员会提出法律草案。

2007年8月26日，第十届全国人大常委会第二十九次会议上，全国人大环境与资源保护委员会将《循环经济法(草案)》首次提请全国人大常委会审议。

2008年8月29日，第十一届全国人大常委会第四次会议审议通过了《循环经济促进法》，将发展循环经济纳入了法制轨道。

时隔十年，2018年10月26日，第十三届全国人民代表大会常务委员会第六次会议决定对《循环经济促进法》进行修正。

(三) 循环经济政策与“双碳”目标

发展循环经济已成为世界主要国家应对气候变化与实现《巴黎协定》目标的重要路径选择。我国是一个人口大国，人均拥有资源量十分有限，因此，推行资源循环利用、发展循环经济具有重要的战略意义，实现“双碳”目标意味着我们要从工业化时代转变成信息化时代，转变成可再生能源主导的时代。循环经济强调资源集约节约循环利用，通过提高资源利用效率最大限度地减少碳排放，发展循环经济是实现“双碳”目标的不二选择。

在我国，发展循环经济在碳达峰碳中和“1+N”政策体系中具有重要地位。2021年7月1日国家发展改革委发布《“十四五”循环经济发展规划》指出，大力发展循环经济，推进资源节约集约利用，构建资源循环型产业体系和废旧物资循环利用体系，对保障国家资源安全，推动实现碳达峰、碳中和，促进生态文明建设具有重大意义。《“十四五”循环经济发展规划》还对未来几年的具体任务指标进行了细化：到2025年，主要资源产出率比2020年提高约20%，单位GDP能源消耗、用水量比2020年分别降低13.5%、16%左右，农作物秸秆综合利用率保持在86%以上，大宗固废综合利用率达到60%，建筑垃圾综合利用率达到60%，废纸利用量达到6 000万吨，废钢利用量达到3.2亿吨，再生有色金属产量达到2 000万吨，其中再生铜、再生铝和再生铅产量分别达到400万吨、1 150万吨、290万吨，资源循环利用产业产值达到5万亿元。

2021年9月，中共中央、国务院发布的《关于完整准确全面贯彻新发展理念做好碳达峰碳中和工作的意见》中指出，要全面清理现行法律法规中与碳达峰碳中和工作不相适应的内容，加强法律法规间的衔接协调，并抓紧修订循环经济促进法等法律以增强相关法律法规的针对性和有效性。2021年10月，国务院印发的《2030年前碳达峰行动方案》中将“循环经济助力降碳行动”列为“碳达峰十大行动”之一，要求抓住资源利用这个源头，大力发展循环经济，全面提高资源利用效率，充分发挥减少资源消耗和降碳的协同作用。

(四) 各级政府及其有关部门的职权与职责

1. 组织协调、监督管理循环经济发展工作

1) 循环经济发展综合管理部门负责组织协调、监督管理的工作

国务院循环经济发展综合管理部门负责组织协调、监督管理全国循环经济发展工作；县级以上地方人民政府循环经济发展综合管理部门负责组织协调、监督管理本行政区域的循环经济发展工作。

2）生态环境等有关主管部门负责有关的监督管理工作

国务院生态环境等有关主管部门按照各自的职责负责有关循环经济的监督管理工作；县级以上地方人民政府生态环境等有关主管部门按照各自的职责负责有关循环经济的监督管理工作。

2. 建立发展循环经济的目标责任制

县级以上人民政府应当建立发展循环经济的目标责任制，采取规划、财政、投资、政府采购等措施，促进循环经济发展。

3. 发挥技术指导和服务作用

国家鼓励和支持行业协会在循环经济发展中发挥技术指导和服务作用。县级以上人民政府可以委托有条件的行业协会等社会组织开展促进循环经济发展的公共服务。国家鼓励和支持中介机构、学会和其他社会组织开展循环经济宣传、技术推广和咨询服务，促进循环经济发展。

4. 编制循环经济发展规划

循环经济发展规划应当包括规划目标、适用范围、主要内容、重点任务和保障措施等，并规定资源产出率、废物再利用和资源化率等指标。①全国循环经济发展规划：国务院循环经济发展综合管理部门会同国务院生态环境等有关主管部门编制全国循环经济发展规划，报国务院批准后公布施行。②地方循环经济发展规划：设区的市级以上地方人民政府循环经济发展综合管理部门会同本级人民政府生态环境等有关主管部门编制本行政区域循环经济发展规划，报本级人民政府批准后公布施行。

5. 规划和调整本行政区域的产业结构

县级以上地方人民政府应当依据上级人民政府下达的本行政区域主要污染物排放、建设用地和用水总量控制指标，规划和调整本行政区域的产业结构，促进循环经济发展。新建、改建、扩建建设项目，必须符合本行政区域主要污染物排放、建设用地和用水总量控制指标的要求。

6. 建立和完善循环经济评价指标体系

国务院循环经济发展综合管理部门会同国务院统计、生态环境等有关主管部门建立和完善循环经济评价指标体系。上级人民政府根据前款规定的循环经济主要评价指标，对下级人民政府发展循环经济的状况定期进行考核，并将主要评价指标完成情况作为对地方人民政府及其负责人考核评价的内容。

7. 制定强制回收的产品和包装物的名录及管理办法

国务院循环经济发展综合管理部门制定强制回收的产品和包装物的名录及管理办法。生产列入强制回收名录的产品或者包装物的企业，必须对废弃的产品或者包装物负责回收；对其中可以利用的，由各该生产企业负责利用；对因不具备技术经济条件而不适合利用的，由各该生产企业负责无害化处置。前述之废弃产品或者包装物，生产者委托销售者或者其他组织进行回收的，或者委托废物利用或者处置企业进行利用或者处置的，受托方应当依照有关法律、行政法规的规定和合同的约定负责回收或者利用、处置。对列入强制回收名录的产品和包装物，消费者应当将废弃的产品或者包装物交给生产者或者其委托回收的销售者或者其他组织。

8. 实行能耗、水耗的重点监督管理制度

国家对钢铁、有色金属、煤炭、电力、石油加工、化工、建材、建筑、造纸、印染等行业年综合能源消费量、用水量超过国家规定总量的重点企业，实行能耗、水耗的重点监督管理制度。重点能源消费单位的节能监督管理，依照《节约能源法》的规定执行。重点用水单位的监督管理办法，由国务院循环经济发展综合管理部门会同国务院有关部门规定。

9. 建立健全循环经济统计制度

国家建立健全循环经济统计制度，加强资源消耗、综合利用和废物产生的统计管理，并将主要统计指标定期向社会公布。

10. 建立健全循环经济标准体系

国务院标准化主管部门会同国务院循环经济发展综合管理和生态环境等有关主管部门建立健全循环经济标准体系，制定和完善节能、节水、节材和废物再利用、资源化等标准。

11. 建立健全产品资源消耗标识制度

国家建立健全能源效率标识等产品资源消耗标识制度。

（五）减量化要求

1. 对各级政府及其有关部门推进减量化的要求

1）发布鼓励、限制和淘汰的技术、工艺、设备、材料和产品名录的要求

国务院循环经济发展综合管理部门会同国务院生态环境等有关主管部门，定期发布鼓励、限制和淘汰的技术、工艺、设备、材料和产品名录。禁止生产、进口、销售列入淘汰名录的设备、材料和产品，禁止使用列入淘汰名录的技术、工艺、设备和材料。

2）推进生态农业的要求

县级以上人民政府及其农业等主管部门应当推进土地集约利用，鼓励和支持农业生产者采用节水、节肥、节药的先进种植、养殖和灌溉技术，推动农业机械节能，优先发展生态农业。在缺水地区，应当调整种植结构，优先发展节水型农业，推进雨水集蓄利用，建设和管护节水灌溉设施，提高用水效率，减少水的蒸发和漏失。

3）提倡厉行节约、杜绝浪费

国家机关及使用财政性资金的其他组织应当厉行节约、杜绝浪费，带头使用节能、节水、节地、节材和有利于保护环境的产品、设备和设施，节约使用办公用品。国务院和县级以上地方人民政府管理机关事务工作的机构会同本级人民政府有关部门制定本级国家机关等机构的用能、用水定额指标，财政部门根据该定额指标制定支出标准。城市人民政府和建筑物的所有者或者使用者，应当采取措施，加强建筑物维护管理，延长建筑物使用寿命。对符合城市规划和工程建设标准，在合理使用寿命内的建筑物，除为了公共利益的需要外，城市人民政府不得决定拆除。

4）鼓励和支持使用再生水的要求

国家鼓励和支持使用再生水。在有条件使用再生水的地区，限制或者禁止将自来水作为城市道路清扫、城市绿化和景观用水使用。

5）限制一次性消费品的生产和销售的要求

国家在保障产品安全和卫生的前提下，限制一次性消费品的生产和销售。具体名录由国务院循环经济发展综合管理部门会同国务院财政、生态环境等有关主管部门制定。对列入前述名录中的一次性消费品的生产和销售，由国务院财政、税务和对外贸易等主管部门制定限制性的税收和出口等措施。

2. 对企业减量化的要求

1）生态设计的要求

从事工艺、设备、产品及包装物设计，应当按照减少资源消耗和废物产生的要求，优先选择采用易回收、易拆解、易降解、无毒无害或者低毒低害的材料和设计方案，并应当符合有关国家标准的强制性要求。对在拆解和处置过程中可能造成环境污染的电器电子等产品，不得设计使用国家禁止使用的有毒有害物质。禁止在电器电子等产品中使用的有毒有害物质名录，由国务院循环经济发展综合管理部门会同国务院生态环境等有关主管部门制定。设计产品包装物应当执行产品包装标准，防止过度包装造成资源浪费和环境污染。

2）节水的要求

①工业企业应当采用先进或者适用的节水技术、工艺和设备，制订并实施节水计划，加强节水管理，对生产用水进行全过程控制。②工业企业应当加强用水计量管理，配备和使用合格的用水计量器具，建立水耗统计和用水状况分析制度。③新建、改建、扩建建设项目，应当配套建设节水设施。节水设施应当与主体工程同时设计、同时施工、同时投产使用。④国家鼓励和支持沿海地区进行海水淡化和海水直接利用，节约淡水资源。

3）节油的要求

国家鼓励和支持企业使用高效节油产品。电力、石油加工、化工、钢铁、有色金属和建材等企业，必须在国家规定的范围和期限内，以洁净煤、石油焦、天然气等清洁能源替代燃料油，停止使用不符合国家规定的燃油发电机组和燃油锅炉。内燃机和机动车制造企业应当按照国家规定的内燃机和机动车燃油经济性标准，采用节油技术，减少石油产品消耗量。

4）依法开采、合理利用矿产资源的要求

开采矿产资源，应当统筹规划，制定合理的开发利用方案，采用合理的开采顺序、方法和选矿工艺。采矿许可证颁发机关应当对申请人提交的开发利用方案中的开采回采率、采矿贫化率、选矿回收率、矿山水循环利用率和土地复垦率等指标依法进行审查；审查不合格的，不予颁发采矿许可证。采矿许可证颁发机关应当依法加强对开采矿产资源的监督管理。矿山企业在开采主要矿种的同时，应当对具有工业价值的共生和伴生矿实行综合开采、合理利用；对必须同时采出而暂时不能利用的矿产以及含有有用组分的尾矿，应当采取保护措施，防止资源损失和生态破坏。

5）对设计、建设、施工建筑物及构筑物的要求

建筑设计、建设、施工等单位应当按照国家有关规定和标准，对其设计、建设、施工的建筑物及构筑物采用节能、节水、节地、节材的技术工艺和小型、轻型、再生产品。有条件的地区，应当充分利用太阳能、地热能、风能等可再生能源。国家鼓励利用无毒无害的固体废物生产建筑材料，鼓励使用散装水泥，推广使用预拌混凝土和预拌砂浆。禁止损毁耕地烧砖。在国务院或者省、自治区、直辖市人民政府规定的期限和区域内，禁止生产、销售和使用黏土砖。

6）对服务性企业的要求

餐饮、娱乐、宾馆等服务性企业，应当采用节能、节水、节材和有利于保护环境的产品，减少使用或者不使用浪费资源、污染环境的产品。《循环经济促进法》施行后新建的餐饮、娱乐、宾馆等服务性企业，应当采用节能、节水、节材和有利于保护环境的技术、设备和设施。

（六）再利用和资源化的要求

1. 对各级政府及其有关部门推进再利用和资源化的要求

1）统筹规划区域经济布局的要求

县级以上人民政府应当统筹规划区域经济布局，合理调整产业结构，促进企业在资源综合利用等领域进行合作，实现资源的高效利用和循环使用。国家鼓励各类产业园区的企业进行废物交换利用、能量梯级利用、土地集约利用、水的分类利用和循环使用，共同使用基础设施和其他有关设施。

2）支持林业综合利用的要求

县级以上人民政府及其林业草原主管部门应当积极发展生态林业，鼓励和支持林业生产者和相关企业采用木材节约和代用技术，开展林业废弃物和次小薪材、沙生灌木等综合利用，提高木材综合利用率。

3）支持生产经营者建立产业废物交换信息系统的要求

国家支持生产经营者建立产业废物交换信息系统，促进企业交流产业废物信息。

4）支持农业综合利用的要求

国家鼓励和支持农业生产者和相关企业采用先进或者适用技术，对农作物秸秆、畜禽粪便、农产品加工业副产品、废农用薄膜等进行综合利用，开发利用沼气等生物质能源。

5）鼓励和推进废物回收体系建设的要求

国家鼓励和推进废物回收体系建设。地方人民政府应当按照城乡规划，合理布局废物回收网点和交易市场，支持废物回收企业和其他组织开展废物的收集、储存、运输及信息交流。废物回收交易市场应当符合国家环境保护、安全和消防等规定。

6）支持产品的再制造和轮胎翻新的要求

国家支持企业开展机动车零部件、工程机械、机床等产品的再制造和轮胎翻新。

7）推进生活垃圾分类收集和资源化的要求

县级以上人民政府应当统筹规划建设城乡生活垃圾分类收集和资源化利用设施，建立和完善分类收集和资源化利用体系，提高生活垃圾资源化率。县级以上人民政府应当支持企业建设污泥资源化利用和处置设施，提高污泥综合利用水平，防止产生再次污染。

2. 对企业再利用和资源化的要求

1）组织产业园区内企业进行资源综合利用的要求

各类产业园区应当组织区内企业进行资源综合利用，促进循环经济发展。

2）保证新建和改造的产业园区的环境质量达标的要求

新建和改造各类产业园区应当依法进行环境影响评价，并采取生态保护和污染控制措施，确保本区域的环境质量达到规定的标准。

3）工业废物综合利用的要求

企业应当按照国家规定，对生产过程中产生的粉煤灰、煤矸石、尾矿、废石、废料、废气等工业废物进行综合利用。企业对生产过程中产生的废物不具备综合利用条件的，应当提供给具备条件的生产经营者进行综合利用。

4）工业用水循环利用的要求

企业应当发展串联用水系统和循环用水系统，提高水的重复利用率。企业应当采用先进技术、工艺和设备，对生产过程中产生的废水进行再生利用。

5）工业余热、余压等进行综合利用的要求

企业应当采用先进或者适用的回收技术、工艺和设备，对生产过程中产生的余热、余压等进行综合利用。建设利用余热、余压、煤层气以及煤矸石、煤泥、垃圾等低热值燃料的并网发电项目，应当依照法律和国务院的规定取得行政许可或者报送备案。电网企业应当按照国家规定，与综合利用资源发电的企业签订并网协议，提供上网服务，并全额收购并网发电项目的上网电量。

6）建筑废物进行综合利用的要求

建设单位应当对工程施工中产生的建筑废物进行综合利用；不具备综合利用条件的，应当委托具备条件的生产经营者进行综合利用或者无害化处置。

7）特定产品拆解或者再利用的要求

对废弃电器电子产品、报废机动车船、废轮胎、废铅酸电池等特定产品进行拆解或者再利用，应当符合有关法律、行政法规的规定。

8）回收、修复后销售的电器电子产品的要求

回收的电器电子产品，经过修复后销售的，必须符合再利用产品标准，并在显著位置标识为再利用产品。回收的电器电子产品，需要拆解和再生利用的，应当交售给具备条件的拆解企业。

9）销售的再制造产品和翻新产品的要求

销售的再制造产品和翻新产品的质量必须符合国家规定的标准，并在显著位置标识为再制造产品或者翻新产品。

（七）激励措施

1. 设立发展循环经济的有关专项资金

国务院和省、自治区、直辖市人民政府设立发展循环经济的有关专项资金，支持循环经济的科技研究开发、循环经济技术和产品的示范与推广、重大循环经济项目的实施、发展循环经济的信息服务等。具体办法由国务院财政部门会同国务院循环经济发展综合管理等有关主管部门制定。

2. 安排财政性资金支持循环经济攻关项目

国务院和省、自治区、直辖市人民政府及其有关部门应当将循环经济重大科技攻关项目的自主创新研究、应用示范和产业化发展列入国家或者省级科技发展规划和高技术产业发展规划，并安排财政性资金予以支持。利用财政性资金引进循环经济重大技术、装备的，应当制定消化、吸收和创新方案，报有关主管部门审批并由其监督实施；有关主管部门应当根

据实际需要建立协调机制，对重大技术、装备的引进和消化、吸收、创新实行统筹协调，并给予资金支持。

3. 给予促进循环经济发展的产业活动以税收优惠

国家对促进循环经济发展的产业活动给予税收优惠，并运用税收等措施鼓励进口先进的节能、节水、节材等技术、设备和产品，限制在生产过程中耗能高、污染重的产品的出口。具体办法由国务院财政、税务主管部门制定。企业使用或者生产列入国家清洁生产、资源综合利用等鼓励名录的技术、工艺、设备或者产品的，按照国家有关规定享受税收优惠。

4. 给予节能、节水、节地、节材、资源综合利用等项目优先贷款等信贷支持

县级以上人民政府循环经济发展综合管理部门在制订和实施投资计划时，应当将节能、节水、节地、节材、资源综合利用等项目列为重点投资领域。对符合国家产业政策的节能、节水、节地、节材、资源综合利用等项目，金融机构应当给予优先贷款等信贷支持，并积极提供配套金融服务。对生产、进口、销售或者使用列入淘汰名录的技术、工艺、设备、材料或者产品的企业，金融机构不得提供任何形式的授信支持。

5. 实行有利于资源节约和合理利用的价格政策

国家实行有利于资源节约和合理利用的价格政策，引导单位和个人节约和合理使用水、电、气等资源性产品。国务院和省、自治区、直辖市人民政府的价格主管部门应当按照国家产业政策，对资源高消耗行业中的限制类项目，实行限制性的价格政策。对利用余热、余压、煤层气以及煤矸石、煤泥、垃圾等低热值燃料的并网发电项目，价格主管部门按照有利于资源综合利用的原则确定其上网电价。省、自治区、直辖市人民政府可以根据本行政区域经济社会发展状况，实行垃圾排放收费制度。收取的费用专项用于垃圾分类、收集、运输、贮存、利用和处置，不得挪作他用。国家鼓励通过以旧换新、押金等方式回收废物。

6. 实行有利于循环经济发展的政府采购政策

国家实行有利于循环经济发展的政府采购政策。使用财政性资金进行采购的，应当优先采购节能、节水、节材和有利于保护环境的产品及再生产品。

7. 给予循环经济发展中作出突出贡献的集体和个人以表彰和奖励

县级以上人民政府及其有关部门应当对在循环经济管理、科学技术研究、产品开发、示范和推广工作中做出显著成绩的单位和个人给予表彰和奖励。企业事业单位应当对在循环经济发展中做出突出贡献的集体和个人给予表彰和奖励。

（八）法律责任

1. 政府及其有关部门不依法履行监督管理职责行为的法律责任

县级以上人民政府循环经济发展综合管理部门或者其他有关主管部门发现违反本法的行为或者接到对违法行为的举报后不予查处，或者有其他不依法履行监督管理职责行为的，由本级人民政府或者上一级人民政府有关主管部门责令改正，对直接负责的主管人员和其他直接责任人员依法给予处分。

2. 违反落后工艺、设备淘汰制度的法律责任

生产、销售列入淘汰名录的产品、设备的，依照《中华人民共和国产品质量法》的规定处罚。使用列入淘汰名录的技术、工艺、设备、材料的，由县级以上地方人民政府循环经济发展综合管理部门责令停止使用，没收违法使用的设备、材料，并处五万元以上二十万元以下的罚款；情节严重的，由县级以上人民政府循环经济发展综合管理部门提出意见，报请本级人民政府按照国务院规定的权限责令停业或者关闭。违反本法规定，进口列入淘汰名录的设备、材料或者产品的，由海关责令退运，可以处十万元以上一百万元以下的罚款。进口者不明的，由承运人承担退运责任，或者承担有关处置费用。

3. 违法使用禁用物质的法律责任

违反《循环经济促进法》规定，对在拆解或者处置过程中可能造成环境污染的电器电子等产品，设计使用列入国家禁止使用名录的有毒有害物质的，由县级以上地方人民政府市场监督管理部门责令限期改正；逾期不改正的，处二万元以上二十万元以下的罚款；情节严重的，依法吊销营业执照。

4. 企业违法使用不符合国家规定的燃油发电机组或者燃油锅炉的法律责任

违反《循环经济促进法》规定，电力、石油加工、化工、钢铁、有色金属和建材等企业未在规定的范围或者期限内停止使用不符合国家规定的燃油发电机组或者燃油锅炉的，由县级以上地方人民政府循环经济发展综合管理部门责令限期改正；逾期不改正的，责令拆除该燃油发电机组或者燃油锅炉，并处五万元以上五十万元以下的罚款。

5. 矿山企业未达到经依法审查确定的指标的法律责任

矿山企业未达到经依法审查确定的开采回采率、采矿贫化率、选矿回收率、矿山水循环利用率和土地复垦率等指标的，由县级以上人民政府地质矿产主管部门责令限期改正，处五万元以上五十万元以下的罚款；逾期不改正的，由采矿许可证颁发机关依法吊销采矿许可证。

6. 违法生产、销售或者使用黏土砖的法律责任

违反《循环经济促进法》规定，在国务院或者省、自治区、直辖市人民政府规定禁止生产、销售、使用黏土砖的期限或者区域内生产、销售或者使用黏土砖的，由县级以上地方人民政府指定的部门责令限期改正；有违法所得的，没收违法所得；逾期继续生产、销售的，由地方人民政府市场监督管理部门依法吊销营业执照。

7. 电网企业拒不收购企业利用低热值燃料生产的电力的法律责任

违反《循环经济促进法》规定，电网企业拒不收购企业利用余热、余压、煤层气以及煤矸石、煤泥、垃圾等低热值燃料生产的电力的，由国家电力监管机构责令限期改正；造成企业损失的，依法承担赔偿责任。

8. 违反节能标识规定的法律责任

违反《循环经济促进法》规定，有下列行为之一的，由地方人民政府市场监督管理部门责令限期改正，可以处五千元以上五万元以下的罚款；逾期不改正的，依法吊销营业执照；造成损失的，依法承担赔偿责任：①销售没有再利用产品标识的再利用电器电子产品的；②销售没有再制造或者翻新产品标识的再制造或者翻新产品的。

9. 其他法律责任

违反《循环经济促进法》规定，构成犯罪的，依法追究刑事责任。

第七节 突发环境事件应急预案制度

一、突出环境事件应急预案制度概述

突发环境事件是指由于污染物排放或自然灾害、生产安全事故等因素，导致污染物或放射性物质等有毒有害物质进入大气、水体、土壤等环境介质，突然造成或可能造成环境质量下降，危及公众身体健康和财产安全，或造成生态环境破坏，或造成重大社会影响，需要采取紧急措施予以应对的事件，主要包括大气污染、水体污染、土壤污染等突发性环境污染事件和辐射污染事件。

为预防和减少突发环境事件的发生，控制、减轻和消除突发环境事件引起的危害，规范突发环境事件应急管理工作，保障公众生命安全、环境安全和公私财产安全，针对突发环境事件，我国从不同层次制定了相关的立法，主要有《环境保护法》(2014)、《国家突发环境事件应急预案》(2014)、《突发环境事件应急管理办法》(2015)、《企业事业单位突发环境事件应急预案备案管理办法(试行)》(2015)等。

《环境保护法》对突发环境事件的应对进行了原则性规定。首先，针对突发环境事件，各级人民政府及其有关部门和企业事业单位，应当依法做好风险控制、应急准备、应急处置和事后恢复等工作。其次，县级以上人民政府应当建立环境污染公共监测预警机制，组织制定预警方案；环境受到污染，可能影响公众健康和环境安全时，依法及时公布预警信息，启动应急措施。再次，企业事业单位应当按照国家有关规定制定突发环境事件应急预案，报生态环境主管部门和有关部门备案。在发生或者可能发生突发环境事件时，企业事业单位应当立即采取措施处理，及时通报可能受到危害的单位和居民，并向生态环境主管部门和有关部门报告。最后，突发环境事件应急处置工作结束后，有关人民政府应当立即组织评估事件造成的环境影响和损失，并及时将评估结果向社会公布。

国务院《国家突发环境事件应急预案》依据《环境保护法》从组织指挥体系、监测预警和信息报告、应急响应、后期工作、应急保障等方面对突发性环境事件的应对作出了更为具体的规定，这些规定构成突发环境事件应急预案制度的主要内容。

二、突发环境事件的分级

《国家突发环境事件应急预案》按照事件严重程度，将突发环境事件分为特别重大、重大、较大和一般四级。

（一）特别重大突发环境事件

凡符合下列情形之一的，为特别重大突发环境事件：①因环境污染直接导致 30 人以上死亡或 100 人以上中毒或重伤的。②因环境污染疏散、转移人员 5 万人以上的。③因环境

污染造成直接经济损失1亿元以上的。④因环境污染造成区域生态功能丧失或该区域国家重点保护物种灭绝的。⑤因环境污染造成设区的市级以上城市集中式饮用水水源地取水中断的。⑥Ⅰ、Ⅱ类放射源丢失、被盗、失控并造成大范围严重辐射污染后果的;放射性同位素和射线装置失控导致3人以上急性死亡的;放射性物质泄漏,造成大范围辐射污染后果的。⑦造成重大跨国境影响的境内突发环境事件。

(二) 重大突发环境事件

凡符合下列情形之一的,为重大突发环境事件:①因环境污染直接导致10人以上30人以下死亡或50人以上100人以下中毒或重伤的。②因环境污染疏散、转移人员1万人以上5万人以下的。③因环境污染造成直接经济损失2 000万元以上1亿元以下的。④因环境污染造成区域生态功能部分丧失或该区域国家重点保护野生动植物种群大批死亡的。⑤因环境污染造成县级城市集中式饮用水水源地取水中断的。⑥Ⅰ、Ⅱ类放射源丢失、被盗的;放射性同位素和射线装置失控导致3人以下急性死亡或者10人以上急性重度放射病、局部器官残疾的;放射性物质泄漏,造成较大范围辐射污染后果的。⑦造成跨省级行政区域影响的突发环境事件。

(三) 较大突发环境事件

凡符合下列情形之一的,为较大突发环境事件:①因环境污染直接导致3人以上10人以下死亡或10人以上50人以下中毒或重伤的。②因环境污染疏散、转移人员5 000人以上1万人以下的。③因环境污染造成直接经济损失500万元以上2 000万元以下的。④因环境污染造成国家重点保护的动植物物种受到破坏的。⑤因环境污染造成乡镇集中式饮用水水源地取水中断的。⑥Ⅲ类放射源丢失、被盗的;放射性同位素和射线装置失控导致10人以下急性重度放射病、局部器官残疾的;放射性物质泄漏,造成小范围辐射污染后果的。⑦造成跨设区的市级行政区域影响的突发环境事件。

(四) 一般突发环境事件

凡符合下列情形之一的,为一般突发环境事件:①因环境污染直接导致3人以下死亡或10人以下中毒或重伤的。②因环境污染疏散、转移人员5 000人以下的。③因环境污染造成直接经济损失500万元以下的。④因环境污染造成跨县级行政区域纠纷,引起一般性群体影响的。⑤Ⅳ、Ⅴ类放射源丢失、被盗的;放射性同位素和射线装置失控导致人员受到超过年剂量限值的照射的;放射性物质泄漏,造成厂区内或设施内局部辐射污染后果的;铀矿冶、伴生矿超标排放,造成环境辐射污染后果的。⑥对环境造成一定影响,尚未达到较大突发环境事件级别的。

上述分级标准有关数量的表述中,“以上”含本数,“以下”不含本数。

三、突发环境事件的预警

(一) 预警分级

对可以预警的突发环境事件,按照事件发生的可能性大小、紧急程度和可能造成的危害程度，将预警分为四级，由低到高依次用蓝色、黄色、橙色和红色表示。

（二）预警信息发布

当地方生态环境主管部门研判可能发生突发环境事件时，应当及时向本级人民政府提出预警信息发布建议，同时通报同级相关部门和单位。地方人民政府或其授权的相关部门，及时通过电视、广播、报纸、互联网、手机短信、当面告知等渠道或方式向本行政区域公众发布预警信息，并通报可能影响到的相关地区。

（三）预警行动

预警信息发布后，当地人民政府及其有关部门视情况采取分析研判、防范处置、应急准备、舆论引导等措施。

四、突发环境事件的应急响应

应对突发环境事件，应当在县级以上地方人民政府的统一领导下，建立分类管理、分级负责、属地管理为主的应急管理体制，地方各级政府按照有关规定全面负责突发环境事件应急处置工作，生态环境部及国务院相关部门根据情况给予协助支援。

（一）响应分级

根据突发环境事件的严重程度和发展态势，我国将应急响应设定为Ⅰ级、Ⅱ级、Ⅲ级和Ⅳ级四个等级。

初判发生特别重大、重大突发环境事件的，分别启动Ⅰ级、Ⅱ级应急响应，由事发地省级人民政府负责应对工作；初判发生较大突发环境事件的，启动Ⅲ级应急响应，由事发地设区的市级人民政府负责应对工作；初判发生一般突发环境事件的，启动Ⅳ级应急响应，由事发地县级人民政府负责应对工作。

突发环境事件发生在易造成重大影响的地区或重要时段时，可适当提高响应级别。应急响应启动后，可视事件损失情况及其发展趋势调整响应级别，避免响应不足或响应过度。

（二）相应措施

突发环境事件发生后，各有关地方、部门和单位根据工作需要，组织采取以下响应措施：现场污染处置、转移安置人员、医学救援、应急监测、市场监管和调控、信息发布和舆论引导、维护社会稳定、国际通报和援助。

（三）响应终止

当事件条件已经排除、污染物质已降至规定限值以内、所造成的危害基本消除时，由启动响应的人民政府终止应急响应。

综合以上的内容，突发性环境事件的分级及响应如表 3-1 所示。

表 3-1　突发性环境事件的分级及响应

事件分级	特别重大环境事件	重大环境事件	较大环境事件	一般环境事件
预警分级	红色预警	橙色预警	黄色预警	蓝色预警
响应分级	Ⅰ级	Ⅱ级	Ⅲ级	Ⅳ级
责任主体	省级政府	省级政府	设区的市级政府	县级政府

五、突发环境事件的后期工作

突发环境事件应急响应终止之后，应该做好后期的几项工作。

（一）损害评估

突发环境事件应急响应终止后，要及时组织开展污染损害评估，并将评估结果向社会公布。评估结果作为事件调查处理、损害赔偿、环境修复和生态恢复重建的依据。

（二）事件调查

突发环境事件发生后，根据有关规定，由生态环境主管部门牵头，可会同监察机关及相关部门，组织开展事件调查，查明事件原因，确认事件性质，提出整改防范措施和处理建议。

（三）善后处置

事发地人民政府要及时组织制定补助、补偿、抚慰、抚恤、安置和环境恢复等善后工作方案并组织实施，保险机构要及时开展相关理赔工作。

六、应急保障

为了使突发环境事件的应急处理得以顺利进行，应急保障也是一个重要的环节。应急保障包括：队伍保障、物资与资金保障、通信、交通与运输保障、技术保障等方面。

典型案例：海南省文昌市人民政府行政诉讼案

思考题

1. 环境资源法基本制度的概念和意义是什么？
2. 环境资源规划制度的主要内容有哪些？
3. 环境影响评价制度的适用范围及法律效力如何？
4. 环境资源行政许可的种类和实施程序是什么？
5. 生态环境标准的类型及含义是什么？
6. 清洁生产制度与循环经济制度对实现“双碳”目标有何意义？

第四章 环境法律责任

环境法律责任是环境资源法的重要组成部分，是落实环境资源立法的有力保障。环境法律责任是一种综合性责任，这是由环境资源问题的复杂性、环境资源保护的社会性、环境资源立法的多元性决定的。环境法律责任包括造成环境污染的法律责任和造成生态破坏的法律责任，从责任形式上又可分为环境民事责任、环境行政责任和环境资源刑事责任三种，分别针对不同的情形，适用各自的构成要件，导致不同性质的法律后果。

第一节 环境法律责任概述

一、环境法律责任的定义

环境法律责任是环境法的重要组成部分，是保护环境资源最强有力的手段，完善环境法律责任制度是环境资源立法得以有效实施、环境资源问题得以有效遏制的重要保证。环境法律责任属于法律责任的一种，但也有其自身的特征。关于环境法律责任的定义，环境法学者大多采用了“属＋种差”的方法。尽管学界在法理上对法律责任的属概念存在较大争议，但“不利的法律后果”已被绝大多数环境法学者认可为环境法律责任的属概念。与环境法律责任属概念基本形成共识不同，学界在何为环境法律责任的种差的认识上尚存较大分歧。归纳起来大致有以下几种观点。

(1) 违法行为说。该学说的支持者认为，环境违法行为与环境法律责任紧密相连，只有实施环境违法行为的主体才承担环境法律责任。环境违法行为是承担环境法律责任的前提，环境法律责任是环境违法行为的必然结果。该学说典型代表学者有蔡守秋、吕忠梅等，前者主张“环境法律责任是指违反环境保护法律、法规的单位和个人所应承担的责任”①；后者认为，“环境法律责任是指违法者对其环境违法行为所应承担的具有强制性的法律后果”②。

(2) 义务违反说。该学说的支持者认为，环境违法行为是行为人承担环境法律责任的原因之一，行为人之行为若违反环境行政或民事合同的约定义务，也应当承担环境法律责任。典型代表学者有王灿发、常纪文等，前者主张“环境法律责任是环境法主体因不履行环境义务而依法承担的否定性的法律后果”③；后者则认为“环境法律责任是指环境法律的主

---

① 蔡守秋. 环境法论[M]. 武汉：武汉大学出版社，1996.

② 吕忠梅. 环境法[M]. 北京：法律出版社，1997.

③ 王灿发. 环境法学教程[M]. 北京：中国政法大学出版社，1997.

体因违反环境法律法规的规定，或违反环境行政和民事合同的约定，破坏了法律上或合同中的功利关系或道义关系所应承担的对人、单位、国家、社会和环境的补偿、惩罚或其他性质的具有强制性的不利法律后果”①。

(3) 环境危害说。该学说的支持者认为，只要行为人的行为造成了环境损害或造成环境损害的极大危险时，就应依法承担环境法律责任。典型代表学者有周珂、高家伟等，前者认为“环境法律责任是指造成或可能造成环境污染和破坏的当事人依法所应承担的法律后果”②；后者主张“公民、法人或者其他组织对其危害环境活动所承担的否定性法律后果”③。

以上三种观点中，违法行为说实质上是从行为违反环境法定义务后果的角度来定义环境法律责任，义务违反说是从行为违反更广泛意义的环境义务(包括法定环境义务和约定环境义务)后果的角度来定义环境法律责任，环境危害说则是从行为造成损害结果或带来环境风险的角度来定义环境法律责任。张梓太在综合以上三种观点的基础上，对环境法律责任进行了一个较为全面的定义：“行为人之行为违法、违约或基于法律特别规定，并造成环境损害或可能造成环境损害时，行为人应当承担的不利的法律后果。”④根据行为人承担的不利法律后果的性质不同，环境法律责任可以分为环境民事责任、环境行政责任和环境资源刑事责任三种。

二、环境法律责任的特征

关于环境法律责任的特征，已有多位环境法学者从不同角度进行了有益探索。

王灿发教授在其《环境法学教程》一书中将环境法律责任的特征概括为五点：一是某些环境法律责任的承担不以违法为必要前提；二是民事责任行政化、行政责任扩大化；三是违法处罚趋重化；四是实行两罚或多罚制度；五是实行无过错责任制。

周珂教授在其著作《环境法》《生态环境法论》中将环境法律责任的特点概括为两点：一是责任要件不同；二是民事责任和刑事责任行政化。

常纪文教授在《环境法律责任原理研究》中将环境法律责任的特点归纳为四点：一是环境法律责任包括人对人、人对社会和国家、人对环境的法律责任；二是环境法律责任具有公益性和私益性的特点；三是环境法律责任的法理学基础是与传统的物权和人身权密切相关的环境权；四是环境法律责任的构成要件、实现程序与责任形式均有一定的特殊性。

金瑞林教授主编的《环境与资源保护法学》则从法律责任主体、客体、主观方面和客观方面来说明环境法律责任的特点。该书认为，环境法律责任的主体具有广泛性的特点，客体一般包括行为和物两种类型；环境行政责任和刑事责任以行为人主观上具有故意或过失为必要条件，而环境民事责任则不要求行为人具备主观上的故意或过失。在客观方面，某些危害环境或破坏生态的行为，如生产工艺未获解决而国家又需要该产品的某些企业的排污行为、符合排放标准因该地区污染源过于集中而造成环境污染等，不能视为违法行为因而不需要

---

① 常纪文. 环境法律责任原理研究[M]. 长沙：湖南人民出版社，2001.

② 周珂. 环境法[M]. 北京：中国人民大学出版社，2000.

③ 高家伟. 欧洲环境法[M]. 北京：中国工商出版社，2000.

④ 张梓太. 环境法律责任研究[M]. 北京：商务印书馆，2005.

承担环境行政责任,但可能要承担环境民事责任。

肖海军教授编著的《环境保护法实例说》一书中将环境法律责任的特点归纳为:违法责任主体的法人性;违法侵害对象的公共性;违法责任承担的复合性;责任追究原则的客观性。

以上学者主要从环境法律责任的构成要件、环境法律责任与传统法律责任的区别上归纳出特殊性。张梓太则通过对环境法立法目、环境法的特征的考察,从四个方面提炼环境法律责任的特征。

(一)环境法律责任范围扩大化

尽管学界在环境法的立法目的上存在“人类利益中心主义”及“生态利益中心主义”之争,但在人类是否应走可持续发展道路上已无太多分歧。在可持续发展理念下,立法者必须为自然人、法人、其他组织,甚至国家设置一个体系完备、互相配合的环境义务体系。环境义务体系的建立,又必须以一个相应完备的环境法律责任体系去保证各法律关系主体履行环境义务。因此,从逻辑上讲,环境法律责任的范围是随着环境义务体系的不断完备而不断扩大的。

(二)环境法律责任构成要件上的松动

环境法律责任构成要件上的松动这一特征,在环境民事责任上表现得尤为明显。传统民事侵权责任的构成要件包括加害人的主观过错、加害行为的违法性、受害人的损害后果、加害行为与损害后果之间存在因果关系四个要件。但是,与传统民事责任的原因行为大都属于应予严格禁止并加以制裁的行为不同,环境侵权行为具有鲜明的特征:加害主体与受害主体地位不平等且往往不可互换;环境侵权行为大多是现代社会经济发展的衍生产物,环境污染者的生产经营活动通常在一国环境许可制度设置的排污标准范围内具有合法性;环境侵权过程具有持续性、反复性和累积性;环境侵权产生的危害后果通常具有严重性、潜伏性和渐进性。针对环境侵权的特点,大多数国家环境立法对上述四要件均予以重新调整。具体表现为:第一,实行无过错归责原则;第二,不再过分强调损害结果,在一些情况下,即使加害行为尚未造成受害人的实际损害,但只要证明该损害发生的可能性极大,即可在损害发生之前要求侵权人承担排除危害等侵权责任;第三,对加害行为与受害人所受损失之间的因果关系,不再要求受害人进行严格的证明,往往采用因果关系推定等方法以减轻受害人的举证责任。

(三)环境法律责任是一种综合性的法律责任

目前,环境法实际上并没有独立的法律责任体系,人们所说的环境法律责任无非是环境民事法律责任、环境行政法律责任、环境刑事法律责任的组合。换言之,环境法律责任是一种综合性的法律责任,除环境法本身对其作出规定外,还涉及其他相关部门法,如民法、刑法、行政法等。因此,整个法律体系中法律责任制度适用的原则、条件、形式、程序,一般地说,也适用于环境法,但环境法又有许多区别于一般法律责任制度的特殊规定。

(四)环境法律责任具有严厉性

与一般侵权行为不同,环境污染、生态破坏不仅借助环境媒介对特定范围内的人身、财产造成损害，而且往往直接导致特定区域的生态系统结构或功能发生不利改变，具有极大的社会危害性，必须予以严厉的法律制裁。我国相关环境资源立法对法律责任的规定，在许多方面都体现了这种严厉性。如在环境民事法律责任上，1989年颁布的《环境保护法》与1986年颁布实施的《中华人民共和国民法通则》相比，已不再规定环境污染行为人只有在违反国家法律情形下才对他人造成的人身、财产损害承担责任。《中华人民共和国侵权责任法》与《环境保护法》保持一致，采用无过错责任归责原则。2021年施行的《中华人民共和国民法典》，打破传统民法典对环境侵权损害的规定，将生态环境公共利益的损害责任纳入“环境污染和生态破坏责任”一章中，与污染环境和破坏生态导致他人人身、财产损害并列。《民法典》第一千二百三十二条规定对侵权人违反法律规定故意污染环境、破坏生态造成严重后果的实行惩罚性赔偿。在环境行政法律责任上，2000年颁布的《水污染防治法实施细则》和2000年修订的《大气污染防治法》，对水污染和大气污染的罚款数额，与1989年的《水污染防治法实施细则》和1991年的《大气污染防治法实施细则》相比，都有了不同程度的提高。尤其是2014年修订的《环境保护法》第五十九条规定了“按日计罚”的制度，即对持续性的环境违法行为进行按日、连续的罚款；第六十三条对情节严重的环境违法行为规定了行政拘留；第六十八条对有弄虚作假行为的环境监测机构以及环境监测设备和防治污染设施维护、运营机构，规定承担连带责任。在环境刑事法律责任上，《中华人民共和国刑法》第三百三十九条对擅自进口固体废物用作原料，造成环境污染后果特别严重的，处五年以上十年以下有期徒刑，并处罚金。

三、环境法律责任的历史沿革及发展趋势

环境法律责任制度的历史沿革与环境法的历史发展有着密切的内在联系，经历了一个萌芽、产生、发展到完善的过程。

18世纪60年代为环境法律责任制度的产生期。早在公元前14世纪的殷商时期，我国就有关于环境法律责任方面的相关规定。殷朝的法律规定：“弃灰于道者断其手。”公元前11世纪西周颁布的《伐崇令》规定：“毋坏屋，毋填井，毋伐树木、毋动六畜，如有不如令者，死无赦。”唐朝、明朝及清朝的法律也都对环境保护进行了相关规定，如街巷、田野、山脉、湖泊不允许任意占有污染，违者以刑罚处罚等。作为欧洲文明发源地的古希腊、古罗马也都存在诸多环境问题。在古罗马，法律对于水、土地等环境要素可能遭受的侵害提供了间接和零碎的救济，这从一些与个别事项有关的令状等法律措施中可以找到明证：颁布于公元前220年至公元前217年的《关于洗染店的梅特流斯法》(*Lex Metilia fullonibus dicta*)，禁止洗衣店和印染店把从他们作坊产生的污水排到公共的地方和田野，以罚金制裁违反者。但是在法律层面，污水排放被认为直接侵害的是土地所有人或占有人的利益，与私人利益的侵害有关的能够保护环境的唯一工具是只有直接利害关系人可以提起的私诉。[①] 颁布于公元前9年的《关于水道的昆克求斯法》(*Lex Quinctia de aquaeductibus*) 规定：“以恶意诈欺自己或让人刺穿、弄破或损害把公水运进罗马城的已启用的或将启用的水道、拱门、管道、支管、水

---

① Marutti L. S. La Tutela dell' ambiente nella sua Evoluzione Storica: L'esperienza del Mondo Antico[M]. Torino: G. Giappichelli Editore, 2009.

槽或积水池，让此等公水不能到达罗马或不能被正常分派的人，要被判处向罗马人民支付10万塞斯特斯的罚金。对于非故意做如上之事者，要修理、重建、更换损害之物并拆除其非法添加之物，直到达到水保佐人的要求；如果水保佐人不在，要达到外事裁判官的要求。这两种官员都有权罚款并征收抵押物；如果奴隶做了如上之事，其主人要被判处10万塞斯特斯的罚金。"[①]但是，直至罗马共和国晚期并不存在对需要保护环境的充分的一般性认识，也没有关于环境法律责任制度的一般性规定。到中世纪，人为因素导致的环境要素变化已然包括农业生产、城市卫生与安全、森林砍伐、矿开采和金属冶炼、海洋和内河环境、瘟疫、人与动物关系等。1306年，英国国会发布禁令，不准伦敦工匠和制造商在国会开会期间用煤以防止煤烟污染，曾经有一人因违反该禁令而被判决。从现有史料看，这一阶段的环境法律责任主要有如下特征：一是从法律责任的内容上来看，这些规定只是间接和零碎的，相互之间缺少有机联系；二是从责任的归责原则来看，往往适用结果责任原则；三是从责任的承担方式看，对于有害于环境要素的行为，除了一般性的禁令并对违反者处以金钱惩罚外，还存在大量恢复性的法律举措。[②]

18世纪60年代到20世纪50年代是环境法律责任制度的产生和初步发展期。这一阶段，人们对自然环境的开发和利用能力空前提高，社会生产力极大增长，但环境污染和生态破坏也逐渐成为威胁人类生存和发展的全球性问题。为应对环境污染问题，许多国家陆续制定了一系列单行环境保护法律，规定了环境法律责任制度。如英国颁布的《水质污染法》(1833年)这一阶段的环境法律责任主要有以下几个特征：一是从内容上看，基本形成了防治污染的法律责任和保护自然资源的法律责任两大体系；二是从归责原则来看，环境民事法律责任受自由资本主义思潮影响，抛弃原来的结果责任原则而采用过失责任原则，但在"八大公害事件"之后，一些国家开始对环境民事责任的归责原则进行修正，对某些特殊的环境侵权通过特别法形式确立无过错责任原则。

20世纪60年代至今为环境法律责任制度的完善时期。这一阶段，科技和经济的迅猛发展导致了新形态的污染源，如放射性污染、有机氯化物污染等。为加强环境治理，各国在制定大量环境保护单行法规的同时，纷纷制定综合性的环境保护法律，如日本《公害对策基本法》(1967年)、美国《国家环境政策法》(1969年)、英国《污染控制法》(1974年)、德国《联邦污染控制法》(1974年)等。这一阶段的环境法律责任制度主要有如下特征。一是在各国形成环境法律责任体系的同时，国际环境法律责任体系也随着国际环境法体系的建立而初具规模。二是无过错责任原则在各国环境民事责任领域得到普遍采用。与之相应，形式多样的因果关系推定方法在各国环境责任制度上得到广泛的适用。三是在责任承担方式上，不再局限于原来的损害赔偿单一责任方式，增加了排除侵害、恢复原状、生态修复等多种责任承担方式；随着国家对环境管理的日益加强，环境行政监管作用的不断扩大，有关责任主体还须承担各种不同形式的环境行政责任。

随着1992年联合国环境与发展大会正式确认的可持续发展思想对各国环境法律制度的进一步影响，未来的环境法律责任制度主要有以下发展趋势：为强化对日益严峻的生态环境以及环境污染和生态破坏受害人利益的保护，环境民事法律责任的归责原则将由无过错

---

① 徐国栋. 罗马法与现代民法[M]. 厦门：厦门大学出版社，2014.

② 李飞. 罗马环境法初探：理念、设施与法制[J]. 河南财经政法大学学报，2017(1)：22.

责任逐渐向绝对责任过渡;为实现可持续发展战略的核心内涵之一的“实现代内公平”理念,国际环境责任体系将日臻完善,随着代际公平理念日益深入人心,代际责任的内容也将呈现出日益具体化与系统化的特征。

第二节 环境民事责任

一、环境民事责任概述

(一) 环境民事责任的概念和特点

环境民事责任是指环境法律关系主体因违反民事义务而依照民事法律规定所应承担的法律后果。

环境民事法律责任是以传统民事侵权责任为基础发展形成的,是民事侵权责任的重要组成部分,这也就决定了环境民事责任制度的首要目的和功能在于填补环境污染和生态破坏受害人的损失。为了实现“用最严格制度最严密法治保护生态环境”这一目标,我国《民法典》第一千二百三十二条规定了惩罚性赔偿:“侵权人违反法律规定故意污染环境、破坏生态造成严重后果的,被侵权人有权请求相应的惩罚性赔偿。”值得注意的是,环境污染损害惩罚性赔偿只有在侵害人“故意”且“造成严重后果”时才能启动。

由于环境侵权行为、致害过程及危害后果的特殊性,环境民事责任也是一种特殊的相对独立的民事侵权责任。与传统民事责任相比较,其具有以下特点。

(1) 权利依据不同。传统民事责任一般以财产权和人身权为依据,环境民事责任除以财产权和人身权为依据外,还以环境权益为依据。

(2) 归责原则不同。污染环境、破坏生态造成他人人身、财产损害的,以无过错责任原则为归责原则;污染环境、破坏生态造成大气、地表水、地下水、土壤、森林等环境要素和植物、动物、微生物等生物要素的不利改变以及上述要素构成的生态系统功能退化的,以过错责任原则为归责原则。

(3) 不能作加害人具有主观过错的推定。环境侵权行为人主观上的“过错”、行为人的行为具有“违法性”并不是环境民事责任的必备条件。

(4) 因果联系是决定责任的基本条件。面对环境污染损害,行为人有无责任不取决于其是否有过错,而取决于损害结果与其行为之间是否有因果关系。

(5) 利益衡量机制被广泛运用。将受害人所受到的损害利益与加害人行为的社会效益相比较,从而决定加害人的责任及其责任形式。

在我国,2014 年《环境保护法》明确将生态破坏纳入环境侵权体系,2021 年生效的《民法典》将环境侵权制度列为改革重点,在第七编“侵权责任”中专章规定了环境污染和生态破坏责任。其中,第一千二百二十九条规定:“因污染环境、破坏生态造成他人损害的,侵权人应当承担侵权责任。”第一千二百三十四条规定:“违反国家规定造成生态环境损害,生态环境能够修复的,国家规定的机关或者法律规定的组织有权请求侵权人在合理期限内承担修复责任。侵权人在期限内未修复的,国家规定的机关或者法律规定的组织可以自行或者委托他人进行修复,所需费用由侵权人负担。”第一千二百三十五条规定:"违反国家规定造成生态环境损害的,国家规定的机关或者法律规定的组织有权请求侵权人赔偿下列损失和费用:(一)生态环境受到损害至修复完成期间服务功能丧失导致的损失;(二)生态环境功能永久性损害造成的损失;(三)生态环境损害调查、鉴定评估等费用;(四)清除污染、修复生态环境费用;(五)防止损害的发生和扩大所支出的合理费用。"

(二)环境侵权是环境民事责任的必备条件

环境问题随着人类的进化和发展不断演变,在此过程中,自然环境及其要素自身也在发生着某种改变,从而在一定程度上也可能导致环境状况的恶化,但是从事地学或生态学研究的学者一般认为,环境的变化主要是人为因素引起的。现代社会面临的环境危机更是如此,导致环境问题的人类行为主要是环境污染和生态破坏。无论是环境污染还是生态破坏,都会导致为法律所保护的环境公共利益或者被侵害对象的人身和财产遭受损害,由此构成环境侵权事实。

相较于传统侵权行为,环境污染、生态破坏等环境侵权行为具有以下特征。

1. 行为价值的双重性

宏观上环境侵权行为具有价值双重性。传统的侵权行为,其行为本身在法律规范的价值判断上就是一种纯粹的无价值行为,即完全具有法律否定性的违法行为,如欠债不还、强占他人财物、伤害他人身体等。而环境侵权行为如排放"三废"污染环境,往往伴随合法的生产活动而产生,而且可能在技术规范和行政管理规范上是符合要求的。

2. 主体的不平等性和不可互换性及非特定性

1)加害主体与受害主体的不平等性和不可互换性

传统侵权行为的当事人一般在经济地位、获取信息的能力以及科技知识的拥有上具有平等性和互换性,而环境侵权当事人中的加害人多是具有特殊经济地位和科技与信息掌控力的工商企业,而受害人则多为认知能力、防御能力和诉讼能力均较弱的分散的普通公众,二者地位事实上存在很大差异。

2)加害主体与受害主体具有不特定性

环境污染是经济发展的伴生产物,有时单一的排污行为并不会导致污染损害后果的产生,不少是由不特定多数的排放行为蓄积、叠加造成的。环境侵权的多元参与性,无疑给查清环境污染致害过程增加了难度。同时,由于环境具有整体性和共有性,环境侵权行为一旦造成具体的损害后果,就必然损害不特定的多数人的生命、健康、财产及其他权益,而且损害程度往往也比传统侵权严重得多。

环境侵权的受害主体不仅包括当代人,而且可能包括后代人,甚至当代人侵害的完全是后代人的环境权益。根据现代环境法代际公平的理论,这种侵权同样要承担侵权民事责任。

3. 侵害过程的间接性和复杂性

1)环境侵权过程具有间接性

传统侵权行为一般是加害行为直接作用于个别受害人的人身或财产,环境侵权则要通过环境这一中介再作用于人身及财物,其侵害对象包括各种自然要素、无主物、公私财产与人身,远较一般侵权广泛。

2）环境侵权过程具有复杂性

由于污染物质来源广泛、性质各异，它们进入环境中以后，相互之间以及它们与环境要素之间往往又会发生复杂的物理、化学或生物化学反应，并通过各种自然规律发生迁移、扩散、富集等现象，从而使得损害过程变得异常复杂，具有显著的复杂性。

4. 损害结果的持续性、潜在性及不明确性

从侵权行为危害后果的角度来看，环境侵权行为与传统侵权行为相比，其危害后果具有持续性、潜在性及不明确性。传统侵权行为多为一次性侵害，损害一般也是一时之害，而环境侵权则常常具有持续性、反复性；传统侵权较易为受害人所发现，举证较容易，而环境侵权往往不能立即被受害者发现，举证往往比较困难。

二、环境民事责任的归责原则

归责原则是指以何种根据确认和追究环境侵权行为人的民事责任，它解决的是环境侵权民事责任的基础问题。在民事侵权责任法律领域，侵害行为的归责原则是核心，它决定侵权责任的构成要件、举证责任负担以及免责事由等重要内容。根据现代各国侵权行为法理论与实践，侵权行为的归责原则主要包括过错责任原则和无过错责任原则。从法定义务视角，过错责任归责原则实质上是关注造成损害的行为是否符合某种程度的行为模式，也即法律对行为人提出了“理性人”或“善良家父”所能达到的注意义务要求。如果行为人达到了法律预设的行为标准要求，即使其行为导致他人严重受损，法律也不会对其进行否定性评价。追本溯源到价值判断层面上，建立在“理性人”等行为标准上的过错责任，是更多地考虑行为人意志自由而较少地考虑受害人权利恢复或不幸损害之合理补偿的一种评价机制。与过错责任原则相区别，无过错责任实质上是在近乎“超人”标准下规范和调节人们的行为。无过错责任制度对行为人提出如此高的行为标准，考虑的是某些特殊行为领域的巨大“危险性”以及风险信息的明显不对称性。在此归责原则下，造成他人损害的危险越大、风险信息的不对称性程度越强，行为人需要履行的法定注意义务程度越高。无过错责任原则是更多地考虑受害人权利恢复或不幸损害之合理补偿而较少地考虑行为人意志自由的一种评价机制。

与一般侵权行为不同，环境侵权行为侵犯的客体不仅包括他人的人身权、财产权，还包括生态权益。对生态权益的侵害，轻则表现为诸如以噪声、振动危害他人安宁，妨害正常休息、工作和学习，或者违章建筑非法挡住他人的住房采光、通风等，重则指行为人的环境危害行为导致生态系统结构或功能发生不利改变，从而损害了他人在健康、安全的环境中生存和发展的生态利益。环境的永续存在与运动性决定了这种损害不仅可以存在于当代，还有可能跨越代际的界限而延续至后代，从而影响后代人的利益。环境民事侵权的归责原则应该体现对这些多重利益的严格保护。另外，从经济学角度分析，环境侵权的原因行为具有负外部性，其私人成本小于由该行为造成环境污染而带来的社会成本，其私人收益大于因该行为带来的社会收益。而且，环境污染往往不是直接作用于受害人，而是需要借助空气、水或者土壤等环境媒介对人身、财产以及生态系统造成损害。除突发性事故外，引发环境责任风险的污染事故通常需要科学理论、实验和测量工具等“感受器”来将污染物或行为变成可见和能解释的危险；加上环境污染损害通常具有长期性、潜伏性和复杂性，经常需要经过较长时间积累以及复杂的物理或化学变化才最终显现出来。如果追究环境侵权责任适用过错责任原则，那么对环境污染者而言，损害他人人身、财产及生态环境权益后，是否要承担侵权责任与其存在“过错”与否密切相关，即首先会考察行为人的侵害行为是否达到法律预设的注意义务标准。鉴于过错责任归责原则下“理性人”的注意义务标准多是些模棱两可的影像，通常缺乏确定的内容，因此，环境污染者最终是否承担侵权责任风险，需要依靠法院能否准确判断何谓注意义务的最佳水准以及侵害者履行注意义务的实际水平，这无疑会增加污染者对自身责任风险进行准确评估的难度。更为重要的是，如果法律预设的“理性人”注意义务标准太低，环境污染者几乎不用承担不利的法律后果，环境责任风险趋近于零的情形下，行为人不会产生风险消费的内在需求。而如果实行无过错责任归责原则，受害人不需要通过昂贵的代价来证明行为人存在“过错”，只要能够初步证明是污染行为造成的损害后果，环境污染者必须承担损害赔偿的不利法律后果，除非污染者具有“已尽到最大谨慎”以外的法定抗辩理由。为遏制日益严重的环境污染和生态破坏，以美、德为代表的国外环境侵权法律纷纷要求环境污染、生态破坏者承担严格的损害赔偿责任。以美国为例，第二次世界大战后美国经济得到迅速发展，但是环境污染问题日益严峻。为打破工业污染困局，美国在1969年出台了环境领域内的基本法——《国家环境政策法》。此后10年，应民众的强烈要求，又颁布了以《清洁水法》(1972)、《资源保全与恢复法》(1976)、《清洁空气法》(1977)、《综合环境反应、赔偿和责任法》(1980)为代表的一系列法律来控制环境污染，迫使涉污企业承担更多的社会责任。这些法律都要求生态环境污染破坏者承担严格的损害赔偿责任，其中部分法律更是要求提供“财务担保”才能进行企业的设立审批。

综合分析我国环境侵权法律及相关司法解释可知，现行各项合理的环境民事责任微观制度并非自始就被设计好，而是在司法实践中不断缓慢完善。到目前为止，我国环境民事责任制度在私益损害与公益损害上存在归责原则上的差异。

2021年施行的《民法典》，打破传统民法对环境侵权损害的规定，将生态环境公共利益的损害责任纳入“环境污染和生态破坏责任”一章中，与污染环境和破坏生态导致他人人身、财产损害并列。但是，《民法典》对两类损害采用不同的归责原则，即环境污染、生态破坏造成民事主体人身损害、财产损失的情形采取无过错责任归责原则，而对侵害生态环境本身从而损害环境公共利益的情形实行“违反国家规定”的客观过错归责原则。因此，除海洋生态环境损害按照严格责任归责原则外，依据2017年国务院办公厅印发的《生态环境损害赔偿制度改革方案》以及《民法典》第一千二百三十四条和第一千二百三十五条，对生态环境损害行为的归责以“违反法律法规”“违反国家规定”为前提，实质上是客观过错责任原则，与造成人身、财产损失的环境污染、生态破坏行为的归责原则不相一致。《民法典》规定的“违反国家规定”前提显得模棱两可，如果进行扩张解释将所有造成生态环境损害结果的行为都归为“违反国家规定”，那么就使这一表征行为人过错的要件丧失了独立价值；而如果将“国家规定”限缩为国家的法律法规，则除了与《生态环境损害赔偿制度改革方案》规定措辞不一致外，没有从实质上改变行为人较低的注意义务标准。尽管有学者提出“违反国家规定”应解释为“违反国家有关环境、生态保护的法律、国家政策、行政法规、部门规章和地方规定，以及基于此等规定制定的具体排放标准、控制指标等”，但目前我国法律或司法解释并没有作明确说明。

扩展阅读：我国现行环境污染侵权责任法律法规及相关司法解释

关于环境污染侵权责任的归责，我国现行法律法规及相关司法解释作出了较为详细的规定，具体内容见扩展阅读“我国现行环境污染侵权责任法律法规及相关司法解释”。

三、环境民事责任构成要件与抗辩事由

（一）环境民事责任构成要件

是否构成环境民事责任是以归责原则为前提的。鉴于我国目前环境民事责任的归责原则在造成他人人身、财产损害与生态损害上尚未统一，对我国环境民事责任的构成要件分析需要结合两种不同情形进行。

1. 加害行为的“违法性”

一般说来，任何民事行为，就其法律意义而言，要么为适法行为，要么为违法行为；适法行为的法律后果是产生法律上的权利义务关系，违法行为的法律后果则产生法律责任。关于违法性，法学界存在“结果违法”和“行为违法”两种观点。“结果违法说”认为，权益具有不可侵犯性，行为导致了他人权益受到侵害，若无正当理由，则侵害行为构成违法。在该学说看来，违法与损害结果存在密不可分的关系，即凡是侵害他人权利而产生损害结果，如驾驶车辆撞伤路人、饲养的动物咬伤了他人或破坏他人财产，即属违法，除非在例外情形下因某种事由阻却其违法性。“行为违法说”认为，一个行为不能仅因其导致了他人权益的损害就推定具有“违法性”；除了侵害权益的消极结果外，还应顾及止损行为本身。用德国学者埃塞尔和列奥·魏耶斯(Leo Meyers)等人的话说，就是“违法性的成立，须以行为人未尽避免侵害他人权利的注意义务为必要。注意义务的违反系违法性的特征。易言之，若行为人已尽必要注意义务时，纵因其行为导致侵害他人权益的结果，也不具有违法性”。对照两大法系下的过错责任，法律对“违法性”的考察几乎都遵循“行为违法说”的思维方式，除了对结果进行衡量外，还深入地探究该行为有无违反法律预设的一般注意义务，即只有同时满足“造成损害后果”和“行为违反一定注意义务”的条件下，行为人才因“违法”而承担过错侵权责任。很显然，过错责任中的“违法性”经常与“客观过错”纠缠不清。

与过错责任不同，无过错责任仅从“侵害了他人合法权益”这一“损害结果”来考察“违法性”，而不探究行为是否违反了一般注意义务。在现实生活中，某些行为或活动本身可能完全符合法律的规定，比如爆炸、开采矿石、经营核电站、饲养动物、生产产品、雇用工人等，但如果这些行为产生的结果侵害了他人的合法权益，无过错责任便基于损害结果之违法性而产生，除非有法定的抗辩理由。换言之，站在潜在责任人的角度，如果本人或是受其监管的人或物导致了一定的损害，譬如说死亡、健康受损、精神受到严重创伤、财产损失等，不管其是否尽了最大的谨慎，都初步认定要承担责任。对结果违法性的强调，无疑体现了无过错责任对潜在责任人的极为严厉的行为要求，可以说，它几乎创造了伯利斯·斯达克(Boris Stack)和欧内斯特·J. 温里布(Ernest J. Weinrib)所说的“对受害人的担保”或“结果义务”，即确保他人不因某些合法但危险的行为而遭受损失和伤害。

根据我国现行《环境保护法》及各环境资源保护单行法相关规定、《民法典》第七编第七章规定，对因污染环境、破坏生态造成他人损害的情形(《民法典》第一千二百二十九条)，即使加害人的排污没有违反环境保护方面的法律规定，但是其排污行为污染环境造

成他人损害,也违反了保护他人生命健康权、财产权的法律规定,是一种"结果违法"的行为。如果没有法定的抗辩事由,加害人应当承担环境民事责任。对因污染行为造成生态环境损害的情形,我国相关政策性文件及《民法典》则规定需要满足"违反法律法规"(《生态环境损害赔偿制度改革方案》)、"违反国家规定"(《民法典》第一千二百三十四条和第一千二百三十五条)等前提,尽管目前仍无相关法律性文件对"违反国家规定"予以明释,但从条文的目的及措辞来看,承担环境民事责任的生态环境损害行为必须满足"行为本身违法"这一条件。

2. 存在损害结果或者存在环境危险行为

环境侵权中的损害是指行为人因实施了污染或破坏环境的行为,并通过环境的作用而致他人人身、财产和其他权益损害的后果。环境侵权致人损害和一般侵权致人损害相比,除它们都是对合法民事权益造成的损害结果,具有客观性、确定性和法律上的可补救性外,还具有一般民事侵权所不具有的特殊性。其一,环境污染导致的损害形态多元化,不仅借助环境媒介对特定范围内的人身、财产造成损害,而且往往直接导致特定区域的大气、地表水、地下水、土壤等环境要素和植物、动物、微生物等生物要素的不利改变,以及上述要素构成的生态系统功能的退化。生态环境损害表征为致使土壤荒漠化和沙漠化、森林资源锐减、水资源和矿产资源出现枯竭危机、生物多样性减少和物种灭绝、基因污染等,以及酸雨、全球气候变暖、臭氧层破坏等生态损害发生。其二,在客体方面,生态环境损害是直接地对生态环境本身的损害,这是一种人与自然的关系,而传统意义上的环境侵权则是以生态环境作为媒介,最终结果是对人身、财产或者精神的损害,反映的是环境侵权行为人与受害人的关系。其三,在损害后果的衡量方面,对于人身、财产的损害研究起步早,已经形成了相对完善的衡量体系,相较生态环境损害而言,对人身、财产的损害具有具体性和明确性,而生态环境损害的衡量涉及许多技术性要求,且环境影响具有潜伏性和不确定性特点,给生态环境损害的量化带来诸多困难。

行为存在环境污染、生态破坏危险是指行为具有污染和破坏环境的现实可能性。其包含两层含义。一是行为人的行为尚未造成危害环境的后果。二是行为人的行为具有危害环境的现实可能性。如建设公路的行为就可能属于环境危险行为,因为如果选址不当,公路建成后,在此公路上行驶的车辆就可能造成噪声污染。但是,这种可能性应当是一种危害环境的现实的可能性,而不仅仅是一种潜在的可能性。所谓现实可能性,是指这种可能性已达到一定的程度,以至于如果不采取预防措施,这种可能性在行为完成后就会转变为现实。潜在可能性则是指如果保持当前状态,这种可能性一般不会转变为现实。如在建设公路过程中如果遵守了"三同时"的规定,在公路交付使用后,其边界噪声值低于或等于法定的噪声值,那么建设公路的行为就不具有污染环境的现实可能性,只具有潜在的可能性。反之,如果此公路的建设没有遵守或没有完全遵守"三同时"的规定,那么建设公路的行为就具有污染环境的现实可能性。如果把凡是具有污染环境可能性的行为都认定为环境危险行为,将会阻碍正常行为的进行,而且这种做法也不具有可行性。

3. 加害行为与损害结果(或损害可能性)之间的因果关系

因果关系简单地说就是客观现象之间引起和被引起的关系。在侵权法中,因果关系就是不当行为或危险源的存在与可赔偿性损害之间的前因后果的客观联系，它是确定侵权责任的必要条件。由于因果关系的复杂化和多样化，在理论上如何确定因果关系，便产生了多种学说，主要有条件说①、必然因果关系说②、相当因果关系说③，近因说④、推定因果关系说⑤等。西方传统过错责任下的因果关系主要采用近因说。法院处理具体案件时，一般分两步考察因果关系：第一步探求被告的行为对损害是否是一种"事实上的原因"；第二步考察事实上构成损害原因的侵害行为是否构成"法律上的原因"⑥。因此，原告不仅要证明存在事实上的因果关系，还必须举证被告的过失行为是自己遭受损害的法律上的原因。在大陆法系，主流观点采用"相当因果关系说"，即当某一事实仅于现实情形发生了某种结果时，并不能就此认为存在因果关系，必须依据社会的一般观察进一步判断是否存在因果关系。在具体适用时，通常也是区别两个阶段：第一阶段审查条件上的因果关系；如为肯定，再于第二阶段认定条件的相当性⑦。由此可见，虽然在因果关系学说上存在差别，但对过错责任因果关系的具体确定，两大法系存在相通性：不仅要进行事实判断，而且要进行价值判断；前者解决事实上的必要条件问题，后者解决法律上的可归责性问题。至于具体的考察因素，德国学者巴尔(Bahr)将其归纳为如下几种：判断损害发生的现实可能性和可预见性、损害实际发生时危险的种类和潜在的程度、为避免损害所需的谨慎程度、被违反义务的内容和目的、个人的过错及法律政策的考虑和社会道德观等⑧。

与过错责任进行严格的因果判断相比，无过错责任下的因果关系判断具有模糊性。首先，无过错责任只重点考察事实的因果关系，对最近原因进行排除或通过推定的方式加以确定。其次，即使是事实的因果关系的判断，无过错责任也与过错责任存在差别。以韦克斯·麦隆(Wexs Malone)、A. 贝齐(A. Becht)和 F. 米勒(F. Miller)等为代表的学者，在对两种责任下的事实因果关系判断进行深入探讨之后，道出了其中的玄机：过错责任中"事实上的原因"不是一个完全事实的而是假定的(hypothetical)判断；无过错责任中因果关系则具有事实的、不建立在假定上的特征，它排除"疏忽"(omission)问题的探讨和

---

① 由德国学者弗·布里于19世纪70年代首创，该学说认为凡是引起损害结果发生的条件，都是损害结果的原因。参见杨立新. 侵权法论[M]. 北京：人民法院出版社，2004.

② 必然因果关系说，区分条件与原因，主张当损害与行为人的行为具有内在的、本质的、必然的联系时，才构成法律上的因果关系，条件只是为结果发生提供了可能性，原因则为结果的发生提供了现实性。我国法院在审判实践中多采用此种学说；台湾学者史尚宽、胡长清、何孝元等赞成必然因果关系说。参见吴兆祥. 侵权法上的严格责任研究[D]. 北京：中国人民大学，2001.

③ 相当因果关系说，行为人的行为对损害结果构成适当条件时，行为人应当负责。该学说现为多数大陆法系国家所采。参见杨立新. 侵权法论[M]. 北京：人民法院出版社，2004.

④ 近因说，在解决因果关系时区分近因和远因，行为与损害后果距离过远，损害成为不可预见的结果时，此种原因便为远因，不构成责任承担的条件。此种学说主要为英美国家所采。参见杨立新. 侵权法论[M]. 北京：人民法院出版社，2004.

⑤ 推定因果关系说，由受害人证明所指控的侵权行为与损害后果之间存在某种程度的因果关系的可能性，然后由被告举反证，以证明其行为与原告损害之间无因果关系；不能反证或者反证不成立，即可判断因果关系成立。各国适用该理论的案例已逐渐增多。参见杨立新. 侵权法论[M]. 北京：人民法院出版社，2004.

⑥ Eptein，Richard A. A Theory of Strict Liability[J]. Legal Study，1979(2)：160.

⑦ 王泽鉴. 侵权行为法[M]. 北京：中国政法大学出版社，2001.

⑧ 克雷斯蒂安·冯·巴尔. 欧洲比较侵权行为法：下[M]. 焦美华，译，张新宝，校. 北京：法律出版社，2004.

假设,直接将责任和普遍认可的行为联系起来。[①] 在具体法律技术采用上,帕尔默(Palmer)将其归纳为两类:一是扩展时间和相关行为范围,将损害与发生特殊事故之前存在的行为联系;二是只要证明有积极的行为就足以产生法律责任。[②] 2015 年 6 月最高人民法院发布《关于审理环境侵权责任纠纷案件适用法律若干问题的解释》(第六条、第七条)[③],要求污染者证明污染行为与损害之间"不存在因果关系",被侵权人只需对环境侵权行为与损害后果之间具有关联性承担举证责任。换言之,被侵权人只需对环境侵权行为与损害后果之间的因果关系承担初步的证明责任。但是,关于因果关系"关联性"的证明度问题,或者说初步证明责任的判断标准,相关法律和司法解释均未予明确,实践中出现诸如"地下水污染物和洗桶行为的特征污染物完全对应,足以认定行为人的行为造成地下水污染""主张环境污染损害者仅需证明被主张者存在污染环境的可能性"等多种裁判主张。[④]《民法典》第一千二百三十条规定的举证责任倒置"只能针对环境污染侵害他人人身、财产权益的环境民事私益诉讼案件",并不适用于环境公益诉讼和生态损害赔偿诉讼。最高人民法院《关于审理环境民事公益诉讼案件适用法律若干问题的解释》并没有明确环境公益诉讼的举证责任。最高人民法院《关于审理生态环境损害赔偿案件的若干规定(试行)》第六条规定原告应就被告污染环境、破坏生态的行为与生态环境损害之间具有关联性承担举证责任,措辞与《关于审理环境侵权责任纠纷案件适用法律若干问题的解释》第六条的规定类似,但第七条只规定"被告反驳原告主张的,应当提供证据加以证明。被告主张具有法律规定的不承担责任或者减轻责任情形的,应当承担举证责任"。那么,如果被告以排污符合国家或者地方污染物排放标准为由反驳原告主张的,能否足以反驳原告关于存在关联关系的主张?还是必须通过科学理论、实验和测量工具来详细证明行为对私益和公益都不可能产生可见和可以解释的危险?因此,尽管我国现行环境侵权诉讼法律中引入了举证责任倒置制度,但仍然缺乏对因果关系、关联关系认定标准的明文规定,从而导致司法实践在因果关系、关联关系判断上的混乱局面,类似的案件处理结果大不相同。

4. 加害人的过错要件

在过错责任原则下,潜在责任人是否承担责任与其是否存在"过错"具有密切联系。即使受害人遭受了巨大损害,若不具备"行为人存在过错"这一要件,侵权责任便不会产生,即"无过错,无责任"。过错责任存在"主观过错"和"客观过错"两种理论学说。按照

---

① Malone, Wex. S. Ruminations on Cause-in-Fact[J]. Stan. L. Rev., 1956(60): 61; Becht, A. &Miller, F. The Test of Factual Causation in Negligence and Strict Liability Cases[M]. St. Louis: Washington University Studies, 1961.

② Palmer, Vernon. A General Theory of the Inner Structure of Strict Liability: Common Law, Civil Law, and Comparative Law[J]. Tulane Law Review, 1988(62): 1326.

③ 第六条规定:被侵权人根据民法典第七编第七章的规定请求赔偿的,应当提供证明以下事实的证据材料:(一)侵权人排放了污染物或者破坏了生态;(二)被侵权人的损害;(三)侵权人排放的污染物或者其次生污染物、破坏生态行为与损害之间具有关联性。第七条规定:侵权人举证证明下列情形之一的,人民法院应当认定其污染环境、破坏生态行为与损害之间不存在因果关系:(一)排放污染物、破坏生态的行为没有造成该损害可能的;(二)排放的可造成该损害的污染物未到达该损害发生地的;(三)该损害于排放污染物、破坏生态行为实施之前已发生的;(四)其他可以认定污染环境、破坏生态行为与损害之间不存在因果关系的情形。

④ 参见(2015)常环公民初字第 1 号,载于《人民法院案例选》2017 年第 2 辑(总第 108 辑);(2013)泰高新环民初字第 0001 号,载于《江苏省高级人民法院公报》2016 年第 4 辑(总第 46 辑)。

“主观说”重要代表德·居皮斯(De Cupis)的观点,过错是“一种心理状态,它在和某种损害相联系的情况下,能够被认为应受谴责,即它不同于人们在渴望避免有害结果时常常感到的那种心理状态”。因此,在“主观说”看来,过错责任就是法律对于行为人滥用其自由意志的否定性评价,是从行为人主观的意思或能力上寻求根据,探究行为人的不良主观态度,从而对其进行的惩罚。而在客观过错理论,法律对行为人“过错”的评价是建立在行为的应受责难性上。按照法国学者 H. 马泽奥德(H. Mazeaud)和顿克(Tunc)的观点:“过错是指一个谨慎之人置身于加害人造成损害时的‘客观’环境中所不会犯的行为差错。”[①]可见,行为人之所以具有过错,在于其没有达到法律预设的行为标准;该标准在罗马法中以“善良家父”为参照,在近现代法中以“理性人”为准绳。

与过错责任不同,无过错责任法律对潜在责任人是否存在过错(无论是主观过错还是客观过错)在所不问。只要其行为或所监管的人或物造成了损害后果,潜在责任人就要承担不利的法律后果,除非有“已尽到最大谨慎”以外的法定抗辩理由。因此,无过错责任归责标准下的基本内涵,就是排除对行为人主观心理的考察,或是超越“善良家父”或“理性人”行为标准的限制,而以损害结果和因果关系来确定责任的有无。非过错性,实质上是强调人性中经验的一面,贬抑人的意志自由,在责任概念中排除道义非难和选择自由。站在潜在责任人的角度,无过错责任的非过错性无疑加重了其摆脱法律对其行为后果进行否定性评价的难度,限制性的条件越少,归责的标准越严格。值得一提的是,无过错责任的非过错性,是从潜在责任人角度而言的,不能理解为不考虑受害人的过错。

根据《民法典》第一千二百二十九条规定,我国法律对污染环境、破坏生态造成他人人身、财产损害的情形实行无过错责任原则,只要排污行为造成了他人权益损害,即使该行为没有过错,也要承担民事责任。根据该法第一千二百三十四条和第一千二百三十五条规定,我国法律对损害生态环境的行为实行过错责任归责原则,即使生态环境遭受了巨大损害,若不具备“违反国家规定”,即“行为人存在过错”这一要件,环境民事责任便不会产生。根据《民法典》第一千二百三十二条规定,环境侵权人违反法律规定故意污染环境、破坏生态造成严重后果的,可能要承担惩罚性赔偿责任。

(二)环境民事责任的抗辩事由

抗辩事由在某些大陆法系国家称为违法阻却事由,在我国法律上称免责事由,是指被告针对原告的诉讼请求提出使自己免责或减轻责任的事由。[②] 各国法律中抗辩事由所涵盖的范围在实质上大致相同,包括正当防卫、紧急避险、职务授权、受害人同意、风险自负、共同过失、意外事件、不可抗力、受害人过错和第三人过错等,有些学者甚至将诉讼时效届满也纳入抗辩事由范围之内。这些抗辩事由并不能被用于一切责任形式,不同归责标准下的被告得以抗辩的事由不同,同一归责标准下对不同侵权责任的抗辩也存在差异。但总的规律是,法律规定被告人得以抗辩的理由越多、抗辩事由的性质越灵活,侵权责任的归责标准便离“严格”越远。在过错责任中,各国法律都为被告准备了丰富的摆脱原告诉讼请求的抗辩理由。仅以美国为例,对故意侵权行为被告可以有 9 种抗辩理由:同意、正当防卫、保护他人、保护财产、紧急避险、法律

① 王卫国. 过错责任原则:第三次勃兴[M]. 北京:中国法制出版社,2000.

② 王利明. 侵权行为法研究[M]. 北京:中国人民大学出版社,2004.

授权、管教和正当理由。[①] 如果被告能够让法官相信自己的情况符合这9种抗辩的任何一种，就完全可以不用承担法律责任。

在无过错责任下，抗辩事由受到强烈限制。综合各个国家的相关规定，无过错责任下的抗辩理由主要呈现如下特征：被告得以抗辩的事由是固定不变的；中断因果关系链条是这些抗辩理由的基本原理；过错责任诉讼下可以适用的一些抗辩被排除在无过错责任诉讼之外。在无过错责任最极端形式下，甚至不存在任何形式的抗辩事由，如航空事故责任，有些国家规定航空器经营者对因航空器升降、飞行引起的对土地、人身或财产的物质损害承担责任，即使其尽了最大限度的注意或者是不可抗力引起的。[②]

我国环境保护法中有关环境民事责任免责事由的规定较为混乱。《水污染防治法》第九十六条规定的免责事由有：不可抗力、受害人故意、第三人造成的。《海洋环境保护法》第八十九条、第九十一条规定的免责事由有：第三人的过错、战争；可抗拒的自然灾害；负责灯塔或者其他助航设备的主管部门在执行职责时的疏忽或者其他过失行为。《大气污染防治法》《固体废物污染环境防治法》《环境噪声污染防治法》均未规定免责事由。《民法典》第一千二百三十三条仅规定第三人的过错这一免责事由。综合以上法律规定，我国环境民事责任免责事由基本可以分为三类：一是不可抗力；二是第三人的过错；三是受害者的自身责任。

四、环境民事责任的承担方式

根据《环境保护法》第六十四条、《民法典》第一百七十九条、第一千二百二十九条、第一千二百三十四条和第一千二百三十五条，以及《最高人民法院关于审理环境民事公益诉讼案件适用法律若干问题的解释》，环境侵权人承担环境民事责任的方式主要有消除危险、赔偿损失、生态修复。

（一）消除危险

在环境法中，消除危险是指当行为人的行为有侵害他人环境权益的可能性时，行为人应负的消除这种可能性的一种责任形式。环境法中的消除危险责任具有如下特征。第一，它和民法中的消除危险在本质上都是一种消除危险责任，其区别在于危险行为的种类不同。在环境法中，行为人的危险行为是相对于环境的危险行为，简称环境危险行为。这种行为有可能侵害他人的人身或财产权利。环境危险行为通过威胁环境而威胁他人的人身和财产。强调这一区别的意义在于环境危险行为与其他危险行为各自可能导致的危害后果是不同的。环境危险行为以环境为媒介，其可能导致的危害后果具有长期性、破坏性、难以恢复性，有的危害后果需要经历很长的潜伏期才可能被发觉，有的损害甚至是无法补救的。第二，消除危险是一种预防性的责任形式。它适用于危险行为发生时，损害后果发生之前。这是一种预防性的责任形式。而损害赔偿等责任形式则是在损害后果发生之后适用，是补救性的责任形式。相较于损害修复、损害赔偿这些责任形式，消除危险更具有积极性。

---

① 李响. 美国侵权法原理及案例研究[M]. 北京：中国政法大学出版社，2004.

② 肯尼斯·S. 亚伯拉罕，阿尔伯特·C. 泰特.《侵权法重述》纲要[M]. 许传玺，石宏，等译. 北京：法律出版社，2006.

消除危险的上述特征，对于保护环境具有深远的意义。首先，消除危险适用于行为的开始阶段或准备阶段，它可以最大限度地减轻行为人的危险行为对环境和他人的危害，可以防患于未然，从而有效地保护环境和他人的权利。这种责任方式体现和贯彻了环境法的预防原则。当然，更高意义上的预防原则，要求从根本上杜绝可能有害于环境的行为。如要求采用清洁生产模式，禁止使用某些污染设备、材料等。但从我国目前的经济水平来看，做到这一点还需要时间。其次，这种责任方式更加经济。对于污染者、受害者以及整个社会来说，同环境污染和破坏所造成的损失、治理环境所需要的费用相比较，消除危险所需要的代价小得多。再次，这种责任方式可以同其他责任方式结合起来，互相协调，形成一个完整的体系，使我国的环境法更加成熟、完善。在实践中，消除危险责任具体包括消除、治理已造成的污染，使其不再继续危害他人；设置或加强防治污染的措施、设备；停止正在进行的环境污染活动。

我国的环境保护基本法及各环境保护单行法依据预防原则规定了不少预防污染的法律制度，如环境影响评价制度、三同时制度等。但是，对于违反这些制度的行为人仅规定了行政责任，没有明确的消除危险的民事责任。针对这个缺陷，我国的环境立法应当从以下几方面完善消除危险的责任制度。一是应当把预防原则的内容规定得更加全面。不仅要规定预防污染自然环境，也要规定预防侵害他人的人身财产权利。仅规定行为人应当预防污染自然环境，易造成误解，似乎个人的利益不在应当预防保护的范围里。二是应当规定有可能产生污染并损害他人利益的行为人应当采取的预防措施。虽然预防措施在法律中不可能详细列举，但应当规定一个最低要求，即污染物的排放应达到排放标准。三是应当在环境法中明确规定消除危险的民事责任。这样，司法机关适用消除危险责任就有了法律依据。四是应当明确规定公民对他人的环境危险行为享有请求消除危险的起诉权，从而使对危险行为的起诉有法可依。

（二）赔偿损失

环境污染、生态破坏不仅借助环境媒介对特定范围内的人身、财产造成损害，而且往往直接导致特定区域的生态环境损害。根据环境法及《民法典》相关规定，受害人可以向侵害人提出损失赔偿请求。综合起来，主要有财产损害赔偿、人身损害赔偿、精神损害赔偿、生态损害赔偿。

财产损害一般实行全额赔偿原则，即侵权行为人承担赔偿责任的大小以其所造成的实际损害为限，损失多少，赔偿多少。但是由于环境侵害行为具有持续性、缓慢性的特点，对环境的侵害是不间断的，对环境的影响是缓慢的、渐进的、累积的，因而在考虑损害赔偿时应包括直接损失和间接损失。所谓直接损失，即既得利益的丧失或现有财产的减损，应直接计算；所谓间接损失，即可获得利益的损失，也应计算在内。间接损失通常包括因损害原因事实的发生致使应增加而没有增加的利益和为恢复正常的管理活动或者挽回所造成的损失所支付的各种开支、费用等。虽然《民法典》的“侵权责任”编中未明确规定环境侵害人应当赔偿受害人的间接损失，但只要能够证明间接损失的利益取得具有客观确定性，根据该法典第三条“民事主体的人身权利、财产权利及其他合法权益受法律保护”、第一百一十三条“民事主体的财产权利受法律平等保护”、第一百二十六条关于“民事主体享有法律规定的其他民事权利和利益”的兜底性规定以及第一千二百二十九条规定，受害人间接损失作为一种损害自然包括在环境侵权责任制度的保护范围内。

人身损害是指侵权行为对受害人的生命权、身体权、健康权等的侵害，并致受害人伤残或死亡。人身损害的主要表现形态有三种：因环境侵权致被害人丧失生命（死亡）；因环境侵权而导致人的身体组织器官的完整性受损，使人的组织器官缺失或丧失其功能，如造成残疾等；因环境污染而致人的生理机能的完整性以及持续、稳定、良好的心理状态受到损害，如受害人因饮用被污染的水而导致某种疾病等。对人身损害一般依人身损害的程度确立赔偿范围，即由侵权行为造成他人人身损害，以因伤害人身而引起的财产损失作为标准，损失多少财产就赔偿多少。人身损害越重，赔偿就越多；而人身损害较轻，赔偿则相对减少。

精神损害是指因侵权行为所引起的受害人精神上的痛苦和肉体上的疼痛。关于环境污染侵权责任是否包括精神损害赔偿的问题，《民法典》第一千一百八十三条明确规定了精神损害赔偿，其颁布之前的《中华人民共和国侵权责任法》第二十二条和几个司法解释中也都有明确规定。因此，精神损害赔偿是适用于所有侵权责任的赔偿。只要在环境污染事故中被害人存在严重精神损害就可以主张精神损害赔偿。

生态环境损害是指环境侵害行为导致特定区域大气、地表水、地下水、土壤等环境要素和植物、动物、微生物等生物要素的不利改变，以及上述要素构成的生态系统功能的退化。生态环境损害的民事责任承担方式，《民法典》在生态损害修复责任（第一千二百三十四条）基础上规定了生态损害赔偿责任（第一千二百三十五条）。依据环境责任法律立法精神及法条的有意安排，在具备生态环境修复可能性情况下，《民法典》第一千二百三十五条规定的损害赔偿责任是一种补充性的责任，即补充生态环境修复责任不能涵盖的部分，包括防止损害的发生和扩大所支出的合理费用、清除污染费用、期间功能损失等；如果不具备生态环境修复可能性，生态环境损害赔偿责任进行全面适用，为了让污染企业承担社会成本，除了让侵害者承担防止损害发生和扩大支出的合理费用、清除污染费用、期间功能损失外，还要承担生态环境修复费用、生态环境功能永久性损害造成的损失。具体生态环境损害案件处理中可参考《〈1969 年国际油污损害民事责任公约〉1992 年议定书》和《2001 年国际燃油污染损害民事责任公约》，对生态损害赔偿的责任构成进行认定；参考《水域污染事故渔业损失计算方法规定》《海洋溢油生态损害评估技术导则》《环境影响评价技术导则——生态影响》《关于审理海洋自然资源与生态环境损害赔偿纠纷案件若干问题的规定》等来评估生态环境损失。在具体技术操作上，法院也可以参考国外的先进经验，例如瑞士再保险人根据欧盟 2004 年《关于预防和补救环境损害的环境责任指令》（以下简称《欧盟环境指令》）对生态环境损害风险评估进行的分析，该分析将评估内容定义为《欧盟环境指令》中规定的受保护物种及栖息地、水资源、土地资源发生损害的程度与概率，将损害规范在自然资源本身及其服务功能发生的可以被测量的不利变化；损害程度评估主要是估算污染物质对受保护资源的接触程度及危害程度；损害概率评估主要是在统计各行业、各国既往的污染发生概率数据基础上，结合投保方的环境管理、生产设备、生产方法以及已发生污染事故情况等进行确定。最终，损害程度与损害发生概率相乘，便得出生态环境损失数额。[①]

---

① Jürg Busenhart, Pascal Baumann et al. Insuring environmental damage in the European Union[R]. Swiss Re publications, 2007.

（三）生态修复

生态修复责任是一种以保护生态利益为目的的责任方式，旨在通过一定的措施使受损生态环境的生态功能恢复，以达到生态环境再生，从而实现生态利益的填补或续造。生态修复责任是传统民法中“恢复原状”的延伸与补充。“恢复原状”强调的是将受损的个人财产性利益恢复到其原有的状态，与之相比，生态修复责任制度强调的则是受损生态环境功能的恢复。王利明教授认为，这一责任制度弥补了恢复原状责任在生态环境侵权领域的不足，要求侵权人尽可能将生态环境恢复为其原有的服务功能。

我国生态修复责任的立法较为分散，最初散见在各个环境资源部门法律法规、规章中，主要有《环境保护法》第三、五、六十一条；《水污染防治法》第三、十六条；《水土保持法》第十二条第二款、第十六、二十条；《海洋环境保护法》第二十条第二款、第二十二条第一项、第二十八条第一款；《海岛保护法》第二十一、二十五条；《农业法》第十六条第三款、第五十九到六十二条；《森林法》第八、十二条；《草原法》第一、三、十八、三十九、四十、四十六至四十八条；《渔业法》第三十、三十二、三十六条；《水法》第九、二十九、三十一条，第四十条第一款；《防沙治沙法》第三、二十三、二十四条；《矿产资源法》第二十一、三十二条；《固体废物污染环境防治法》第八十五条等。这些规定在环境法律体系中占比微乎其微，且多为原则性规定，它是根据“谁破坏，谁修复”的原则来确定污染者和破坏者的生态修复责任，这倾向于是一种行政责任而非民事责任。

首次将生态修复责任作为环境民事侵权的责任承担方式源于 2015 年最高人民法院出台的两个司法解释，即《最高人民法院关于审理环境民事公益诉讼案件适用法律若干问题的解释》（第十八条、第二十条）和《最高人民法院关于审理环境侵权责任纠纷案件适用法律若干问题的解释》（第十三条、第十四条）。2019 年最高人民法院出台的司法解释《关于审理生态环境损害赔偿案件的若干规定》（第十一条、第十二条、第十三条、第十五条）则首次将“修复生态环境”作为生态环境损害赔偿责任方式。《民法典》第一千二百三十四条规定，违反国家规定造成生态环境损害，生态环境能够修复的，国家规定的机关或者法律规定的组织有权请求侵权人在合理期限内承担修复责任。侵权人在期限内未修复的，国家规定的机关或者法律规定的组织可以自行或者委托他人进行修复，所需费用由侵权人负担。相应地，在《民法典》颁布后，最高人民法院修改了《最高人民法院关于审理环境侵权责任纠纷案件适用法律若干问题的解释》和《最高人民法院关于审理环境民事公益诉讼案件适用法律若干问题的解释》，将相关条款涉及的“恢复原状”修改为“修复生态环境”。分析《民法典》第一千二百三十四条可知，除了自然修复，在生态环境修复的法律责任承担方式上，该条款遵循污染者付费原则，包括侵权人自行修复和替代修复。侵权人自行修复包括自主实施修复行为方式或者自行委托修复主体、自理费用的方式；侵权行为人在生态环境能够修复的前提下，在合理期限内以自行修复的方式承担修复责任。侵权人在被确认侵权同时无法在期限内完成修复的，以承担费用的形式，由国家规定的机关或者法律规定的组织自行或者委托他人进行修复。在第二种情形下，尽管修复具体行为由他人替代完成，修复责任的承担者仍是侵权行为人。

虽然环境资源部门法、相关司法解释以及《民法典》已经有多个条文涉及生态修复责任的规定，但由于立法者本身的有限理性，导致生态修复责任的法律法规还存在生态修复标准不明、修复方式不明、生态修复责任检测及监管程序和主体不明等不足。在生态修复标准方面，我国目前尚未出台相对应的技术参考标准，导致生态修复的标准很难确定。而且由于生态环境损害的复杂性、系统性、潜伏性等特质，确定修复标准较为困难，造成司法裁判中未明确修复标准，或者确定的修复标准不可实现或较难实现，且在表述上缺乏科学性、针对性、规范性。在生态修复的方式或措施方面，我国的环境法律体系以生态分类为基础建立起来的，各环境资源单行法都在不同程度上规定生态修复方式或措施。目前司法实践已经形成了几种较为成熟的修复方式或措施，如针对破坏植被的“补植复绿”，但是否所有的破坏植被均可适用“补植复绿”，是否有其他更为有效的修复措施，能否根据技术的不断发展选择不同的修复措施，尚未明确。生态修复具有周期性，为确保修复成效，需定期进行监管、检测。而验收、评估程序是对被告修复成果的检验、评估。因立法未能明确监督、检测、验收、评估的程序和主体，导致司法裁判中一般未明确该项内容，执行困难。且受制于我国环境资源管理体制的“分散＋统一”模式，即不同类型生态环境破坏的修复工作由不同环境资源部门负责。而大部分环境污染和破坏属混合性污染和破坏，这就面临着行政监督管理主体的职权、职责的交叉、重叠问题，导致监管主体难以确定。

第三节 环境行政责任

一、环境行政责任的界定和构成要件

（一）环境行政责任的界定

从行政法角度，根据责任主体的不同，行政责任的内容和承担方式都有所区别。行政相对人因违反行政管理秩序依法应承担的法律责任，一般是以减损权益或者增加义务的方式予以惩戒；行政主体及其执法人员在行使权力过程中，有及时回应社会公众质疑，作出解释、说明的责任，同时根据政府或者上级行政机关的决定，及时纠正错误，接受相应行政追责。

环境行政责任是指违反环境资源法律法规的单位或者个人所应承担的行政法上的责任。环境行政责任的主体可以是行政相对人，也可以是环境行政主体，因此，环境行政责任也可以分为行政相对人的环境行政责任和行政主体的环境行政责任。前者是指违反了环境法律法规，实施污染环境或者破坏生态的单位或者个人所应承担的行政法律责任。后者是指行政机关及其执法人员不履行或者不正确履行环境行政管理职责依法应承担的行政法律责任，包括对行政执法人员依法作出行政处分，对履行职责不力、失职失责的领导人员进行问责，对所在环境行政机关提出监督建议。

（二）环境行政责任的构成要件

1. 行为的违法性

行为的违法性是指行为人实施了法律禁止的行为或违反了法律规定的义务。行为违法性是行为人承担行政责任的前提条件，如《大气污染防治法》规定，未依法取得排污许可证排放大气污染物的，由县级以上人民政府生态环境主管部门责令改正或者限制生产、停产整

治,并处十万元以上一百万元以下的罚款;情节严重的,报经有批准权的人民政府批准,责令停业、关闭。取得排污许可证是排污者的义务,违反这一义务是承担行政责任的前提。

2. 行为人的过错

行为人的过错是指行为人在实施环境资源违法行为时具有主观上的故意或过失。故意的心理状态是行为人明知自己的行为会造成对生态环境、公私财产以及他人健康的危害,仍然实施该行为;过失的心理状态则表现为行为人并非希望危害结果的发生,但由于其疏忽大意或过于自信而导致损害结果发生。实践中,对环境资源的破坏多表现为故意,对环境的污染多表现为过失的心理状态。[①]

3. 行为的危害后果

危害后果是指违法行为发生后所导致的事实上的客观损害以及主观性的社会危害,即行为人的违反环境资源法律法规的行为给他人、社会公共利益、集体利益等带来的损害后果,损害后果包括财产损害、人身损害和环境损害。一般情况下,危害后果可以作为承担行政责任的情节来考量。

4. 违法行为与危害后果之间具有因果关系

违法行为与危害后果之间必须存在内在的、必然的联系,而不是表面的、偶然的联系。当然,在不以危害后果为必要条件的场合,则不存在因果关系的问题。实际上,大多数环境资源立法在设置行政责任时都不要求有危害后果,这与环境法的预防为主原则精神是一致的。比如只要有未依法取得排污许可证排放大气污染物的行为存在,就可依法处罚。

行为违法和行为人有过错两个要件,是行为人承担环境行政责任的必要条件;危害后果和违法行为与危害后果的因果关系,只在法律有明文规定的场合才成为构成环境行政责任的必要条件,大多数情况下都不是承担环境行政责任的必要条件,如我国《环境保护法》第六十条规定:“企业事业单位和其他生产经营者超过污染物排放标准或者超过重点污染物排放总量控制指标排放污染物的,县级以上人民政府环境保护主管部门可以责令其采取限制生产、停产整治等措施;情节严重的,报经有批准权的人民政府批准,责令停业、关闭。”该条款中的违法排放行为即使没有造成危害后果,也要承担行政责任。

二、环境行政责任的种类

(一)依责任形式来划分

1. 行政处分

行政处分是指具有行政处分权的单位依法对其所属的负有环境资源监管职责的工作人员给予的行政制裁。其中具有行政处分权的单位一般是与处分对象具有隶属关系的国家机关、企事业单位;实施行政处分所依据的法律法规主要有环境法律法规、《中华人民共和国公务员法》《中华人民共和国公职人员政务处分法》《环境保护违法违纪行为处分暂行规定》等。根据《中华人民共和国公务员法》和《中华人民共和国公职人员政务处分法》的规定,行政处

① 金瑞林. 环境法学[M]. 北京:北京大学出版社,2016.

分的形式包括：警告、记过、记大过、降级、撤职、开除。受处分的期限为：警告，六个月；记过，十二个月；记大过，十八个月；降级、撤职，二十四个月。《环境保护法》还针对负有环境保护监管职责的单位的主要负责人规定了引咎辞职的处分形式。关于给予环境行政处分的具体情形，《环境保护违法违纪行为处分暂行规定》有明确的规定。

2. 行政处罚

行政处罚是指有行政处罚权的生态环境部门和其他行使环境资源监督管理权的机关依法对违反环境法律法规的行为人给予的行政制裁。在我国，有权实施环境行政处罚的机关较为广泛，除了对环境保护工作进行统一监管的各级生态环境部门外，还有依法有权对环境污染防治实施监管的国家海洋管理部门、渔业行政主管部门及公安、交通等管理部门，还包括依法对各类资源的保护利用实施监管的各级土地、矿产、林草等主管部门。

依据《环境行政处罚办法》，环境行政处罚的种类有：警告；罚款；责令停产整顿；责令停产、停业、关闭；暂扣、吊销许可证或者其他具有许可性质的证件；没收违法所得、没收非法财物；行政拘留；法律、行政法规设定的其他行政处罚种类。实践中，根据违法行为的性质与后果，可以分别适用上述处罚形式中的一种或同时适用两种或两种以上的处罚形式。

在《大气污染防治法》《水污染防治法》《固体废物污染环境防治法》《环境噪声污染防治法》等防治污染的单项立法中，还规定了责令支付消除污染的费用；在《水法》《土地管理法》《矿产资源法》《森林法》《草原法》《湿地保护法》等自然资源单项立法中还规定了责令停止违法行为、“补种复绿”、限期拆除、恢复原状等强制性行政处理形式作为补充。

实施环境行政处罚的程序依据《行政处罚法》《环境行政处罚办法》的规定，主要步骤有以下几个。①立案。生态环境主管部门对涉嫌违反环境法律、法规和规章的违法行为，应当进行初步审查，并在7个工作日内决定是否立案。经审查，符合条件的，予以立案。②调查取证。生态环境主管部门对登记立案的环境违法行为，应当指定专人负责，及时组织调查取证。③案件审查。审查的主要内容包括：本机关是否有管辖权；违法事实是否清楚；证据是否确凿；调查取证是否符合法定程序；是否超过行政处罚追诉时效；适用依据和初步处理意见是否合法、适当。④告知和听证。在作出行政处罚决定前，应当告知当事人有关事实、理由、依据和当事人依法享有的陈述、申辩权利，在作出暂扣或吊销许可证、较大数额的罚款和没收等重大行政处罚决定之前，应当告知当事人有要求举行听证的权利。⑤处理决定并制作处罚决定书。经审查，违法事实成立，依法应当给予行政处罚的，根据其情节轻重及具体情况，作出行政处罚决定；违法行为轻微，依法可以不予行政处罚的，不予行政处罚。生态环境行政处罚案件应当自立案之日起的3个月内作出处理决定。案件办理过程中听证、公告、监测、鉴定、送达等时间不计入期限。决定给予行政处罚的，应当制作行政处罚决定书，行政处罚决定书应当送达当事人，并根据需要抄送与案件有关的单位和个人。

（二）依责任主体来划分

1. 企业事业单位和其他生产经营者的行政责任

依据《环境保护法》的规定，企业事业单位和其他生产经营者违法排放污染物，应受到罚款处罚。企业事业单位和其他生产经营者超过污染物排放标准或者超过重点污染物排放总量控制指标排放污染物的，县级以上人民政府生态环境主管部门可以责令其采取限制生产、停产整治等措施；情节严重的，报经有批准权的人民政府批准，责令停业、关闭。建设单位未依法提交建设项目环境影响评价文件或者环境影响评价文件未经批准，擅自开工建设的，由负有环境保护监督管理职责的部门责令停止建设，处以罚款，并可以责令恢复原状。重点排污单位不公开或者不如实公开环境信息的，由县级以上地方人民政府生态环境主管部门责令公开，处以罚款，并予以公告。

2. 环境影响评价、环境监测等机构的行政责任

环境影响评价机构、环境监测机构以及从事环境监测设备和防治污染设施维护、运营的机构，在有关环境服务活动中弄虚作假，对造成的环境污染和生态破坏负有责任的，除依照有关法律法规规定予以处罚外，还应当与造成环境污染和生态破坏的其他责任者承担连带责任。

3. 生态环境行政主管部门及其工作人员的行政责任

上级人民政府及其生态环境主管部门应当加强对下级人民政府及其有关部门环境资源工作的监督。发现有关工作人员有违法行为，依法应当给予处分的，应当向其任免机关或者监察机关提出处分建议。依法应当给予行政处罚，而有关生态环境主管部门不给予行政处罚的，上级人民政府生态环境主管部门可以直接作出行政处罚的决定。

地方各级人民政府、县级以上人民政府生态环境主管部门和其他负有环境保护监督管理职责的部门有下列行为之一的，对直接负责的主管人员和其他直接责任人员给予记过、记大过或者降级处分；造成严重后果的，给予撤职或者开除处分，其主要负责人应当引咎辞职：①不符合行政许可条件准予行政许可的；②对环境违法行为进行包庇的；③依法应当作出责令停业、关闭的决定而未作出的；④对超标排放污染物、采用逃避监管的方式排放污染物、造成环境事故以及不落实生态保护措施造成生态破坏等行为，发现或者接到举报未及时查处的；⑤违反本法规定，查封、扣押企业事业单位和其他生产经营者的设施、设备的；⑥篡改、伪造或者指使篡改、伪造监测数据的；⑦应当依法公开环境信息而未公开的；⑧将征收的排污费截留、挤占或者挪作他用的；⑨法律法规规定的其他违法行为。

第四节　环境资源刑事责任[①]

一、环境资源刑事责任的概念和特征

环境资源刑事责任，是指国家依据《刑法》对危害环境资源的行为给予的否定性评价。从行为实施者的角度来看，是行为人因实施《刑法》所禁止的对环境资源有危害的行为而应承担的法律后果。作为国家对危害环境资源的行为最为严厉的责任追究形式，环境资源刑事责任既与其他法律责任有相似之处，也有其自身的特点。

(1) 环境资源刑事责任的惩治范围不断扩大。20 世纪 70 年代以前，即使是环境资源刑

① 本节中“环境资源刑事责任”“环境资源犯罪”的提法是基于我国《刑法》分则第六章第六节“破坏环境资源保护罪”的规定。

事立法最前沿的国家，也只对破坏森林、野生动物和饮用水等具有经济价值的和直接影响人类生存的环境要素的行为予以刑事制裁。20 世纪 70 年代以后，随着环境保护法调整对象的不断扩大，受保护对象的范围逐渐延伸至包括外层空间、土地、水体、野生动植物资源、矿藏资源和人文环境在内的全部人类环境。由此，为了满足对不断扩大的危害环境资源行为进行制裁的需要，立法相应地不断扩大环境资源刑事责任的惩治范围。

(2) 环境资源刑事责任的认定以专门的环境资源刑事法律规范为依据。罪刑法定是《刑法》的基本原则，认定某行为构成犯罪必须具备明确、充分的法律依据。因此，基于严厉打击环境资源犯罪的需要，各国普遍进行环境资源刑事立法，并明确规定了环境资源刑事责任。例如，日本制定单行刑事法律《公害罪法》；《德国刑法典》设专章规定危害环境犯罪；美国在环境立法中规定了刑罚条款；我国《刑法》第六章"妨害社会管理秩序罪"中专门设立了"破坏环境资源保护罪"一节，为依法认定环境资源刑事责任提供了依据。

(3) 环境资源刑事责任具有严厉的惩治性。环境资源刑事责任作为"最后手段"，往往在其他较缓和的措施不能奏效时才发动，因此相较于其他法律责任更加严厉，其主要表现为既可以剥夺犯罪行为人的财产权利，还可以剥夺其人身自由和政治权力。例如，犯非法处置进口的固体废物罪的，最高刑可达 10 年以上有期徒刑，并处罚金。

(4) 环境资源刑事责任在制裁手段上广泛运用财产刑。我国环境刑事立法的条文中广泛存在"并处罚金"的规定，原因有如下三点：其一，环境资源刑事责任的目的在于保护环境资源不被破坏，并且修复和改善已遭受损害的环境资源，采用财产刑可以弥补治理环境污染的开支、减少恢复生态环境的成本；其二，环境资源犯罪多数是贪利性犯罪，从经济上予以制裁可以更好地惩教行为人，预防其再次犯罪；其三，环境资源犯罪中存在大量的单位犯罪和过失犯罪，对这些犯罪类型适用财产刑比适用人身刑更显合理。

二、我国环境资源刑事责任的立法概况

20 世纪 70 年代以来，由于政府的重视，一些环境领域的法律法规相继出台，使得环境资源保护工作步入了法治的轨道。我国当时的经济发展尚处于起步阶段，在环境资源保护中侧重于运用行政手段和民事手段，而刑事手段运用比例较小，《刑法》关于危害环境资源犯罪的规定也较为分散，很少从环境保护角度出发，环境刑事立法并不健全。

在 1997 年《刑法》颁布以前，我国环境刑事立法大致可归纳为以下三个方面。第一，1979 年《刑法》将有关破坏环境资源保护的犯罪分别规定在分则各章之中。例如危害公共安全罪一章中第一百零五条规定的以危险方法破坏河流、水流、森林等危害公共安全的犯罪；在破坏社会主义经济秩序罪、妨害社会管理秩序罪等章中，也有与环境资源犯罪有关的规定。第二，在一系列环境资源保护法律、法规中作出"依照"或者"比照"《刑法》有关条款处罚的规定。如 1996 年《水污染防治法》第五十七条规定，造成重大水污染事故，导致公私财产重大损失或者人身伤亡的严重后果的，比照《刑法》第一百一十五条或者第一百八十七条的规定，追究刑事责任。第三，在一些单行的刑事法律中增设新罪名，如 1988 年《关于惩治捕杀国家重点保护的珍贵、濒危野生动物犯罪的补充规定》中，增设了非法捕杀珍贵、濒危野生动物罪。

鉴于我国环境资源保护的现实需要和国际社会及各国关于环境资源刑事立法的趋势，

1997 年 3 月 14 日修订后公布施行的《刑法》，在分则第六章第六节中专设了“破坏环境资源保护罪”，共计 9 个法条 16 个罪名，并明确规定了相应的环境刑事责任。为进一步加强对环境资源的刑法保护，我国《刑法》至今先后经过 11 次修订、修正或修改。此外，《最高人民法院关于审理破坏野生动物资源刑事案件具体应用法律若干问题的解释》(2000 年)、《最高人民法院关于审理破坏林地资源刑事案件具体应用法律若干问题的解释》(2005 年)、《最高人民检察院关于渎职侵权犯罪案件立案标准的规定》(2006 年)、《最高人民法院、最高人民检察院关于执行〈中华人民共和国刑法〉确定罪名的补充规定(六)》(2015 年)、《最高人民法院、最高人民检察院关于办理环境污染刑事案件适用法律若干问题的解释》(2016)、《最高人民法院、最高人民检察院关于办理非法采矿、破坏性采矿刑事案件适用法律若干问题的解释》(2016 年)、《最高人民法院、最高人民检察院关于办理破坏野生动物资源刑事案件适用法律若干问题的解释》(2022 年)等司法解释，也为追究环境刑事责任提供了明确依据。

三、环境资源刑事责任的构成要件

承担环境资源刑事责任以行为构成环境资源犯罪为前提，“无行为则无犯罪，无犯罪则无刑罚”，因此应当从环境资源犯罪的概念和标准出发，准确把握环境资源刑事责任的构成要件(即环境资源犯罪的犯罪构成)。目前对于此类犯罪的法律概念不同国家的表述均有所不同，我国《刑法》称此类犯罪为破坏环境资源保护罪，其可划分为污染环境类犯罪和破坏资源类犯罪两大类。本节以下将此类犯罪简称为环境资源犯罪，并对该类犯罪作如下定义：自然人或单位违反环境资源保护法律的规定，故意或过失地超标准排污或不合理地开发利用自然资源，破坏环境和生态平衡，造成严重损害后果或有造成严重后果危险的行为。

一种破坏环境资源保护的行为是否构成犯罪，是否应当承担刑事责任，根据《刑法》分则规定的犯罪构成和刑法学上的犯罪构成理论，可以从四个基本的犯罪构成要件以及额外的消极构成要件进行综合认定。

(一) 环境资源犯罪的客体

犯罪客体，是指我国刑法所保护的，为犯罪行为所危害的社会关系。也有学者提出犯罪客体是法律所保护的而为犯罪行为所侵犯的利益与价值，概括为“法益”。我国法学理论界关于环境资源犯罪的客体的认识主要存在如下几种学说之争。①环境权说认为危害环境罪侵犯的客体是国家、法人、公民的环境权。所谓环境权，是指一切法律关系的主体(包括自然人、法人、特殊法人——国家)在其生存的自然环境方面所享有的权利及承担的义务。[①] ②管理秩序说认为危害环境罪侵害的是国家调整人类与环境之间各种关系的正常管理秩序。[②] ③双重客体说认为《刑法》所保护的是为环境犯罪所间接侵犯的人与自然之间的生态关系，和为环境犯罪所直接侵犯的人与人之间的社会关系。[③] ④综合客体说认为危害环境罪的客体包括了国家环境保护管理制度、公民的环境权以及与环境有关的公民与法人(非法

---

① 蔡守秋. 环境权初探[J]. 中国社会科学，1982(3)：29-39.

② 周国庆. 我国刑法增设危害环境罪刻不容缓[J]. 法律学习与研究，1990(2)：25-27.

③ 付立忠. 环境犯罪新论[J]. 法律科学，1995(2)：47-52.

人组织)的财产权、人身权等多方面的综合性同类客体。[①] ⑤复杂客体说认为危害环境罪侵害的是公民的所有权、人身权和环境权。[②] ⑥公共安全说认为危害环境罪侵害的是不特定的多数人的生命、健康和重大公私财产的安全。[③] ⑦环境社会关系说认为破坏环境资源保护罪的客体,应为环境社会关系,即人们在开发、利用、保护和改善环境与资源过程中形成的人与人之间的社会关系。[④]

由于犯罪现象的复杂性,根据犯罪行为所侵犯的社会关系的简单或复杂,可以将犯罪客体分为简单客体与复杂客体,简单客体是指一种犯罪行为只直接侵犯一种具体社会关系,复杂客体是指犯罪行为所直接侵犯的客体包括两种以上的具体社会关系。无论将来在《刑法》中设专章规定环境资源犯罪还是依照现行的立法模式即《刑法》设专节规定"破坏环境资源保护罪",环境资源犯罪的犯罪客体都应属于同类客体或是能归属一个大类社会关系下的同类客体。

(二)环境资源犯罪的客观方面

犯罪的客观方面,是指犯罪活动的客观外在表现,是主观犯罪心理活动的客观化,其事实特征一般可以归纳为危害行为、危害结果以及行为与结果之间的因果关系,环境资源犯罪的客观方面亦如此。

1. 环境资源犯罪的行为

环境资源犯罪的行为,一般表现为人们在开发、利用自然资源的过程中,过度地开发资源或超标准排污,导致自然资源受破坏、环境遭受污染的行为。根据不同的标准,可以将环境资源犯罪的行为划分为不同的种类。

(1) 从行为手段上看,可以分为污染行为和破坏行为。污染行为通常是指自然人或非自然人在生产或生活过程中排污、倾倒、处置、泄漏等行为而导致环境污染的行为,行为的实质在于向环境中输入的大量物质和能量,超过了环境的自净能力,因而引起环境质量下降,造成了严重后果或造成可能导致严重后果的危险状态。该行为既可以是积极的作为,也可以是消极的不作为;既可以是故意的行为,也可以是过失的行为,甚至可以是无过错的行为。

破坏行为一般是指自然人或非自然人在开发、利用自然资源过程中的非法砍伐林木、捕杀珍稀濒危动物、乱挖植被、沙土等破坏资源、情节严重的行为。这类行为的实质在于人们过度地向环境索取物质和能量,超出了环境及资源的再生更新能力,使物种消灭或濒于消灭,或使生态平衡遭受破坏,其只能由作为构成。此外,还存在破坏人文环境及破坏公海、臭氧等环境资源犯罪行为。这些行为构成犯罪的关键在于侵害了公民、法人、国家的环境权,危及了人类的健康、生命和可持续发展。

(2) 从行为属性上分析,环境资源犯罪的行为,可以分为危险犯、行为犯和结果犯。危险犯是指行为人实行了污染或破坏环境的行为,从而造成了一种危险状态,对环境或人身财产构成严重威胁,即可构成犯罪的情形。例如,日本 1970 年的《公害罪法》第二条规定:"凡

---

① 朱弘. 论环境的刑法保护[J]. 法学,1996(9):34-36.

② 邹清平. 论危害环境罪[J]. 法学评论,1986(3):50-53.

③ 王力生,牛广义. 环境犯罪及其立法的完善[J]. 当代法学,1991(3):65-66.

④ 张义军. 破坏环境资源保护罪论略[J]. 中国环境管理,1997(5):10-12.

伴随工厂或企事业单位的企事业活动而排放有损于人体健康的物质，给公众的生活或身体带来危险者，应处3年以下徒刑或300万元以下的罚金。”我国《刑法》第一百一十四条的规定实际上也包含了危险犯的内容，但在污染环境罪中却没有危险犯的规定。确认危害环境的行为使自然环境处于危险状态就可以构成犯罪，这样可以更有效地防患于未然，从而达到保护环境的最佳效果。因此，许多学者纷纷指出：要在环境资源犯罪中规定危险犯，以发挥刑法的预测、指引以及威慑、惩罚功能，预防环境污染和破坏的损害后果发生，把环境犯罪制止在危险状态，更有效地保护环境资源。依据环境保护本身的要求及我国惩治环境犯罪的现实需要，有必要借鉴国外惩治环境犯罪的立法经验，在今后的环境保护立法中，增加惩治危险犯的规定。在未增加之前，有必要加大对环境犯罪未遂犯的打击力度。

行为犯是指行为人只要实施了法律禁止的一定行为，不管是否造成了现实的危害后果，只要使侵害的对象处于某种危害之中，即可构成犯罪的情形。如我国《刑法》第三百三十九条第一款规定：违反国家规定，将境外的固体废物进境倾倒、堆放、处置的，处5年以下有期徒刑或者拘役，并处罚金。这一条便是典型的处罚行为犯的规定，又如美国对这类行为犯的规定为：对故意非法运输、储存、处理、处置或出口危险废弃物的行为，可处5年以下的监禁或每日5万美元的罚金，或二者并处。

结果犯是指行为人实施了污染或破坏环境的行为，并实际上造成环境被污染或破坏以及人的生命、健康和财产受到损害的结果，才被视为犯罪的情形。如《刑法》第三百三十九条第二款规定：未经国务院有关主管部门许可，擅自进口固体废物用作原料，造成重大环境污染事故，致使公私财产遭受重大损失或者严重危害人体健康的，处5年以下有期徒刑或者拘役，并处罚金；后果特别严重的，处5年以上10年以下有期徒刑，并处罚金。我国关于环境保护的刑事立法大多是以结果犯为处罚对象的。

2. 环境资源犯罪的结果

环境资源犯罪的结果，是指对大气、水体、土壤以及野生动植物等生态要素造成的损害，从而破坏生态平衡、引起物种消灭或有消失的危险。有些环境资源犯罪的行为同时也伴随着人身伤亡或公私财产损失。如果某种犯罪行为仅仅对人身或财产造成了损害，而没有对生态环境造成损害，则应归入一般的刑事犯罪之中，而不属于环境犯罪。当然，前述结果是针对结果犯，对于危险犯，犯罪行为造成的危险状态即视为犯罪结果，对于行为犯而言，犯罪行为造成的违法状态即视为犯罪结果。

3. 环境资源犯罪的行为与结果之间的因果关系

刑法上的因果关系，是指行为人的危害行为同危害结果之间的因果关系。在我国的《刑法》总则中，虽然没有对查明因果关系的问题作出一般规定。但是，在处理刑事案件时，一般认为，依据罪责自负的原则，查明某人的行为同危害结果有无因果关系，是正确认定行为人的行为性质及该行为对危害结果有无罪责（即是否应承担刑事责任）的必要条件。在环境资源犯罪中，因果关系具有十分重要的意义，因为环境污染可以导致多种损害后果，其中包括直接损害后果和间接损害后果，且间接损害后果通常十分广泛，尤其是在大气污染造成的环境犯罪中。一般认为，我国《刑法》未将犯罪的间接损害后果纳入环境刑事责任的范畴中。

（三）环境资源犯罪的主体

环境资源犯罪的主体指实施了危害社会行为的单位和自然人，自然人是指达到法定年龄并具有责任能力的我国公民、外国人和无国籍人。对于单位能否成为环境资源犯罪的主体，我国《刑法》在第六章"妨害社会管理秩序罪"第六节"破坏环境资源保护罪"第三百四十六条专门规定了单位能够成为环境资源犯罪的主体。至于单位犯罪如何认定，即单位中哪些人员的行为能够代表单位，其行为与意志之间的关系如何，以及单位犯罪的罪过形式、犯罪目的等，法律并未明确规定。一般认为，单位犯罪的主体有两种：一种是单位，另一种是单位中的自然人。而单位中的自然人主体应是单位的代表人、代理人或单位其他成员。单位犯罪与单位自然人犯罪的主要区别在于其主观方面，只要单位成员秉承单位的意志并为了单位的利益实施犯罪，即应视为单位犯罪。①

具有一定身份才能构成犯罪的主体，是犯罪的特殊主体。这里的"身份"，是指《刑法》所规定的影响行为人刑事责任的行为人人身方面特定的资格、地位或状态。在我国《刑法》中，对行为类似的特殊主体的犯罪较一般主体的犯罪规定的刑罚相对重些。②我国《刑法》规定特殊主体的环境资源犯罪主要涉及如下几个条文和罪名：第四百零七条违法发放林木采伐许可证罪、第四百零八条环境监管失职罪、第四百一十条非法批准征收、征用、占用土地罪和非法低价出让国有土地使用权罪。这些犯罪的特殊主体是依法负有环境行政监督管理职责的国家机关工作人员。

（四）环境资源犯罪的主观方面

犯罪的主观方面是指犯罪主体对其所实施的危害社会的行为而产生的危害结果所持的一种心理态度。对于环境资源犯罪的主观方面的罪过形式，主流观点是故意和过失，这基本上也是多数国家和学者的立场。但有学者主张环境资源犯罪应考虑采用无过失责任制，即在行为人无过失的情况下，只要造成了严重后果，就可以追究刑事责任，③这种观点与我国《刑法》所要求的主客观相统一原则相违背，也与我国和世界绝大多数国家的刑事立法精神不相符合。

故意的环境资源犯罪是指行为人明知自己的行为会引起破坏或污染环境的危害结果，希望或放任这种危害结果发生的行为。在实践中，由于这类犯罪往往与企业的生产活动相关，行为人的主观动机往往是为了完成生产任务或是为了盈利，而放任破坏或污染环境的结果发生。因此，间接故意在环境资源犯罪中乃是较常见的一种罪过形式。

过失的环境资源犯罪是指行为人应当预见自己的行为会发生危害环境的结果，因为疏忽大意而没有预见，或者已经预见，但过于自信以为能够避免，以致发生严重破坏和污染环境的结果。一般来说，过失犯罪主要存在于自然人主体所实施的污染大气、水体、土壤等自然要素的污染环境的犯罪之中，但破坏土地、破坏草原、破坏珍稀濒危动物等破坏自然资源的犯罪，应排除在过失犯罪形态之外。

（五）消极要件

消极要件是指对形式上符合《刑法》分则规定的某一犯罪构成，但根据《刑法》总则的有

---

①② 高铭暄. 刑法专论(上编)[M]. 北京：高等教育出版社，2002.

③ 赵秉志. 刑法修改研究综述[M]. 北京：中国人民公安大学出版社，1999.

关规定，依法免除或减轻刑事责任的要件。这些要件主要包括以下几项。[①]

1. 刑事责任年龄

《刑法》第十七条前三款的规定将刑事责任年龄划分成了“已满十二周岁不满十四周岁”“已满十四周岁不满十六周岁”“已满十六周岁”三个年龄段，有着不同的法律效果。除故意杀人、故意伤害致人重伤或者死亡等8种严重刑事犯罪的刑事责任年龄起点为14周岁（特殊情形下为12周岁），其他犯罪的刑事责任年龄起点均为16周岁。据此，我国环境资源犯罪的刑事责任年龄必须已满十六周岁，否则即使实施了《刑法》分则中的环境资源犯罪行为，也不能追究其刑事责任。

2. 刑事责任能力

《刑法》第十八条规定，精神病人在不能辨认或者不能控制自己行为的时候造成危害结果，经法定程序鉴定确认的，不负刑事责任，但是应当责令他的家属或者监护人严加看管和医疗；在必要的时候，由政府强制医疗。间歇性的精神病人在精神正常的时候犯罪，应当负刑事责任。尚未完全丧失辨认或者控制自己行为能力的精神病人犯罪的，应当负刑事责任，但是可以从轻或者减轻处罚。醉酒的人犯罪，应当负刑事责任。另外，《刑法》第十九条规定，又聋又哑的人或者盲人犯罪，可以从轻、减轻或者免除处罚。这些规定对环境资源犯罪同样适用。

3. 意外事件

《刑法》第十六条规定，行为在客观上虽然造成了损害结果，但是不是出于故意或者过失，而是由于不能抗拒或者不能预见的原因所引起的，不是犯罪。刑法理论和司法实践将该条规定称为“意外事件”，其也适用于环境资源犯罪。

4. 正当防卫和紧急避险

《刑法》第二十条规定，为了使国家、公共利益、本人或者他人的人身、财产和其他权利免受正在进行的不法侵害，而采取的制止不法侵害的行为，对不法侵害人造成损害的，属于正当防卫，不负刑事责任。正当防卫明显超过必要限度造成重大损害的，应当负刑事责任，但是应当减轻或者免除处罚。对正在进行行凶、杀人、抢劫、强奸、绑架以及其他严重危及人身安全的暴力犯罪，采取防卫行为，造成不法侵害人伤亡的，不属于防卫过当，不负刑事责任。

《刑法》第二十一条规定，为了使国家、公共利益、本人或者他人的人身、财产和其他权利免受正在发生的危险，不得已采取的紧急避险行为，造成损害的，不负刑事责任。紧急避险超过必要限度造成不应有的损害的，应当负刑事责任，但是应当减轻或者免除处罚。对于避免本人危险的规定，不适用于职务上、业务上负有特定责任的人。

5. 追诉时效

《刑法》第八十七条规定，犯罪经过下列期限不再追诉：①法定最高刑不满5年有期徒刑的，经过5年；②法定最高刑为5年以上不满10年的，经过10年；③法定最高刑为10年以上有期徒刑的，经过15年；④法定最高刑为无期徒刑或者死刑的，经过20年。如果20年以

---

① 刘仁文. 环境资源保护与环境资源犯罪[M]. 北京：中信出版社，2004.

后认为必须追诉的,须报请最高人民检察院核准。

四、环境资源犯罪的主要罪名及其刑事责任

《刑法》分则第六章"妨碍社会管理秩序罪"中专设了"破坏环境资源保护罪"一节,具体规定了污染环境和破坏资源的16个罪名。结合《刑法》其他章节中环境资源走私类犯罪与环境资源渎职类犯罪的相关条文,我国有关环境资源犯罪的主要罪名及其刑事责任规定包括以下内容。

(一)污染环境罪

污染环境罪是指违反国家规定,排放、倾倒或者处置有放射性的废物、含传染病病原体的废物、有毒物质或者其他有害物质,严重污染环境,触犯《刑法》构成犯罪的行为。

违反国家规定,主要是指违反《大气污染防治法》《固体废物污染环境防治法》《水污染防治法》《海洋环境保护法》《环境保护法》等法律以及国务院颁布的有关实施细则。排放、倾倒与处置,是指将危险废物、有毒物质或者其他有害物质置于大气或者水土之中,认定非法排放、倾倒、处置行为时,应当根据相关法律与司法解释的规定,从行为方式是否违反国家规定或者行业操作规范、污染物是否与外环境接触、是否造成环境污染的危险或者危害等方面进行综合分析判断。

关于本罪的主观方面,刑法学界存在故意说、过失说与混合说的争论,本书支持故意说的观点。首先,刑法第三百三十八条没有任何表述显示污染环境罪可以由过失构成,缺乏认定为过失犯的文理根据,依据罪刑法定原则,本罪只能由故意构成。其次,污染环境罪虽然由故意构成,但故意的内容只要求对污染环境的基本结果持认识与希望或者放任态度,而不需要对人身或者财产的损失持认识与希望或者放任态度。最后,行为人对"后果特别严重"不必持故意,只要有过失即可,即《刑法》第三百三十八条中的"后果特别严重"相当于结果加重犯,只要行为人对基本犯持故意,即使其对加重犯持过失,也成立污染环境罪。

关于污染环境罪的刑罚,《刑法》第三百三十八条规定,犯本罪的,处3年以下有期徒刑或者拘役,并处或者单处罚金;情节严重的,处3年以上7年以下有期徒刑,并处罚金;有下列情形之一的,处7年以上有期徒刑,并处罚金:①在饮用水水源保护区、自然保护地核心保护区等依法确定的重点保护区域排放、倾倒、处置有放射性的废物、含传染病病原体的废物、有毒物质,情节特别严重的;②向国家确定的重要江河、湖泊水域排放、倾倒、处置有放射性的废物、含传染病病原体的废物、有毒物质,情节特别严重的;③致使大量永久基本农田基本功能丧失或者遭受永久性破坏的;④致使多人重伤、严重疾病,或者致人严重残疾、死亡的。同时,根据刑法三百四十六条的规定,单位犯本罪,对单位判处罚金,对直接负责的主管人员和其他直接责任人员,依上述规定处罚。

(二)非法处置进口的固体废物罪

非法处置进口的固体废物罪,是指自然人或者单位违反国家规定,故意将境外的固体废物进境倾倒、堆放、处置,触犯《刑法》构成犯罪的行为。

违反国家规定,主要是指违反国家有关固体废物污染环境防治的规定。倾倒固体废物,

是指通过船舶、汽车等载运工具向我国境内处置固体废物的行为；堆放境外固体废物，是指将境外固体废物任意堆存在我国境内任何地方的行为；处置境外固体废物，是指将境外的固体废物焚烧或用其他改变其物理、化学、生物特性的方法，达到减少数量、缩小其体积、减少或消除其成分的行为，或者将固体废物最终置于符合环境保护规定要求的场所或设施并不再取回的行为。处置进境固体废物的方法多种多样，但对于构成本罪而言，重要的是要查明其处置行为是否有发生污染环境的危害。

《刑法》第三百三十九条第一款对非法处置进口的固体废物罪规定了三个量刑档次：①犯本罪的，处5年以下有期徒刑或者拘役，并处罚金；②造成重大环境污染事故，致使公私财产遭受重大损失或者严重危害人体健康的，处5年以上10年以下有期徒刑，并处罚金；③后果特别严重的[①]，处10年以上有期徒刑，并处罚金。同时，根据《刑法》第三百四十六条的规定，单位犯本罪，对单位判处罚金，对直接负责的主管人员和其他直接责任人员，依上述规定处罚。

（三）擅自进口固体废物罪

擅自进口固体废物罪是指未经环境保护行政主管部门许可，擅自进口国家禁止进口或者限制进口用作原料的固体废物，造成重大环境污染事故，致使公私财产遭受重大损失或者严重危害人体健康，触犯《刑法》构成犯罪的行为。

《刑法》第三百三十九条第二款对擅自进口固体废物罪规定了两个量刑档次：①造成重大环境污染事故，致使公私财产遭受重大损失或者严重危害人体健康的，处5年以下有期徒刑或者拘役，并处罚金；②后果特别严重的[②]，处5年以上10年以下有期徒刑，并处罚金。同时，根据《刑法》第三百四十六条的规定，单位犯本罪，对单位判处罚金，对直接负责的主管人员和其他直接责任人员，依上述规定处罚。

（四）非法捕捞水产品罪

非法捕捞水产品罪，是指违反保护水产资源法规，在禁渔区、禁渔期或者使用禁用的工具、方法捕捞水产品，情节严重，触犯《刑法》构成犯罪的行为。

本罪客观行为必须违反《渔业法》《水产资源繁殖保护条例》等保护水产资源的法律、法规。行为表现为四种类型。①在禁渔区捕捞水产品。禁渔区是指对某些主要鱼虾蟹贝藻类以及其他主要水生生物产卵场、索饵场、越冬场和洄游通道，划定禁止全部作业或者部分作业的一定区域。②在禁渔期捕捞水产品。禁渔期是指根据上述主要水生生物幼体出现的不同盛期，划定禁止全部作业或者部分作业的一定期限。③使用禁用的工具捕捞水产品。禁用的工具是指禁止使用的超过国家按不同捕捞对象所分别规定的最小网眼尺寸的渔具或其他禁止使用的渔具。④使用禁用的方法捕捞水产品。禁用的方法是指禁止使用的损害水产资源正常繁殖、生长的方法，如炸鱼、毒鱼、滥用电力捕捞等。

本罪主观方面为故意，行为人必须明知是禁渔区、禁渔期或明知使用的是禁用的工具或方法，而故意捕捞水产品。

---

①② 关于“致使公私财产遭受重大损失或者严重危害人体健康”与“后果特别严重”的认定，参见《办理污染案件解释》第二条、第三条。

根据《刑法》第三百四十条的规定，犯本罪的，处3年以下有期徒刑、拘役、管制或者罚金。同时，根据《刑法》第三百四十六条的规定，单位犯本罪的，对单位判处罚金，并对其直接负责的主管人员和其他直接责任人员，依照《刑法》第三百四十条的规定处罚。

（五）危害珍贵、濒危野生动物罪

危害珍贵、濒危野生动物罪是指非法猎捕、杀害国家重点保护的珍贵、濒危野生动物，或者非法收购、运输、出售国家重点保护的珍贵、濒危野生动物及其制品，触犯《刑法》构成犯罪的行为。

本罪的行为对象是国家重点保护的珍贵、濒危野生动物及其制品。珍贵野生动物是指在生态平衡、科学研究、文化艺术、发展经济以及国际交往等方面具有重要价值的陆生、水生野生动物；濒危野生动物是指品种和数量稀少且濒于灭绝或者有濒于灭绝危险的陆生、水生野生动物。根据2022年4月6日"两高"发布的《关于办理破坏野生动物资源刑事案件适用法律若干问题的解释》(以下简称《办理危害动物案件解释》)，"国家重点保护的珍贵、濒危野生动物"包括列入《国家重点保护野生动物名录》的野生动物以及经国务院野生动物保护主管部门核准按照国家重点保护的野生动物管理的野生动物。

本罪主观方面为故意，行为人必须明知是国家重点保护的珍贵、濒危野生动物及其制品而实施本罪行为，但不要求认识到野生动物的级别与具体名称。

《刑法》第三百四十一条第一款对危害珍贵、濒危野生动物罪规定了三个量刑档次：①犯本罪的，处5年以下有期徒刑或者拘役，并处罚金；②情节严重的，处5年以上10年以下有期徒刑，并处罚金；③情节特别严重的[①]，处10年以上有期徒刑，并处罚金或者没收财产。根据《刑法》第三百四十六条的规定，单位犯本罪的，对单位判处罚金，并对其直接负责的主管人员和其他直接责任人员，依照《刑法》第三百四十一条第一款的规定处罚。

（六）非法狩猎罪

非法狩猎罪是指违反狩猎法规，在禁猎区、禁猎期或者使用禁用的工具、方法进行狩猎，破坏野生动物资源，情节严重触犯《刑法》构成犯罪的行为。

本罪的行为对象为除国家重点保护的珍贵、濒危野生动物之外的其他野生动物。禁猎区是指国家对适宜野生动物生息繁衍或者资源贫乏、破坏比较严重的地区，划定禁止狩猎的区域；禁猎期是指国家野生动物行政管理部门根据野生动物的繁殖或者皮毛、肉食、药材的成熟季节，分别规定的禁止狩猎的期间；禁用的工具是指足以破坏野生动物资源，危害人兽安全的工具；禁用的方法是指禁止使用的损害野生动物资源正常繁殖、生长以及破坏森林、草原等的方法。

根据《刑法》第三百四十一条第二款的规定，犯本罪的，处3年以下有期徒刑、拘役、管制或者罚金。同时，根据《刑法》第三百四十六条的规定，单位犯本罪的，对单位判处罚金，并对其直接负责的主管人员和其他直接责任人员，依照《刑法》第三百四十一条第二款的规定处罚。

---

① 关于"情节严重"与"情节特别严重"的认定，参见《办理危害动物案件解释》第六条。

（七）非法猎捕、收购、运输、出售陆生野生动物罪

非法猎捕、收购、运输、出售陆生野生动物罪，是指违反野生动物保护管理法规，以食用为目的非法猎捕、收购、运输、出售《刑法》第三百四十一条第一款规定以外的在野外环境自然生长繁殖的陆生野生动物，情节严重触犯《刑法》构成犯罪的行为。

根据《刑法》第三百四十一条第三款的规定，犯本罪的，处3年以下有期徒刑、拘役、管制或者罚金。根据《刑法》第三百四十六条的规定，单位犯本罪的，对单位判处罚金，并对其直接负责的主管人员和其他直接责任人员，依上述规定处罚。

（八）非法占用农用地罪

非法占用农用地罪是指自然人或者单位违反土地管理法规，非法占用耕地、林地等农用地，改变被占用土地用途，数量较大，造成耕地、林地等农用地大量毁坏，触犯《刑法》构成犯罪的行为。

违反土地管理法规是指违反《土地管理法》《森林法》《草原法》等法律以及有关行政法规中关于土地管理的规定。农用地是指直接用于农业生产的土地，包括耕地、林地、草地、农田水利用地、养殖水面等。非法占用农用地、改变被占用土地用途，是指在农用地上实施建窑、建坟、建房、挖沙、采石、采矿、取土、堆放或排泄废弃物等行为或者进行其他非农业生产、建设，将农用地改变为其他用途。关于"占用农用地、改变农用地用途数量较大""造成农用地大量毁坏"的认定标准，应根据农用地具体类型，参照《关于审理破坏土地资源刑事案件具体应用法律若干问题的解释》(以下简称《办理土地案件解释》)《关于审理破坏林地资源刑事案件具体应用法律若干问题的解释》《关于审理破坏草原资源刑事案件应用法律若干问题的解释》等司法解释。

根据《刑法》第三百四十二条的规定，犯本罪的，处5年以下有期徒刑或者拘役，并处或者单处罚金。根据《刑法》第三百四十六条的规定，单位犯本罪的，对单位判处罚金，并对其直接负责的主管人员和其他直接责任人员，依照上述规定处罚。

（九）破坏自然保护地罪

破坏自然保护地罪，是指自然人或者单位违反自然保护地管理法规，在国家公园、国家级自然保护区进行开垦、开发活动或者修建建筑物，造成严重后果或者有其他恶劣情节，触犯《刑法》构成犯罪的行为。

根据《刑法》第三百四十二条之一的规定，犯本罪的，处5年以下有期徒刑或者拘役，并处或者单处罚金。根据《刑法》第三百四十六条的规定，单位犯本罪的，对单位判处罚金，并对其直接负责的主管人员和其他直接责任人员，依照《刑法》第三百四十二条之一的规定处罚。

（十）非法采矿罪

非法采矿罪是指自然人或者单位违反矿产资源法的规定，未取得采矿许可证擅自采矿，擅自进入国家规划矿区、对国民经济具有重要价值的矿区和他人矿区范围采矿，或者擅自开采国家规定实行保护性开采的特定矿种，情节严重，触犯《刑法》构成犯罪的行为。

违反矿产资源法的规定，是指违反《矿产资源法》《水法》等法律、行政法规有关矿产资源开发、利用、保护和管理的规定。

本罪主观方面表现为故意。取得采矿许可证的行为人，过失超过许可范围采矿的，或者过失进入他人矿区采矿的，不成立本罪。行为人虽未取得采矿许可证，但地方政府要求或者同意行为人采矿并缴纳相关费用的，不宜认定为非法采矿罪。

《刑法》第三百四十三条第一款对本罪规定了两个量刑档次：①情节严重的，处 3 年以下有期徒刑、拘役或者管制，并处或者单处罚金；②情节特别严重的[①]，处 3 年以上 7 年以下有期徒刑，并处罚金。根据《刑法》第三百四十六条的规定，单位犯本罪的，对单位判处罚金，并对其直接负责的主管人员和其他直接责任人员，依照《刑法》第三百四十三条第一款的规定处罚。实施非法采矿犯罪，不属于"情节特别严重"，行为人系初犯，全部退赃退赔，积极修复环境，并确有悔改表现的，可以认定为犯罪情节轻微，不起诉或者免予刑事处罚。

（十一）破坏性采矿罪

破坏性采矿罪是指自然人或者单位违反矿产资源法的规定，采取破坏性的开采方法开采矿产资源，造成矿产资源严重破坏，触犯《刑法》构成犯罪的行为。

采取破坏性的开采方法开采矿产资源，是指行为人违反地质矿产主管部门审查批准的矿产资源开发利用方案开采矿产资源的行为。比如对具有工业价值的共生矿和伴生矿未采取综合性开采措施；对暂时不能综合开采或者必须同时开采而暂时不能综合利用的矿产，以及含有有用成分的尾矿未采取保护性措施而造成矿产资源破坏、浪费的严重后果。

根据《刑法》第三百四十三条第二款的规定，犯本罪的，处 5 年以下有期徒刑或者拘役，并处罚金。根据《刑法》第三百四十六条的规定，单位犯本罪的，对单位判处罚金，并对其直接负责的主管人员和其他直接责任人员，依照《刑法》第三百四十三条第二款的规定处罚。

（十二）危害国家重点保护植物罪

危害国家重点保护植物罪是指自然人或者单位违反国家规定，非法采伐、毁坏珍贵树木或者国家重点保护的其他植物，或者非法收购、运输、加工、出售珍贵树木或者国家重点保护的其他植物及其制品，触犯《刑法》构成犯罪的行为。

根据 2000 年 11 月 22 日最高人民法院《关于审理破坏森林资源刑事案件具体应用法律若干问题的解释》（以下简称《办理森林案件解释》）的规定，珍贵树木包括由省级以上林业主管部门或者其他部门确定的具有重大历史纪念意义、科学研究价值或者年代久远的古树名木，国家禁止、限制出口的珍贵树木以及列入《国家重点保护野生植物名录》的树木，国家重点保护的其他植物是指列入《国家重点保护野生植物名录》的其他植物。

《刑法》第三百四十四条对本罪规定了两个量刑档次：①犯本罪的，处 3 年以下有期徒刑、拘役或者管制，并处罚金；②情节严重的[②]，处 3 年以上 7 年以下有期徒刑，并处罚金。根据《刑法》第三百四十六条的规定，单位犯本罪的，对单位判处罚金，并对其直接负责的主管人员和其他直接责任人员，依照《刑法》第三百四十四条的规定处罚。

---

① 关于"情节严重"与"情节特别严重"的认定，参见《办理非法采矿案件解释》第三条。

② 关于"情节严重"的认定，参见《办理森林案件解释》第二条。

（十三）非法引进、释放、丢弃外来入侵物种罪

非法引进、释放、丢弃外来入侵物种罪是指自然人或者单位违反国家规定，非法引进、释放或者丢弃外来入侵物种，情节严重的行为。

根据《刑法》第三百四十四条之一的规定，自然人犯本罪的，处3年以下有期徒刑或者拘役，并处或者单处罚金。据《刑法》第三百四十六条的规定，单位犯本罪的，对单位判处罚金，并对其直接负责的主管人员和其他直接责任人员，依照《刑法》第三百四十四条之一的规定处罚。

（十四）盗伐林木罪

盗伐林木罪是指盗伐森林或者其他林木，数量较大，触犯《刑法》构成犯罪的行为。

本罪行为对象为森林或者其他林木。森林是指大面积的原始森林和人造林，包括防护林、用材林、经济林、薪炭林和特种用途林等，其他林木是指小面积的树林和零星树木，但不包括居民屋前屋后个人所有的零星树木。依照《办理森林案件解释》第三条的规定，具有下列情形之一的，属于盗伐林木：①擅自砍伐国家、集体、他人所有或者他人承包经营管理的森林或者其他林木的；②擅自砍伐本单位或者本人承包经营管理的森林或者其他林木的；③在林木采伐许可证规定的地点以外采伐国家、集体、他人所有或者他人承包经营管理的森林或者其他林木的。关于盗伐林木“数量较大”的认定，依照《办理森林案件解释》的规定，以2至5立方米或者幼树100至200株为起点。对于1年内多次盗伐少量林木未经处罚的，累计其盗伐林木的数量，构成犯罪的，依法定罪量刑。

《刑法》第三百四十五条第一款对盗伐林木罪规定了三个量刑档次：①犯本罪的，处3年以下有期徒刑、拘役或者管制，并处或者单处罚金；②数量巨大的，处3年以上7年以下有期徒刑，并处罚金；③数量特别巨大的[①]，处7年以上有期徒刑，并处罚金。《刑法》第三百四十五条第四款规定，盗伐国家级自然保护区内的森林或者其他林木的，从重处罚。单位犯本罪的，对单位判处罚金，并对其直接负责的主管人员和其他直接责任人员，依照上述规定处罚。

（十五）滥伐林木罪

滥伐林木罪是指违反《森林法》的规定，无采伐许可证或者未按照采伐许可证规定的地点、数量、树种、方式而任意采伐本单位所有或者管理，或者本人自留山上的森林或其他林木，数量较大，触犯《刑法》构成犯罪的行为。

根据《办理森林案件解释》的规定，下列行为属于滥伐林木：①未经林业行政主管部门及法律规定的其他主管部门批准并核发林木采伐许可证，或者虽持有林木采伐许可证，但违反林木采伐许可证规定的时间、数量、树种或者方式，任意采伐本单位所有或者本人所有的森林或者其他林木的；②超过林木采伐许可证规定的数量采伐他人所有的森林或者其他林木的。林木权属争议一方在林木权属确权之前，擅自砍伐森林或者其他林木，数量较大的，以滥伐林木罪论处。滥伐林木“数量较大”的认定，以10至20立方米或者幼树500至1 000株为起点。对于1年内多次滥伐少量林木未经处罚的，累计其滥伐林木的数量，构成犯罪的，

---

① 关于“数量巨大”与“数量特别巨大”的认定，参见《办理森林案件解释》第四条。

应当依法定罪量刑。

根据《刑法》第三百四十五条第二款的规定，犯本罪的，处 3 年以下有期徒刑、拘役或者管制，并处或者单处罚金；数量巨大的[①]，处 3 年以上 7 年以下有期徒刑，并处罚金。《刑法》第三百四十五条第四款还规定，滥伐国家级自然保护区内的森林或者其他林木的，从重处罚。单位犯本罪的，对单位判处罚金，并对其直接负责的主管人员和其他直接责任人员，依照上述规定处罚。

（十六）非法收购、运输盗伐、滥伐的林木罪

非法收购、运输盗伐、滥伐的林木罪是指自然人或者单位非法收购、运输明知是盗伐、滥伐的林木，情节严重，触犯《刑法》构成犯罪的行为。

《刑法》第三百四十五条第三款对本罪规定了两个量刑档次：①情节严重的，处 3 年以下有期徒刑、拘役或者管制，并处或者单处罚金；②情节特别严重的，处 3 年以上 7 年以下有期徒刑，并处罚金。[②] 根据《刑法》第三百四十六条的规定，单位犯本罪的，对单位判处罚金，并对其直接负责的主管人员和其他直接责任人员，依照《刑法》第三百四十五条第三款的规定处罚。

（十七）走私珍贵动物、珍贵动物制品罪

走私珍贵动物、珍贵动物制品罪是指违反海关法规，走私国家禁止进出口的珍贵动物或者珍贵动物制品，触犯《刑法》构成犯罪的行为。

根据《刑法》第一百五十一条第二款的规定，走私国家禁止进出口的珍贵动物及其制品的，处 5 年以上 10 年以下有期徒刑，并处罚金；情节特别严重的，处 10 年以上有期徒刑或者无期徒刑，并处没收财产；情节较轻的，处 5 年以下有期徒刑，并处罚金。[③] 根据《刑法》第一百五十一条第四款的规定，单位犯本罪，对单位判处罚金，对其直接负责的主管人员和其他直接责任人员，依上述规定处罚。

（十八）走私国家禁止进出口的货物、物品罪

走私国家禁止进出口的货物、物品罪是指违反海关法规，走私珍稀植物及其制品等国家禁止进出口的其他货物、物品，触犯《刑法》构成犯罪的行为。

根据《刑法》第一百五十一条第三款的规定，走私国家禁止进出口的珍稀植物及其制品的，处 5 年以下有期徒刑或者拘役，并处或者单处罚金；情节严重的[④]，处 5 年以上有期徒刑，并处罚金。根据《刑法》第一百五十一条第四款的规定，单位犯本罪，对单位判处罚金，对其直接负责的主管人员和其他直接责任人员，依上述规定处罚。

（十九）走私废物罪

走私废物罪是指逃避海关监管将境外固体废物、液态废物和气态废物运输进境，情节严

---

① 关于“数额巨大”的认定，参见《办理森林案件解释》第六条。

② 关于“情节严重”与“情节特别严重”的认定，参见《办理森林案件解释》第十一条。

③ 关于“情节较轻”与“情节特别严重”的认定，参见《关于办理走私刑事案件适用法律若干问题的解释》第九条。

④ 关于“情节严重”的认定，参见《关于办理走私刑事案件适用法律若干问题的解释》第十一条。

重，触犯《刑法》构成犯罪的行为。

根据《刑法》第一百五十二条第二款的规定，犯本罪，情节严重的，处5年以下有期徒刑，并处或者单处罚金；情节特别严重的，处5年以上有期徒刑，并处罚金。[①] 根据《刑法》第一百五十二条第三款的规定，单位犯本罪，对单位判处罚金，对其直接负责的主管人员和其他直接责任人员，依上述规定处罚。

（二十）非法转让、倒卖土地使用权罪

非法转让、倒卖土地使用权罪是指自然人和单位，以牟利为目的，违反土地管理法规，非法转让、倒卖土地使用权，情节严重，触犯《刑法》构成犯罪的行为。

“违反土地管理法规”，是指违反《土地管理法》《森林法》《草原法》等法律以及有关行政法规中关于土地管理的规定。例如，未经法定程序，擅自转让、倒卖农民集体所有的土地的使用权的，未经法定程序，擅自将划拨取得或者受让取得的土地使用权转让给他人的，擅自改变城市土地用途予以出售的，属于非法转让、倒卖土地使用权。本罪的成立，不以土地使用权的变更登记为前提，只要事实上转让、倒卖了土地使用权即可。

根据《刑法》第二百二十八条的规定，犯本罪，情节严重的，处3年以下有期徒刑或者拘役，并处或者单处非法转让、倒卖土地使用权价额5%以上20%以下罚金；情节特别严重的，处3年以上7年以下有期徒刑，并处非法转让、倒卖土地使用权价额5%以上20%以下罚金。[②] 单位犯本罪的，对单位判处罚金，并对其直接负责的主管人员和其他直接责任人员，依照上述的规定处罚。

（二十一）违法发放林木采伐许可证罪

违法发放林木采伐许可证罪是指林业主管部门的工作人员违反森林法的规定，超过批准的年采伐限额发放林木采伐许可证或者违反规定滥发林木采伐许可证，情节严重，致使森林遭受严重破坏，触犯《刑法》构成犯罪的行为。

根据《办理森林案件解释》第十二条，具有下列情形之一的，属于“情节严重，致使森林遭受严重破坏”，以违法发放林木采伐许可证罪论处：①发放林木采伐许可证允许采伐数量累计超过批准的年采伐限额，导致林木被采伐数量在10立方米以上的；②滥发林木采伐许可证，导致林木被滥伐20立方米以上的；③滥发林木采伐许可证，导致珍贵树木被滥伐的；④批准采伐国家禁止采伐的林木，情节恶劣的；⑤其他情节严重的情形。

根据《刑法》第四百零七条的规定，林业主管部门的工作人员犯本罪的，处3年以下有期徒刑或者拘役。

（二十二）环境监管失职罪

环境监管失职罪是指负有环境保护监督管理职责的国家机关工作人员严重不负责任，导致发生重大环境污染事故，致使公私财产遭受重大损失或者造成人身伤亡的严重后果，触

---

① 关于“情节严重”与“情节特别严重”的认定，参见《关于办理走私刑事案件适用法律若干问题的解释》第十四条。

② 关于“情节严重”与“情节特别严重”的认定，参见《办理土地案件解释》第一条、第二条。

犯《刑法》构成犯罪的行为。[1]

根据《刑法》第四百零八条的规定，犯本罪的，处 3 年以下有期徒刑或者拘役。

（二十三）非法批准征收、征用、占用土地罪和非法低价出让国有土地使用权罪

非法批准征收、征用、占用土地罪是指国家机关工作人员徇私舞弊，违反土地管理法规，滥用职权，非法批准征收、征用、占用土地，情节严重的行为。

非法低价出让国有土地使用权罪是指国家机关工作人员徇私舞弊，违反土地管理法规，滥用职权，非法低价出让国有土地使用权，情节严重的行为。

根据《刑法》第四百一十条的规定，犯本罪，情节严重的，处 3 年以下有期徒刑或者拘役；致使国家或者集体利益遭受特别重大损失的，处 3 年以上 7 年以下有期徒刑。[2]

典型案例：遵义市某环保公司违法排放渗滤液生态环境损害赔偿案

典型案例：陈某海诉北京市平谷区某局长城保护行政处罚案

思考题

1. 环境民事责任的特点、构成要件是什么？
2. 环境民事责任的责任形式有哪些？
3. 环境行政责任的类型、特点及构成要件是什么？
4. 环境刑事责任的构成要件是什么？

---

① 关于“致使公私财产遭受重大损失或者严重危害人体健康”与“致使公私财产遭受重大损失或者造成人身伤亡的严重后果”的认定，参见《办理污染案件解释》第二条。

② 关于“情节严重”与“致使国家或者集体利益遭受特别重大损失”的认定，参见《办理土地案件解释》第四到第七条。

第五章 减污降碳环境法律制度

污染防治是我国环境保护的重中之重，也是我国"双碳"目标中减污降碳的重要一环。污染防治法律制度是环境资源法的重要组成部分，我国针对不同环境要素和污染物的污染防治分别立法，形成了较为完备的污染防治法律体系。本章主要介绍大气污染防治法律制度和水污染防治法律制度、土壤污染防治法律制度和固体废物污染环境防治法律制度。

第一节 "双碳"目标与污染防治法律制度概述

近年来，极端气候变化与恶劣环境污染事件频发，气候变化与生态环境保护牵一发而动全身，往往与国家社会相关联。对其加强保护需要国际社会的协同合作，气候变化与环境保护日益成为国际社会与各国政府所关注的重点问题。中国作为世界大国，肩负着应对气候变化与加强环境保护的国家责任。基于此，我国在 2020 年第 75 届联合国大会上正式提出中国将力争在 2030 年前实现碳达峰、在 2060 年前实现碳中和的"双碳"目标。我国作出碳达峰、碳中和的承诺，是立足于我国环境治理、能源产业发展国情，积极应对国内外挑战的必然选择。当前距离我国实现碳达峰、碳中和的期限已经十分紧迫，这对我国的大气污染防治、水污染防治、土壤污染防治、废弃物资源化利用等污染防治领域提出了更新、更高、更严的要求。

一、"双碳"目标与污染防治

2022 年 7 月，生态环境部等七部门联合印发的《减污降碳协同增效实施方案》明确提出，要推进大气、水、土壤、固废等领域环境治理环节的碳排放协同控制，增强污染防治与碳排放治理的协调性。由此可见，大气、水、土壤、固废等领域环境治理业已成为实现碳达峰、碳中和的关键领域。

大气污染防治方面，虽然自 2013 年以来全国空气质量有所改善，但我国大气污染防治还面临着严峻的挑战。首先，我国空气质量有待进一步提高，PM2.5 污染问题仍然突出。正如中国工程院院士、清华大学郝吉明教授在"首届中国生态环保产业服务双碳战略院士论坛"上指出的，2020 年，37%的城市 PM2.5 超标，约 44%的人口暴露在 PM2.5 浓度超标的城市中，京津冀及周边区域、汾渭平原等重点区域 PM2.5 污染突出。我国 PM2.5 的浓度与世卫组织指导值和其他国家相比，还有比较大的差距。其次，臭氧浓度超标问题日益严重。2020 年全国臭氧平均浓度比 2015 年上升 12.6%，臭氧浓度超标的城市数量从 2015 年的 19 个增加到 2020 年的 56 个。再次，氮氧化物颗粒物和挥发性有机物排放量仍然较大。根据《第二次全国污染源普查公报》，我国的化学需氧量、氮氧化物、颗粒物和挥发性有机物这四项污染物的排放量都超过了千万吨。最后，结构性污染问题仍然比较突出。结构性污染问题源于我国的产业结构和能源结构的不合理，排污企业特别是一些重污染企业的环保设施落后，对污染物的处理处置水平较低，导致污染物集中排放；因技术、成本等原因，清洁能源的开发利用有限，还无法摆脱对传统石化能源的依赖；此外，交通运输工具的污染排放与日俱增、建筑施工过程的管理不当等都成为当今大气污染指标居高不下的重要因素。

水污染防治方面，在我国城镇化进程中，要求城镇生活污水集中处理全覆盖，企业污水达标排放，污水处理过程中会排放二氧化碳、甲烷和氧化亚氮，因此污水处理过程实际就是碳排放的过程。通过开展水资源保护、降低面源污染等手段，减少进入水体的污染物和污水的产生量，用科学的、符合自然规律的方法从源头降低污染、提升水质，这本身也是一种碳减排。

土壤污染防治与"双碳"目标的实现有着密切的关系。土壤是碳汇的主要来源之一，土壤中的有机碳及其含量直接影响土壤的肥力、结构、水分保持以及生物多样性，可以通过土壤生态系统吸附大气中的碳，并通过植物和微生物转化成为土壤有机碳，从而增加碳汇。因此，土壤的质量状况对地球生态系统的稳定起着至关重要的作用，是实现"双碳"目标不可忽略的重要环节。

固体废物污染防治方面，由于我国人口基数大，人均拥有的资源量非常有限，资源的循环利用对我国具有战略性意义。由于多方面因素，我国工业领域的资源利用率远低于国际先进水平，工业固体废物排放数量巨大，必须强化技术革新以及资源回收和综合利用。2021年11月中共中央、国务院印发的《关于深入打好污染防治攻坚战的意见》提出要稳步推进"无废城市"建设，推进城市固体废物精细化管理的要求。城市固体废物种类很多，包括建筑垃圾、工业固体废物、城市生活垃圾等。以生活垃圾为例，随着生活垃圾数量的快速增长，加强生活垃圾减量化、资源化和无害化处理成为当务之急，现今我国推进的垃圾分类，优化生活垃圾处理处置方式，加强可回收物和厨余垃圾资源化利用等措施，有利于减少温室气体的排放。因此，固体废物的减量化、资源化利用是减污降碳的重要抓手，对减污降碳协同增效具有极其重要的作用，能够促进我国循环经济绿色发展。

综上，温室气体排放与环境污染具有高度同根、同源和同程特性，且二者的排放时空同样具有高度一致性。传统化石能源消费、工业生产、交通运输、居民生活等活动过程中都会排放大量的环境污染物与温室气体，这意味着减少污染物和降低碳排放具有共同的控制对象，也就是说，降碳必须严格控制污染物排放。基于二者的上述特性，减污和降碳在很大程度上可以协同推进。正如《减污降碳协同增效实施方案》所要求的，要统筹大气、水、土壤、固体废物、温室气体等多领域减排要求，在各污染防治领域协同创新，从企业到工业园区，从城市到区域，从产业结构到生产体系、消费模式，从技术到管理、法治，全方位共同探索减污降碳增效的路径和机制，在科学把握污染防治和气候治理整体性的基础上，通过碳达峰行动进一步深化环境治理，以环境治理助推高质量碳达峰，提升减污降碳综合效能，实现"双碳"目标和环境效益、经济和社会效益多赢。

二、污染防治法律制度概述

在"双碳"目标下，绿色经济被提到了前所未有的高度，要从过去的粗放型发展模式转变为环境友好型的发展模式，强调绿色、健康、可持续发展，对环境污染的预防与治理成为“双碳”目标下减污降碳的应有之义，也对我国的污染防治法律制度提出了新的要求。

（一）立法概况

改革开放后，我国经济建设取得了举世瞩目的成就，人民的生活水平得到了大幅提升，但在粗放型的经济发展模式之下，与巨大经济成就相伴而生的是不容忽视的环境污染和生态破坏。进入21世纪以来，中国政府将环境保护纳入行政指导思想之中。截至2022年，通过制定与修订专门的环境污染防治法律法规，已经形成了由大气污染防治法律制度、水污染防治法律制度、土壤污染防治法律制度、固体废物及其他有害物质污染防治法律制度、海洋污染防治法律制度等组成的较为完备的环境污染防治法律体系。

《大气污染防治法》是为“保护和改善环境，防治大气污染，保障公众健康，推进生态文明建设，促进经济社会可持续发展，制定的法律。”2018年10月26日新修正的《大气污染防治法》共八章一百二十九条，此次修正强化了政府的监管职责，更加注重大气污染的源头治理，根据新情况、新问题增加了防治领域和措施，提升了大气污染防治的针对性和可操作性，完善了法律责任，加大了惩罚力度。

广义上的水污染防治法律制度不仅包括《水污染防治法》，还应该包括《海洋环境保护法》，但是本书所指的水污染特指除海洋污染以外的狭义上的水污染（即《水污染防治法》里所规定的水污染类型），如河流污染、饮用水源污染等。《水污染防治法》是“为了保护和改善环境，防治水污染，保护水生态，保障饮用水安全，维护公众健康，推进生态文明建设，促进经济社会可持续发展而制定的法律”。该法于2017年进行较大幅度的修正，现行的《水污染防治法》共八章一百零三条，其中建立河长制度、排污许可制度、进一步加强农业和农村水污染治理、加强饮用水保护、加大对违法行为的处罚力度是该法修订的亮眼之处。

民以食为天，食以地为根，日常生活中绝大多数的粮食都出自土地的馈赠。土壤安全关乎食品安全、健康安全和环境安全，但是由于多数土壤污染仅凭肉眼难以判断，需要通过专业技术手段加以测定。《土壤污染防治法》是“为了保护和改善生态环境，防治土壤污染，保障公众健康，推动土壤资源永续利用，促进经济社会可持续发展制定的法律”。该法于2019年1月1日颁布实施，填补了我国土壤污染防治领域的立法空白，为扎实推进“净土”保卫战，全面落实土壤污染防治工作提供了有力的法律武器。

固体废物污染防治法律制度的主体内容规定于《固体废物污染环境防治法》中。该法自1995年首次颁布，历经多次修订、修正，最近一次修订于2020年4月29日完成，于同年9月10日实施。

（二）环境污染防治主要制度

环境污染防治除应遵循环境法基本制度外，还应遵循以下特有制度。

1.“三同时”制度

“三同时”制度为我国原创，其基本内容为，建设项目中防治污染的设施，应当与主体工程同时设计、同时施工、同时投产使用。防治污染的设施应当符合经批准的环境影响评价文件的要求，不得擅自拆除或者闲置。

2. 排污许可制度

《环境保护法》规定,国家依照法律规定实行排污许可管理制度。实行排污许可管理的企业事业单位和其他生产经营者应当按照排污许可证的要求排放污染物;未取得排污许可证的,不得排放污染物。排污许可制度考虑到了生态环境的整体容量及其自净能力,以污染物排放为控制目标,可对生态环境进行污染源头治理,是环境污染的前端治理措施,有助于提高生态环境部门的环境行政管理技术与水平,还可以在控制污染的前提下,使企业取得较好的经济效益;通过排污许可制度,可以进一步推动国家产业经济的优化调整,鼓励发展环境友好型企业,有利于构建生态文明社会。

3. 现场检查制度

县级以上人民政府生态环境主管部门及其委托的环境监察机构和其他负有环境保护监督管理职责的部门,有权对排放污染物的企业事业单位和其他生产经营者进行现场检查。被检查者应当如实反映情况,提供必要的资料。实施现场检查的部门、机构及其工作人员应当为被检查者保守商业秘密。

4. 监测制度

监测制度是指通过对影响环境质量因素的代表值的测定,确定环境质量(或污染程度)及其变化趋势。按监测对象的不同,可分为大气污染监测、水质污染监测、土壤污染监测、生物污染监测等。国家建立了生态环境质量监测和污染物排放监测制度,由国务院生态环境主管部门负责制定环境监测规范,统一发布国家生态环境状况信息,会同国务院有关行政部门组织监测网络,统一规划国家生态环境质量监测站(点)的设置,建立监测数据共享机制,加强对生态环境监测的管理。

环境监测制度为防治环境污染、改善生态环境质量提供参考指标,是最能反映当地环境质量水平及污染程度的制度。一般来说,有些环境污染很难用普通方法观测,需要专业的环境监测部门通过技术手段获得实测数据并对其进行分析,通过掌握污染的发展趋势与变化规律,建立对环境污染的防范、预警、预报;通过采集的标志性数值来评定环境质量,并提出控制环境污染的相关对策,同时也为国家及地方环境标准体系的制定和完善提供依据。

5. 落后工艺、设备和产品淘汰制度

《环境保护法》规定,国家对严重污染环境的工艺、设备和产品实行淘汰制度。任何单位和个人不得生产、销售或者转移、使用严重污染环境的工艺、设备和产品。禁止引进不符合我国环境保护规定的技术、设备、材料和产品。上述规定涵盖以下几点:一是禁止生产、销售或使用严重污染环境的工艺、设备和产品;二是禁止转移严重污染环境的工艺、设备和产品,包括出售、出租、无偿赠送等各种可能导致设备转移的行为;三是禁止进口不符合我国环保要求的技术、设备、材料和产品。

落后工艺、设备和产品淘汰制度有利于制止低水平重复建设,是加快产业结构调整,促进生产工艺、装备和产品升级换代,控制环境污染,推动我国社会经济可持续发展的重要措施和必然要求。我国《固体废物污染防治法》《大气污染防治法》《水污染防治法》等多部环境保护单行立法都对此制度做出了规定。

第二节 大气污染防治法律制度

大气污染是指由于人类活动或自然原因，引起一系列的大气污染物产生并排入大气，达到足以致害的浓度和时间存留，从而对人体和环境产生不利影响的一种现象。人类社会发展进程中，生态环境问题日益突出，其中就包括空气质量恶化、全球变暖、臭氧空洞等大气环境问题，对生态环境和人们的生命健康造成威胁。近年来，我国高度重视大气污染的预防与治理，针对大气污染的防治已经取得初步成效，但在具体的法律法规执行中仍然存在执行力度不够、大气环保意识不强、监管滞后无力等一系列问题，还需进一步加以规范和改进。

一、大气污染物及其危害

（一）大气污染物的来源

大气污染物来源呈现出多样性特征，主要来源分为以下几类。

1. 工业污染源

随着我国工业的快速发展，工业废气排放日益增多，大气污染物的种类多样、数量庞杂，其中主要有烟尘、硫化物、氮的氧化物、有机化合物、碳化合物等。由于我国能源生产与消费结构中的煤炭占比较大，导致了我国的工业煤炭使用量偏大，属于典型的煤炭型污染。

2. 生活污染源

随着我国城镇化进程的加快，人口越来越集中在城市，日常生活起居用的生活灶炉、取暖灶炉仍然使用煤炭，大量的有毒有害气体被排入大气之中，随着有害气体浓度增加，大气环境质量恶化，从而对人民群众的生命健康和动植物生存造成危害。

3. 交通运输污染源

交通运输工具的迭代更新给人们的日常生活带来了极大出行便利的同时，也带来了空气污染，其中以汽车污染最为严重。根据公安部发布的统计数据，截至2021年底，全国汽车保有量为3亿辆，其中新能源汽车保有量为784万辆，初步估算作为传统的燃油车辆保有量至少为2亿辆。汽车尾气中的一氧化碳、碳氢化合物、氮氧化物、二氧化硫、含铅化合物以及一些颗粒物是大气污染的主要来源之一，其中氮氧化合物可以与空气中的有机物进行化合反应产生臭氧，还可以与其他化合物发生一系列光化学反应，生成化学烟雾。与直接排放废气所形成的一次性污染不同，这种由汽车尾气与大气中的物质形成化学反应而产生的二次污染的危害性更大，会导致呼吸系统疾病的发生。

4. 农业生产污染源

为满足人口过快增长对农业生产的需求，农业规模不断扩大，导致了一系列的环境问题。如秋收之后将收割的作物秸秆焚烧于田地之上，其燃烧所排放的烟尘是造成农村大气污染的主要原因。

5. 市政建设污染源

市政建设污染源包括城市建设过程中由于工地防护措施不到位产生的扬尘，市政工程建设中的大型机械排放的大量废气，以及道路建设中加热沥青产生的沥青烟，其挥发物成为大气污染物之一，不仅散发恶臭气味，而且被证实是一种强致癌物，严重损害人们健康。

（二）大气污染物的危害

1. 硫氧化物的危害

二氧化硫作为最常见的硫氧化物，无色但具有强烈的刺激性气味，是现今造成大气污染的主要污染物之一。工业生产常常需要消耗大量石油与煤炭等能源，产生大量的二氧化硫，当二氧化硫溶于水中，就会形成亚硫酸，亚硫酸是酸雨的主要成分之一。此外，二氧化硫本身具有强烈的腐蚀、刺激作用，在某些情况下会腐蚀、刺激皮肤，更为严重的还能引发、加重人体各种呼吸系统疾病。

2. 氮氧化合物的危害

一氧化氮与二氧化氮都会对呼吸系统产生刺激，诱发人体呼吸系统疾病，导致肺部病变，引发癌症。此外以一氧化氮和二氧化氮为主的氮氧化物是形成光化学烟雾和酸雨的重要成分。汽车尾气中的氮氧化物与碳氢化合物经紫外线照射发生反应形成的有毒烟雾，称为光化学烟雾。光化学烟雾具有特殊气味，会刺激眼睛，伤害植物，并能使大气能见度降低。另外，氮氧化物与空气中的水反应生成的硝酸和亚硝酸是酸雨的主要成分。大气中的氮氧化物主要源于化石燃料的燃烧和植物体的焚烧，以及农田土壤和动物排泄物中含氮化合物的转化。

3. 碳氧化合物的危害

现有的碳氧化合物主要包括一氧化碳和二氧化碳，也是大气污染物的一种。一氧化碳能与血红蛋白结合，降低血红蛋白的氧气运输能力，有可能致人窒息死亡；一定浓度的二氧化碳形成温室气体，是导致气候变化的主要原因之一。

4. 颗粒物的危害

大气污染中的颗粒物指悬浮在空气中，能被人体吸入的固体或者液体颗粒物，颗粒物对于人体的危害取决于暴露在人体面前的颗粒物浓度高低与暴露的时间长短，日常生活中常见的颗粒物就是 PM2.5（是指悬浮在空气中直径小于 2.5μm 的颗粒物），该种颗粒物一旦进入人体，极易对人体造成多种损害。

二、大气污染防治法律制度主要内容

我国现行《大气污染防治法》的篇章结构为：总则；大气污染防治标准和限期达标规划；大气污染防治的监督管理；大气污染防治措施；重点区域大气污染联合防治；重污染天气应对以及相关的法律责任；附则。

（一）政府监管责任与企事业单位及其他经营者的义务

1. 政府的监管责任

《大气污染防治法》的出台明确了政府的大气环境质量与大气污染防治责任，明确规定各级行政区域内的大气环境质量由各行政区域的人民政府负责，使得政府在追求经济发展的同时也要着重考虑大气环境质量问题，对我国大气环境的改善具有重大意义。

根据《大气污染防治法》第十四条规定，大气环境质量未达标的城市人民政府应当及时编制大气环境质量限期达标计划，且需逐步按要求、按期限达到相应的大气环境质量标准。有利于防治部分地方政府在环境治理中的“拖延症”。

根据《大气污染防治法》第二十二条规定，对于超过国家重点大气污染物排放指标或者未完成大气环境质量改善规划的地区，由省级以上人民政府生态环境主管部门会同其他部门约谈当地政府的主要负责人，并将约谈结果向社会公开，同时暂停审批该地区新增重点大气污染物排放总量的建设项目环境影响评价文件。这一规定强化了地方政府的大气环境质量改善责任，并用环境评价审批程序对地方政府进行制约。

2. 企事业单位及其他经营者的污染防治义务

根据《大气污染防治法》的规定，企业事业单位和其他生产经营者建设对大气环境有影响的项目的，负有依法进行环境影响评价并公开环境影响评价文件的义务；向大气排放污染物的，负有达标排放并符合重点大气污染物排放总量控制要求的义务；排放工业废气或者《大气污染防治法》规定名录中所列有毒有害大气污染物的企业事业单位、集中供热设施的燃煤热源生产运营单位以及其他依法实行排污许可管理的单位，应当取得排污许可证。此外，向大气排放污染物的企事业单位或其他经营者，应当依照法律法规和国务院生态环境主管部门的规定设置大气污染物排放口，禁止通过偷排、篡改或者伪造监测数据、以逃避现场检查为目的的临时停产、非紧急情况下开启应急排放通道、不正常运行大气污染防治设施等逃避监管的方式排放大气污染物。

（二）重点领域防治措施

1. 煤炭领域

根据《大气污染防治法》，煤炭领域的污染防治措施主要有以下几个。其一，调整能源结构。国家与地方各级政府要努力推进能源结构调整，推广绿色、清洁能源的使用，创新煤炭使用技术，逐步降低煤炭在我国能源消费结构中的比例。[①] 其二，推广并提高煤炭洗选加工技术。为了降低煤炭中有害物质成分，国家推行煤炭洗选加工，降低煤炭的硫分和灰分，限制有害物质含量较高的煤炭开采。[②] 此外，国家为了降低煤炭领域所产生的大气污染物的排放，还鼓励净煤技术的开发与利用，禁止进口、销售、使用不符合生产规范的煤炭（石油焦）。其三，加强民用煤炭的管理，禁止销售不符合民用散煤质量标准的煤炭。其四，划定高污染燃料禁燃区，并根据大气环境质量改善要求，逐步扩大高污染燃料禁燃区范围。在禁燃区内，禁止销售、燃用高污染燃料；禁止新建、扩建燃用高污染燃料的设施，已建成的，应当在城市人民政府规定的期限内改用天然气、页岩气、液化石油气、电或者其他清洁能源。其五，推进热电联产和集中供热。城市建设应当统筹规划，在燃煤供热地区，推进热电联产和集中供热。在集中供热管网覆盖地区，禁止新建、扩建分散燃煤供热锅炉；已建成的不能达标排

① 详情参见《中华人民共和国大气污染防治法》第三十二条。

② 详情参见《中华人民共和国大气污染防治法》第三十三条。

放的燃煤供热锅炉，应当在城市人民政府规定的期限内拆除，发电上网清洁能源优先。[①]

2. 工业领域

工业领域的污染防治主要包括以下几个方面。

第一，防治粉尘、硫化物和氮氧化物污染。钢铁、建材、有色金属、石油、化工等企业生产过程中排放粉尘、硫化物和氮氧化物的，应当采用清洁生产工艺，配套建设除尘、脱硫、脱硝等装置，或者采取技术改造等其他控制大气污染物排放的措施。

第二，防治挥发性有机物污染。生产、进口、销售和使用含挥发性有机物的原材料和产品的，其挥发性有机物含量应当符合质量标准或者要求；产生含挥发性有机物废气的生产和服务活动，应当在密闭空间或者设备中进行，并按照规定安装、使用污染防治设施；无法密闭的，应当采取措施减少废气排放。工业涂装企业应当使用低挥发性有机物含量的涂料，并建立台账，记录生产原料、辅料的使用量、废弃量、去向以及挥发性有机物含量。台账保存期限不得少于三年。

第三，防治有机溶剂污染。石油、化工以及其他生产和使用有机溶剂的企业，应当采取措施对管道、设备进行日常维护、维修，减少物料泄漏，对泄漏的物料应当及时收集处理。储油储气库、加油加气站、原油成品油码头、原油成品油运输船舶和油罐车、气罐车等，应当按照国家有关规定安装油气回收装置并保持正常使用。

第四，采取集中处理和规范施工等措施，严格控制粉尘和气态污染物的排放。

第五，对可燃性气体的回收利用或污染防治处理。工业生产、垃圾填埋或者其他活动产生的可燃性气体应当回收利用，不具备回收利用条件的，应当进行污染防治处理。可燃性气体回收利用装置不能正常作业的，应当及时修复或者更新；在回收利用装置不能正常作业期间确需排放可燃性气体的，应当将排放的可燃性气体充分燃烧或者采取其他控制大气污染物排放的措施，并向当地生态环境主管部门报告，按照要求及时修复或者更新。[②]

3. 机动车船领域

国家鼓励绿色出行方式，提倡低碳、环保出行。鼓励并推广新能源的机动车船产业的发展，限制高油耗、高排放的机动车船发展；禁止生产、进口、销售不符合标准的机动车船、非道路移动机械用燃料；禁止向汽车和摩托车销售普通柴油以及其他非机动车用燃料；禁止向非道路移动机械、内河和江海直达船舶销售渣油和重油。

限制机动车船、非道路移动机械的排放标准。不得超过标准向大气排放污染物，禁止生产、进口或者销售大气污染物排放超过标准的机动车船、非道路移动机械；民用航空器应当符合国家规定的适航标准中有关发动机排放物要求。

实行严格的检验检查制度。包括对新生产的和在用的机动车船的检验检查。对于新生产的机动车和非道路移动机械要求企业进行排放检验，经检验合格的，方可出厂销售，检验信息应当向社会公开；省级以上人民政府生态环境主管部门可以通过现场检查、抽样检测等方式，加强对新生产、销售的机动车和非道路移动机械大气污染物排放状况的监督检查；在

① 详情参见《中华人民共和国大气污染防治法》第三十四条至第四十二条。

② 详情参见《中华人民共和国大气污染防治法》第四十三条至第四十九条。

用机动车应当按照国家或者地方的有关规定，由机动车排放检验机构定期对其进行排放检验，经检验合格的，方可上道路行驶。此外，船舶检验机构对船舶发动机及有关设备进行排放检验。经检验符合国家排放标准的，船舶方可运营。

实行环保召回制度。生产、进口企业获知机动车、非道路移动机械排放大气污染物超过标准，属于设计、生产缺陷或者不符合规定的环境保护耐久性要求的，应当召回；未召回的，由国务院市场监督管理部门会同国务院生态环境主管部门责令其召回。[①]

4. 扬尘领域

《大气污染防治法》要求住房城乡建设、市容环境卫生、交通运输、国土资源等有关部门，根据本级人民政府确定的职责，做好扬尘污染防治工作。要加强对施工建设、交通运输行业的管理，清洁道路，控制施工材料、废土的摆放，防治尘土飞扬，污染大气环境；要明确防治扬尘污染的主体为施工单位，将该类污染防治的费用纳入工程造价之中；要强化运输领域的扬尘污染防治，加强运输途中的尘源管理，要求采取密闭或者其他措施防止物料遗撒造成扬尘污染，并按照规定路线行驶；城镇裸露地面应该实施扬尘污染前置防治措施，覆盖植被绿化或者实施透水铺装；要强化仓储领域的扬尘污染防治，尽量对容易引起扬尘污染的污染源进行封闭存储，或设置不低于堆放物高度的严密围挡，并采取有效覆盖措施防治扬尘污染等。

5. 农业和其他领域

《大气污染防治法》要求地方各级人民政府推动转变农业生产方式，发展农业循环经济，加大对废弃物综合处理的支持力度，加强对农业生产经营活动排放大气污染物的控制；农业生产经营者应当改进施肥方式，科学合理施用化肥并按照国家有关规定使用农药，禁止在人口密度较高地区喷洒剧毒农药；使用先进技术对秸秆、落叶等进行无害化处理和绿色利用，禁止焚烧秸秆等容易产生大气污染的农业残留物；强化农村畜牧业管理，防治恶臭气体产生；加强对餐饮油烟排放管理，要求经营者安装油烟净化设施并保持正常使用，或者采取其他油烟净化措施，使油烟达标排放；禁止在居民住宅楼、未配套设立专用烟道的商住综合楼以及商住综合楼内与居住层相邻的商业楼层内新建、改建、扩建产生油烟、异味、废气的餐饮服务项目。同时《大气污染防治法》还对可能产生有毒有害烟尘和恶臭气体物质的处理处置、烟花爆竹的生产和燃放、祭祀活动、服装干洗和机动车维修等活动中的大气污染防治以及消耗臭氧层物质替代品的生产和使用作出了规定。[②]

（三）重点区域大气污染联合防治

重点区域大气污染联合防治是指国家建立重点区域大气污染联防联控机制，统筹协调重点区域内大气污染防治工作。其内容包括以下几个。

1. 重点区域的划定

国务院生态环境主管部门根据主体功能区划、区域大气环境质量状况和大气污染传输扩散规律，划定国家大气污染防治重点区域，报国务院批准；省、自治区、直辖市可以参照上

① 详情参见《中华人民共和国大气污染防治法》第五十条至第六十七条。

② 详情参见《中华人民共和国大气污染防治法》第七十三条至第八十五条。

述规定划定本行政区域的大气污染防治重点区域。

2. 联合防治

重点区域内有关省、自治区、直辖市人民政府应当确定牵头的地方人民政府，定期召开联席会议，按照统一规划、统一标准、统一监测、统一防治的措施要求，开展大气污染联合防治，落实大气污染防治目标责任，并由国务院生态环境主管部门加强指导和督促。

3. 具体措施

其一，根据重点区域经济社会发展和大气环境承载力，制订重点区域大气污染联合防治行动计划；其二，实施更严格的机动车大气污染物排放标准，统一在用机动车检验方法和排放限值，并配套供应合格的车用燃油；其三，对重点区域内可能造成大气环境严重污染的有关工业园区、开发区、区域产业依法进行环境影响评价，并及时通报有关信息，进行会商；其四，建立国家大气污染防治重点区域的大气环境质量监测、大气污染源监测等相关信息共享机制；其五，在区域内组织联合执法、跨区域执法、交叉执法。[①]

（四）重污染天气应对

重污染天气应对是《大气污染防治法》修改后新增的一章。其主要内容如下。

1. 建立重污染天气监测预警体系

国务院生态环境主管部门会同国务院气象主管机构等有关部门、国家大气污染防治重点区域内有关省、自治区、直辖市人民政府，建立重点区域重污染天气监测预警机制，统一预警分级标准。可能发生区域重污染天气的，应当及时向重点区域内有关省、自治区、直辖市人民政府通报。省、自治区、直辖市、设区的市人民政府生态环境主管部门会同气象主管机构等有关部门建立本行政区域重污染天气监测预警机制。

2. 纳入突发事件应急管理体系

县级以上地方人民政府应当将重污染天气应对纳入突发事件应急管理体系，制定重污染天气应急预案，向上一级人民政府生态环境主管部门备案，并向社会公布。依据重污染天气的预警等级，及时启动应急预案，根据应急需要可以采取责令有关企业停产或者限产、限制部分机动车行驶、禁止燃放烟花爆竹、停止工地土石方作业和建筑物拆除施工、停止露天烧烤、停止幼儿园和学校组织的户外活动、组织开展人工影响天气作业等应急措施。

3. 建立会商机制

省、自治区、直辖市、设区的市人民政府生态环境主管部门应当会同气象主管机构建立会商机制，进行大气环境质量预报。可能发生重污染天气的，应当及时向本级人民政府报告。省、自治区、直辖市、设区的市人民政府依据重污染天气预报信息，进行综合研判，确定预警等级并及时发出预警。预警等级根据情况变化及时调整。任何单位和个人不得擅自向社会发布重污染天气预报预警信息。

---

① 详情参见《中华人民共和国大气污染防治法》第八十六条至第九十二条。

（五）法律责任

现行的《大气污染防治法》在“法律责任”一章里规定了法律责任30条，涉及多个执法部门，监管的大气排污违法行为多达90余种，在责任形式和处罚力度上相较于修订前有较大的变化，如取消了现行法律中对造成大气污染事故企业事业单位罚款“最高不超过50万元”的封顶限额，变为按倍数计罚，同时增加了“按日计罚”的规定。该法还规定，造成大气污染事故的，对直接负责的主管人员和其他直接责任人员可以处上一年度从本企业事业单位取得收入50%以下的罚款，从而加大了行政处罚力度，丰富了处罚种类，提高了该法的执行力与震慑力。

第三节　水污染防治法律制度

水是生命之源，水生态作为地球生态环境中的重要组成部分，影响着人类的生命健康安全。近年来，随着国内经济整体水平的提升，城镇化进程的加快，乡镇建设的兴起，水环境污染问题日益突出，成为政府污染防控与治理的重中之重。水污染作为主要的环境污染现象，是指进入水体的有害物质导致水的使用价值降低或者功能丧失，威胁自然生态、人体安全的一种特殊的污染类型。

一、水污染及其危害

（一）水污染主要来源

按照污染生成方式的不同，水污染分为水体内部污染与水体外部污染。水体内部污染是指排除人为干涉，水体中自身产生的内发性污染，污染物一般包括水体中生物死亡的分解物、生物排泄物及其分解物等，该类污染通常通过水体的自净能力就可以解决；水体外部污染是指由人类生产生活所产生的污染物排放进入水体，致使水质恶化的污染现象。近年由于经济发展、城镇化进程加快，人类活动向自然水体中所排放的污染物超过水体的自净能力，造成区域性、流域性水体污染，治理难度较大。现有的水体外部污染主要包括工业废水污染、居民生活污水污染、农业生产污染等类型，水体外部污染比水体内部污染所造成的危害更大，亟须进行有针对性的治理。

1. 工业废水污染

工业废水污染是水污染的主要类型之一，是指在进行工业生产中所产生的带有各种致害物的废水、污水排入水体中，达到一定的浓度与时间存留，超过水体自净能力所产生的污染。工业废水中污染物种类较多，根据污染物自身物理性质不同，大致可以划分为固体污染物、需氧污染物、有机污染物、油污污染物、有毒污染物等。

2. 生活污水污染

居民日常生活所产生的各种生活废水是水污染的重要污染源之一。近年来，城镇化进程的加快带来了大量的人口迁入，而污水处理设施建设滞后，大量生活污水直接排放造成水污染加重。生活污水中主要包括蛋白质、碳水化合物、油污、含氮有机物、无机物以及其他有毒有害成分等，很容易在水中发生化学反应产生腐臭气体，富含有机物的水体助长了致病细菌的繁殖，废水中的氮、磷等营养物质导致水体的富营养化，造成大量水生生物死亡，破坏水体生态系统的平衡。

3. 农业生产污染

中国是一个农业大国，农业生产长期依赖化肥、农药，导致土壤和水体污染严重。此外在发展家庭养殖过程中，各种牲畜所排放的粪便流入附近的水域，也会影响农村居民的生活用水和农业用水安全。

4. 二次污染

由于发展理念的局限，水污染的防治一直处于落后状态，无法适应经济、人口的快速发展。污水处理设施建设及处理技术的落后导致废水处理率不足、出水不达标，从而对水体形成二次污染。

（二）水污染物的危害

在经济飞速发展的今天，水污染物种类繁多，其中主要的水污染物有固体污染物、水体耗氧污染物、油类污染物、重金属污染物、植物营养物等。

固体污染物堆积堵塞水域河道，使得大量水生生物吸氧困难发生窒息死亡，破坏水生生物产卵地，水体颗粒物含量过高时，会使得水中植物无法接受太阳照射，难以生长而死亡；生活垃圾中的无法被短时间降解的固体成分会被水生生物误食造成死亡，塑料等颗粒物可以在生物体内长时间累积，最后通过生物链而被人类食入，危害人体健康。

水体耗氧污染物主要包括有机碳水化合物、各种蛋白质、油脂等，这些耗氧污染物在微生物的作用下分解，消耗水体内部的大量氧气与其他活性营养成分，影响水生生物生存，同时有助于厌氧型微生物的生长，使得水体变得浑浊、散发恶臭，难以利用。

油类污染物分为石油类污染物和动植物油污染物，油类污染物会在水上形成一层油膜，影响水体与大气的氧气交换，减少水体的氧浓度，若油膜过多、过厚还会降低太阳光的通透性，影响水中植物的光合作用，进一步降低水体的氧浓度，恶化水质。石油类污染物中还存在大量有毒有害物质，有强烈的致癌作用。

重金属水污染物大多是由人类工业生产和生活活动所排出的，常见的水体重金属污染物为汞、镉、铅等。这些污染物毒性极强，极易被水生生物吸收并富集在体内，一旦被人类食用会造成内脏、大脑神经及其他器官极大的损害，甚至有致癌风险。

植物营养物主要指含氮、钾、磷等物质，当该类物质增多时能刺激水体中浮游生物、水草等藻类植物生长，这种现象被称为水体的"富营养化"，会导致水体中的氧含量减少，加上部分藻类植物对水生动物含有毒性，甚至危及水生动物的生长与繁殖。

二、水污染防治法律制度主要内容

现行水污染防治法律制度主要由《水污染防治法》及其《实施细则》等组成，适用于中华人民共和国领域内的江河、湖泊、运河、渠道、水库等地表水体以及地下水体的污染防治。目的在于保护和改善环境,防治水污染,保护水生态,保障饮用水安全,维护公众健康,推进生态文明建设,促进经济社会可持续发展。《水污染防治法》包括水污染防治主要制度、水污染领域分类防治、饮用水源及特殊水体保护、水污染事故处置、水污染防治法律责任等内容。

（一）监管主体

基于水资源功能的多样性以及水资源利用的复杂性,水污染防治涉及的范围很广,对水污染防治的监管自然也须各部门、各主体齐心协力共治共管。《水污染防治法》规定,县级以上人民政府生态环境主管部门对水污染防治实施统一监督管理;交通主管部门的海事管理机构对船舶污染水域的防治实施监督管理;县级以上人民政府水行政、国土资源、卫生、建设、农业、渔业等部门以及重要江河、湖泊的流域水资源保护机构,在各自的职责范围内,对水污染防治实施监督管理。

（二）水污染防治法基本原则

《水污染防治法》第三条规定,水污染防治应当坚持预防为主、防治结合、综合治理的原则,优先保护饮用水水源,严格控制工业污染、城镇生活污染,防治农业面源污染,积极推进生态治理工程建设,预防、控制和减少水环境污染和生态破坏。

（三）水污染防治主要制度

《水污染防治法》除了根据《环境保护法》的要求规定了水污染防治的环境影响评价制度、“三同时”制度、标准制度、排污许可制度、监测制度等外,还规定以下适应水污染防治的特有制度。

1. 流域规划制度

流域是一个体现地表水集水面积的概念,用来代表一个水系的干流和支流所流经的整个区域。从环境科学的角度,水资源的开发利用以及水污染防治应该从流域整体进行统一规划、全面安排。《水污染防治法》第十六条规定,防治水污染应当按流域或者按区域进行统一规划。国家确定的重要江河、湖泊的流域水污染防治规划,由国务院环境保护主管部门会同国务院经济综合宏观调控、水行政等部门和有关省、自治区、直辖市人民政府编制,报国务院批准。

国家确定的重要江河、湖泊的流域水污染防治规划是其他地方各级政府制定本地区水污染防治规划的依据。地方水污染防治规划由本级地方政府生态环境主管部门会同同级水行政等部门及当地政府编制,经本级政府审核,报国务院批准。

经批准的水污染防治规划是防治水污染的基本依据,规划的修订须经原批准机关批准。

2. 河长制度

我国各级行政区域都要建立河长制度,河长制的具体组织形式为在我国省(直辖市)市、县、乡行政层级下建立四级河长制度,分级分段组织领导本行政区域内江河、湖泊的水资源保护、水域岸线管理、水污染防治、水环境治理等工作。

河长制度是党中央着眼于水污染防治的总体大局作出的创新决策。河长制将各级党委、政府的主体责任落到了实处，通过责任的划分落实，各级政府各司其职自觉维护行政区域内的水域安全，形成专人治理、统筹结合的水域治理大局，有利于攻克水域保护与污染治理难题。

3. 水环境质量改善目标限期达标制度与考评制度

为了落实流域规划的执行，《水污染防治法》规定，有关市、县级人民政府应当按照水污染防治规划确定的水环境质量改善目标的要求，制定限期达标规划，采取措施按期达标。限期达标规划报上一级人民政府备案，并向社会公开。市、县级人民政府每年在向本级人民代表大会或者其常务委员会报告环境状况和环境保护目标完成情况时，应当报告水环境质量限期达标规划执行情况，并向社会公开。水环境质量改善目标期限达标制度加强了市、县两级政府的水系生态环境治理与改善责任，使得区域内的水域生态环境保护与改善按步骤有序进行，向社会公开达标规划和执行情况，进一步提升水域生态环境治理透明度和公众参与度，有利于创建公众共享、共建、共治的水域生态环境治理模式。

国家实施对水环境改善的考核评价制度，其责任主体为水域内的地方人民政府及其负责人。在过去的地方政府领导人考核中，经济发展水平是其考核的主要指标，导致部分地方政府为了地方经济效益而不计环境污染后果，造成了地方水域环境的严重污染与破坏，考核评价制度的改革有利于落实地方政府的水域环境保护与水域污染防治的责任，进一步加强水域污染的源头治理与监管力度。

4. 水生态环境保护补偿机制

国家建立健全对于饮用水源的保护力度，通过财产转移支付的方式构建饮用水源保护补偿机制。[①] 目前水域生态补偿金主要来源于中央和省级纵向补充，由于资金审批时效、资金量等问题，已无法形成具有长效性的资金补偿机制，这种仅仅依靠政府资金补偿的方式已出现困境，因此有必要将部分水域生态受益地区纳入生态补偿体系当中。2016 年 5 月 13 日，国务院办公厅发布《关于健全生态保护补偿机制的意见》，要求按照“谁受益、谁补偿”的原则，形成让受益者付费、保护者得偿的运行机制。2021 年 9 月 12 日，中共中央办公厅、国务院办公厅印发《关于深化生态保护补偿制度改革的意见》，提出加强水生生物资源养护，确保长江流域重点水域十年禁渔落实到位。针对江河源头、重要水源地、水土流失重点防治区、蓄滞洪区、受损河湖等重点区域开展水流生态保护补偿。

5. 重点水污染物排放总量控制制度

《水污染防治法》第二十条规定，国家对重点水污染物排放实施总量控制制度。重点水污染物排放总量控制制度是指地方政府根据本辖区重点水污染物排放总量控制指标和减排目标的要求，分解总量控制指标，制订减排计划，并落实到排污单位的制度。其中，重点水污染物排放总量控制指标，由国务院生态环境主管部门在征求国务院有关部门和各省、自治区、直辖市人民政府意见后，会同国务院经济综合宏观调控部门报国务院批准并下达实施。

省、自治区、直辖市的人民政府应该按照国务院的规定消减和控制本行政区域的重点水污染物排放总量。省、自治区、直辖市人民政府可以根据本行政区域水环境质量状

① 详情参见《中华人民共和国水污染防治法》第八条。

况和水污染防治工作的需要，对国家重点水污染物之外的其他水污染物排放实行总量控制。

6. 约谈和区域限批制度

《水污染防治法》第二十条第五款规定："对超过重点水污染物排放总量控制指标或者未完成水环境质量改善目标的地区，省级以上人民政府环境保护主管部门应当会同有关部门约谈该地区人民政府的主要负责人，并暂停审批新增重点水污染物排放总量的建设项目的环境影响评价文件。约谈情况应当向社会公开。"区域限批，根据前国家环保部的解释，是指"停止审批严重违规的行政区域、行业和大型企业，其境内或所属的除循环经济类项目外的所有项目，直到它们的违规项目彻底整改为止"。

近年来由于水污染环境问题频发，地方政府水污染治理效率不高，构建水污染约谈制度是应对水域环境保护现实需要的有效手段，使得地方政府在水污染治理上不敢懈怠，将约谈的情况进行公开，提高公众参与度，体现政府行政为民本质，有助于构建阳光政府、服务型政府。

7. 饮用水水源保护区制度

生态用水水源地的保护直接关系着当地居民的日常生活用水安全，政府必须对饮用水水源地的保护给予高度重视，保证饮用水水源地的安全是一项功在千秋、利在万代、福泽子孙的民生工程。当然，保护当地的饮用水安全绝不是朝夕之事，也绝非仅靠政府之力就能完成的，也要依赖于当地居民、企业的自觉保护。

国家建立、规划饮用水源保护区分级保护制度，用以保障当地居民用水安全，禁止在饮用水源保护区内排放污染物、设置排污口；饮用水水源保护区分为一级保护区和二级保护区；必要时，可以在饮用水水源保护区外围划定一定的区域作为准保护区。禁止在一级保护区内新建、改建、扩建与供水设施或者保护水源无关的建设项目，已有的应及时拆除、关闭；禁止在二级保护区内新建、改建、扩建污染水源的建设项目，已有的应及时拆除、关闭。

强化饮用水源保护区当地政府的饮用水源保护责任，在保护区采取生态环境保护措施，进行保护区内水源监测，防范水污染风险；有需要的地方政府可以建立应急水源、备用水源，开展联网供水、合理安排分配水资源；县级以上地方政府对本行政区域内的饮用水安全负责，定期监测、评估并公开结果。

强调饮用水供水单位的水质检测与问题上报责任，饮用水供水单位应当对供水水质负责，确保供水设施安全可靠运行，保证供水水质符合国家有关标准。

在风景名胜区水体、重要渔业水体和其他具有特殊经济文化价值的水体的保护区内，不得新建排污口。在保护区附近新建排污口，应当保证保护区水体不受污染。

（四）水污染领域分类防治

《水污染防治法》对一般性水污染防治措施予以确认，同时将水污染划分为四个主要污染领域，并分别规定了污染防治的具体措施，主要包括工业领域水污染防治、城镇领域水污染防治、农业和农村领域水污染防治、船舶领域水污染防治。

一般性防治措施包括：建立、公布有毒有害水污染物名录；禁止直接或者间接向水体排放油类、酸液、剧毒废液、放射性污染物、热废水、工业废渣、城镇垃圾、可溶性有毒重金属等；禁止伪造排放数据，加强水污染物排放的监管（监测），防止污染源渗漏；多层地下水分层开采，防治地下水污染等。①

工业领域水污染防治措施包括：水污染企业应当加快技术改造，提升水利用率与减少水污染物排放，强调水污染企业的排废达标责任，污水管理、处理责任；淘汰落后的严重污染水域环境的工艺与设备；禁止新建不符合国家产业政策的严重污染水环境的生产项目；要求企业绿色生产、清洁生产、防止水污染物产生等。②

城镇领域水污染防治措施主要包括：建立污水集中处理设施，集中处理污水，强化污水集中处理设施的管理、监督。③

农业和农村领域水污染防治措施包括：国家推动农村污水、垃圾的集中处理，支持建设农村污水、垃圾处理设施；加强农药管理，推广低污染的农药使用；加强农业养殖业管理，对养殖业所产生的污水、废渣应进行集中利用、处理；加强农业灌溉用水管理，防止因农业灌溉导致水域污染等。④

船舶领域水污染防治措施包括：加强船舶水污染物排放管理，禁止排放不合乎标准的船舶污水、废水；船舶应该按照国家规定配置相关防污器械，并持有相关防治水域环境污染证明文件，且需规范使用，建立使用记录备案制度；船舶作业运转应该按照国家相关法律标准，防止水污染产生，对于高污染作业内容应该编制工作方案报相关单位予以备案等。⑤

（五）水污染事故处置

各级人民政府及有关部门应该建立水污染应急处理规划，应对本区域内可能发生的突发性水污染事件，一旦事件发生，应及时启动并进行上报，此外，市、县级人民政府应该建立饮用水突发事件应急处理规划，应对本区域内可能发生的突发性饮用水污染事件，一旦事件发生，应及时启动并进行上报、公开。⑥

（六）水污染防治法律责任

在行政责任方面，《水污染防治法》根据违法行为的性质不同，规定了一系列的措施及处罚，包括责令停止违法行为、责令限期改正、责令限期拆除、强制拆除、罚款等，进一步提高了对水污染防治违法行为的处罚力度，最高罚款额度达100万元。⑦ 在民事责任方面确定了水污染致害民事责任的承担规则，因水污染致害的当事人可以向排污方进行索赔，强化了受害者的诉讼支持与法律援助。

---

① 详情参见《中华人民共和国水污染防治法》第二十三条至第四十三条。
② 详情参见《中华人民共和国水污染防治法》第四十四条至第四十八条。
③ 详情参见《中华人民共和国水污染防治法》第四十九条至第五十一条。
④ 详情参见《中华人民共和国水污染防治法》第五十二条至第五十八条。
⑤ 详情参见《中华人民共和国水污染防治法》第五十九条至第六十二条。
⑥ 详情参见《中华人民共和国水污染防治法》第七十六条至第七十九条。
⑦ 详情参见《中华人民共和国水污染防治法》第八十条至第九十五条。

第四节 土壤污染防治法律制度

一、土壤污染及其危害

(一) 土壤污染的概念及类型

1. 土壤污染的概念

我国《土壤污染防治法》第二条规定,"本法所称土壤污染,是指因人为因素导致某种物质进入陆地表层土壤,引起土壤化学、物理、生物等方面特性的改变,影响土壤功能和有效利用,危害公众健康或者破坏生态环境的现象"。由此可见,土壤污染是因人类活动产生的各种污染物通过不同途径进入土壤,导致有害物质的蓄积程度超过土壤自身的容纳与净化能力,使得土壤的形状和组成发生变化,破坏土壤的自然生态平衡,最终导致土壤自然功能失调、土质恶化的现象。[①]

2. 土壤污染的类型

根据土壤污染物的性质不同,可以把土壤污染分为不同的类型。土壤污染的主要类型包括化学污染、重金属污染、生物病原体污染与放射性物质污染四类,其中化学污染和重金属污染类型最为普遍,造成的污染性质最为严重,土壤修复也最为复杂。

1) 化学污染物引起的土壤污染

化学污染主要包括化工污染和化学农药引发的土壤污染。例如,受到舆论广泛关注的常州毒地事件,其调查报告显示土壤严重污染与地块化工厂使用大量有毒有害化工原料、部分中间产品具有高毒或致癌性有着密切联系,工厂的产品生产过程、物料存放、废水排放、废物管理存在严重不规范,导致土壤重大污染。化学污染物还包括有机磷农药、苯酚、多环芳烃、杀虫剂等化学农药,大量有害物质进入土壤,难以被降解和吸收,残存农药进入人体后发生聚集效应,最终导致机体出现慢性中毒现象。除此之外,大量化学物质(如抗生素、动物生长激素等)被添加进禽畜的饲料当中,导致有害物质随着禽畜的粪便排出体外污染土壤环境。

2) 重金属污染物引起的土壤污染

土壤重金属污染主要源自工矿生产活动和工业污水灌溉。土壤的重金属污染物主要包括镉、铬、汞、铜、铅、锌、镍等,经由废水灌溉、大气沉降等途径进入土壤后,以可溶或不可溶性质的颗粒形式存在。重金属污染物进入土壤后滞留时间长、移动性差、难以被降解,造成土壤严重污染,引发环境公害事件,危害人类健康。例如,日本四大环境公害疾病当中的水俣病和痛痛病主要来源于有机水银和重金属镉污染。

3) 生物病原体引起的土壤污染

生物病原体引起的土壤污染主要是指以未经处理的人畜粪便、生活垃圾做肥料,或者直接使用生活污水、医院污水等浇灌农田,使大量病原体(如肠道致病菌、肠道寄生虫、钩端螺

---

① 周珂. 环境法[M]. 6版. 北京:中国人民大学出版社,2021.

旋体、破伤风杆菌、霉菌和病毒等)残留在土壤当中,从而造成的土壤污染。被病原体污染的土壤危害极大,传染病的病原体容易诱发疾病大流行,人畜共患的传染病(如猴痘)或与禽类有关的疾病(如禽流感)可经由土壤在人畜间或禽类间进行传播。

4) 放射性物质引起的土壤污染

放射性元素一般分为两类:一类是天然放射性元素,如铀、钍、锕等;另一类是人工合成的放射性元素,如钷、镅、锝等。引发土壤污染的放射性元素主要来源于大气层核实验的沉降物,或者利用原子能过程(核能工业)中所排放的各种废气、废水、固体废弃物等。这些含有放射性元素的物质经由自然沉降、雨水冲刷、废弃物堆积而导致土壤受到污染。放射性元素可以通过辐射、暴露、接触等多种途径进入人体,增加人体罹患癌症的风险,破坏人体的中枢神经系统、内分泌系统和血液循环系统等;被放射性元素污染土壤区域内的动植物生长发育缓慢,有些甚至无法存活。

(二) 土壤污染的危害

土壤受到污染后,其损害作用不仅及于土壤机能本身,导致土壤微生物数量骤降、影响土壤生物多样性、破坏生态平衡,而且可能会以污染源的形式辐射周边农田、耕地和地下水,进而影响农作物品质和饮用水安全,威胁与人类生产生活息息相关的生存环境,从而对人类造成健康危害。

1. 对生态环境的危害

土壤污染引起的生态环境危害主要是指:土壤受到污染后直接造成植被(如苔藓)、动物(如蚂蚁、蚯蚓)、微生物(如真菌、有益菌种)生长繁衍功能削弱,进而影响土壤的生态服务功能,不利于土壤肥力保持和功能发挥,损害生态系统的自我调节与修复机能,严重威胁生态环境安全。

2. 对人类的危害

土壤污染对人类的危害主要表现为影响人体健康和人居环境安全。土壤污染不仅容易造成农作物减产,还会影响农产品的生产质量,长期食用被污染的农产品无疑会给人体健康带来严重威胁。同时,土壤污染物可能发生迁移,通过下沉、渗透、扬尘等形式进入地表水、地下水和大气环境,再经由口鼻摄入、皮肤接触等方式危害人体健康。此外,直接开发未经治理修复的污染地块容易危害人类居住环境安全,造成长期性健康损害。

(三) 我国土壤污染的现状

截至 2021 年,全国土壤环境风险基本得到管控,土壤污染加重趋势得到初步遏制,全国受污染耕地安全利用率稳定在 90%以上,重点建设用地安全利用得到有效保障。① 尽管全国农用耕地土壤环境状况总体趋向稳定,但当前农用地的土壤污染情况仍然不容乐观,影响农用地土壤环境质量的主要污染物是重金属,以镉为首要污染物,而镉中毒容易诱发公害疾病。同时,调查数据表明,现阶段我国 48%的土壤存在着严重污染,被认定为无法使用的土

① 中华人民共和国生态环境部. 2021 年中国生态环境状况公报[R/OL].[2022-5-28]. https://www.gov.cn/xinwen/2022-05/28/5692799/files/349e930e68794f3287888d8dbe9b3ced.pdf.

壤为23%,严重制约经济发展;在非重度污染土壤当中,有34%涉及轻微污染的情况,其中农业区存在土地板结现象,工业区存在排放不可降解与辐射物质进入土壤的现象;在土壤结构方面,表现为重金属污染的土壤约占1/6。① 由此可见,我国耕地土壤环境质量堪忧,工矿业废弃地土壤环境问题突出,全国重点行业企业用地土壤污染风险不容忽视。②

(四) 我国土壤污染防治立法概况

1. 土壤污染防治的专门立法

2018年8月,第十三届全国人大常委会对该草案进行了第三次审议,并全票表决通过了《土壤污染防治法》;2019年1月1日,《土壤污染防治法》正式生效。随后,四川、北京、上海、河南、江苏、天津等地相继出台了地方《土壤污染防治条例》。

2. 土壤污染防治的其他立法

在法律层面上,涉及土壤污染防治的法律规定散见于环境保护基本法以及其他几部环境要素污染防治法当中。1982年《宪法》在第十条原则性地规定了"一切使用土地的组织和个人必须合理地利用土地";2014年修订的《环境保护法》规定:"禁止将不符合农用标准和环境保护标准的固体废物、废水施入农田。施用农药、化肥等农业投入品及进行灌溉,应当采取措施,防止重金属和其他有毒有害物质污染环境。"2015年修订的《大气污染防治法》规定:"地方各级人民政府应当加强对建设施工和运输的管理,保持道路清洁,控制料堆和渣土堆放,扩大绿地、水面、湿地和地面铺装面积,防治扬尘污染。"2017年修订的《水污染防治法》规定:"禁止将含有汞、镉、砷、铬、铅、氰化物、黄磷等的可溶性剧毒废渣向水体排放、倾倒或者直接埋入地下。"2020年修订的《固体废物污染环境防治法》规定:"在生态保护红线区域、永久基本农田集中区域和其他需要特别保护的区域内,禁止建设工业固体废物、危险废物集中贮存、利用、处置的设施、场所和生活垃圾填埋场。"此外,《农产品质量安全法》《土地管理法》等相关法律也有涉及土壤污染防治的内容。

在行政法规和部门规章层面,涉及土壤污染防治的规定主要包括:《水污染防治法实施细则》《危险化学品安全管理条例》《废弃危险化学品污染环境防治办法》《农药管理条例》《农药限制使用管理规定》《基本农田保护条例》《城市生活垃圾管理办法》《工业污染源监测管理办法(暂行)》《农用地土壤环境管理办法(试行)》《工矿用地土壤环境管理办法(试行)》等。

在政策性文件层面,政策具有强大的引领作用,政策性文件在我国开展土壤污染防治工作中具有举足轻重的地位。土壤污染防治工作的实行,除需要法律文件进行规范外,还需要政策性文件的支持。2016年5月28日,国务院发布《土壤污染防治行动计划》(又称"土十条"),在第二部分专门规定了"推进土壤污染防治立法,建立健全法规标准体系",并在第四条中提出"加快推进立法进程"。③ 以上政策性文件充分体现了党中央、国务院对于土壤污染防治的整体把控与战略部署,包括健全规范,依法治土,分类管理,突出重点等。

---

① 王玉锁.当前我国的土壤污染现状及防治措施[J].资源节约与环保,2021,(2):81-82.

② 中华人民共和国生态环境部.2021年中国生态环境状况公报[R/OL].[2022-5-28].https://www.gov.cn/xinwen/2022-05/28/5692799/files/349e930e68794f3287888d8dbe9b3ced.pdf.

③ 彭本利,李爱年.我国土壤污染防治立法回溯及前瞻[J].环境保护,2018,46(1):19-25.

二、土壤污染防治法律制度主要内容

（一）监管体制

根据《土壤污染防治法》第七条规定："国务院生态环境主管部门对全国土壤污染防治工作实施统一监督管理；国务院农业农村、自然资源、住房城乡建设、林业草原等主管部门在各自职责范围内对土壤污染防治工作实施监督管理。地方人民政府生态环境主管部门对本行政区域土壤污染防治工作实施统一监督管理；地方人民政府农业农村、自然资源、住房城乡建设、林业草原等主管部门在各自职责范围内对土壤污染防治工作实施监督管理。"由此可见，我国土壤污染防治监管体制实行二分法，首先，在监管权限上分为国家和地方两级；其次，在监管体系上分为主要部门和其他相关部门两个层次。充分实现了我国在土壤污染防治监管体制上国家与地方相得益彰，主管部门与其他部门相互配合的战略布局和宏观把控。

1. 监管部门

根据《土壤污染防治法》规定，国务院生态环境主管部门对全国土壤污染防治工作实施统一监督管理，地方人民政府生态环境主管部门对本行政区域土壤污染防治工作实施统一监督管理。

除主管部门外，《土壤污染防治法》还明确规定了其他四个有土壤污染防治监督管理职权的相关部门，共同构建全国土壤环境数据库和信息平台，组织监测网络，编制全国土壤污染防治规划等。①农业农村主管部门，其主要职责包括：配合生态环境部对高风险农业地进行重点监测；对拟开垦为耕地的未利用地及复垦土地进行土壤污染状况调查等。②自然资源主管部门，其主要职责包括：会同生态环境部，重点监测高风险建设用地；配合生态环境部门，制定建设用地土壤污染风险管控和修复名录等。③住房城乡建设主管部门，其主要职责包括：依法监督城乡生活污水、生活垃圾处理设施的正常运行；监督未达到风险管控、修复目标的建设用地等。④林业草原主管部门，其主要职责包括：配合生态环境部对高风险林草类农业地进行重点监测、认定林草类农用地土壤污染责任人等。

正确处理其他部门与主管部门实施监管职责的关系是落实土壤污染防治的重要一环。其他相关主管部门与生态环境主管部门实施监管职责的关系包括以下几种情况。①其他部门单独履行土壤污染防治监督管理职责，即由某个部门单独享有对土壤污染防治的某特定事项进行监管的职权。如《土壤污染防治法》第二十六条第二款规定：国务院农村主管部门应当加强农药、肥料登记，组织开展农药、肥料对土壤环境影响的安全性评价。②联合履行土壤污染防治监督管理职责，即由两个或两个以上其他部门共同享有对土壤污染防治某特定事项进行监管的职权。如《土壤污染防治法》第二十七条规定：地方人民政府农业农村、林业草原主管部门应当开展农用地土壤污染防治宣传和技术培训活动，扶持农业生产专业化服务，指导农业生产者合理使用农药、兽药、肥料、饲料、农用薄膜等农业投入品，控制农药、兽药、化肥等的使用量。③配合履行土壤污染防治监督职责，即由一个或多个其他部门会同生态环境主管部门履行某特定事项的土壤防治污染监管职责。如《土壤污染防治法》第十六条规定：地方人民政府农业农村、林业草原主管部门应当会同生态环境、自然资源主管部门对农产品污染物含量超标、污水灌溉区等农用地地块进行重点监测。

2. 国家与地方主管部门的监管权限划分

1）国务院生态环境主管部门的职责

根据《国务院机构改革方案》要求，2018年3月组建生态环境部，将环境保护部的环保职责，国家发展改革委的应对气候变化和减排职责，国土资源部的监督防止地下水污染职责，水利部的编制水功能区划、排污口设置管理、流域水环境保护职责，农业部的监督指导农业面源污染治理职责，国家海洋局的海洋环境保护职责，国务院南水北调工程建设委员会的南水北调工程项目区环境保护职责相整合，由生态环境部统一对全国土壤污染防治工作进行监督管理。

依据《土壤污染防治法》的规定，可将生态环境部的统一监督管理职责划分为独立实施型、会同实施型和配合实施型三类。①独立实施的职责，如组织开展全国土壤污染状况普查、制定国家土壤污染风险管控标准、制定土壤环境监测规范、统一规划国家土壤环境监测站点设置、统一发布全国土壤环境信息、进行现场检查、依法实施行政处罚等。②会同实施的职责，如会同农业农村、自然资源、住房城乡建设、水利、卫生健康、林业草原等部门，构建全国土壤环境数据库和信息平台；会同发展改革、农业农村、自然资源、住房城乡建设、林业草原等部门，编制全国土壤污染防治规划；会同国务院农业农村、自然资源、住房城乡建设、水利、卫生健康、林业草原部门，组织监测网络；会同农业农村、自然资源、住房城乡建设、林业草原部门，组织开展全国土壤污染状况普查；会同卫生健康等部门，公布重点控制的土壤有毒有害物质名录；会同自然资源部门，认定建设用地土壤污染责任人等。③配合实施的职责，如配合农林部门，对高风险农用地进行重点监测、认定农用地土壤污染责任人、对有土壤污染风险的农用地进行土壤污染状况调查、风险评估、实施分类管理等；配合农业农村部门，对拟开垦为耕地的未利用地、复垦土地进行土壤污染状况调查，实施分类管理。[①]

2）地方生态环境主管部门的职责

《土壤污染防治法》第六条规定："各级人民政府应当加强对土壤污染防治工作的领导，组织、协调、督促有关部门依法履行土壤污染防治监督管理职责。"地方生态环境主管部门是指省级（包括自治区、直辖市）、地市级、县区级的生态环境主管部门。根据《土壤污染防治法》相关规定，地方生态环境主管部门不仅应在其权限范围内统一监督管理本行政区域的土壤污染防治工作，还负有会同、配合国务院生态环境主管部门和其他部门开展工作的职责。如《土壤污染防治法》第五十五条规定：安全利用类和严格管控类农用地地块的土壤污染影响或者可能影响地下水、饮用水水源安全的，地方人民政府生态环境主管部门应当会同农业农村、林业草原等主管部门制定防治污染的方案，并采取相应的措施。此外，《土壤污染防治法》第七十七条规定："生态环境主管部门及其环境执法机构和其他负有土壤污染防治监督管理职责的部门，有权对从事可能造成土壤污染活动的企业事业单位和其他生产经营者进行现场检查、取样，要求被检查者提供有关资料、就有关问题作出说明。"因此，地方生态环境主管部门及其环境执法机构和其他部门还负有现场检查、取样的职责。

（二）土壤污染防治原则

《土壤污染防治法》第三条规定："土壤污染防治应当坚持预防为主、保护优先、分类管

---

① 周珂. 环境法[M]. 6版. 北京：中国人民大学出版社，2021.

理、风险管控、污染担责、公众参与的原则。”

1. 预防为主、保护优先原则

由于土壤污染治理难度大、成本高、周期长，土壤污染防治工作必须坚持预防为主原则；在处理保护土壤质量与开发利用土壤的关系上，需秉持保护优先原则，避免“先污染、后治理”或“先破坏、后修复”，预防土壤污染和生态破坏。

2. 分类管理原则

分类管理原则要求各地结合实际，按照土壤环境现状和经济社会发展水平，采取不同的土壤污染防治对策和措施。农村地区要以基本农田、重要农产品产地特别是“菜篮子”基地等为监管重点；城市地区要根据城镇建设和土地利用的有关规划，以规划调整为非工业用途的工业遗留遗弃污染场地土壤为监管重点。[①]

3. 风险管控原则

风险管控原则要求从成本收益方面考虑，以最小的成本在合理限度内追求最大的环境效益。土壤污染损害发生后的治理代价十分昂贵，因此，土壤污染防治工作应以风险管控为原则，认真总结国内外土壤污染防治经验教训，综合运用法律、经济、技术等手段，制定风险管控措施，实行防治结合。

4. 污染担责原则

污染担责原则要求造成土壤污染的行为人为其污染行为承担法律责任。《土壤污染防治法》对相关责任人的认定及责任形式进行了规范。《土壤污染防治法》第四十八条规定：土壤污染责任人不明确或者存在争议的，农用地由地方人民政府农业农村、林业草原主管部门会同生态环境、自然资源主管部门认定，建设用地由地方人民政府生态环境主管部门会同自然资源主管部门认定；第五十七条第三款规定：风险管控、修复活动完成后，土壤污染责任人应当另行委托有关单位对风险管控效果、修复效果进行评估，并将效果评估报告报地方人民政府农业农村、林业草原主管部门备案。

5. 公众参与原则

土壤是经济社会发展不可或缺的重要公共资源，关系到农产品质量安全和群众健康。防治土壤污染不应当只是各级政府的责任，社会组织和公民个人都负有保护土壤、防止污染的义务，社会组织还有权向法院提起环境民事公益诉讼。各级环保部门应在同级党委政府统一领导下，认真履行综合管理和监督执法职责，积极协调国土、规划、建设、农业和财政等部门，共同做好土壤污染防治工作，鼓励和引导社会力量参与、支持土壤污染防治。[②]

（三）土壤污染防治主要制度

1. 规划制度

我国《土壤污染防治法》第十一条规定：“县级以上人民政府应当将土壤污染防治工作纳入国民经济和社会发展规划、环境保护规划。设区的市级以上地方人民政府生态环境主管

---

①② 参见《环境保护部发布关于加强土壤污染防治工作的意见》(环发〔2008〕48号)。

部门应当会同发展改革、农业农村、自然资源、住房城乡建设、林业草原等主管部门，根据环境保护规划要求、土地用途、土壤污染状况普查和监测结果等，编制土壤污染防治规划，报本级人民政府批准后公布实施。”

土壤污染防治工作是一项巨大而复杂的系统工程，将其纳入政府的国民经济和社会发展规划是具体落实土壤污染防治工作的有力手段。政府可在人力、物力、财力上进行调配，保障土壤保护的各项工作有序进行。2021 年，我国发布《中华人民共和国国民经济和社会发展第十四个五年规划和 2035 年远景目标纲要》，其中要求强化多污染物协同控制和区域协同治理，推进受污染耕地和建设用地管控修复，实施水土环境风险协同防控；围绕土壤污染防治与安全利用，在土壤污染面积较大的 100 个县推进农用地安全利用示范；以化工、有色金属行业为重点，实施 100 个土壤污染源头管控项目。

制定环境保护规划能够为环境保护工作指明方向，土壤污染防治作为环境保护工作的重要组成部分，有必要纳入环境保护规划当中。2021 年 12 月，生态环境部等七部委联合印发《“十四五”土壤、地下水和农村生态环境保护规划》，要求推进土壤污染防治，包括：加强耕地污染源头控制、严控涉重金属行业企业污染物排放；防范工矿企业新增土壤污染、严格建设项目土壤环境影响评价制度；深入实施耕地分类管理；严格建设用地准入管理、开展土壤污染状况调查评估；有序推进建设用地土壤污染风险管控与修复；开展土壤污染防治试点示范等；与此同时，以京津冀、长江经济带、粤港澳大湾区、长三角、黄河流域等区域为重点，系统实施土壤、地下水和农业农村污染防治重大工程，包括实施土壤和地下水污染源头预防工程、土壤和地下水污染风险管控与修复工程。[①]

2. 标准制度

我国《土壤污染防治法》第十二条规定：“国务院生态环境主管部门根据土壤污染状况、公众健康风险、生态风险和科学技术水平，并按照土地用途，制定国家土壤污染风险管控标准，加强土壤污染防治标准体系建设。省级人民政府对国家土壤污染风险管控标准中未作规定的项目，可以制定地方土壤污染风险管控标准；对国家土壤污染风险管控标准中已作规定的项目，可以制定严于国家土壤污染风险管控标准的地方土壤污染风险管控标准。地方土壤污染风险管控标准应当报国务院生态环境主管部门备案。土壤污染风险管控标准是强制性标准。国家支持对土壤环境背景值和环境基准的研究。”

该条是关于制定土壤污染风险管控标准的规定。环境质量标准是环境监督管理和环境行政执法的重要依据，也是衡量企业排污状况和评估生态环境质量的标尺，在预防环境污染、保护生态环境方面起到积极作用。2018 年，我国发布了《土壤环境质量农用地土壤污染风险管控标准(试行)》(GB 15618—2018)和《土壤环境质量建设用地土壤污染风险管控标准(试行)》(GB 36600—2018)，这两项国家环境质量标准的出台为我国管控土壤污染风险提供了参考依据。除此之外，省级地方政府也可以根据地方实际状况制定适合当地的土壤污染风险管控标准，但必须严于国家土壤污染风险管控标准。无论是国家土壤污染风险管控标准，还是地方土壤污染风险管控标准均属于强制性标准，具有强制力，由生态环境主管部门联合其他相关主管部门监督实施。

与此同时，该条规定国家支持对土壤环境背景值和环境基准的研究，这为相关技术部门

---

① 参见生态环境部等七部委联合印发《“十四五”土壤、地下水和农村生态环境保护规划》。

和学术团体研究土壤环境背景值和环境基准提供了法律依据。土壤环境背景值是指基于土壤环境背景含量的统计值,通常以土壤环境背景含量的某一分位值表示。其中土壤环境背景含量是指在一定时间条件下,仅受地球化学过程和非点源输入影响的土壤中元素或化合物的含量。土壤环境基准则是指土壤在功能、健康和使用保持正常的情况下,对于物理、化学等要素所能够容纳的最大值或者临界值。

3. 普查制度

我国《土壤污染防治法》第十四条规定:"国务院统一领导全国土壤污染状况普查。国务院生态环境主管部门会同国务院农业农村、自然资源、住房城乡建设、林业草原等主管部门,每十年至少组织开展一次全国土壤污染状况普查。国务院有关部门、设区的市级以上地方人民政府可以根据本行业、本行政区域实际情况组织开展土壤污染状况详查。"

由于我国土壤环境管理起步较晚,存在着污染底数不明、监测监管和风险防控体系不完善等问题,对土壤环境管理的发展造成阻碍。开展土壤污染状况普查和详查、摸清农用地土壤是否被污染、污染的范围和程度以及对农作物的影响,查明重点行业企业用地污染状况以及相应环境风险,为推进农用地分类管理和建设用地准入管理、开展土壤环境保护工作、保障群众健康奠定基础。同时,开展土壤污染状况普查和土壤环境质量调查工作也是国务院《土壤污染防治行动计划》规定的重要任务,是落实《土壤污染防治法》、打好净土保卫战的现实基础。2022 年 2 月,国务院印发《关于开展第三次全国土壤普查的通知》,决定自 2022 年起开展第三次全国土壤普查,利用四年时间全面查清农用地土壤质量家底。

4. 监测制度

我国《土壤污染防治法》第十五条规定:"国家实行土壤环境监测制度。国务院生态环境主管部门制定土壤环境监测规范,会同国务院农业农村、自然资源、住房城乡建设、水利、卫生健康、林业草原等主管部门组织监测网络,统一规划国家土壤环境监测站(点)的设置。"土壤环境监测是分析土壤状况的第一步,科学建立土壤环境监测制度和统一规划监测点能够为后续土壤环境研究提供基础,为土壤环境保护工作铺平道路。开展土壤环境监测既能够使后续的相关工作有据可循,也是对《土壤污染防治计划》的具体落实。实施科学合理的土壤环境监测便于及时发现土壤存在的问题,找到污染源,使污染得到治理,生态环境得到改善。

此外,《土壤污染防治法》第十六条和第十七条明确规定,地方人民政府农业农村、林业草原主管部门应当会同生态环境、自然资源主管部门对下列农用地地块进行重点监测:①产出的农产品污染物含量超标的;②作为或者曾作为污水灌溉区的;③用于或者曾用于规模化养殖,固体废物堆放、填埋的;④曾作为工矿用地或者发生过重大、特大污染事故的;⑤有毒有害物质生产、贮存、利用、处置设施周边的;⑥国务院农业农村、林业草原、生态环境、自然资源主管部门规定的其他情形。

地方人民政府生态环境主管部门应当会同自然资源主管部门对下列建设用地地块进行重点监测:①曾用于生产、使用、贮存、回收、处置有毒有害物质的;②曾用于固体废物堆放、填埋的;③曾发生过重大、特大污染事故的;④国务院生态环境、自然资源主管部门规定的其他情形。

（四）土壤污染预防与土壤保护

1. 规划和建设项目的环境影响评价

我国《土壤污染防治法》第十八条规定："各类涉及土地利用的规划和可能造成土壤污染的建设项目，应当依法进行环境影响评价。环境影响评价文件应当包括对土壤可能造成的不良影响及应当采取的相应预防措施等内容。"该条是土壤污染防治基本原则中预防为主原则的体现，要求对涉及土地开发利用的规划进行环境影响评价，如城乡建设、区域开发、基础设施建设、产业发展、矿产资源勘查开发等各类与土地利用相关的规划；对可能造成土壤污染的建设项目，如石油化工、有色金属冶炼、固体废弃物处置等项目，都应当进行环境影响评价，其环境影响评价文件应当对土壤可能造成的影响进行全面、翔实的评价，包括概况、分析和预测、环境影响经济损益分析等，并提出相应的建议和采取预防措施。

2. 防止有毒有害物质污染土壤

有毒有害物质不同于一般污染物，对有毒有害物质制定更为严格的风险管控措施是各国的通行做法，如欧盟《工业排放指令》要求，任何风险设施或焚烧厂、废物焚烧厂或废物协同焚烧厂未获得许可，不得运行。申领许可证的，应当在许可证中载明防止向土壤和地下水排放有毒有害物质的措施，以及对这些措施的定期检查要求，以防止在设备使用期间和贮存期间的泄漏、溢出和事故事件。

我国《土壤污染防治法》第十九条对涉及有毒有害物质污染土壤的单位和个人规定了相关义务，即生产、使用、贮存、运输、回收、处置、排放有毒有害物质的单位和个人，应当采取有效措施，防止有毒有害物质渗漏、流失、扬散，避免土壤受到污染。根据对公众健康、生态环境的危害和影响程度，对土壤中有毒有害物质进行筛查评估，公布重点控制的土壤有毒有害物质名录，并适时更新。有毒有害物质具有缓释性、致癌性等特点，一旦诱发健康损害则不可逆转，因此，基于风险预防原则的要求，减少有毒有害物质的生产和使用，同时寻求更为安全的替代品才是防止危险物质致害的有效方法。根据有毒有害物质排放等情况，公开并实时更新土壤污染重点监管单位名录，并规定其应当履行的义务：①严格控制有毒有害物质排放，并按年度向生态环境主管部门报告排放情况；②建立土壤污染隐患排查制度，保证持续有效防止有毒有害物质渗漏、流失、扬散；③制定、实施自行监测方案，并将监测数据报生态环境主管部门。土壤污染重点监管单位应当对监测数据的真实性和准确性负责。生态环境主管部门发现土壤污染重点监管单位监测数据异常，应当及时进行调查。设区的市级以上地方人民政府生态环境主管部门应当定期对土壤污染重点监管单位周边土壤进行监测。

3. 拆除设施、设备或者建筑物、构筑物的土壤污染防治

《土壤污染防治法》要求企业事业单位在拆除活动中应当采取相应的土壤污染防治措施。土壤污染重点监管单位拆除设施、设备或者建筑物、构筑物的，应当制定包括应急措施在内的土壤污染防治工作方案，报地方人民政府生态环境、工业和信息化主管部门备案并实施。

4. 矿产资源开发区域土壤污染防治

矿产资源是人类生产生活所需的重要物质，然而，矿产品的不当开发和加工过程会对环

境产生负面影响,对土壤的影响主要表现在土壤侵蚀、土壤酸化和土壤污染等方面。具体而言,矿产资源开采加工过程容易产生汞、镉、铅等重金属污染和固体废弃物污染,矿物产品运输会因雨淋、渗漏、颠落而污染土壤环境等。《土壤污染防治法》规定,各级人民政府生态环境、自然资源主管部门应当依法加强对矿产资源开发区域土壤污染防治的监督管理,按照相关标准和总量控制的要求,严格控制可能造成土壤污染的重点污染物排放。特别要加强尾矿库的安全管理,采取措施防止土壤污染。

5. 农用地土壤污染防治

《土壤污染防治法》规定,国务院农业农村、林业草原主管部门应当制定规划,完善相关标准和措施,加强农用的农药、化肥使用指导和使用总量控制,加强农用薄膜使用控制。国务院农业农村主管部门应当加强农药、肥料登记,组织开展农药、肥料对土壤环境影响的安全性评价。制定农药、兽药、肥料、饲料、农用薄膜等农业投入品及其包装物标准和农田灌溉用水水质标准,应当适应土壤污染防治的要求。禁止向农用地排放重金属或者其他有毒有害物质含量超标的污水、污泥,以及可能造成土壤污染的清淤底泥、尾矿、矿渣等。县级以上人民政府有关部门应当加强对畜禽粪便、沼渣、沼液等收集、贮存、利用、处置的监督管理,防止土壤污染。

在农田灌溉用水污染土壤防治方面,农田灌溉用水应当符合相应的水质标准,防止土壤、地下水和农产品污染。地方人民政府生态环境主管部门应当会同农业农村、水利主管部门加强对农田灌溉用水水质的管理,对农田灌溉用水水质进行监测和监督检查。国家鼓励和支持农业生产者采取下列措施:①使用低毒、低残留农药以及先进喷施技术;②使用符合标准的有机肥、高效肥;③采用测土配方施肥技术、生物防治等病虫害绿色防控技术;④使用生物可降解农用薄膜;⑤综合利用秸秆、移出高富集污染物秸秆;⑥按照规定对酸性土壤等进行改良。禁止生产、销售、使用国家明令禁止的农业投入品。农业投入品生产者、销售者和使用者应当及时回收农药、肥料等农业投入品的包装废弃物和农用薄膜,并将农药包装废弃物交由专门的机构或者组织进行无害化处理。

农用地利用事关农村经济发展和环境保护,肥料、农药、饲料等的投入会对农用地土壤造成污染,为将负面影响降到最低,应从投入品的质量和投入方法上入手,有效控制有毒有害物质对农用地土壤的污染,减少其对环境和健康的影响。

6. 对未污染土壤、未利用地和土地资源的保护

《土壤污染防治法》规定,国家加强对未污染土壤的保护。地方各级人民政府应当重点保护未污染的耕地、林地、草地和饮用水水源地。各级人民政府应当加强对国家公园等自然保护地的保护,维护其生态功能。对未利用的应当予以保护,不得污染和破坏。加强对未污染土壤和未利用地的保护体现了预防为主、优先保护的原则。此外,《土壤污染防治法》也重视对于土地资源的保护,该法规定:国家加强对土壤资源的保护和合理利用;对开发建设过程中剥离的表土,应当单独收集和存放,符合条件的应当优先用于土地复垦、土壤改良、造地和绿化等。禁止将重金属或者其他有毒有害物质含量超标的工业固体废物、生活垃圾或者污染土壤用于土地复垦。《土壤污染防治法》还规定,县级以上地方人民政府及其有关部门应当按照土地利用总体规划和城乡规划,严格执行相关行业企业布局选址要求,禁止在居民区和学校、医院、疗养院、养老院等单位周边新建、改建、扩建可能造成土壤污染的建设项目。

（五）土地污染风险管控和修复

土壤污染风险管控和修复是为了查明造成土壤污染的风险，并对此采取相应的治理和修复措施，保护土壤环境，保障公民生命健康。其内容主要包括土壤污染状况调查、土壤污染风险评估、风险管控与修复、风险管控效果评估、修复效果评估、后期管理等环节。

1. 一般规定

1）土壤污染状况调查和土壤污染风险评估

土壤污染状况调查是指，在某一区域土壤可能存在污染风险时，对土壤进行详细调查，查明污染物种类、源头和含量，以确定是否要开展土壤风险评估和后续相应环节。《土壤污染防治法》第五十二条规定，对土壤污染状况普查、详查和监测、现场检查表明有土壤污染风险的农用地地块，地方人民政府农业农村、林业草原主管部门应当会同生态环境、自然资源主管部门进行土壤污染状况调查。实施土壤污染状况调查活动应当编制土壤污染状况调查报告，报告的主要内容包括：地块基本信息、污染物含量是否超过土壤污染风险管控标准等内容。污染物含量超过土壤污染风险管控标准的，土壤污染状况调查报告还应当包括污染类型、污染来源以及地下水是否受到污染等内容。

若调查表明污染物含量超过风险管控标准，应当进行土壤风险评估和分类管理。《土壤污染防治法》规定，对土壤污染状况调查表明污染物含量超过土壤污染风险管控标准的农用地地块，地方人民政府农业农村、林业草原主管部门应当会同生态环境、自然资源主管部门组织进行土壤污染风险评估，并按照农用地分类管理制度管理。实施土壤污染风险评估活动，应当编制土壤污染风险评估报告。土壤污染风险评估报告应当主要包括下列内容：主要污染物状况，包括污染物的类型、含量以及分布范围等；土壤及地下水污染范围；农产品质量安全风险、公众健康风险或者生态风险；风险管控、修复的目标和基本要求等。

2）对实施土壤风险管控和修复活动的其他要求

《土壤污染防治法》规定，实施风险管控、修复活动，应当因地制宜、科学合理，提高针对性和有效性；实施风险管控、修复活动，不得对土壤和周边环境造成新的污染；实施风险管控、修复活动前，地方人民政府有关部门有权根据实际情况，要求土壤污染责任人、土地使用权人采取移除污染源、防止污染扩散等措施；实施风险管控、修复活动中产生的废水、废气和固体废物，应当按照规定进行处理、处置，并达到相关环境保护标准；实施风险管控、修复活动中产生的固体废物以及拆除的设施、设备或者建筑物、构筑物属于危险废物的，应当依照法律法规和相关标准的要求进行处置；修复施工期间，应当设立公告牌，公开相关情况和环境保护措施。

3）对转移、运输污染土壤的规定

转移、运输污染土壤的，应当制订转运计划，将运输时间、方式、线路和污染土壤数量、去向、最终处置措施等，提前报所在地和接收地生态环境主管部门。转运的污染土壤属于危险废物的，修复施工单位应当依照法律法规和相关标准的要求进行处置。

4）风险管控效果、修复效果评估的规定

实施风险管控效果评估、修复效果评估活动，应当编制效果评估报告。效果评估报告应当主要包括是否达到土壤污染风险评估报告确定的风险管控、修复目标等内容。风险管控、修复活动完成后，需要实施后期管理的，土壤污染责任人应当按照要求实施后期管理。《土壤污染治理与修复成效技术评估指南(试行)》是对《土壤污染防治行动计划》的推动落实,该指南适用于第三方机构受省(区、市)人民政府或其相关部门等评估组织单位委托,对本行政区域各县(市、区)土壤污染治理与修复成效进行的综合评估。[①]

5) 土壤污染责任人

《土壤污染防治法》规定,土壤污染责任人负有实施土壤污染风险管控和修复的义务;土壤污染责任人无法认定的,土地使用权人应当实施土壤污染风险管控和修复。地方人民政府及其有关部门可以根据实际情况组织实施土壤污染风险管控和修复。国家鼓励和支持有关当事人自愿实施土壤污染风险管控和修复;因实施或者组织实施土壤污染状况调查和土壤污染风险评估、风险管控、修复、风险管控效果评估、修复效果评估、后期管理等活动所支出的费用,由土壤污染责任人承担;土壤污染责任人变更的,由变更后承继其债权、债务的单位或者个人履行相关土壤污染风险管控和修复义务并承担相关费用;土壤污染责任人不明确或者存在争议的,农用地由地方人民政府农业农村、林业草原主管部门会同生态环境、自然资源主管部门认定,建设用地由地方人民政府生态环境主管部门会同自然资源主管部门认定。认定办法由国务院生态环境主管部门会同有关部门制定。

2. 农用地污染风险管控和修复

1) 分类管理农用地

国家建立农用地分类管理制度,按照土壤污染程度和相关标准,将农用地划分为优先保护类、安全利用类和严格管控类。《土壤污染防治行动计划》第七项对农用地土壤环境质量类别进行了划定,即按污染程度将农用地划为三个类别,未污染和轻微污染的划为优先保护类,轻度和中度污染的划为安全利用类,重度污染的划为严格管控类,以耕地为重点,分别采取相应管理措施,保障农产品质量安全。划分结果由各省级人民政府审定,数据上传全国土壤环境信息化管理平台。根据土地利用变更和土壤环境质量变化情况,定期对各类别耕地面积、分布等信息进行更新。

县级以上地方人民政府应当依法将符合条件的优先保护类耕地划为永久基本农田,实行严格保护。在永久基本农田集中区域,不得新建可能造成土壤污染的建设项目;已经建成的,应当限期关闭拆除。未利用地、复垦土地等拟开垦为耕地的,地方人民政府农业农村主管部门应当会同生态环境、自然资源主管部门进行土壤污染状况调查,依法进行分类管理。

对安全利用类农用的地块,地方人民政府农业农村、林业草原主管部门,应当结合主要作物品种和种植习惯等情况,制定并实施安全利用方案。安全利用方案应当包括下列内容:①农艺调控、替代种植;②定期开展土壤和农产品协同监测与评价;③对农民、农民专业合作社及其他农业生产经营主体进行技术指导和培训;④其他风险管控措施。

对严格管控类农用地地块,地方人民政府农业农村、林业草原主管部门应当采取下列风险管控措施:①提出划定特定农产品禁止生产区域的建议,报本级人民政府批准后实施;②按照规定开展土壤和农产品协同监测与评价;③对农民、农民专业合作社及其他农业生产经营主体进行技术指导和培训;④其他风险管控措施。各级人民政府及其有关部门应当鼓励对严格管控类农用地采取调整种植结构、退耕还林还草、退耕还湿、轮作休耕、轮牧休牧等风险管控措施,并给予相应的政策支持。

① 参见《土壤污染治理与修复成效技术评估指南(试行)》。

2）地下水、饮用水水源安全

若污染土壤影响到地下水和饮用水的安全，地方政府有必要进行调查并制定应对方案，保护土壤环境，保障公众健康。对此，《土壤污染防治法》规定，安全利用类和严格管控类农用地地块的土壤污染影响或者可能影响地下水、饮用水水源安全的，地方人民政府生态环境主管部门应当会同农业农村、林业草原等主管部门制定防治污染的方案，并采取相应的措施。

3）农用地风险管控

由于农业生产的经济效益往往难以抵消农用地土壤污染修复巨额费用，因此农用地土壤管理保护主要以风险管控为主。对农用地土壤污染进行风险管控，将其纳入常态化管理，系统构建事前严防、事中严管、事后处置的全过程、多层级的农用地土壤污染风险防范体系是新时代我国农用地土壤污染防治，打好“净土保卫战”的必然要求。经过多年发展，以风险管控为核心的理念已逐渐显现于我国农用地土壤污染防治的制度构建过程中，农用地土壤污染风险管控制度已初具规模。[①]《土壤污染防治法》规定，对安全利用类和严格管控类农用地地块，土壤污染责任人应当按照国家有关规定以及土壤污染风险评估报告的要求，采取相应的风险管控措施，并定期向地方人民政府农业农村、林业草原主管部门报告。

4）农用地修复

对产出的农产品污染物含量超标，需要实施修复的农用地地块，土壤污染责任人应当编制修复方案，报地方人民政府农业农村、林业草原主管部门备案并实施。修复方案应当包括地下水污染防治的内容。修复活动应当优先采取不影响农业生产、不降低土壤生产功能的生物修复措施，阻断或者减少污染物进入农作物食用部分，确保农产品质量安全。风险管控、修复活动完成后，土壤污染责任人应当另行委托有关单位对风险管控效果、修复效果进行评估，并将效果评估报告报地方人民政府农业农村、林业草原主管部门备案。农村集体经济组织及其成员、农民专业合作社及其他农业生产经营主体等负有协助实施土壤污染风险管控和修复的义务。

3. 建设用地污染风险管控和修复

1）实行建设用地土壤污染风险管控和修复名录制度

我国实行建设用地土壤污染风险管控和修复名录制度，这是保障公众居住安全的基础制度。建设用地土壤污染风险管控和修复名录由省级人民政府生态环境主管部门会同自然资源等主管部门制定，按照规定向社会公开，并根据风险管控、修复情况适时更新。

根据《建设用地土壤污染风险管控和修复名录及修复施工相关信息公开工作指南》规定，建设用地土壤污染风险管控和修复名录制度包括但不限于以下内容。①地块基本信息：地块名称、详细地址、四至范围、地块面积、土地使用权人。②风险管控或修复情况：进展情况和所在阶段、风险管控或修复目标、风险管控或修复方案编制单位、风险管控或修复单位、委托人（即委托开展风险管控或修复的单位）；移除清单，还包括风险管控或修复效果评估单位。③纳入日期或移出日期。④有关备注：列入建设用地土壤污染风险管控和修复名录的地块，不得作为住宅、公共管理与公共服务用地。未达到土壤污染风险评估报告确定的风险

① 王彬辉，叶萍. 我国农用地污染风险管控制度问题及其完善[J]. 湖南农业大学学报（社会科学版），2021，22(6)：90-96.

管控、修复目标的建设用地地块,禁止开工建设任何与风险管控、修复无关的项目。

2) 建设用地土壤污染状况调查

在发现土壤问题和土地用途变更的情形下要启动土壤污染状况调查,对此《土壤污染防治法》规定,对土壤污染状况普查、详查和监测、现场检查表明有土壤污染风险的建设用地地块,地方人民政府生态环境主管部门应当要求土地使用权人按照规定进行土壤污染状况调查。用途变更为住宅、公共管理与公共服务用地的,变更前应当按照规定进行土壤污染状况调查。前两款规定的土壤污染状况调查报告应当报地方人民政府生态环境主管部门,由地方人民政府生态环境主管部门会同自然资源主管部门组织评审。土壤污染具有累积性、滞后性和不确定性等特点,因此对土壤污染状况调查报告进行评审后,若之后土壤还存在其他问题,仍然可以再次调查。

3) 建设用地土壤污染风险评估

对土壤污染状况调查报告评审表明污染物含量超过土壤污染风险管控标准的建设用地地块,土壤污染责任人、土地使用权人应当按照国务院生态环境主管部门的规定进行土壤污染风险评估,并将土壤污染风险评估报告报省级人民政府生态环境主管部门。生态环境部为了进一步规范建设用地土壤风险评估,发布了《建设用地土壤环境调查评估技术指南》《建设用地土壤污染状况调查、风险评估、风险管控及修复效果评估报告评审指南》《建设用地土壤污染风险评估技术导则》等一系列技术指导文件。

4) 土壤污染风险评估报告评审

省级人民政府生态环境主管部门应当会同自然资源等主管部门按照国务院生态环境主管部门的规定,对土壤污染风险评估报告组织评审,及时将需要实施风险管控、修复的地块纳入建设用地土壤污染风险管控和修复名录,并定期向国务院生态环境主管部门报告。列入建设用地土壤污染风险管控和修复名录的地块,不得作为住宅、公共管理与公共服务用地。

5) 风险管控措施

对建设用地土壤污染风险管控和修复名录中的地块,土壤污染责任人应当按照国家有关规定以及土壤污染风险评估报告的要求,采取相应的风险管控措施,并定期向地方人民政府生态环境主管部门报告。风险管控措施应当包括地下水污染防治的内容。考虑到时间、成本、技术可行性和环境是否安全等问题,风险管控可以采取以下措施或进行组合:①找出污染源并及时清理、移除;②阻断污染源传播,防止进一步扩散;③对污染土壤、地表水、地下水、空气质量开展监测;④造成污染的,采取相应措施解决等。对建设用地土壤污染风险管控和修复名录中的地块,地方人民政府生态环境主管部门可以根据实际情况采取下列风险管控措施:①提出划定隔离区域的建议,报本级人民政府批准后实施;②进行土壤及地下水污染状况监测;③其他风险管控措施。

6) 建设用地土壤污染地块修复

对建设用地土壤污染风险管控和修复名录中需要实施修复的地块,土壤污染责任人应当结合土地利用总体规划和城乡规划编制修复方案,报地方人民政府生态环境主管部门备案并实施。

7) 风险管控效果、修复效果评估

风险管控、修复活动完成后,土壤污染责任人应当另行委托有关单位对风险管控效果、修复效果进行评估,并将效果评估报告报地方人民政府生态环境主管部门备案。《土壤污染防治法》第四十三条规定,从事土壤污染状况调查和土壤污染风险评估、风险管控、修复、风险管控效果评估、修复效果评估、后期管理等活动的单位,应当具备相应的专业能力。受委托从事前款活动的单位对其出具的调查报告、风险评估报告、风险管控效果评估报告、修复效果评估报告的真实性、准确性、完整性负责,并按照约定对风险管控、修复、后期管理等活动结果负责。

对达到土壤污染风险评估报告确定的风险管控、修复目标的建设用地地块,土壤污染责任人、土地使用权人可以申请省级人民政府生态环境主管部门移出建设用地土壤污染风险管控和修复名录。省级人民政府生态环境主管部门应当会同自然资源等主管部门对风险管控效果评估报告、修复效果评估报告组织评审,及时将达到土壤污染风险评估报告确定的风险管控、修复目标且可以安全利用的地块移出建设用地土壤污染风险管控和修复名录,按照规定向社会公开,并定期向国务院生态环境主管部门报告。

8) 土地使用权人的责任

土壤污染重点监管单位生产经营用地的用途变更或者在其土地使用权收回、转让前,应当由土地使用权人按照规定进行土壤污染状况调查。土壤污染状况调查报告应当作为不动产登记资料送交地方人民政府不动产登记机构,并报地方人民政府生态环境主管部门备案。土壤污染重点监管单位生产经营用地的用途变更前,土地使用权人按照规定进行土壤污染状况调查,有利于监测土壤环境,保障建设用地尤其是人居环境安全;土壤污染重点监管单位生产经营用地的土地使用权收回、转让前,土地使用权人按照规定进行土壤污染状况调查,确定收回、转让时的土壤状况,有利于防止后续责任划分不清的问题。土地使用权已经被地方人民政府收回,土壤污染责任人为原土地使用权人的,由地方人民政府组织实施土壤污染风险管控和修复。

(六) 土地污染防治保障和监督

1. 经济保障

土地污染防治工作的开展不仅需要科学合理的制度,更离不开经济支撑,因此《土壤污染防治法》第六十九条至七十四条对土壤污染防治有关经济保障作出规定。

国家采取有利于土壤污染防治的财政、税收、价格、金融等经济政策和措施。其中,有利于土壤污染防治的财政政策和措施主要包括以下三个方面内容:一是要加大对土壤污染防治的规划、标准、普查和监测等其他监管方面的资金投入;二是要加大对技术方法革新、技术设备、技术人员等科学方面的资金投入;三是要加大对土壤风险管控和修复等方面的资金投入。有利于土壤污染防治的税收政策和措施是指对从事土壤污染防治的单位和个人予以税收优惠,以鼓励单位和个人注重土壤环境的保护。有利于土壤污染防治的价格政策和措施是指对可能造成土壤污染的产品进行价格上的调动,以控制、减少有毒有害物质污染土壤。有利于土壤污染防治的金融政策和措施是指对金融机构在涉及土壤污染防治相关事项的信贷方面予以优惠和支持,并鼓励其在信贷、融资等方面加强对土壤污染状况的调查。

各级人民政府应当加强对土壤污染的防治,安排必要的资金用于下列事项:①土壤污染防治的科学技术研究开发、示范工程和项目;②各级人民政府及其有关部门组织实施的土壤污染状况普查、监测、调查和土壤污染责任人认定、风险评估、风险管控、修复等活动;③各级人民政府及其有关部门对涉及土壤污染的突发事件的应急处置；④各级人民政府规定的涉及土壤污染防治的其他事项。使用资金应当加强绩效管理和审计监督，确保资金使用效益。

国家加大土壤污染防治资金投入力度，建立土壤污染防治基金制度。设立中央土壤污染防治专项资金和省级土壤污染防治基金，主要用于农用地土壤污染防治和土壤污染责任人或者土地使用权人无法认定的土壤污染风险管控和修复以及政府规定的其他事项。对《土壤污染防治法》实施之前产生的，并且土壤污染责任人无法认定的污染地块，土地使用权人实际承担土壤污染风险管控和修复的，可以申请土壤污染防治基金，集中用于土壤污染风险管控和修复。土壤污染防治基金的具体管理办法，由国务院财政主管部门会同国务院生态环境、农业农村、自然资源、住房城乡建设、林业草原等主管部门制定。

国家鼓励金融机构加大对土壤污染风险管控和修复项目的信贷投放。国家鼓励金融机构在办理土地权利抵押业务时开展土壤污染状况调查。2021 年 4 月 2 日，中国人民银行、国家发展改革委、证监会关于印发《绿色债券支持项目目录（2021 年版）》的通知中，土壤污染防治作为绿色债券支持项目中的重点项目，从市场层面鼓励土壤污染治理和修复。此外，《土壤污染防治计划》也规定："积极发展绿色金融，发挥政策性和开发性金融机构引导作用，为重大土壤污染防治项目提供支持。"

在税收优惠上，《土壤污染防治法》规定，从事土壤污染风险管控和修复的单位依照法律、行政法规的规定，享受税收优惠。国家鼓励并提倡社会各界为防治土壤污染捐赠财产，并依照法律、行政法规的规定，给予税收优惠。对此，《中华人民共和国国民经济和社会发展第十四个五年规划和 2035 年远景目标纲要》在"推动绿色发展、促进人与自然和谐共生"篇章当中明确规定："强化绿色发展的法律和政策保障。实施有利于节能环保和资源综合利用的税收政策。"

2. 政府及主管部门的职责

土壤污染防治工作的有序进行需要政府的参与管理，《土壤污染防治法》规定了各级政府及生态环境主管部门、其他管理主体的职责。

（1）县级以上人民政府应当将土壤污染防治情况纳入环境状况和环境保护目标完成情况年度报告，向本级人民代表大会或者人民代表大会常务委员会报告，这体现了国家对土壤污染防治工作的重视，人大的监督也为土壤污染防治工作的具体落实提供保障。

（2）省级以上人民政府生态环境主管部门应当会同有关部门对土壤污染问题突出、防治工作不力、群众反映强烈的地区，约谈设区的市级以上地方人民政府及其有关部门主要负责人，要求其采取措施及时整改。约谈整改情况应当向社会公开。2020 年 8 月 24 日，生态环境部印发《生态环境部约谈办法》，对约谈情形和对象、约谈准备、约谈实施、约谈整改进行了详细规定。

（3）生态环境主管部门及其环境执法机构和其他负有土壤污染防治监督管理职责的部门，有权对从事可能造成土壤污染活动的企业事业单位和其他生产经营者进行现场检查、取样，要求被检查者提供有关资料，就有关问题作出说明。被检查者应当配合检查工作，如实反映情况，提供必要的资料。实施现场检查的部门、机构及其工作人员应当为被检查者保守商业秘密。现场检查的内容主要包括：污染物处理情况、污染防治设施布置、运行情况、行政许可执行情况、法律法规落实情况等。在检查期间，执法机构和部门可以采取多种方式开展现场检查工作，包括查阅、复制相关信息资料，约见相关人员询问情况等。

(4) 企业事业单位和其他生产经营者违法排放有毒有害物质,造成或者可能造成严重土壤污染的,或者有关证据可能灭失或者被隐匿的,生态环境主管部门和其他负有土壤污染防治监督管理职责的部门,可以查封、扣押有关设施、设备、物品。若企事业单位和其他生产经营者违反法律法规,造成土壤污染,生态环境主管部门和其他部门有权采取行政强制措施,包括:①限制公民人身自由;②查封场所、设施或者财物;③扣押财物;④冻结存款、汇款;⑤其他行政强制措施。

(5) 地方人民政府安全生产监督管理部门应当监督尾矿库运营、管理单位履行防治土壤污染的法定义务,防止其发生可能污染土壤的事故;地方人民政府生态环境主管部门应当加强对尾矿库土壤污染防治情况的监督检查和定期评估,发现风险隐患的,及时督促尾矿库运营、管理单位采取相应措施。地方人民政府及其有关部门还应当依法加强对向沙漠、滩涂、盐碱地、沼泽地等未利用地非法排放有毒有害物质等行为的监督检查。

3. 信息公开

在土壤污染防治工作中公开相关信息有助于促进政府透明执法、阳光执法。依照《土壤污染防治法》的规定,省级以上人民政府生态环境主管部门和其他负有土壤污染防治监督管理职责的部门应当将从事土壤污染状况调查和土壤污染风险评估、风险管控、修复、风险管控效果评估、修复效果评估、后期管理等活动的单位和个人的执业情况,纳入信用系统建立信用记录,将违法信息记入社会诚信档案,并纳入全国信用信息共享平台和国家企业信用信息公示系统向社会公布。信息公开有利于被记录单位、个人甚至全社会加强对土壤污染防治工作的重视,这也是生态环境主管部门的一项具有创新性和引领性的工作,有助于使土壤污染防治取得良好的社会效果。

生态环境主管部门和其他负有土壤污染防治监督管理职责的部门应当依法公开土壤污染状况和防治信息。国务院生态环境主管部门负责统一发布全国土壤环境信息;省级人民政府生态环境主管部门负责统一发布本行政区域土壤环境信息。生态环境主管部门应当将涉及主要食用农产品生产区域的重大土壤环境信息,及时通报同级农业农村、卫生健康和食品安全主管部门。公民、法人和其他组织享有依法获取土壤污染状况和防治信息、参与和监督土壤污染防治的权利。土壤污染状况普查报告、监测数据、调查报告和土壤污染风险评估报告、风险管控效果评估报告、修复效果评估报告等,应当及时上传到全国土壤环境信息平台。

4. 社会监督

土壤污染防治工作除了需要经济保障、政府参与、信息公开之外,社会监督(包括新闻媒体监督、组织和个人举报)也必不可少。根据《土壤污染防治法》的规定,新闻媒体对违反土壤污染防治法律法规的行为享有舆论监督的权利,受监督的单位和个人不得打击报复。任何组织和个人对污染土壤的行为,均有向生态环境主管部门和其他负有土壤污染防治监督管理职责的部门报告或者举报的权利。生态环境主管部门和其他负有土壤污染防治监督管理职责的部门应当将土壤污染防治举报方式向社会公布,方便公众举报。接到举报的部门应当及时处理并对举报人的相关信息予以保密;对实名举报并查证属实的,给予奖励。举报人举报所在单位的,该单位不得以解除、变更劳动合同或者其他方式对举报人进行打击报复。

第五节 固体废物污染防治法律制度

一、概述

（一）固体废物

1. 定义

固体废物的界定是固体废物污染环境防治法制定及实施必须明确的问题，只有明确什么是固体废物，才能针对它的特点，设计出防治其污染环境的措施办法，加强管理，减少其对环境的危害，从而保障人们的健康。

《固体废物污染环境防治法》规定，固体废物是指在生产、生活和其他活动中产生的丧失原有利用价值或者虽未丧失利用价值但被抛弃或者放弃的固态、半固态和置于容器中的气态的物品、物质以及法律、行政法规规定纳入固体废物管理的物品、物质。

但是，经无害化加工处理，并且符合强制性国家产品质量标准，不会危害公众健康和生态安全，或者根据固体废物鉴别标准和鉴别程序认定为不属于固体废物的除外。

2. 固体废物的种类

固体废物是一个总的概念，根据其产生的来源不同，可分为工业固体废物、生活垃圾、建筑垃圾和农业固体废物四类；根据其危害程度不同，可以分为一般废物和危险废物。危险废物存在于上述四种固体废物中。

（1）工业固体废物是指从工业生产、交通运输、邮电通信等行业的活动中产生的固体废物。

（2）生活垃圾是指在日常生活中或者为日常生活提供服务的活动中产生的固体废物，以及法律、行政法规规定视为生活垃圾的固体废物。如粪便、餐厨垃圾、废家具、废纸、瓶瓶罐罐等，以及为人们日常生活提供服务的餐饮业、宾馆、招待所、车站、码头、医院、商店等在提供社会服务中产生的各类固体废物。2020年新修订的《固体废物污染环境防治法》对生活垃圾的范围作了扩展，由城市生活垃圾扩大到既包括城市生活垃圾又包括农村生活垃圾，但该法对农村生活垃圾的管理、污染环境防治授权由地方性法规规定。

（3）建筑垃圾是指建设单位、施工单位新建、改建、扩建和拆除各类建筑物、构筑物、管网等，以及居民装饰装修房屋过程中产生的弃土、弃料和其他固体废物。

（4）农业固体废物是指在农业生产活动中产生的固体废物，包括畜禽粪污、农作物秸秆、废弃农用薄膜、农药包装废弃物等。我国农业固体废物具有量大面广、性质复杂的特性，是固体废物的重要组成部分。

3. 固体废物的特点

（1）种类繁多。由于产生固体废物的活动所覆盖的行业极其广泛，因而固体废物的种类也是五花八门、多种多样的，如矿山企业产生的尾矿、矸石、废石等矿业固体废物，交通运输制造业产生的废旧轮胎、橡胶等，印刷企业产生的废纸，服装加工业产生的边角废料，服务行业产生的废弃包装，农业生产活动产生的大量废弃物，以及各种生活垃圾、建筑垃圾等。

(2) 数量巨大。由于生产经营活动和生活活动无时无刻不在进行中,这些废物几乎是每时每刻都在大量产生,加上落后的生产方式和工艺设备以及消费观念导致资源浪费极大,因此固体废物产生的总量是巨大的。

(3) 成分复杂。由于各种固体废物的来源广泛,其成分十分复杂,有些固体废物是有害的,但其可能对环境产生何种污染、污染程度如何存在较大的不确定性;有些固体废物是可以再利用的,但如何利用也有赖于人们的认知和技术条件的允许。

(二) 固体废物污染的危害

固体废物在一定条件下会发生化学的、物理的、生物化的性质转化,对周围环境造成一定的影响,如果处理不当,其中的有害物质就会通过环境介质——大气、土壤、地表水或地下水进入生态系统,破坏生态环境,甚至通过食物链等途径危害人体健康。固体废物的危害主要有以下几个方面。

1. 对土壤的危害

(1) 污染土壤。固体废物中的有害成分很容易渗透到土壤并积累起来,导致土壤成分和结构的改变,同时土壤中的有害物质还会对植物产生污染,甚至导致无法耕种。例如,德国某冶金厂附近的土壤被有色冶炼废渣污染,土壤上生长的植物体内含锌量为一般植物的26~80倍,铅为80~260倍,铜为30~50倍,这样的植物如果被人食用,会引发许多疾病。

(2) 挤占土地空间。不断增加的固体废物无论是露天堆放还是填埋都会占用大量的土地,挤占人类的生存空间,造成土地资源的耗费。

2. 对大气的危害

如果缺少相应的防护和净化设施,固体废物中的细粒、粉末会随风扬散,同时还会释放有害气体和粉尘,导致大气污染。例如:固废焚烧时会排放出颗粒物、酸性气体、未燃尽的废物、重金属与微量有机化合物等;石油化工厂的废油渣如果露天堆置,则会生成一定数量的多环芳烃挥发进入大气中;填埋的固体废物中的有机废物会分解产生二氧化碳、甲烷等气体,这些气体聚集到一定程度会引发火灾,甚至发生爆炸。此外,固体废物在产生过程中不仅会耗费大量的自然资源,还会增加碳排放。

3. 对水体的危害

固体废物对水体的危害途径多种多样,比如将有害废物直接排入江河、湖泊、海洋,导致水体污染的;露天堆放的废物被地表径流携带进入水体而造成污染的;飘入空中的细小颗粒,通过降雨、降雪、霜露沉积以及重力沉降或干沉积而落入地表水系污染水体的;污染物质进入水体后溶解出有害成分,毒害生物,造成水体严重缺氧,富营养化,导致鱼类死亡等;有些固体废物直接向水体倾倒,造成水体生物死亡、航道堵塞甚至事故;另外,未经妥善处理的垃圾填埋,其渗液也会给地下水造成污染。被污染的水被饮用或这些有毒物经生物积累转移到人体中,最终危害人类健康。

4. 对人类健康的危害

存在于环境中的固体废物以大气、水、土壤为媒介,其有害成分可以直接通过呼吸道、消化道或皮肤侵入人体,使人致病。一个典型例子就是美国的腊芙运河污染事件。20世纪40年代,美国胡克公司购买了腊芙运河大约1 000米长的废弃河道,当作垃圾仓库来倾倒工业废弃物。这家电化学公司在11年的时间里，向河道内倾倒的各种废弃物达800万吨，其中致癌废弃物达4.3万吨。后来这条运河被公司填埋覆盖后转赠给了当地的教育机构，纽约市政府在这片土地上陆续开发了房地产，用作住宅和学校，1977年开始，当地的居民不断发生井水变臭、婴儿畸形、人患怪病等现象。经化验分析研究，当地的空气、用作水源的地下水和土壤中都含有六氯环己烷、三氯苯、三氯乙烯、二氯苯酚等82种有毒化学物质，其中列在美国环保局优先污染清单上的就有27种，被怀疑是人类致癌物质的多达11种。许多住宅的地下室和周围庭院里渗进了有毒化学浸出液，如此恶劣的生存环境和严重的损害后果迫使总统在1978年8月宣布该地区处于"卫生紧急状态"，近千住户先后两次被迫搬迁，造成了极大的社会问题和经济损失。

据原环保部统计，2001年我国固体废物产生量为10.2亿吨，到2012年已达约33.9亿吨，年均增长率超过11%。2015年，全国244个大、中城市一般工业固体废物产生量为19.1亿吨，工业危险废物产生量为2 801.8万吨，医疗废物产生量约为68.9万吨，生活垃圾产生量约为18 564.0万吨。[①] 经过近年来对固废排放的治理及处理回收技术水平的提高，我国固体废物的产生和处置情况有所好转。2019年，196个大、中城市一般工业固体废物产生量达13.8亿吨，综合利用量8.5亿吨，处置量3.1亿吨，贮存量3.6亿吨，倾倒丢弃量4.2万吨。一般工业固体废物综合利用量占利用处置及贮存总量的55.9%，处置和贮存分别占比20.4%和23.6%，综合利用仍然是处理一般工业固体废物的主要途径。[②]

（三）固体废物污染环境防治立法及其适用

1995年10月30日第八届全国人民代表大会常务委员会第十六次会议通过《固体废物污染环境防治法》，后经历2004年、2020年两次修订。2020年的第二次修订具有以下几个方面的亮点：应对疫情加强了医疗废物监管；逐步实现固体废物零进口；加强生活垃圾分类管理；限制过度包装和一次性塑料制品使用；推进建筑垃圾污染防治；完善危险废物监管制度；取消固体废物污染防治设施验收许可；明确生产者责任延伸制度；推行全方位保障措施等。

除上述单行法律外，固体废物污染环境防治立法还包括：①我国缔结或者参加的与固体废物污染环境防治工作有关的国际条约，如《巴塞尔公约》《防止因倾弃废物及其他物质而引起海洋污染的公约》及其议定书等；②各种固体废物污染的控制标准以及危险废物鉴别标准等，如《锰渣污染控制技术规范》（HJ 1241—2022）、《医疗废物处理处置污染控制标准》（GB 39707—2020）、《危险废物焚烧污染控制标准》（GB 18484—2020）、《一般工业固体废物贮存和填埋污染控制标准》（GB 18599—2020）、《危险废物鉴别技术规范》（HJ 298—2019）等；③地方性立法，如《河北省固体废物污染环境防治条例》（2022年9月28日通过）。

有关固体废物污染海洋环境的防治、放射性污染的防治问题，分别适用《海洋环境保护法》《放射性污染防治法》的规定，而不适用《固体废物污染环境防治法》。此外，液态废物如废油、废酸等的污染防治，适用《固体废物污染环境防治法》，但是，排入水体的废水的污染防治适用《水污染防治法》。

---

① 数据来源于环境保护部2016年11月发布的《2016年全国大、中城市固体废物污染环境防治年报》。

② 数据来源于生态环境部2020年12月发布的《2020年全国大、中城市固体废物污染环境防治年报》。

二、固体废物污染防治法律制度主要内容

（一）基本规定

1. 监管体制及措施

1）监管体制

国务院生态环境主管部门对全国固体废物污染环境防治工作实施统一监督管理。国家发展改革、工业和信息化、自然资源、住房城乡建设、交通运输、农业农村、商务、卫生健康、海关等主管部门在各自职责范围内负责固体废物污染环境防治的监督管理工作。

地方人民政府生态环境主管部门对本行政区域固体废物污染环境防治工作实施统一监督管理。地方人民政府发展改革委、工业和信息化、自然资源、住房城乡建设、交通运输、农业农村、商务、卫生健康等主管部门在各自职责范围内负责固体废物污染环境防治的监督管理工作。

2）监管措施

《固体废物污染环境防治法》规定了多种监管措施。

（1）规范化管理。该法规定，县级以上人民政府应当将固体废物污染环境防治工作纳入国民经济和社会发展规划、生态环境保护规划，并采取有效措施减少固体废物的产生量、促进固体废物的综合利用、降低固体废物的危害性，最大限度降低固体废物填埋量。

（2）标准化管理。国务院生态环境主管部门应当会同国务院有关部门根据国家环境质量标准和国家经济、技术条件，制定固体废物鉴别标准、鉴别程序和国家固体废物污染环境防治技术标准。国务院标准化主管部门应当会同国家发展改革、工业和信息化、生态环境、农业农村等主管部门，制定固体废物综合利用标准。

（3）信息化管理。国务院生态环境主管部门应当会同国务院有关部门建立全国危险废物等固体废物污染环境防治信息平台，推进固体废物收集、转移、处置等全过程监控和信息化追溯。

2. 固体废物污染防治原则

1）减量化、资源化和无害化的原则

任何单位和个人都应当采取措施，从源头及生产生活的全过程减少固体废物的产生量，在减量化的前提下不断改良品种、创新技术，促进固体废物的综合利用，最大限度地降低固体废物的危害性。值得注意的是，从固体废物中回收的物质应当按照国家规定的用途、标准使用，不得用于生产可能危害人体健康的产品。

2）污染担责的原则

该原则涵盖了较为广泛的责任主体，包括产生、收集、贮存、运输、利用、处置固体废物的单位和个人，责任承担形式包括采取各种措施，防止或者减少固体废物对环境的污染，并对所造成的环境污染依法承担责任。

3. 固体废物污染防治主要制度

1）生活垃圾分类制度

生活垃圾分类坚持政府推动、全民参与、城乡统筹、因地制宜、简便易行的原则。《固体

废物污染环境防治法》要求县级以上地方人民政府加快建立分类投放、分类收集、分类运输、分类处理的生活垃圾管理系统，实现生活垃圾分类制度有效覆盖。

2）目标责任制和考核评价制度

各级政府和各单位科学制定固体废物污染防治目标，将固体废物污染环境防治目标完成情况纳入考核评价的内容，落实责任分工，细化管理内容，明确奖惩机制。

3）生产者责任延伸制度

国家建立电器电子、铅蓄电池、车用动力电池等产品的生产者责任延伸制度，上述产品的生产者应当按照规定以自建或者委托等方式建立与产品销售量相匹配的废旧产品回收体系，并向社会公开，实现有效回收和利用。

（二）工业固体废物污染防治

1. 主管部门及各级政府的责任

在防治工业固体废物污染方面，《固体废物污染环境防治法》规定，国务院生态环境主管部门、国家发展改革、工业和信息化等主管部门应当组织推广先进的防治工业固体废物污染环境的生产工艺和设备；公布限期淘汰产生严重污染环境的工业固体废物的落后生产工艺、设备的名录；组织开展工业固体废物资源综合利用评价，推动工业固体废物综合利用。

县级以上地方人民政府应当有计划地改进燃料结构，发展清洁能源，减少燃料废渣等固体废物的产生量。

2. 产生工业固体废物的单位的责任和义务

产生工业固体废物的单位应当建立健全工业固体废物产生、收集、贮存、运输、利用、处置全过程的污染环境防治责任制度，建立工业固体废物管理台账，如实记录产生工业固体废物的种类、数量、流向、贮存、利用、处置等信息，实现工业固体废物可追溯、可查询，并采取防治工业固体废物污染环境的措施。

产生工业固体废物的单位应当依法实施清洁生产审核，取得排污许可证；根据经济、技术条件对工业固体废物加以利用；按照规定要求储存暂时不利用或者不能利用的固体废物。产生工业固体废物的单位终止的，应当在终止前对工业固体废物的贮存、处置的设施、场所采取污染防治措施，并对未处置的工业固体废物妥善处置，防止污染环境。

（三）生活垃圾污染防治

由于人口数量、消费观念和生活方式等方面的原因，无论城市还是农村，生活垃圾问题都越来越突出。在生活垃圾污染防治方面，立法要求有关部门加强产品生产和流通过程管理，避免过度包装，组织净菜上市，减少生活垃圾的产生量；对已经产生的生活垃圾实行生活垃圾分类制，明确产生生活垃圾的单位、家庭和个人应当依法履行生活垃圾源头减量和分类投放义务，承担生活垃圾产生者责任；统筹安排建设城乡生活垃圾收集、运输和处理，提高生活垃圾的综合利用和无害化处置水平；建立和完善生活垃圾污染环境防治的社会服务体系，促进生活垃圾收集、处理的产业化发展。

按照产生者付费原则，建立生活垃圾处理收费制度。县级以上地方人民政府应当根据本地实际，结合生活垃圾分类情况，在体现分类计价、计量收费等差别化管理，并充分征求公众意见的基础上制定生活垃圾处理收费标准，并向社会公布。生活垃圾处理费应当专项用于生活垃圾的收集、运输和处理等，不得挪作他用。

（四）建筑垃圾、农业固体废物等污染防治

1. 建筑垃圾污染防治

为了防止建筑垃圾造成环境污染，立法规定了地方政府的责任和工程施工单位的义务。《固体废物污染环境防治法》规定，县级以上地方人民政府环境卫生主管部门负责建筑垃圾污染环境防治工作，建立建筑垃圾全过程管理制度，规范建筑垃圾产生、收集、贮存、运输、利用、处置行为，推进综合利用，加强建筑垃圾处置设施、场所建设，保障处置安全，防止污染环境。

工程施工单位应当编制建筑垃圾处理方案，报县级以上地方人民政府环境卫生主管部门备案；对于工程施工过程中产生的建筑垃圾等固体废物应当及时清运，并按照环境卫生主管部门的规定进行利用或者处置，不得擅自倾倒、抛撒或者堆放。

2. 农业固体废物污染防治

县级以上人民政府农业农村主管部门负责指导农业固体废物回收利用体系建设，鼓励和引导有关单位和其他生产经营者依法收集、贮存、运输、利用、处置农业固体废物，加强监督管理，防止污染环境。

立法还对秸秆、废弃农用薄膜、农药包装废弃物以及畜禽粪污等固体废物污染作出了规定。

3. 其他固体废物污染防治

国家建立废弃电器电子产品等实行多渠道回收和集中处理制度；产品和包装物的设计、制造，应当遵守国家有关清洁生产的规定和国务院标准化主管部门制定的有关标准，防止过度包装造成环境污染；禁止、限制生产、销售和使用不可降解塑料袋等一次性塑料制品；旅游、住宿等行业以及机关、企业事业单位等的办公场所应当减少使用一次性用品。

（五）危险废物污染防治

1. 危险废物的界定

这里的危险废物是从对环境是否产生危害的角度来划分的，是相对于无危害的一般固体废物而言的。由于它的危害性大，需要进行特殊的管理。因此，《固体废物污染环境防治法》对危险废物做了特别规定。

根据该法的规定，危险废物是指列入国家危险废物名录或者根据国家规定的危险废物鉴别标准和鉴别方法认定的具有危险特性的固体废物。如医院临床废物、农药废物、多数化学废渣、含废金属的废渣、废机油等。正确理解危险废物的含义须把握以下几点：第一，危险废物与危险物品的不同，二者都具有有毒、有害的成分，但危险物品是从一般公共安全意义上划分的，主要是指由公安机关管理的易燃、易爆、有毒的危险物品；第二，危险废物是用国家的危险废物名录来管控的，国家对列入名录的危险废物有特殊的防治措施和管理办法；第三，对于没有列入国家的危险废物名录的废物，可以根据国家规定的危险废物鉴别标准和鉴

别方法来认定是否为危险废物；第四，危险废物的形态不限于固态，也可以是液态的，如废酸、废碱、废油等。由于危险废物具有毒性、腐蚀性、感染性、易燃易爆性等特性，因而对身体健康和生态环境的威胁更大，是我国固体废物污染环境防治的重点。

2. 危险废物污染防治特别规定

1）危险废物名录制度和鉴别制度

国务院生态环境主管部门应当会同国务院有关部门制定国家危险废物名录，规定统一的危险废物鉴别标准、鉴别方法、识别标志和鉴别单位管理要求，国家危险废物名录应当根据实际情况进行动态调整。对于医疗废物，则按照国家危险废物名录管理。

2）分级分类管理和集中处置制度

分级分类管理是根据危险废物的危害特性和产生数量的不同，通过科学评估其环境风险对其进行分级分类，并通过信息化手段管理、共享危险废物转移数据和信息。禁止混合收集、贮存、运输、处置性质不相容而未经安全性处置的危险废物。

根据《中华人民共和国固体废物污染环境防治法释义》，处置是指将固体废物最终放在符合环境保护规定要求的场所（如垃圾填埋场）或者设施（如危险废物置于密闭安全的容器中）并不再会取的活动，处置往往是带有最终结局性质的。危险废物集中处置制度是指省、自治区、直辖市人民政府组织有关部门编制危险废物集中处置设施、场所的建设规划，科学评估危险废物处置需求，合理布局危险废物集中处置设施、场所，确保本行政区域的危险废物得到妥善处置的制度。

3）危险废物识别标志和台账制度

立法要求对危险废物的容器和包装物以及收集、贮存、运输、利用、处置危险废物的设施、场所，应该按照规定设置危险废物识别标志。产生危险废物的单位，应当按照国家有关规定制订危险废物管理计划；建立危险废物管理台账，如实记录有关信息，并通过国家危险废物信息管理系统向所在地生态环境主管部门申报危险废物的种类、产生量、流向、贮存、处置等有关资料。

4）许可证制度

《固体废物污染环境防治法》规定，从事收集、贮存、利用、处置危险废物经营活动的单位，应当按照国家有关规定申请取得许可证。禁止无许可证或者未按照许可证规定从事危险废物收集、贮存、利用、处置的经营活动。禁止将危险废物提供或者委托给无许可证的单位或者其他生产经营者从事收集、贮存、利用、处置活动。

5）危险废物转移联单制度

对危险废物转移实行全程管控，包括以下几个环节。第一，填写转移联单。单位或个人按照国家有关规定填写、运行危险废物电子或者纸质转移联单。第二，提出申请。跨省、自治区、直辖市转移危险废物的，应当向危险废物移出地省、自治区、直辖市人民政府生态环境主管部门申请。第三，审查批准。移出地省、自治区、直辖市人民政府生态环境主管部门应当及时商经接受地省、自治区、直辖市人民政府生态环境主管部门同意后，在规定期限内批准转移该危险废物，并将批准信息通报相关省、自治区、直辖市人民政府生态环境主管部门和交通运输主管部门，未经批准的，不得转移。

禁止经中华人民共和国过境转移危险废物。

（六）保障措施

为了保障固体废物污染环境防治顺利进行并取得实效，《固体废物污染环境防治法》从规划、经济、技术等方面规定了一系列的保障措施。

1. 规划方面的保障

立法要求国务院有关部门、县级以上地方人民政府及其有关部门在编制国土空间规划和相关专项规划时，应当统筹生活垃圾、建筑垃圾、危险废物等固体废物转运、集中处置等设施建设需求，保障转运、集中处置等设施用地。

2. 经济方面的保障

国家采取有利于固体废物污染环境防治的经济政策，加强对从事固体废物污染环境防治工作人员的培训和指导，保证必要资金的安排和贷款投放，提供税收优惠，促进固体废物污染环境防治产业专业化、规模化发展。

3. 技术方面的保障

鼓励和支持科研单位、固体废物产生单位、固体废物利用单位、固体废物处置单位等联合攻关，研究开发固体废物综合利用、集中处置等的新技术，推动固体废物污染环境防治技术进步。

（七）法律责任

违反固体废物污染环境防治法的法律责任主要有行政责任、民事责任和刑事责任。

行政责任包括监管部门及责任人员的行政责任和违法行为人的行政责任。前者主要是指生态环境主管部门或者其他负有固体废物污染环境防治监督管理职责的部门违反本法规定的，由本级人民政府或者上级人民政府有关部门责令改正，对直接负责的主管人员和其他直接责任人员依法给予处分。后者主要是指行为人违反本法规定，由生态环境主管部门责令改正，处以罚款或按日连续处罚，没收违法所得；情节严重的，报经有批准权的人民政府批准，可以责令停业或者关闭。

民事责任是指违反法律规定，造成固体废物污染环境事故的，依法承担赔偿责任。如果固体废物污染环境、破坏生态给国家造成重大损失的，由设区的市级以上地方人民政府或者其指定的部门、机构组织与造成环境污染和生态破坏的单位和其他生产经营者进行磋商，要求其承担损害赔偿责任；磋商未达成一致的，可以向人民法院提起诉讼。

违反《固体废物污染环境防治法》规定，构成违反治安管理行为的，由公安机关依法给予治安管理处罚；构成犯罪的，依法追究刑事责任。

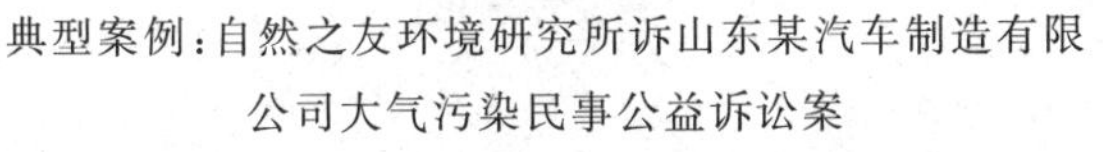
典型案例：自然之友环境研究所诉山东某汽车制造有限公司大气污染民事公益诉讼案

典型案例：被告人周某荣等二十八人污染环境案

思考题

1. 环境污染防治与“双碳”目标有什么关系？
2. 我国环境污染防治法体系如何？
3. 污染防治主要制度有哪些？
4. 重点区域大气污染联合防治的主要内容有哪些？
5. 水污染防治的主要制度有哪些？
6. 土壤污染防治的主要制度有哪些？
7. 固体废物污染环境防治的原则和主要领域是什么？

第六章 碳市场与环境税的组合调整

碳排放权交易是在总量控制的前提下,把碳排放权作为一种商品进行交易和调剂,主要适用于高排放、高污染、高耗能的大型企业;环境税则是针对向环境排放污染物的单位和个人征收的一种税,环境税有较为完备的立法和运行体制,管理成本相对较低,具有较宽的覆盖面。碳市场与环境税两种制度各具优势,二者之间具有明显的互补关系。有研究证明,与依靠单一的碳市场或者环境税相比,碳市场和环境税机制相结合的方式在实现减排目标上将是较优的政策选择。

第一节 碳排放权交易制度

一、碳排放权交易制度概述

(一)碳排放权交易制度起源与发展

气候变化是人类当今面临的最严峻挑战之一,它的起因与影响都是全球性的,需要全球共同行动起来采取对策。碳排放权交易是实现减缓气候变化国际合作的一个重要机制,它可以给予各国在温室气体减排投资费用上的灵活性,从而实现全球气候变化问题费用的有效分配。[①] 碳排放权交易制度源于国际条约,其国际法渊源主要包括《联合国气候变化框架公约》(以下简称《公约》)和《京都议定书》。

1992 年 5 月,联合国政府间气候变化谈判委员会就气候变化问题达成了《公约》,这是世界上第一个为了全面控制二氧化碳的排放、应对全球气候变暖给人类带来不利影响的国际公约,也是国际社会在应对气候变化问题上进行国际合作的一个基本框架。考虑到各国发展水平和减排能力的不同,《公约》提出了"共同但有区别的责任"原则,区分发达国家与发展中国家所应履行的义务。《公约》将缔约方分为附件一国家(发达国家和经济转型国家)和非附件一国家(发展中国家)。附件一国家带头减排,并为发展中国家的减排提供资金、技术支持,非附件一国家需要在充分考虑经济社会发展及发达国家支持程度的基础上采取适当的减排措施。

1997 年 12 月,在日本京都召开的第三次公约缔约大会达成了具有里程碑意义的《京都议定书》,确立了国际碳排放交易机制,并于 2005 年正式生效,成为全球第一个以法律形式明确规定各国减排义务的文件。《京都议定书》规定了三种灵活机制,即联合履约机制(joint

---

① 陈文颖,吴宗鑫. 碳排放权分配与碳排放权交易[J]. 清华大学学报(自然科学版),1998(12):16-19。

implementation,JI)、清洁发展机制(clean development mechanism,CDM)、排放交易机制(international emissions trading,ET),以帮助附件一国家(发达国家和经济转型国家)完成减排目标。联合履约机制是指附件一国家之间通过项目进行减排合作,即发达国家向经济转型国家投资减排项目,获得减排单位,扣除经济转型国家的相应配额。排放交易机制主要适用于发达国家之间,它允许超额完成减排任务的国家将剩余的配额转让给未能达到减排目标的国家。清洁发展机制是指附件一国家向非附件一国家投资减排项目,获得经核证的减排量,用以抵扣本国减排任务。《京都议定书》及其三种灵活机制最终催生了碳排放交易和碳市场。碳排放交易源于欧美,经过多年发展,已成为国际认可的有效的温室气体减排手段。

我国碳排放权交易制度经历了从试点建设到全面发展的过程。2011 年,国家发展改革委发布的《关于开展碳排放权交易试点工作的通知》(发改办气候〔2011〕2601 号),同意北京市、天津市、上海市、重庆市、湖北省、广东省及深圳市开展碳交易试点,七个试点地区于 2013 年陆续建立了各自的碳排放权交易市场。2013 年 6 月 18 日,深圳碳交易平台正式上线交易,成为中国首个正式运行的碳交易市场,首日即完成交易 8 笔,成交总量 2 万余吨,成交总额 61 万元。[①] 2016 年,非试点地区四川省、福建省也相继建立碳排放权交易市场。这一时期,纳入地区碳排放权交易市场碳排放配额管理的重点排放单位、符合交易规则的法人机构及个人可在前述地区碳排放权交易市场交易相应地区的碳排放配额,也可交易国家核证自愿减排量(chinese certified emission reduction,CCER),以及相应交易各个地区自行核证的志愿减排量。2021 年起,我国碳排放权交易市场进入全面发展阶段。生态环境部颁布的《碳排放权交易管理办法(试行)》于 2021 年 2 月 1 日起正式施行。随后我国又制定了《碳排放权登记管理规则(试行)》《碳排放权交易管理规则(试行)》和《碳排放权结算管理规则(试行)》,为全国碳排放权交易市场的有序运行提供了法律政策体系。《碳排放权登记管理规则(试行)》规定了"以市场主导为主体、以行政监督为保障"的原则;《碳排放权交易管理规则(试行)》突出了建设"碳排放市场交易平台"的目标,并且规定了碳排放配额交易主体、价格风险管理、交易信息披露、交易争议解决方法等事项,启动了全国碳排放权交易市场,统一了全国碳交易规则,凸显了市场调节特色,体现了国家对市场交易主体救济途径选择权利的尊重。

2021 年 7 月 16 日,全国碳排放权交易市场正式启动上线。目前,我国碳排放权交易市场处于地区碳排放权交易市场和全国碳排放权交易市场并行阶段,纳入地区/全国碳排放权交易市场碳排放配额管理的重点排放单位("控排企业")、符合交易规则的法人机构及个人可在前述地区/全国碳排放权交易市场交易碳排放配额,并可在地区碳排放权交易市场交易 CCER 以及在地区碳排放权交易市场交易该地区自行核证的志愿减排量。2021 年 3 月 30 日,生态环境部发布《关于公开征求〈碳排放权交易管理暂行条例(草案修改稿)〉意见的通知》及《碳排放权交易管理暂行条例(草案修改稿)》,从相关内容可以看出,逐步形成统一的全国碳排放权交易市场是国内碳排放权交易市场的未来发展目标。上述《草案修改稿》明确提出,在该条例正式颁布施行后将不再建设地区碳排放权交易市场,现有地区碳排放权交易

① 新华网. 深圳碳排放权交易运行首日成交逾 2 万吨配额[EB/OL]. [2022-10-18]. http://news.xinhuanet.com/fortune/2013-06/18/c_116194641.htm.

市场也应逐步纳入全国碳排放权交易市场，同时，已纳入全国碳排放权交易市场的控排企业不再参与地区相同温室气体种类与相同行业的碳排放权交易市场。

（二）碳排放权交易的含义与理论基础

1. 碳排放、碳排放权及碳排放权交易

碳排放是指煤炭、石油、天然气等化石能源燃烧活动和工业生产过程以及土地利用变化与林业等活动产生的温室气体排放，也包括因使用外购的电力和热力等所导致的温室气体排放。《碳排放权交易管理办法（试行）》规定，碳排放权是指“分配给重点排放单位的规定时期内的碳排放额度”。可见，碳排放权即碳排放的权利，政府或者环境管理部门设定一个二氧化碳排放总量控制目标后，将排放权以配额的方式发放给各碳排放企业，由于不同企业的生产技术、减排技术的差异，因此超量完成减排目标的企业可以出售富余配额赚取利润，而超标排放二氧化碳的企业可以通过购买配额以完成减排目标，这就形成了碳排放权交易市场。①

在学理上，“碳排放权”这一概念被认为是在大气环境容量理论基础上建立起来的。②《联合国气候变化框架公约》第二条规定：“根据本公约的各项有关规定，将大气中温室气体的浓度稳定在防止气候系统受到危险的人为干扰的水平上。这一水平应当在足以使生态系统能够自然地适应气候变化、确保粮食生产免受威胁并使经济发展能够可持续地进行的时间范围内实现。”该条提到的“大气中温室气体的浓度”就是大气环境容量。在《联合国气候变化框架公约》的基础上，《京都议定书》确立了温室气体排放权，即碳排放权。《议定书》第三条第一款明确规定：“附件一所列缔约方应个别地或共同地确保其在附件 A 中所列温室气体的人为二氧化碳当量排放总量不超过按照附件 B 中量化的限制和减少排放的承诺以及根据本条规定所计算的分配数量，以使其在 2008 年至 2012 年承诺期内将这些气体的全部排放量从 1990 年水平至少减少 5%。”在附件 B 中，《议定书》对附件一所列缔约方的温室气体排放规定了明确的量化限制，同时也就赋予了其在量化限制内排放温室气体、使用大气环境容量资源的自由，即为其设定了边界清晰的碳排放权。对于未列入附件一的缔约方，议定书并未对其温室气体排放予以明确的量化限制，但是这些国家仍应依据本国国情自主实施减排，由此可以说这些国家仍享有边界较为模糊、约束相对宽松的碳排放权。

碳排放权的概念涉及碳排放权的法律属性问题，碳排放权的法律属性一直是理论界争议的热点。各国由于在国情、环境政策、法律传统等方面的不同，在立法上对碳排放权法律属性的界定也存在较大差异，有些国家的立法明确承认碳排放权是财产权，有些国家的法律明文规定碳排放权不属于财产权。从学理角度看，有关碳排放权法律属性的学说主要分为财产权学说和规制权学说两种。

1）财产权学说

各国早期环境立法以传统的命令控制型手段为主，但是从近年来国内外环境立法的趋

① 郭冬梅. 中国碳排放权交易制度构建的法律问题研究[M]. 北京：群众出版社，2015.

② 王明远. 论碳排放权的准物权和发展权属性[J]. 中国法学，2010(6)：92-99.

势来看,自由市场环保主义思潮[①]对环境法的制定所施加的影响越来越大。财产权体制是自由市场环保主义的基石,它被认为是解决环境问题的最佳选择。环境保护问题是典型的"公地悲剧"问题,资源的公有化导致了环境不断恶化。[②] 政府所有的环境规制都是财产性的,因为要解决"公地悲剧"问题必须在之前无人所有的资源上施加财产权。[③] 在命令控制型的传统规制下,政府施加的是公共财产权,若是碳排放交易这种新型规制手段,政府施加的是公私混合的财产权,首先将公共资源这一非财产变成公共财产,再变成私人可以拥有的财产。财产权即可交易的财产权利。[④] 这种观点认为碳排放权具备了财产权的所有特征,例如,碳排放权可以在二级市场上交易,法律保护碳排放权所有人的占有、使用、收益和处分权益等。

2) 规制权学说

很多国家的立法通常不会赋予碳排放权以财产权地位,但是规定碳排放权的持有者在碳排放权上享有典型的财产权利。此外,由于碳排放权比传统的财产权带有更多的公法规制特征,基于此,有学者提出碳排放权并非传统的财产权,而是一种融公权和私权于一身的规制权。[⑤] 依据规制权学说,政府分配碳排放权的行为并不意味将大气资源私有化,因为政府分配的是碳排放权主体使用大气的权利,并非大气资源本身。历史上,大气资源从来没有被认为是属于受私人所有权调整的资源,它通常被视为无法进行所有权归属划分的公共资源。大气资源不仅不能成为私人财产的客体,也不是政府可随意处置的资源,呼吸者才是空气资源的真正所有者。[⑥] 碳排放权仅仅是政府创设地向大气排放一定数量温室气体的权利。碳排放权持有人持有的碳排放权是一种规制性财产,虽然碳排放权持有人可以对这种规制性财产进行市场交易,但是政府对这种规制性财产享有最终的分配和管理权力。碳排放权这种新型的规制权有两个重要的特征:一方面,政府对碳排放权设置了诸多公法上的限制;另一方面,企业对碳排放权享有诸多私法上的权益。相对于财产权学说而言,规制权学说或许更加有助于保护公众利益。依据规制权学说,大气资源属公众所有,政府受公众之托,管理相应的大气资源。企业所享有的碳排放权类似于政府发放的行政许可,政府在管理碳排放权时便可以享有更多的弹性。例如,如果实践证明现行的气候变化政策的减缓效果不佳,那么政府便可以在无须补偿企业的情况下收缩碳排放权的总量。

我国学界对碳排放权法律属性的观点主要有以下几种。①环境权,即碳排放权本质上是环境权属性与私权属性的统一,其最终的目的都是实现大气环境资源的可持续利用。[⑦]

---

① 自由市场环保主义是将自由市场和环境保护有机地结合起来而形成一种独具特色的以市场途径来保护和改善环境的经济学理论。该理论的核心是一种完善界定的自然资源产权制度,强调市场过程能够决定资源的最优使用量。其理论基础包括"庇古税"和"科斯定理"。其制度意义在于将环保意识引导到一个各方皆赢的解决方案里,它既能促进经济的增长,又可以提高环境质量。罗小芳,卢现祥. 环境治理中的三大制度经济学学派:理论与实践[J]. 国外社会科学,2011(6):56-66.

② Hardin G. The Tragedy of the Commons[J]. Science,1968(162): 1243-1248.

③ Daniel H. Cole. Clearing the Air: Four Proposition about Property Rights and Environmental Protection[J]. Duke Env, 1999(10): 103.

④ James E. Krier. Marketable Pollution Allowances[J] U. Tol. L. Rev. ,1994(25):449.

⑤ Jillian Button. Carbon: Commodity or Currency? The Case for an International Carbon Market Based on the Currency Model[J]. Harvard Environmental Law Review, 2008(2):577-578.

⑥ Peter Barnes. Who Owns the Sky? [M]. Washington: Island Press, 2001.

⑦ 丁丁,潘芳芳. 论碳排放权的法律属性[J]. 法学杂志,2012(9):103-109.

②发展权，即认为碳排放权具有发展权属性。[①] 发展权是人们在满足基本生存之后追求更高生活质量的权利或需要，属于人权范畴，而向大气环境中排放二氧化碳是生产生活中不可避免的存在，是人们追求经济、社会、政治和文化发展的必然结果。③准物权或用益物权，主要是民法学界的观点，即认为碳排放权是"财产权"[②]"准物权""用益物权"[③]或"准用益物权"[④]等。将碳排放权视作一种财产性的制度安排，解释了碳排放的定价、交易、抵押、质押等法律行为。④行政规制权，目前我国学界主流观点认为碳排放权是一种行政规制权。由于碳排放权这一概念产生的背景是对碳排放的限制，在管制温室气体排放之前，碳排放是一种自由行为，无权利或义务可言，因而碳排放权的性质应当是一种附义务的行政许可权利，其本质是一种特殊的行政权[⑤]，是一项针对"排放行为"的政府行政规制权[⑥]。而且从政府绩效的角度来看，将碳排放权定位为行政规制权也具有一定的合理性，更符合政府规制的目的与效率。[⑦] 有的学者还在行政规制权的基础上将碳排放权界定为行政特许权。[⑧]

从我国现有立法上来看，《碳排放权交易管理办法（试行）》规定，碳排放权是指分配给重点排放单位的规定时期内的碳排放额度。生态环境部发布的《碳排放权交易管理暂行条例》（草案修改稿）第三十三条将碳排放权解释为政府分配给重点排放单位的、规定时期内的碳排放配额，仅从事实上对碳排放权给予了描述，并没有确定碳排放权的法律属性。从有效应对气候变化、协调我国碳排放权交易市场中政府与市场关系的角度而言，相较于财产权学说，行政规制权学说具有现实合理性；在学理层面，将碳排放权界定为行政规制权属性，通过行政规制调控碳排放权交易市场同样具有法律正当性[⑨]。

碳排放权交易又称温室气体排放权交易、碳配额交易、碳信用交易，它是指在气候变化背景下，一国或特定区域为削减本国或本区域温室气体排放，在总量控制或基准排放水平确定的基础上，以温室气体排放权或排放配额节余指标为交易对象，在纳入交易体系范围内的排放实体或减排主体间进行交易的市场化温室气体减排机制和政策工具[⑩]。在《京都议定书》规定的 6 种要求排减的温室气体中，二氧化碳（CO_2）为最大宗，所以这种交易以每吨二氧化碳当量（tCO_2e）为计算单位，通称为"碳交易"。

碳市场是落实碳达峰碳中和目标的重要政策工具，我国建立碳排放权交易市场的首要目的是应对气候变化，以高效益的方式实现碳达峰、碳中和目标。自 2021 年 7 月 16 日正式启动上线交易以来，全国碳市场运行总体平稳，市场活跃度稳步提高，价格稳中有升。2021 年 12 月 31 日，全国碳市场第一个履约周期顺利结束。第一个履约周期共纳入发电行业重点排放单位 2 162 家，年覆盖二氧化碳排放量约 45 亿吨，是全球覆盖排放量规模最大的碳市场。全国碳市场第一个履约周期累计运行 114 个交易日，碳排放配额累计成交量

---

① 王明远. 论碳排放权的准物权和发展权属性[J]. 中国法学，2010(6)：92-99.

② 刘京. 论碳排放权的财产属性[J]. 湖北社会科学，2013(1)：158-162.

③ 叶勇飞. 论碳排放权之用益物权属性[J]. 浙江大学学报（人文社会科学版），2013(6)：74-81.

④ 欧阳爱辉，张吴磊. 碳排放权的法律属性界定[J]. 海南师范大学学报（社会科学版），2018(1)：140-144.

⑤ 王彬辉. 我国碳排放权交易的发展及其立法跟进[J]. 时代法学，2015(2)：13-25.

⑥ 田丹宇. 我国碳排放权的法律属性及制度检视[J]. 中国政法大学学报，2018(3).

⑦ 曹明德，刘明明，崔金星. 中国碳排放交易法律制度研究[M]. 北京：中国政法大学出版社，2016：27-30.

⑧ 王慧. 论碳排放权的特许权本质[J]. 法制与社会发展，2017(6)：171-188.

⑨ 杨本研，方堃. 碳排放权的法律属性研究[J]. 环境保护，2021(16)：55-59.

⑩ 崔金星. 中国碳交易法律促导机制研究[J]. 中国人口·资源与环境，2012(8)：33-40.

1.79 亿吨，累计成交额 76.61 亿元。[①]

2. 碳排放权交易的理论基础

对碳排放权交易的理论分析将有助于深刻认识碳排放交易这一概念，外部性理论、庇古理论和科斯定理组成了碳排放交易的理论基础。

1）外部性理论

外部性是指一方的生产或消费对其他方强征了不可补偿的成本或给予了无须补偿的收益。外部性主要包含了正外部性和负外部性，正外部性是指某种经济活动使其他人受益，并且受益者不需要付出任何代价，如公共基础设施建设；负外部性是指某种经济活动使其他人受损，并且造成负外部性的人却不需要为此承担任何成本，污染环境就是典型例子。外部性理论源于新古典经济学派代表马歇尔，他在 1890 年出版的《经济学原理》中首次提出“外部经济”这一概念；之后，福利经济学创始者庇古在“外部经济”的基础上扩充了“外部不经济”的概念和内容，对外部性理论进行了完善和发展。[②] 在经济不断持续发展的当今社会，人类的经济行为将会给自然界带来过多的碳排放，这种行为的后果最后将会造成负外部性，负外部性如果得不到遏制，将会使人类赖以生存的自然环境恶化。外部性理论从经济学角度揭示了环境污染产生的根源，也为经济发展和环境污染二者之间的矛盾寻找到解决的办法，从而实现资源配置的最优化。

2）庇古理论

针对环境污染问题的负外部性，庇古建议采用政府干预的方式，即通过向污染者征税来弥补个人边际成本与社会边际成本之间的差异，使两者相等，实现外部成本的内部化，即“庇古税”。庇古主张“谁污染，谁治理”在理论上是可行且有效的，但在实际操作中存在很大的困难，其中最大的问题是税率的确定。税率过低则无法达到征税的目的，税率过高又会加重企业负担，影响经济发展。政府必须掌握全面的边际成本、边际收益等情况才能确定合适的税率，但现实情况是，政府无法掌握足够的信息，这就有可能导致“庇古税”的实施无法达到预期目标。“庇古税”在碳排放领域的应用为碳税，即通过向碳排放者征税实现控制碳排放的目的。[③] 根据碳税的实施方案，碳排放者要为碳排放支付一定的费用，这种经济上的刺激会促使碳排放者调整自身经济活动以减少碳排放，从而实现全社会碳减排的目标。

3）科斯定理

科斯定理一直被认为是排污权交易的理论基础。科斯定理可以概括为两部分，即“科斯第一定理”和“科斯第二定理”。“科斯第一定理”是指在交易费用为零的情况下，只要产权明晰，无论初始产权如何分配，最终都可以通过市场交易实现资源的最优化配置。产权的明确界定是市场交易的基本前提。但在现实情况中，交易费用为零的情况是不存在的，由此引出“科斯第二定理”，即在交易费用大于零的现实中，产权的初始分配会影响经济效率，即在交易费用为正的情况下，不同的初始产权分配会导致不同效率的资源配置。对于环境污染问题，科斯提出的产权手段通过明确环境容量的产权，即对其进行初始分配，同时允许产权交易，由此实现社会成本的最小化。碳排放交易是在总量控制的目标下，政府对碳的排放权进行初始分配，并且允许交易，从而实现社会总减排成本的最小化。由于企业的边际减排成本

---

① 《中国落实国家自主贡献目标进展报告(2022)》。

②③ 廖振良. 碳排放交易理论与实践[M]. 上海：同济大学出版社，2016.

不同，只要交易带来的净收益高于交易的费用，企业就愿意进行交易，直至两个企业的边际减排成本相同，这时，社会总减排成本达到最低。

（三）碳排放权交易制度助力实现“双碳”目标

2015年12月，178个国家在第21届联合国气候变化大会上共同签署了《巴黎协定》，该协定提出了各国要自主决定、规划和定期报告的“国家自主贡献”模式，呼吁全世界立即采取行动减少温室气体排放，增强气候变化应对能力。

我国政府明确：实现碳达峰、碳中和是一场广泛而深刻的经济社会系统性变革，要把碳达峰、碳中和纳入生态文明建设整体布局，拿出抓铁有痕的劲头，如期实现2030年前碳达峰、2060年前碳中和的目标。实现碳达峰、碳中和，是贯彻新发展理念、构建新发展格局、推动高质量发展的内在要求，是党中央统筹国内国际两个大局作出的重大战略决策，是着力解决资源环境约束突出问题、实现中华民族永续发展的必然选择，是构建人类命运共同体的庄严承诺。

“双碳”目标的提出，对我国碳排放提出了更高要求。建设全国碳排放权交易制度是完善绿色低碳政策体系的重要内容，有利于以较低成本控制温室气体的排放，是推进“双碳”工作、实现“双碳”目标的关键环节。碳排放权交易离不开法治的保障，但由于立法的复杂性、相对滞后性，我国有关碳排放权交易市场机制的法律整体框架及具体制度发展较为缓慢①。习近平强调：“要健全法律法规，完善财税、价格、投资、金融政策。要充分发挥市场机制作用，完善碳定价机制，加强碳排放权交易、用能权交易、电力交易衔接协调。”②“双碳”目标的实现必须坚持法治道路。碳排放权交易法治化体系的建立，是生态文明法治建设的重要组成部分，也是实现“双碳”目标的关键举措，需要完善的法律体系和高效的法律制度为支撑。

二、碳排放权交易制度的主要内容

（一）碳排放权交易基本原则

碳排放权交易的基本原则是碳排放权交易体系构建和指导碳排放权交易参与各方主体从事有关交易活动时必须遵守的基本准则，是碳排放交易过程中各主体、各交易环节所必须遵循的基本精神和理念。③ 根据《碳排放权交易管理办法（试行）》规定，全国碳排放权交易及相关活动应当坚持的基本原则包括市场导向、循序渐进、公平公开和诚实守信原则。

1. 市场导向原则

市场导向原则是碳排放权交易管理制度的首要原则。建立碳排放权交易市场是利用市场机制控制温室气体排放、促进减排的重要举措。碳排放权作为一种新的稀缺品，利用市场

---

① 刘志仁. 论“双碳”背景下中国碳排放管理的法治化路径[J]. 法律科学（西北政法大学学报），2022(3)：94-104.

② 习近平. 习近平谈治国理政[M]. 北京：外文出版社，2022.

③ 曹明德，刘明明，崔金星. 中国碳排放交易法律制度研究[M]. 北京：中国政法大学出版社，2016.

机制进行交易能够合理确定排放权价格，优化配置资源。[1] 在强化政府监管和服务的同时，必须坚持以市场为导向，充分发挥市场对资源配置的决定性作用，遵循价值规律、供求规律、竞争规律等市场经济运行的基本规律。利用市场机制确定碳配额价格，由排放单位根据配额价格和减排成本决定交易行为等。

2. 循序渐进原则

我国碳排放权交易市场建设具有渐进性和长期性，必须经历一个从低级到高级、从简单到复杂的建设过程，要按照国家生态文明建设和控制温室气体排放的总体要求，在不影响经济平稳健康发展的前提下，分阶段、有步骤地推进碳排放交易市场建设。在实施上，采取从局部试点到试点推广，再到全面建设的循序渐进步骤；先建设区域性交易体系，再建设全国性交易体系。在行业上，由于技术水平和发展方向不同，行业内不同企业的减排成本差异明显，因此应选择行业竞争力强、减排成本低、减排潜力大的重点行业先行，之后再推广到需要纳入碳市场中的所有相关行业。[1] 循序渐进逐步扩大参与碳排放权交易市场的区域范围、行业范围，增加交易品种，不断完善碳排放权交易市场。

3. 公平公开原则

在一个"总量与贸易"的碳排放权交易机制中，每一配额地位相等对于维持配额贸易市场的可信度和信心至关重要，这将为所有的排放源创造一个公平竞争的市场环境。[2] 国家发展改革委《全国碳排放权交易市场建设方案（发电行业）》明确，要"统一市场准入标准、配额分配方法和有关技术规范，建设全国统一的排放数据报送系统、注册登记系统、交易系统和结算系统等市场支撑体系，构建有利于公平竞争的市场环境，及时准确披露市场信息，全面接受社会监督"。配额的分配过程和减排量的签发要体现公平公开，包括配额分配要公平，由政府购买核证服务、发展第三方核证机构、建立行业协会、制定行业准入规范和执业规范，割断核证机构与被核证的排放实体之间的经济联系，确保减排额签发的真实性和客观性，对企业早期减排行动和自愿减排行动的配额奖励等。

4. 诚实守信原则

碳排放权交易市场的参与主体在碳排放权交易过程中应当诚实守信，杜绝企业信息或排放数据造假、不按期足额履约等违反诚实守信的情况，碳核查机构要有高度的责任感，确保核查工作的完整性和保密性等。国务院生态环境主管部门和省级生态环境主管部门建立重点排放单位、核查机构、交易机构和其他从业单位和人员参加碳排放交易的相关行为信用记录，并纳入相关的信用管理体系。对于严重违法失信的碳排放权交易的参与机构和人员，国务院生态环境主管部门建立"黑名单"并依法予以曝光。

通常所说的企业诚信是指企业在经济活动中应该恪守契约精神，诚实守信。但是随着全国碳排放权交易市场的正式启动，企业又多了一项诚信要求，即按时清缴碳排放配额。在推进碳减排、迈向碳达峰、碳中和过程中，环保履约对企业而言将变得越来越重要。如果企业未按时足额提交配额，将会面临列入诚信黑名单、取消财政资助、罚款等失信惩罚。2022年1月3日，苏州市生态环境局披露了全国碳市场碳排放配额未按期履约第一案：苏州市生

---

① 李佐军. 中国建立碳市场应遵循五个原则[N]. 中国经济时报，2011-08-18.

② 曹明德，刘明明，崔金星. 中国碳排放交易法律制度研究[M]. 北京：中国政法大学出版社，2016.

态环境综合行政执法局 2022 年 1 月 1 日在对张家港某公司开展节日生态环境安全检查中，发现该公司未按时足额清缴 2019—2020 年度碳排放配额，违反《碳排放权交易管理办法（试行）》第十条规定，苏州生态环境部门责令该企业整改并对该企业违法行为予以立案查处。2022 年元旦前夕，生态环境部公布了重点排污单位自动监控弄虚作假查处典型案例，截至 2021 年 10 月，全国共查处自动监测数据弄虚作假案件 270 起，合计罚款 4 900 余万元。这反映出，一些企业在碳排放数据上“动手脚”的可能性仍不可低估。[①]

（二）碳排放权交易法律关系

碳排放权交易法律关系，是指在碳排放权交易过程中，交易主体和相关参与人根据有关碳排放交易法律规定或减排协议约定所形成的以碳排放权利和义务为内容的社会关系。碳排放权交易法律关系由主体、客体、内容三个方面构成。

1. 碳排放权交易的主体

碳排放权交易的主体是指在碳排放权交易流程中享有相关权利和承担义务的组织和个人。碳排放权交易市场包含从配额分配开始到流转、结算的整个交易流程，还涉及碳排放权交易监管等多个要素，主体是其中关键的基础性要素。碳排放权交易主体不同的性质与法律地位，决定了碳排放权交易的性质和类型。碳排放权交易主体的范围和发展程度，决定了碳排放权交易的运作模式和市场规模。[②] 根据《碳排放权交易管理办法（试行）》规定，重点排放单位以及符合国家有关交易规则的机构和个人，是全国碳排放权交易市场的交易主体。温室气体排放单位符合下列条件的，应当列入温室气体重点排放单位名录：①属于全国碳排放权交易市场覆盖行业；②年度温室气体排放量达到 2.6 万吨二氧化碳当量。碳排放权交易主体根据其不同法律地位和权利义务关系可以分为：转让方和受让方、交易辅助方、交易监管者。

1）碳排放权交易的转让方和受让方

碳排放权交易的转让方和受让方是指直接参与碳排放配额交易或者订立配额转让协议的主体。碳排放权交易转让方因为低碳减排等方式拥有可允许排放量的配额剩余；碳排放权交易受让方因超额排放导致配额不足，需要进入碳排放权交易市场购买配额抵消超出部分排放量，完成一定期限内配额的清缴，履行节能减排义务。

2）碳排放权交易的辅助方

碳排放权交易的辅助方是为碳排放权交易双方提供服务，从而使交易顺利完成的主体。辅助主体包括碳排放权登记、交易、结算平台、排放数据核证机构、融资金融机构等，提供诸如价格公告查询、交易情况实时公布、资金与配额流转、排放数据核定等各种服务。碳排放权交易辅助方一般不从事配额的交易活动，只是为符合法定条件的交易主体提供政策引导、技术支持和安全保障等服务性活动，方便双方及时、高效、安全地开展交易。

3）碳排放权交易的监管者

碳排放权交易的监管者是确保碳排放权交易的安全性和正当性的主体。碳排放权交易监管者包括：①依据法律法规享有监管权限的行政机关；②因授权而对交易过程中的行为进

---

① 全国首例碳排放违约案，为企业环保履约敲响警钟[N]. 成都商报，2022-01-05.

② 曹明德，刘明明，崔金星. 中国碳排放交易法律制度研究[M]. 北京：中国政法大学出版社，2016.

行管理的交易所，和对排放数据监测进行核查的机构等。鉴于目前重点排放企业的排放量只能依靠自身监测，难以形成有效的监管，而且当前的交易模式存在交易主体不实报告、核算机构不实核查、交易模式不统一、监测机制不健全等问题，只有加强监管才能确保交易活动的安全性和规范性，以最大限度保障碳排放权交易机制的良好运行，并朝既定的政策目标发展。根据《碳排放权交易管理办法（试行）》的规定，我国生态环境部负责制定全国碳排放权交易及相关活动的技术规范，加强对地方碳排放配额分配、温室气体排放报告与核查的监督管理，并会同国务院其他有关部门对全国碳排放权交易及相关活动进行监督管理和指导。省级生态环境主管部门负责在本行政区域内组织开展碳排放配额分配和清缴、温室气体排放报告的核查等相关活动，并进行监督管理。设区的市级生态环境主管部门负责配合省级生态环境主管部门落实相关具体工作，并根据有关规定实施监督管理。

2. 碳排放权交易的客体

碳排放权交易的客体是指碳排放权交易中法律关系主体权利和义务所指向的对象。《碳排放权交易管理办法（试行）》第二十条规定："全国碳排放权交易市场的交易产品为碳排放配额，生态环境部可以根据国家有关规定适时增加其他交易产品。"在碳排放权交易法律关系中，法律关系的客体与碳排放权交易的客体是一致的，都是以二氧化碳为标准当量换算的温室气体减排额度。① 此处的客体应区别于碳排放权交易对象气体，也即温室气体。根据《碳排放权交易管理办法（试行）》第四十二条规定，温室气体包括二氧化碳、甲烷、氧化亚氮、氢氟碳化物、全氟化碳、六氟化硫和三氟化氮。

碳排放权交易的客体应该考虑我国经济生产与生活中的温室气体排放量占比，监测排放方式和低碳排放技术的发展程度，选择排放比例较大而且易于监测和核证，通过优化排放方式能够降低排放量的温室气体，纳入交易体系。我国当前的排放监测技术与核证体系是监测我国重点排放企业真实碳排放量的基础，应当确保监测技术的可操作性和成本合理性，兼顾监测覆盖领域的广泛性与数据的准确性，逐步扩大交易客体范围，即碳排放权交易覆盖的行业范围和涵盖的温室气体种类和交易对象。

3. 碳排放权交易的内容

碳排放权交易的内容是指交易主体在相关法律法规中的权利（力）义务关系。根据主体法律地位和类型的不同，产生不同的权利（力）义务关系。

1）碳排放权交易转让方的权利和义务

碳排放权交易转让方的权利和义务主要有以下几个。①依据相关交易法律规定和管理办法，按照规定的方式和程序提交排放数据报告，并向行政主管部门提出排放许可申请。主管部门根据申请主体的历史排放数据和法律规定的资格审核批准，按照一定规则分配排放配额。②转让方对提交的排放报告和排放监测计划的真实性、合规性承担相应法律责任。③转让方需要监测自身的排放数据，并有权在被授予资质的独立第三方机构里选择核查机构，向其提交监测报告，申请对其报告进行核查。④转让方有权凭借核证报告向碳排放权交易所申请碳配额的挂牌出售。有权依据交易委托合同约定的方式出售减排额度并收取相应价款。⑤转让方有权要求受让方支付价款，且有义务配合对方完成交易登记环节。

---

① 曹明德，刘明明，崔金星. 中国碳排放交易法律制度研究[M]. 北京：中国政法大学出版社，2016.

2）碳排放权交易受让方的权利和义务

碳排放权交易受让方的权利义务主要有以下几个。①有权在排放权交易所获取交易相关信息，包括碳交易的价格、成交量，以及政策法规信息的调整情况等。②受让方在遇到市场信息发生重大变化或碳排放交易政策调整等对交易缔结产生重大影响的市场事件时，有权获得与交易有关的提醒和警示。③受让方有权要求交易所对其个人账户和相关交易信息进行保密，同时自身也承担保密义务。若因交易所或者第三方交易机构等造成损失，有权申请赔偿。④完成碳排放配额交易后，受让方有义务配合交易机构进行信息核对、账户验证等工作。

3）碳交易主管部门和监管部门的权力和义务

碳交易主管部门和监管部门的权力和义务主要有以下几个。①国家发展改革委依照法定程序和方法对国家碳排放总量控制目标进行确定，保证将配额公平分配给纳入交易体系的排放实体。②主管部门有权依法对申请排放许可的经营实体授予排放许可。③监督碳排放实体配额使用情况及排放报告、检测报告的真实性，制定不实申报和虚假交易的处罚办法。④对第三方核证机构从事核证业务的行为与碳交易所交易平台运行情况进行合规性监督。

（三）碳排放权交易法律行为

碳排放权交易整个流程的每一环节中都会发生各主体依据自身权限或权利内容进行的与碳排放权交易相关的各种法律行为，其中影响碳排放权交易主体利益构成和权利构造的法律行为是碳排放权交易的基本法律行为。通过分析碳排放权交易运行流程，碳排放权交易的基本法律行为包括以下四种。

1. 碳排放权买卖行为

碳排放权买卖行为是由碳排放交易合同法律关系的当事人平等自愿进行的买卖多余碳排放配额的行为，是碳排放权交易法律关系中的主要法律行为。碳排放交易合同的当事人包括碳排放配额的转让方与受让方，其是直接参与碳排放交易的市场主体。

2. 碳排放权交易市场监管行为

碳排放权交易市场监管行为是指碳排放权交易监管主体围绕碳排放配额的初始分配与使用、碳排放监测报告的合法性审查、核证机构操作的合规性监督、碳排放权交易的登记与配额结转等进行的监督与管理行为，其目的在于保障碳排放权交易市场的长期稳定运行。

3. 碳排放评价行为

碳排放评价行为是由独立的核证主体对企业碳排放量进行定期独立评审和事后确认的行为。[①] 构成碳排放权交易基础的评价行为包括：①排放实体对内部生产单元或减排计划的评价；②独立碳排放核证机构或相关产业团体及国际验证组织对于排放实体排放量或减排计划的核查与核证评价。[②] 在碳排放配额交易市场中，由独立于碳配额买卖双方的碳排放核查核证机构对企业碳排放量和企业所提交的排放监测报告进行独立核查，以验证其真

---

① 杨晓青，吴迪. 为碳排放权交易提供法律保障[N]. 人民日报，2012-02-24.

② 曹明德，刘明明，崔金星. 中国碳排放交易法律制度研究[M]. 北京：中国政法大学出版社，2016.

实性，核查核证机构依据法定标准和方法对企业减排量进行核证，并出具核证报告。

4. 碳排放权交易中介行为

碳排放权交易中介行为即由中介机构为交易双方提供碳排放配额的供需信息并创造交易便利条件的行为。[①] 在碳排放权交易中，有两类中介主体，分别是碳排放交易中介组织和碳排放权交易所。碳排放交易中介组织是一种为交易双方提供碳排放配额供求信息及咨询服务的机构，碳排放交易所是为碳排放交易提供交易平台、规范交易模式、制定交易规则的重要市场主体。

（四）碳排放权交易基本制度

1. 碳排放总量控制与碳排放配额初始分配制度

碳排放总量控制制度是环境法中的总量控制制度在气候变化领域的一种具体应用。环境法中的总量控制制度是指“环境主管部门将某一控制区域（如行政区、流域、环境功能区等）作为一个完整的系统，并根据该区域的环境容量，对该区域内污染物排放源在一定时间段内排入此区域内的污染物总量控制在一定的数量之内，以满足区域内环境质量或环境管理要求的环境管理制度”。[②] 碳排放总量控制制度是指政府为了实现温室气体减排目标，首先设定某个区域为温室气体排放控制区域，在该区域内根据法定标准选取一定行业以及行业内的重点排放单位，然后通过设定碳排放配额总量对一定时期内该区域内重点排放单位向大气中排放温室气体的总量进行限制，并要求纳入总量控制范围的重点排放单位在履约期间届满时须向政府提交与其实际温室气体排放量相等的碳排放配额，碳排放配额严格控制在总量范围内，从而保证了履约期间区域内碳排放总量的动态平衡。[③]《碳排放权交易管理办法（试行）》第十四条规定：“生态环境部根据国家温室气体排放控制要求，综合考虑经济增长、产业结构调整、能源结构优化、大气污染物排放协同控制等因素，制定碳排放配额总量确定与分配方案。省级生态环境主管部门应当根据生态环境部制定的碳排放配额总量确定与分配方案，向本行政区域内的重点排放单位分配规定年度的碳排放配额。”

碳排放配额初始分配制度，是在碳排放总量控制的前提下，由碳排放权交易主管部门根据公开、公平、科学、合理的原则，结合产业政策、行业特点，以及碳排放管控单位的碳排放量等各项因素，确定碳排放管控单位的碳排放额度。碳排放管控单位应当在其碳排放额度范围内进行碳排放。从实践层面看，欧盟和美国均是从无偿分配逐步过渡到了有偿分配。我国此前的碳排放权交易试点中，广东省要求企业必须按照政府定价购买其配额量的3%，其他六个试点省市均将配额免费分配给排放主体，但是对于政府预留配额则采取拍卖方式。根据国内外碳排放配额初始分配的经验，在碳排放权交易市场创建初期一般采用无偿分配的方式，这是因为碳排放权交易计划的实施无疑会给纳入该计划的企业带来温室气体减排的压力和成本，而无偿分配有利于减轻这些企业的抵触情绪，从而有利于降低政府推行碳排放权交易的阻力。《碳排放权交易管理办法（试行）》第十五条规定：“碳排放配额分配以免费分配为主，可以根据国家有关要求适时引入有偿分配。”

---

① 杨晓青，吴迪. 为碳排放权交易提供法律保障[N]. 人民日报，2012-02-24.

② 周珂. 环境法学研究[M]. 北京：中国人民大学出版社，2008.

③ 曹明德，刘明明，崔金星. 中国碳排放交易法律制度研究[M]. 北京：中国政法大学出版社，2016.

2. 碳排放权登记制度

重点排放单位应当在全国碳排放权注册登记系统开立账户，进行相关业务操作。注册登记机构依申请为登记主体在注册登记系统中开立登记账户，该账户用于记录全国碳排放权的持有、变更、清缴和注销等信息。每个登记主体只能开立一个登记账户。登记主体应当以本人或者本单位名义申请开立登记账户，不得冒用他人、其他单位名义或者使用虚假证件开立登记账户。重点排放单位发生合并、分立等情形需要变更单位名称、碳排放配额等事项的，应当报经所在地省级生态环境主管部门审核后，向全国碳排放权注册登记机构申请变更登记。全国碳排放权注册登记机构应当通过全国碳排放权注册登记系统进行变更登记，并向社会公开。

根据《碳排放权登记管理规则（试行）》规定，碳排放权登记主要包括以下几种。①初始分配登记。注册登记机构根据生态环境部制定的碳排放配额分配方案和省级生态环境主管部门确定的配额分配结果，为登记主体办理初始分配登记。②交易和清缴登记。注册登记机构应当根据交易机构提供的成交结果办理交易登记，根据经省级生态环境主管部门确认的碳排放配额清缴结果办理清缴登记。③抵消登记。重点排放单位可以使用符合生态环境部规定的国家核证自愿减排量抵销配额清缴，用于清缴部分的国家核证自愿减排量应当在国家温室气体自愿减排交易注册登记系统注销，并由重点排放单位向注册登记机构提交有关注销证明材料。注册登记机构核验相关材料后，按照生态环境部相关规定办理抵销登记。④变更登记。登记主体出于减少温室气体排放等公益目的志愿注销其所持有的碳排放配额，注册登记机构应当为其办理变更登记；碳排放配额以承继、强制执行等方式转让的，登记主体或者依法承继其权利义务的主体应当向注册登记机构提供有效的证明文件，注册登记机构审核后办理变更登记；司法机关要求冻结登记主体碳排放配额并涉及司法扣划的，注册登记机构应当根据人民法院的生效裁判，对涉及登记主体被扣划部分的碳排放配额进行核验，配合办理变更登记并公告。

3. 碳排放权交易管理制度

1）交易方式管理

碳排放权交易应当通过全国碳排放权交易系统进行，可以采取协议转让、单向竞价或者其他符合规定的方式。其中，协议转让是指交易双方协商达成一致意见并确认成交的交易方式，包括挂牌协议交易及大宗协议交易。单向竞价是指交易主体向交易机构提出卖出或买入申请，交易机构发布竞价公告，多个意向受让方或者出让方按照规定报价，在约定时间内通过交易系统成交的交易方式。

2）风险管理制度

生态环境部可以根据维护全国碳排放权交易市场健康发展的需要，建立市场调节保护机制。当交易价格出现异常波动触发调节保护机制时，生态环境部可以采取公开市场操作、调节国家核证自愿减排量使用方式等措施，进行必要的市场调节。风险管理制度主要有：涨跌幅限制制度、最大持仓量限制制度、大户报告制度、风险警示制度、风险准备金制度、异常交易监控制度等。

3）信息管理制度

交易机构应建立信息披露与管理制度，并报生态环境部备案。交易机构应当在每个交易日发布碳排放配额交易行情等公开信息，定期编制并发布反映市场成交情况的各类报表。

交易机构应当与注册登记机构建立管理协调机制，实现交易系统与注册登记系统的互通互联，确保相关数据和信息及时、准确、安全、有效交换。交易机构应当建立交易系统的灾备系统，建立灾备管理机制和技术支撑体系，确保交易系统和注册登记系统数据、信息安全。

4）监督管理制度

生态环境部加强对交易机构和交易活动的监督管理，可以采取询问交易机构及其从业人员、查阅和复制与交易活动有关的信息资料，以及法律法规规定的其他措施等进行监管。禁止内幕信息的知情人、非法获取内幕信息的人员利用内幕信息从事全国碳排放权交易活动。禁止任何机构和个人通过直接或者间接的方法，操纵或者扰乱全国碳排放权交易市场秩序、妨碍或者有损公正交易的行为。

5）交易争议处置

交易主体之间发生有关全国碳排放权交易的纠纷，可以自行协商解决，也可以向交易机构提出调解申请，还可以依法向仲裁机构申请仲裁或者向人民法院提起诉讼。交易机构与交易主体之间发生有关全国碳排放权交易的纠纷，可以自行协商解决，也可以依法向仲裁机构申请仲裁或者向人民法院提起诉讼。

4. 碳排放权交易结算制度

全国碳排放权交易在当日交易结束后，注册登记机构应当根据交易系统的成交结果，按照货银对付的原则，以每个交易主体为结算单位，通过注册登记系统进行碳排放配额与资金的逐笔全额清算和统一交收。当日完成清算后，注册登记机构应当将结果反馈给交易机构。经双方确认无误后，注册登记机构根据清算结果完成碳排放配额和资金的交收。当日结算完成后，注册登记机构向交易主体发送结算数据。如遇到特殊情况导致注册登记机构不能在当日发送结算数据的，注册登记机构应及时通知相关交易主体，并采取限制出入金等风险管控措施。交易主体应当及时核对当日结算结果，对结算结果有异议的，应在下一交易日开市前，以书面形式向注册登记机构提出。交易主体在规定时间内没有对结算结果提出异议的，视作认可结算结果。

（五）碳排放权交易法律责任

1. 民事责任

碳排放权交易的民事责任主要有两种：一是违约责任，即发生在碳排放权交易市场行为中的因交易主体之间的违约行为而产生的责任，由交易主体直接根据合同约定向相对方追究责任，寻求救济。二是侵权责任，即碳排放权主体由于行使碳排放权造成损害产生的法律责任。我国现行法律对环境侵权行为归责原则采取无过错责任原则，行为人承担责任并不以其有过错为前提。在追究碳排放权交易的侵权法律责任中采用无过错责任原则，能够最大限度地保障受害人的利益，同时可以与环境资源法律体系的归类原则保持一致。

2. 行政责任

碳排放权交易中的行政责任主要是行政主管部门对碳排放权交易市场主体的违法行为作出的行政处罚；同时，负责国家碳排放权交易管理的行政机关对其责任人员的违法作为或不作为行为造成的后果应承担行政责任，对由此造成的损害负有赔偿义务。另外，行政机关的直接责任人员也应当因其违法管理行为受到相应的行政处分。

根据《碳排放权交易管理办法(试行)》规定,目前我国碳排放交易涉及的行政责任主要有两方面。

1) 管理部门及其工作人员的责任

生态环境部、省级生态环境主管部门、设区的市级生态环境主管部门的有关工作人员,在全国碳排放权交易及相关活动的监督管理中滥用职权、玩忽职守、徇私舞弊的,由其上级行政机关或者监察机关责令改正,并依法给予处分。全国碳排放权注册登记机构和全国碳排放权交易机构及其工作人员违反规定,有下列行为之一的,由生态环境部依法给予处分,并向社会公开处理结果:①利用职务便利谋取不正当利益的;②有其他滥用职权、玩忽职守、徇私舞弊行为的。全国碳排放权注册登记机构和全国碳排放权交易机构及其工作人员违反规定,泄露有关商业秘密或者有构成其他违反国家交易监管规定行为的,依照其他有关规定处理。

2) 排放单位的责任

重点排放单位虚报、瞒报温室气体排放报告,或者拒绝履行温室气体排放报告义务的,由其生产经营场所所在地设区的市级以上地方生态环境主管部门责令限期改正,处一万元以上三万元以下的罚款。逾期未改正的,由重点排放单位生产经营场所所在地的省级生态环境主管部门测算其温室气体实际排放量,并将该排放量作为碳排放配额清缴的依据;对虚报、瞒报部分,等量核减其下一年度碳排放配额。重点排放单位未按时足额清缴碳排放配额的,由其生产经营场所所在地设区的市级以上地方生态环境主管部门责令限期改正,处二万元以上三万元以下的罚款;逾期未改正的,对欠缴部分,由重点排放单位生产经营场所所在地的省级生态环境主管部门等量核减其下一年度碳排放配额。

3. 刑事责任

碳排放权交易主体及行政机关直接责任人行为严重违法,触犯刑事法律的,应当追究其刑事责任,给予刑事处罚。根据《碳排放权交易管理办法(试行)》第四十一条规定,违反《办法》规定,涉嫌构成犯罪的,有关生态环境主管部门应当依法移送司法机关。

第二节 环境税费制度

一、环境税费制度概述

环境税费制度,是指国家对于污染环境、破坏生态和使用或消费资源等影响环境的行为征收一定税费的制度,包括环境污染税费、生态补偿税费、资源使用税费、资源补偿税费、资源与生态消费税费、环境产品消费税费等。

环境税费制度的建立有利于提高污染者、利用者的影响环境行为的成本,限制污染排放行为和其他影响生态环境行为,促使污染者改进技术和工艺,减排降污,鼓励生产者优化产品结构,研发环保节能的替代产品。同时,因立法明确规定环境税费专项用于污染治理和生态保护,从而又增加了环境资源保护的物资保障。环境税费制度作为一种高效的经济刺激手段在各国和国际上广泛使用,取得了较好的社会经济、环境效益。

本节主要对环境保护税和碳税进行阐述。

（一）环境费

1. 环境费的概念与形式

环境费(environmental fee)是对所有环境收费的统称，指国家或者其他公法人团体以治理污染和改善环境为目的，依法向环境利用行为人收取的与其行为相对等的费用。

世界多个国家的环境费形式，主要有环境规费、环境受益费、环境公课。环境规费是缴纳者基于公权力关系从环境获益而向政府支付一定报偿的对价。环境规费的确定以补偿成本为原则。环境受益费是公权力机关为满足财政需求，对公共环境设施的建造或使用向使用者或受益者收取的费用。环境受益费的确定以效益—成本比为原则。[①] 环境公课的概念是经由我国台湾地区学者引自德国法学理论上的用语，是指为排除或降低环境危害而对相关行为人征收各种税费的法律制度。环境公课的确定以补偿环境损害为原则。

2. 我国排污收费制度的变迁

排污收费制度属于国家强制性征收制度，是指向环境排放污染物或超过规定的标准排放污染物的排污者，依照国家法律和有关规定按标准交纳费用的制度。

我国的排污收费制度源于1979年发布的《环境保护法(试行)》。1982年，根据《环境保护法(试行)》第十八条关于“超过国家规定的标准排放污染物，要按照排放污染物的数量和浓度，根据规定收取排污费”的规定，我国制定了《征收排污费暂行办法》。这是我国第一部关于排污收费的专门立法，该法规的出台也标志着我国正式实行排污收费制度。

2003年7月1日，《排污费征收使用管理条例》正式施行，《征收排污费暂行办法》同时废止。《排污费征收使用管理条例》对污染物排放种类和数量的核定、排污费的征收、排污费的使用、罚则等进行了规定。

排污收费制度在实施期间的确在节约和综合利用资源、治理污染、改善环境等方面发挥了重要作用，体现了利用经济手段加强环境保护的优势。然而与税收制度相比，排污收费制度存在着执法刚性不足、地方政府和部门干预等问题，因此环境保护“费改税”成为当时环境保护立法改革的重要领域。

《环境保护税法》及《环境保护税法实施条例》自2018年1月1日起施行，《排污费征收使用管理条例》同时废止。这也标志着环境保护“费改税”正式法定化。换言之，自2018年1月1日起，我国依照《环境保护税法》规定征收环境保护税，不再征收排污费。2018年5月2日，生态环境部正式发布部令第2号《关于废止有关排污收费规章和规范性文件的决定》，对有关排污收费的1件规章和27件规范性文件予以废止。我国的排污收费制度自此结束，正式退出历史舞台。

（二）环境税

环境税(environmental taxation)，也称为生态税、绿色税。它是把环境污染和生态破坏的社会成本，内化到生产成本和市场价格中去，再通过市场机制来分配环境资源的一种经济手段。《环境保护税法》于2016年12月25日经第十二届全国人民代表大会常务委员会第

---

① 汪劲. 环境法学[M]. 4版. 北京：北京大学出版社，2018.

二十五次会议审议通过，自2018年1月1日起施行，这是我国第一部专门体现“绿色税制”的单行税法。

二、环境保护税制度

（一）环境保护税的基本内涵

环境保护税是对在中国境内直接向环境排放应税污染物的企事业单位和其他经营者，就其相应污染物依法征收的一种税。2017年12月，国务院决定，为促进各地保护和改善环境、增加环境保护投入，环境保护税全部作为地方收入。[①]

《环境保护税法》按照“税负平移”的原则，实现了排污费制度向环境保护税制度转移，即环境保护税法主要根据排污费项目设置税目，将排污费的缴纳人作为环境保护税的纳税人，将应税污染物排放量作为计税依据，将现行排污费收费标准作为环境保护税的税额下限。

（二）纳税人和征税对象

1. 纳税人

依据《环境保护税法》规定，环境保护税的纳税人为：在中华人民共和国领域和中华人民共和国管辖的其他海域，直接向环境排放应税污染物的企业事业单位和其他生产经营者。《环境保护税法》在纳税义务上对两种情况作了排除：①不直接向环境排放应税污染物的，不缴纳环境保护税；②居民个人不属于纳税人，不缴纳环境保护税。

依法有下列情形之一的，不属于直接向环境排放污染物，不缴纳相应污染物的环境保护税：①企业事业单位和其他生产经营者向依法设立的污水集中处理、生活垃圾集中处理场所排放应税污染物的；②企业事业单位和其他生产经营者在符合国家和地方环境保护标准的设施、场所贮存或者处置固体废物的。但具有下列两种情形的，依法应当缴纳环境保护税，具体包括：①依法设立的城乡污水集中处理、生活垃圾集中处理场所超过国家和地方规定的排放标准向环境排放应税污染物的，应当缴纳环境保护税；②企业事业单位和其他生产经营者贮存或者处置固体废物不符合国家和地方环境保护标准的，应当缴纳环境保护税。

2. 征税对象

环境保护税的征税对象又称应税污染物，是指《环境保护税法》所附的《环境保护税税目税额表》《应税污染物和当量值表》规定的大气污染物、水污染物、固体废物和噪声。具体的税目、税额依照《环境保护税法》所附《环境保护税税目税额表》执行。应税大气污染物和水污染物的具体适用税额的确定和调整，由省、自治区、直辖市人民政府统筹考虑本地区环境承载能力、污染物排放现状和经济社会生态发展目标要求，在《环境保护税法》所附《环境保护税税目税额表》规定的税额幅度内提出，报同级人民代表大会常务委员会决定，并报全国人民代表大会常务委员会和国务院备案。

---

① 参见《国务院关于环境保护税收入归属问题的通知》，2017年12月22日。

（三）计税依据和应纳税额

1. 计税依据

应税污染物的计税依据，按照下列方法确定：①应税大气污染物按照污染物排放量折合的污染当量数确定；②应税水污染物按照污染物排放量折合的污染当量数确定；③应税固体废物按照固体废物的排放量确定；④应税噪声按照超过国家规定标准的分贝数确定。

2. 应纳税额

环境保护税应纳税额按照下列方法计算：①应税大气污染物的应纳税额为污染当量数乘以具体适用税额；②应税水污染物的应纳税额为污染当量数乘以具体适用税额；③应税固体废物的应纳税额为固体废物排放量乘以具体适用税额；④应税噪声的应纳税额为超过国家规定标准的分贝数对应的具体适用税额。

（四）税收减免

《环境保护税法》分别规定了暂予免征或者减征环境保护税的情形。

暂予免征环境保护税的情形：①农业生产（不包括规模化养殖）排放应税污染物的；②机动车、铁路机车、非道路移动机械、船舶和航空器等流动污染源排放应税污染物的；③依法设立的城乡污水集中处理、生活垃圾集中处理场所排放相应应税污染物，不超过国家和地方规定的排放标准的；④纳税人综合利用的固体废物，符合国家和地方环境保护标准的；⑤国务院批准免税的其他情形。前述第5项免税规定，由国务院报全国人民代表大会常务委员会备案。

减征环境保护税的情形：①纳税人排放应税大气污染物或者水污染物的浓度值低于国家和地方规定的污染物排放标准30％的，减按75％征收环境保护税；②纳税人排放应税大气污染物或者水污染物的浓度值低于国家和地方规定的污染物排放标准50％的，减按50％征收环境保护税。

（五）征收管理

1. 征税主体及其工作机制

环境保护税由税务机关依照《税收征收管理法》和《环境保护税法》的有关规定征收管理。生态环境主管部门依照《环境保护税法》和有关环境保护法律法规的规定负责对污染物的监测管理。县级以上地方人民政府应当建立税务机关、生态环境主管部门和其他相关单位分工协作工作机制，加强环境保护税征收管理，保障税款及时足额入库。

生态环境主管部门和税务机关应当建立涉税信息共享平台和工作配合机制。生态环境主管部门应当将排污单位的排污许可、污染物排放数据、环境违法和受行政处罚情况等环境保护相关信息，定期交送税务机关。税务机关应当将纳税人的纳税申报、税款入库、减免税额、欠缴税款，以及风险疑点等环境保护税涉税信息，定期交送生态环境主管部门。

2. 纳税申报

1）纳税申报时间和地点

纳税义务发生时间为纳税人排放应税污染物的当日。纳税人应当向应税污染物排放地的税务机关申报缴纳环境保护税。

2）税收计算、申报周期

环境保护税按月计算，按季申报缴纳。不能按固定期限计算缴纳的，可以按次申报缴纳。纳税人申报缴纳时，应当向税务机关报送所排放应税污染物的种类、数量，大气污染物、水污染物的浓度值，以及税务机关根据实际需要要求纳税人报送的其他纳税资料。纳税人按季申报缴纳的，应当自季度终了之日起十五日内，向税务机关办理纳税申报并缴纳税款。纳税人按次申报缴纳的，应当自纳税义务发生之日起十五日内，向税务机关办理纳税申报并缴纳税款。纳税人应当依法如实办理纳税申报，对申报的真实性和完整性承担责任。

3）数据比对

税务机关应当将纳税人的纳税申报数据资料与生态环境主管部门交送的相关数据资料进行比对。

4）数据复核

税务机关发现纳税人的纳税申报数据资料异常或者纳税人未按照规定期限办理纳税申报的，可以提请生态环境主管部门进行复核，生态环境主管部门应当自收到税务机关的数据资料之日起十五日内向税务机关出具复核意见。税务机关应当按照生态环境主管部门复核的数据资料调整纳税人的应纳税额。

三、碳税

（一）碳税的基本内涵与我国开征碳税的前景

1. 碳税的基本内涵

碳税是指针对二氧化碳排放所征收的税。它通过对燃煤和石油下游的汽油、航空燃油、天然气等化石燃料产品，按其碳含量的比例征税来实现减少化石燃料消耗和二氧化碳排放。

碳税最早于20世纪90年代初在芬兰、瑞典、丹麦等北欧国家中率先开征实施，目前已在许多发达国家和部分发展中国家实施。据世界银行统计，截至2022年4月，全球共有37个国家和地区实施了碳税。[①] 从全球碳税实行的实践来看，目前，国际上碳税政策模式主要分为两种：一是单一碳税政策，即在碳减排工具中仅选择碳税，如芬兰等北欧国家初期的碳税制度和英国的气候变化税；二是复合碳税政策，即碳税与碳交易等其他碳定价机制并行，这种模式在欧盟较为普遍。当前，多数国家选择复合碳税政策。很多国家经历了从单一政策向复合政策的转变：芬兰多次改革后形成"能源—碳"混合税体系；欧盟建立欧盟碳排放权交易体系后，逐渐由单一碳税制度向碳税、碳交易并行的混合制度转化；日本2010年设立强制碳交易市场，2012年创立"全球变暖对策税"。[②]

2. 我国开征碳税的前景

碳定价机制主要包括碳税和碳排放权两种。2021年，生态环境部陆续颁布《碳排放交

---

① 参见世界银行.2022年度碳定价发展现状与未来趋势[R/OL].[2022-07-08].https://www.geidco.org.cn/2022/0606/4433.shtml.

② 参见颜阳春.碳市场专题报告：碳市场建设稳步推进，林业碳汇成新热点[R/OL].[2022-07-26].https://baijiahao.baidu.com/s?id=1738378429264920506&wfr=spider&for=pc.

易管理办法(试行)》《碳排放权结算管理规则(试行)》《碳排放权交易管理规则(试行)》及《碳排放权登记管理规则(试行)》。就此,我国碳排放权交易进入全国统一规范、统一交易的发展期。目前,中国碳排放权交易市场正在平稳运行,而碳税仍处于研究制定阶段。我国在推进绿色低碳转型、加速"双碳"目标实现这些工作上,离不开财税政策的有力支持。我国一再强调财税政策要进一步体现绿色发展要求,为如期实现"双碳"目标提供有力保障。2021年,中共中央、国务院发布的《关于完整准确全面贯彻新发展理念做好碳达峰碳中和工作的意见》中提出"研究碳减排相关税收政策"。2022年,财政部发布的《关于财政支持做好碳达峰碳中和工作的指导意见》中指出:"研究支持碳减排相关税收政策,更好地发挥税收对市场主体绿色低碳发展的促进作用。按照加快推进绿色低碳发展和持续改善环境质量的要求,优化关税结构。"此外,自《环境保护税法》施行以来,我国的环境保护税制体系在不断地完善,这也在立法技术上为碳税创制及开征打下了坚实基础。

(二)碳关税的含义和国际实践及中国政府关于碳关税的立场

1. 碳关税的含义和国际实践

碳关税也称边境调节税,是指主权国家或地区对高耗能产品的进口征收的二氧化碳排放特别关税。碳关税本质上属于碳税的边境税收调节,其主要是发达国家对从发展中国家进口的排放密集型产品,如铝、钢铁、水泥和一些化工产品征收的一种进口关税。

2007年1月,法国总统希拉克针对美国退出《京都议定书》,提出应当针对来自美国的进口产品征收"碳关税"。其希望欧盟国家针对未遵守《京都议定书》的国家征收商品进口税,以免欧盟国家所生产的商品遭受不公平竞争。

2009年6月底,美国众议院通过的一项征收进口产品"边界调节税"法案,对未达到美国碳排放标准的进口产品征收高额惩罚性关税。该税的实质就是从2020年起开始实施"碳关税"。

2022年3月,欧盟理事会就碳边境调整机制(CBAM)相关规则达成协议。CBAM机制预计将于2023年1月1日正式实施,其中,2023—2025年为过渡期,其间只做碳排放申报,而不执行相应税收。欧盟将于2026年起正式开始征收碳关税。

2. 中国政府关于碳关税的立场

由于国际产业结构调整、国际分工进一步深化,发达国家将高污染、高排放产业不断向发展中国家转移,从而加剧了发展中国家的环境保护压力。部分国家欲借抑制碳排放的理由设置贸易壁垒,让发展中国家承担过高的碳减排责任。这一做法不仅严重损害了发展中国家的利益,同时也与《联合国气候变化框架公约》及《京都议定书》确定的"共同但有区别的责任"原则相左。

中国政府在应对气候变化问题上一贯持积极主动和负责任的立场。2009年7月,我国商务部表态称,在当前形势下提出实施"碳关税"只会扰乱国际贸易秩序,中方对此坚决反对。2021年7月26日,中国政府再次表明反对态度,指出欧盟碳关税违反了WTO规则,不符合《联合国气候变化框架公约》及《巴黎协定》原则和要求,是欧盟将气候问题无原则地扩大到贸易领域的单边措施。与中国立场相似的还有俄罗斯、印度等国,这些国家认为碳关税的本质即是发达国家以保护环境之名实施的不公平的贸易保护行为。

扩展阅读：全国首单农田碳汇试点项目完成交易

典型案例：伊犁州某热电公司违反碳排放权交易管理制度案

思考题

1. 碳排放权的法律属性是什么？
2. 如何理解碳排放权交易法律关系？
3. 碳排放权交易制度对实现“双碳”目标的意义是什么？
4. 环境税的征税对象和计税依据是什么？
5. 碳税与碳关税如何区分？
6. 碳市场与环境税的功能比较。

第七章 提升碳汇能力自然资源法律制度

自然资源是人类可持续发展不可缺少的生存基础和物资保障，保护、合理开发利用自然资源成为人类的必然的、理性的选择。在“双碳”目标背景下，自然资源保护有利于减少温室气体的排放，有利于巩固和提升生态系统的碳汇能力，降低温室气体浓度，是我国实现“双碳”目标的必由之路。自然资源保护法是环境资源法的重要组成部分，自然资源保护法体系由土地管理法、矿产资源法、森林法、草原法、水法、海洋法[①]，以及特定区域环境保护法等构成。自然资源保护法通过对人们开发利用土地、矿产资源、森林、草原、水、湿地及其他特定区域环境的行为予以规制，达到保护生态环境和自然人文资源，实现人与自然和谐共存、可持续发展的目的。

第一节 “双碳”目标与自然资源法律制度概述

一、自然资源的概念和特征

根据《北京大学法学百科全书》，自然资源是指当前或可预见的将来能被利用的自然物质和自然力（能量），如土地、水、空气、生物、能量和矿物等。按其自然属性和利用形式，主要有矿产资源、土地资源、气候资源、水资源和生物资源等几大类。自然资源还可分成可再生资源和不可再生资源两类。自然资源是劳动的物的要素，为经济发展提供自然基础，对于一个国家的经济发展有着重大影响。随着科技的进步和社会生产力的发展，经济发展对自然资源条件的依赖程度会趋向减弱，但这种依赖始终存在。人们在开发资源以寻求当前最大经济利益时，还必须考虑到长远需要，做到资源的开发与保护相结合，使之兼有经济效益、环境效益和社会效益。

自然资源具有以下特征。①数量的有限性。自然资源的数量与人类社会不断增长的需求相矛盾，故必须强调资源的合理开发利用与保护。②分布的不平衡性。自然资源存在数量或质量上的显著地域差异；某些可再生资源的分布具有明显的地域分异规律；不可再生的矿产资源分布具有地质规律。③资源间的联系性。每个地区的自然资源要素彼此有生态上的联系，形成一个整体，故必须强调综合研究与综合开发利用。④利用的发展性。人类对自然资源的利用范围和利用途径将进一步拓展，或对自然资源的利用率将不断提高。[②]

---

① 由于篇幅有限，有关水法与海洋法的内容未安排在本书之中。

② 淮安市自然资源和规划局淮安分局. 自然资源知识[EB/OL]. [2019-07-15]. http://zrzy.jiangsu.gov.cn/haha/gtzx/ztzl/kxpj/201907/t20190715_813429.htm.

二、自然资源保护促进"双碳"目标的实现

"双碳"目标的提出，表明我国的气候变化治理已从国际履约转向国内自我约束制度选择。2021 年 9 月，《中共中央 国务院关于完整准确全面贯彻新发展理念做好碳达峰碳中和工作的意见》提出，实现碳达峰、碳中和目标，要坚持全国统筹原则，在全国一盘棋的基础上强化顶层设计，发挥制度优势，健全法律法规。为推进碳达峰行动，《2030 年前碳达峰行动方案》提出总体布局和协同推进，加强政策法律的协同性与系统性。这是当前时期我国实现"双碳"目标的总体行动指南。①

"双碳"目标包含两个层面的要求，一是减少碳源，二是增加碳汇。碳源即二氧化碳的来源，可以来自自然界，也可以来自人类生产和生活过程，减少碳源主要通过减少二氧化碳排放实现。

碳汇是指自然界中碳的寄存体，自然界中这种碳的寄存体包括以下几种。

(1) 森林碳汇。森林是陆地生态系统中最大的"储碳库"和最经济的"吸碳源"。有关资料表明，地球上森林面积虽然只占陆地总面积的 1/3，但森林植被区的碳储量几乎占到了陆地碳库总量的 50%，树木通过光合作用吸收了大气中大量的二氧化碳，有效减缓了温室效应。通过植树造林、植被恢复等措施巩固和增加碳汇，吸收大气中的二氧化碳，从而减少温室气体在大气中的浓度。

(2) 草地碳汇。草地同样具有较强的碳汇能力，草地植被将吸收的二氧化碳固定在地下的土壤当中，随着我国退耕还林、还草工程的实施，尤其是退化草地的固碳增量更加明显，因此草原保护可充分发挥草地的固碳作用。

(3) 土地碳汇。土地碳汇包括湿地、土壤和耕地碳汇。湿地是已知的陆地生态系统中仅次于森林的重要碳汇所在；据"酶锁理论"，土壤微生物可作碳"捕集器"，以减少大气中的温室气体，但土壤碳汇的实际效力还有待进一步被证实。耕地固碳仅涉及农作物秸秆还田固碳部分，当秸秆作为农业有机肥利用时可以将二氧化碳固定到耕地的土壤中。

(4) 海洋碳汇。海洋作为一个特定载体可以吸收大气中的二氧化碳，并将其固化。地球上超过一半的生物碳和绿色碳是由海洋生物(包括浮游生物、细菌、海草、盐沼植物和红树林等)捕获的，单位海域中生物固碳量是森林的 10 倍，是草原的 290 倍。目前，海洋的固碳利用也是科学探索领域一个重要的研究方向。

三、我国自然资源保护立法

自然资源法是调整人们在开发、利用、管理和保护自然资源过程中的社会关系的法律规范总称。自然资源，从法律意义上说，是指人们在生产、生活中可以直接获得和利用并作为所有权、使用权客体的自然物质。由于自然资源既是人类赖以生存的环境条件，又是进行经济建设的宝贵财富和物质基础，因而，国家一般都分别制定专门性法律，对国家有关管理机

① 刘志仁. 论"双碳"背景下中国碳排放管理的法治化路径[J]. 法律科学(西北政法大学学报)，2022，40(3)：94-104.

关、企业事业组织和其他社会组织、公民个人之间在开发、利用、管理和保护自然资源中发生的社会关系作出规定,进行调整。各种关于自然资源的专门性法律中的法律规范总和,构成了国家自然资源法律体系。

(一)土地法

土地法是指调整以土地为客体而形成的各种社会关系的法律规范的总称。具体地说,就是调整在土地的规划、管理、保护、利用、监督过程中所发生的社会关系的法律规范的总称。土地法有狭义和广义之分。狭义的土地法,指的是以“土地”为法律名称的法律,如2020年修订的《土地管理法》;广义的土地法,还包括其他法律、法规中的有关调整土地关系的法律规范,如我国《民法典》中有关土地的规定。

(二)水法

水法是指调整因水的利用、管理、保护而产生的社会关系的法律规范的总称。对于解决水的供需矛盾、水资源的合理开发利用和水污染防治等具有重要意义。我国的水法由《水法》(2016年修订)、《水污染防治法》(2017年修订)和《水土保持法》及其实施条例等一系列法律、法规构成。

(三)矿产资源法

矿产资源法是指调整人们在勘探、开发、利用、保护矿产资源过程中所发生的各种社会关系的法律规范的总称。《矿产资源法》分为总则、矿产资源勘查的登记和开采的审批、矿产资源的勘查、矿产资源的开发、集体采矿企业和个体采矿、法律责任、附则等。

(四)森林法

森林法是指调整人们在森林、林木的保护、培育、合理利用和林业经济活动中所发生的各种社会关系的法律规范的总称,以保护、培育和合理利用森林资源为目的。森林法一般包括森林权属、森林保护、森林采伐、森林资源管理和林业管理等内容。2019年12月28日,第十三届全国人民代表大会常务委员会第十五次会议修订了《森林法》。2000年1月29日,国务院制定了《森林法实施条例》(2018年修订)。森林法通过鼓励植树造林、植被恢复等措施保存和增加碳汇,吸收大气中的二氧化碳,从而降低温室气体在大气中浓度。

(五)草原法

草原法是指调整在保护、管理和建设草原过程中所发生的各种社会关系的法律规范的总称,包括《草原法》和与其相配套的单行法规、地方性法规,以及其他法律法规中有关草原问题的规定。世界上许多经济发达的国家都十分重视运用法律手段,加强对草原的保护、建设和科学利用。早在20世纪初期,美国、德国、挪威等国就制定了有关草地放牧、草地保护、草地管理的法规。中华人民共和国成立后,曾对草原问题作过一些法律规定,并于1985年颁布了《草原法》(2021年修正)。我国《草原法》的主要内容有:草原管理工作机构及其职责;草原所有权和使用权;草原的合理利用和生态环境的保护;奖励和惩罚等。

（六）特定区域环境保护法

特定区域是指一些对于科学、文化、教育、历史、美学、旅游等方面有特殊价值和意义的区域，如自然保护区、风景名胜区、森林公园、自然与人文遗迹、湿地、基本农田保护区、饮用水源保护区、禁猎区、禁渔区等。特定区域有着极其珍贵的自然文化遗产，是不可再生的资源，对维护生物多样性和生态平衡，降低温室气体浓度，具有不可替代的作用。为了切实保护好这些资源，我国相继颁布了《自然保护区条例》《风景名胜区管理条例》《森林公园管理办法》《湿地保护法》等，特定区域保护立法秉承保护优先的原则，对区域内的自然资源、人文资源进行整体保护，就地保护，成为我国环境保护法体系中的重要组成部分。

整体而言，自然资源法体系的发展为提升生态系统的碳汇能力提供了制度保障。虽然森林法、草原法等立法的主要目的分别锚定于“保障森林生态安全”“改善生态环境”，未对促进碳达峰碳中和有所涉及，但从法律实施的客观效果来看，在保护和保育自然资源的基础上，提升了生态系统的碳汇能力，产生了减少大气中温室气体总量和降低浓度的有利效果。

第二节　土地管理法律制度

一、土地资源概述

（一）土地资源的基本概念

土地资源是指可供人类利用的所有类型的土地。狭义的土地仅指陆地部分，而广义的土地是指国家领土范围内的一切陆、水、海域，是地貌、土壤、岩石、水文、气候、植被等各种自然因素长期相互作用，以及人类活动的影响所形成的自然综合体。

按土地与经济活动的关系，大致可分农林牧用地、城镇工业交通用地和其他用地（如沼泽、海涂、荒山、荒地、沙漠等）三大类。地球上各类土地资源的地理分布差异很大。因此研究人类利用土地的历史和现状，科学地依水流、地貌条件详细划分土地类型，因地制宜地选择宜农地、宜林地、宜牧地、工业用地、城镇居民点用地、交通枢纽与线路用地、商业与金融业用地、文教设施用地等，都是生产力布局的必要前提。[①]

（二）土地资源的特性

一般认为，土地资源有两种属性，即自然属性和经济属性。这是由土地资源的两重性决定的：土地既是特殊的生产资料，又是构成土地关系的客体。

相应地，土地资源也存在着自然和经济的两种特性。土地资源的自然特性是土地资源的自然属性的反映，是土地资源本身所固有的，与人类利用土地资源并没有必然联系。土地资源的经济特性则是在人类利用土地过程中所产生的，在人类诞生以前，未对土地

① 刘敏，方如康．现代地理科学词典[M]．北京：科学出版社，2009．

资源进行利用时，土地资源并无经济特性。因此，土地资源具有显著区别于其他资源的特性。[①]

1. 土地资源是自然的产物

土地资源是大自然的产物，是自然恩赐于人类的，早在人类诞生前就已存在，而不像其他生产资料那样是劳动的产物。人能创造其他财富，却不能创造土地。应当指出的是，人虽然不能创造土地，但却能改良土地或破坏土地。

2. 土地位置的固定性

土地是不能移动的，具有位置的固定性。尽管从严格意义上讲，地球表层也存在因各种自然原因而产生的移动变化，但对于整个地球和人类大生产活动来说实在是微不足道的，既没有实质意义，也不能从根本上改变土地位置的固定性的特性。土地位置的固定性，既给人类提供了利用各种土地的可能性和生存发展的基础，也限制了人类利用土地的区域性。

3. 土地区位的差异性

土地存在着区位差异。地球上任意两块不同位置的土地，无论是土壤的自然性质，还是经济性质，都存在着差异，无法找到两块自然和经济性质完全相同的土地。土地的这种差异性和土地位置的固定性，导致了土地价值和价格的差异、土地适用性和利用成本的差异，并时时警示人类珍惜并科学合理地利用每一块土地。

4. 土地总量的有限性

大自然创造了土地，使人类轻而易举地享用到土地带来的一切，也使很多人以为土地无限。事实上，土地总量是有限的，既不能增加也不能用其他物质代替，人类更不能创造土地。人所能做到的只是改变地形地貌，而无法增加土地的总量。土地有限，这一特性要求人类必须科学利用土地，努力提高土地的产出效益，以有限的土地创造出更多的物质财富，满足人类日益增长的物质需求。

5. 土地利用的可持续性

土地与其他生产资料存在着一个显著差异，即只要按照自然规律，科学合理地利用土地，不断改良和增加地力，土地就可以持续利用并不断提高产出率，而其他生产资料在使用过程中都会由新变旧，都会受到磨损，直到报废。当然，土地的持续利用是有一定条件的。如果人类不能科学合理地开发利用土地，就会造成土地生态系统的破坏，使土壤肥力和土地生产能力下降，受到大自然的惩罚。

6. 土地经济供给的稀缺性

土地存在着差异性，且位置固定，数量有限，人们利用土地时又都要选择位置较优或土质较好的土地，因而会导致这类位置优越或土质良好的土地需求大于供给的现象，这种供不应求的现象即是土地经济供给的稀缺性。土地供给的稀缺，又会造成需求这类土地的各部门、各单位之间的竞争，并在土地所有、占有、使用上进行垄断，客观上又迫使人们节约土地、集约用地。

---

① 宁波市自然资源和规划局. 土地资源的特性[EB/OL].[2007-01-12]. http://zgj.ningbo.gov.cn/art/2007/1/12/art_1229047324_45562949.html.

7. 土地报酬(收入)递减的可能性

土地经营中,一般情况下报酬(收入)会随投入增加而增多,但是当技术不变,在单位面积土地上投入物化劳动和活劳动达到一定程度时,边际报酬(收入)就会下降,平均报酬(收入)也会随之下降。这就要求人们在一定的技术、经济条件下,注意投资的适合度。

8. 土地利用方向变更的困难性

任何一块土地都可能有多种用途,可生产多种产品,但改变一块土地的原有用途,在一定条件下,则是相当困难的。不用说建筑用地变成农用地的困难,就是农业用地用途变更也是相当困难的。比如,农产品的价格因国内外供求关系等因素而形成明显升降时,农业生产者很难及时调整种植面积和产量。因为,不同的作物有不同的生产季节,要求不同的土质、气候条件,往往很难改变;不同作物需要的资金、技术装备的要求也不同,变更会受到生产单位的经济力量的影响;而不同的生产者的生产技术也会影响生产水平。这一特性要求人们在规划利用土地时,必须科学慎重地决策,选择最恰当的方向去利用土地。①

二、土地管理法主要内容

(一) 土地管理基本制度

1. 权属制度

1) 所有权

中华人民共和国实行土地的社会主义公有制,即全民所有制和劳动群众集体所有制。全民所有,即国家所有土地的所有权由国务院代表国家行使。《土地管理法》规定,城市市区的土地属于国家所有;农村和城市郊区的土地,除由法律规定属于国家所有的以外,属于农民集体所有;宅基地和自留地、自留山,属于农民集体所有。

国家为了公共利益的需要,可以依法对土地实行征收或者征用并给予补偿。

2) 使用权

国有土地和农民集体所有的土地,可以依法确定给单位或者个人使用。使用土地的单位和个人有保护、管理和合理利用土地的义务。土地使用权可以依法转让。

农民集体所有和国家所有依法由农民集体使用的耕地、林地、草地,以及其他依法用于农业的土地,采取农村集体经济组织内部的家庭承包方式承包,不宜采取家庭承包方式的荒山、荒沟、荒丘、荒滩等,可以采取招标、拍卖、公开协商等方式承包,从事种植业、林业、畜牧业、渔业生产。家庭承包的耕地的承包期为三十年,草地的承包期为三十年至五十年,林地的承包期为三十年至七十年;耕地承包期届满后再延长三十年,草地、林地承包期届满后依法相应延长。

国家所有依法用于农业的土地可以由单位或者个人承包经营,从事种植业、林业、畜牧业、渔业生产。发包方和承包方应当依法订立承包合同,约定双方的权利和义务。承包经营土地的单位和个人,有保护和按照承包合同约定的用途合理利用土地的义务。

---

① 宁波市自然资源和规划局. 土地资源的特性[EB/OL]. [2007-01-12]. http://zgj.ningbo.gov.cn/art/2007/1/12/art_1229047324_45562949.html.

3）权属登记

土地的所有权和使用权的登记，依照有关不动产登记的法律、行政法规执行。依法登记的土地的所有权和使用权受法律保护，任何单位和个人不得侵犯。单位和个人依法使用的国有土地，经县级人民政府登记造册，核发证书，确认使用权；农民集体所有的土地，由县级人民政府登记造册，核发证书，确认所有权。

4）权属争议解决

土地所有权和使用权争议，由当事人协商解决；协商不成的，由人民政府处理。单位之间的争议，由县级以上人民政府处理；个人之间、个人与单位之间的争议，由乡级人民政府或者县级以上人民政府处理。当事人对有关人民政府的处理决定不服的，可以自接到处理决定通知之日起三十日内，向人民法院起诉。在土地所有权和使用权争议解决前，任何一方不得改变土地利用现状。

2. 规划制度

各级人民政府应当依据国民经济和社会发展规划、国土整治和资源环境保护的要求、土地供给能力以及各项建设对土地的需求，组织编制土地利用总体规划。土地利用总体规划的规划期限由国务院规定。下级土地利用总体规划应当依据上一级土地利用总体规划编制。地方各级人民政府编制的土地利用总体规划中的建设用地总量不得超过上一级土地利用总体规划确定的控制指标，耕地保有量不得低于上一级土地利用总体规划确定的控制指标。省、自治区、直辖市人民政府编制的土地利用总体规划，应当确保本行政区域内耕地总量不减少。

土地利用总体规划按照下列原则编制：落实国土空间开发保护要求，严格土地用途管制；严格保护永久基本农田，严格控制非农业建设占用农用地；提高土地节约集约利用水平；统筹安排城乡生产、生活、生态用地，满足乡村产业和基础设施用地合理需求，促进城乡融合发展；保护和改善生态环境，保障土地的可持续利用；占用耕地与开发复垦耕地数量平衡、质量相当。

国家建立国土空间规划体系。编制国土空间规划应当坚持生态优先，绿色、可持续发展，科学有序统筹安排生态、农业、城镇等功能空间，优化国土空间结构和布局，提升国土空间开发、保护的质量和效率。经依法批准的国土空间规划是各类开发、保护、建设活动的基本依据。已经编制国土空间规划的，不再编制土地利用总体规划和城乡规划。县级土地利用总体规划应当划分土地利用区，明确土地用途。乡（镇）土地利用总体规划应当划分土地利用区，根据土地使用条件，确定每一块土地的用途，并予以公告。

土地利用总体规划实行分级审批。省、自治区、直辖市的土地利用总体规划，报国务院批准。省、自治区人民政府所在地的市、人口在一百万以上的城市以及国务院指定的城市的土地利用总体规划，经省、自治区人民政府审查同意后，报国务院批准。除此之外的土地利用总体规划，逐级上报省、自治区、直辖市人民政府批准；其中，乡（镇）土地利用总体规划可以由省级人民政府授权的设区的市、自治州人民政府批准。土地利用总体规划一经批准，必须严格执行。城市建设用地规模应当符合国家规定的标准，充分利用现有建设用地，不占或者尽量少占农用地。城市总体规划、村庄和集镇规划，应当与土地利用总体规划相衔接，城市总体规划、村庄和集镇规划中建设用地规模不得超过土地利用总体规划确定的城市和村庄、集镇建设用地规模。在城市规划区内、村庄和集镇规划区内，城市和村庄、集镇建设用地应当符合城市规划、村庄和集镇规划。江河、湖泊综合治理和开发利用规划，应当与土地利用总体规划相衔接。在江河、湖泊、水库的管理和保护范围以及蓄洪滞洪区内，土地利用应当符合江河、湖泊综合治理和开发利用规划，符合河道、湖泊行洪、蓄洪和输水的要求。

各级人民政府应当加强土地利用计划管理，实行建设用地总量控制。土地利用年度计划，根据国民经济和社会发展计划、国家产业政策、土地利用总体规划以及建设用地和土地利用的实际状况编制。土地利用年度计划的编制审批程序与土地利用总体规划的编制审批程序相同，一经审批下达，必须严格执行。省、自治区、直辖市人民政府应当将土地利用年度计划的执行情况列为国民经济和社会发展计划执行情况的内容，向同级人民代表大会报告。

经批准的土地利用总体规划的修改，须经原批准机关批准；未经批准，不得改变土地利用总体规划确定的土地用途。经国务院批准的大型能源、交通、水利等基础设施建设用地，需要改变土地利用总体规划的，根据国务院的批准文件修改土地利用总体规划。经省、自治区、直辖市人民政府批准的能源、交通、水利等基础设施建设用地，需要改变土地利用总体规划的，属于省级人民政府土地利用总体规划批准权限内的，根据省级人民政府的批准文件修改土地利用总体规划。

3. 有偿使用制度

我国《土地管理法》规定，国家依法实行国有土地有偿使用制度。但是，国家在法律规定的范围内划拨国有土地使用权的除外。由此可见。我国土地使用权的取得方式有两种：一是有偿取得，二是因划拨取得。建设单位使用国有土地，应当以有偿使用方式取得；国有土地有偿使用的方式包括：①国有土地使用权出让；②国有土地租赁；③国有土地使用权作价出资或者入股。国有土地使用权出让、国有土地租赁等应当依照国家有关规定通过公开的交易平台进行交易，并纳入统一的公共资源交易平台体系。除依法可以采取协议方式外，应当采取招标、拍卖、挂牌等竞争性方式确定土地使用者。但是，法律、行政法规规定可以以划拨方式取得的除外。可以以划拨方式取得土地使用权的情形包括：①国家机关用地和军事用地；②城市基础设施用地和公益事业用地；③国家重点扶持的能源、交通、水利等基础设施用地；④法律、行政法规规定的其他用地。

4. 用途管制制度

《土地管理法》第四条规定，国家实行土地用途管制制度。

国家编制土地利用总体规划，规定土地用途，将土地分为农用地、建设用地和未利用地。农用地是指直接用于农业生产的土地，包括耕地、林地、草地、农田水利用地、养殖水面等；建设用地是指建造建筑物、构筑物的土地，包括城乡住宅和公共设施用地、工矿用地、交通水利设施用地、旅游用地、军事设施用地等；未利用地是指农用地和建设用地以外的土地。使用土地的单位和个人必须严格按照土地利用总体规划确定的用途使用土地。严格限制农用地转为建设用地，控制建设用地总量，对耕地实行特殊保护。

（二）耕地保护

1. 占用耕地补偿制度

国家保护耕地，严格控制耕地转为非耕地，国家实行占用耕地补偿制度。非农业建设经批准占用耕地的，按照“占多少，垦多少”的原则，由占用耕地的单位负责开垦与所占用耕地的数量和质量相当的耕地；没有条件开垦或者开垦的耕地不符合要求的，应当按照省、自治区、直辖市的规定缴纳耕地开垦费，专款用于开垦新的耕地。省、自治区、直辖市人民政府应当制定开垦耕地计划，监督占用耕地的单位按照计划开垦耕地或者按照计划组织开垦耕地，并进行验收。县级以上地方人民政府可以要求占用耕地的单位将所占用耕地耕作层的土壤用于新开垦耕地、劣质地或者其他耕地的土壤改良。占用耕地补偿情况应当按照国家有关规定向社会公布。

2. 耕地保护红线

国家对耕地实行特殊保护，严守耕地保护红线，严格控制耕地转为林地、草地、园地等其他农用地，并建立耕地保护补偿制度，具体办法和耕地保护补偿实施步骤由国务院自然资源主管部门会同有关部门规定。非农业建设必须节约使用土地，可以利用荒地的，不得占用耕地；可以利用劣地的，不得占用好地。禁止占用耕地建窑、建坟或者擅自在耕地上建房、挖砂、采石、采矿、取土等。禁止占用永久基本农田发展林果业和挖塘养鱼。耕地应当优先用于粮食和棉、油、糖、蔬菜等农产品生产。按照国家有关规定需要将耕地转为林地、草地、园地等其他农用地的，应当优先使用难以长期稳定利用的耕地。

省、自治区、直辖市人民政府应当严格执行土地利用总体规划和土地利用年度计划，采取措施，确保本行政区域内耕地总量不减少、质量不降低。耕地总量减少的，由国务院责令在规定期限内组织开垦与所减少耕地的数量与质量相当的耕地；耕地质量降低的，由国务院责令在规定期限内组织整治。新开垦和整治的耕地由国务院自然资源主管部门会同农业农村主管部门验收。个别省、自治区、直辖市确因土地后备资源匮乏，新增建设用地后，新开垦耕地的数量不足以补偿所占用耕地的数量的，必须报经国务院批准减免本行政区域内开垦耕地的数量，易地开垦数量和质量相当的耕地。

3. 永久基本农田保护制度

国家实行永久基本农田保护制度。下列耕地应当根据土地利用总体规划为永久基本农田，实行严格保护：①经国务院农业农村主管部门或者县级以上地方人民政府批准确定的粮、棉、油、糖等重要农产品生产基地内的耕地；②有良好的水利与水土保持设施的耕地，正在实施改造计划以及可以改造的中、低产田和已建成的高标准农田；③蔬菜生产基地；④农业科研、教学试验田；⑤国务院规定应当划为永久基本农田的其他耕地。各省、自治区、直辖市划定的永久基本农田一般应当占本行政区域内耕地的80%以上，具体比例由国务院根据各省、自治区、直辖市耕地实际情况规定。

永久基本农田划定以乡（镇）为单位进行，由县级人民政府自然资源主管部门会同同级农业农村主管部门组织实施。永久基本农田应当落实到地块，纳入国家永久基本农田数据库严格管理。乡（镇）人民政府应当将永久基本农田的位置、范围向社会公告，并设立保护标志。永久基本农田经依法划定后，任何单位和个人不得擅自占用或者改变其用途。国家能源、交通、水利、军事设施等重点建设项目选址确实难以避让永久基本农田，涉及农用地转用或者土地征收的，必须经国务院批准。禁止通过擅自调整县级土地利用总体规划、乡（镇）土地利用总体规划等方式规避永久基本农田农用地转用或者土地征收的审批。

4. 节约土地的规定

禁止任何单位和个人闲置、荒芜耕地。已经办理审批手续的非农业建设占用耕地，一年内不用而又可以耕种并收获的，应当由原耕种该幅耕地的集体或者个人恢复耕种，也可以由用地单位组织耕种；一年以上未动工建设的，应当按照省、自治区、直辖市的规定缴纳闲置费；连续二年未使用的，经原批准机关批准，由县级以上人民政府无偿收回用地单位的土地使用权；该幅土地原为农民集体所有的，应当交由原农村集体经济组织恢复耕种。

（三）建设用地

1. 一般规定

建设项目需要使用土地的，应当符合国土空间规划、土地利用年度计划和用途管制以及节约资源、保护生态环境的要求，并严格执行建设用地标准，优先使用存量建设用地，提高建设用地使用效率。从事土地开发利用活动，应当采取有效措施，防止、减少土壤污染，并确保建设用地符合土壤环境质量要求。各级人民政府应当依据国民经济和社会发展规划及年度计划、国土空间规划、国家产业政策以及城乡建设、土地利用的实际状况等，加强土地利用计划管理，实行建设用地总量控制，推动城乡存量建设用地开发利用，引导城镇低效用地再开发，落实建设用地标准控制制度，开展节约集约用地评价，推广应用节地技术和节地模式。县级以上地方人民政府自然资源主管部门应当将本级人民政府确定的年度建设用地供应总量、结构、时序、地块、用途等在政府网站上向社会公布，供社会公众查阅。

2. 建设用地转用审批

建设占用土地，涉及农用地转为建设用地的，应当办理农用地转用审批手续。永久基本农田转为建设用地的，由国务院批准。在土地利用总体规划确定的城市和村庄、集镇建设用地规模范围内，为实施该规划而将永久基本农田以外的农用地转为建设用地的，按土地利用年度计划分批次按照国务院规定由原批准土地利用总体规划的机关或者其授权的机关批准。在已批准的农用地转用范围内，具体建设项目用地可以由市、县人民政府批准。在土地利用总体规划确定的城市和村庄、集镇建设用地规模范围外，将永久基本农田以外的农用地转为建设用地的，由国务院或者国务院授权的省、自治区、直辖市人民政府批准。

（四）监督检查

县级以上人民政府自然资源主管部门对违反土地管理法律、法规的行为进行监督检查。土地管理监督检查人员应当熟悉土地管理法律、法规，忠于职守、秉公执法。县级以上人民政府自然资源主管部门履行监督检查职责时，有权采取下列措施：要求被检查的单位或者个人提供有关土地权利的文件和资料，进行查阅或者予以复制；要求被检查的单位或者个人就有关土地权利的问题作出说明；进入被检查单位或者个人非法占用的土地现场进行勘测；责令非法占用土地的单位或者个人停止违反土地管理法律、法规的行为。[①]

国家自然资源督察机构根据授权对省、自治区、直辖市人民政府及国务院确定的城市人

---

① 《土地管理法实施条例》对监督职责的具体内容予以细化。自然资源主管部门、农业农村主管部门按照职责分工进行监督检查时，可以采取下列措施：询问违法案件涉及的单位或者个人；进入被检查单位或者个人涉嫌土地违法的现场进行拍照、摄像；责令当事人停止正在进行的土地违法行为；对涉嫌土地违法的单位或者个人，在调查期间暂停办理与该违法案件相关的土地审批、登记等手续；对可能被转移、销毁、隐匿或者篡改的文件、资料予以封存，责令涉嫌土地违法的单位或者个人在调查期间不得变卖、转移与案件有关的财物。

民政府下列土地利用和土地管理情况进行督察：耕地保护情况；土地节约集约利用情况；国土空间规划编制和实施情况；国家有关土地管理重大决策落实情况；土地管理法律、行政法规执行情况；其他土地利用和土地管理情况。国家自然资源督察机构进行督察时，有权向有关单位和个人了解督察事项有关情况，有关单位和个人应当支持、协助督察机构工作，如实反映情况，并提供有关材料。被督察的地方人民政府违反土地管理法律、行政法规，或者落实国家有关土地管理重大决策不力的，国家自然资源督察机构可以向被督察的地方人民政府下达督察意见书，地方人民政府应当认真组织整改，并及时报告整改情况；国家自然资源督察机构可以约谈被督察的地方人民政府有关负责人，并可以依法向监察机关、任免机关等有关机关提出追究相关责任人责任的建议。

县级以上人民政府自然资源主管部门在监督检查工作中发现国家工作人员的违法行为，依法应当给予处分的，应当依法予以处理；自己无权处理的，应当依法移送监察机关或者有关机关处理。县级以上人民政府自然资源主管部门在监督检查工作中发现土地违法行为构成犯罪的，应当将案件移送有关机关，依法追究刑事责任；尚不构成犯罪的，应当依法给予行政处罚。依照《土地管理法》规定应当给予行政处罚，而有关自然资源主管部门不给予行政处罚的，上级人民政府自然资源主管部门有权责令有关自然资源主管部门作出行政处罚决定或者直接给予行政处罚，并给予有关自然资源主管部门的负责人处分。

（五）法律责任

买卖或者以其他形式非法转让土地的，由县级以上人民政府自然资源主管部门没收违法所得；对违反土地利用总体规划擅自将农用地改为建设用地的，限期拆除在非法转让的土地上新建的建筑物和其他设施，恢复土地原状，对符合土地利用总体规划的，没收在非法转让的土地上新建的建筑物和其他设施；可以并处罚款；对直接负责的主管人员和其他直接责任人员，依法给予处分；构成犯罪的，依法追究刑事责任。

违反《土地管理法》规定，占用耕地建窑、建坟或者擅自在耕地上建房、挖砂、采石、采矿、取土等，破坏种植条件的，或者因开发土地造成土地荒漠化、盐渍化的，由县级以上人民政府自然资源主管部门、农业农村主管部门等按照职责责令限期改正或者治理，可以并处罚款；构成犯罪的，依法追究刑事责任。违反《土地管理法》规定，拒不履行土地复垦义务的，由县级以上人民政府自然资源主管部门责令限期改正；逾期不改正的，责令缴纳复垦费，专项用于土地复垦，可以处以罚款。

未经批准或者采取欺骗手段骗取批准，非法占用土地的，由县级以上人民政府自然资源主管部门责令退还非法占用的土地，对违反土地利用总体规划擅自将农用地改为建设用地的，限期拆除在非法占用的土地上新建的建筑物和其他设施，恢复土地原状，对符合土地利用总体规划的，没收在非法占用的土地上新建的建筑物和其他设施，可以并处罚款；对非法占用土地单位的直接负责的主管人员和其他直接责任人员，依法给予处分；构成犯罪的，依法追究刑事责任。超过批准的数量占用土地，多占的土地以非法占用土地论处。

农村村民未经批准或者采取欺骗手段骗取批准，非法占用土地建住宅的，由县级以上人民政府农业农村主管部门责令退还非法占用的土地，限期拆除在非法占用的土地上新建的房屋。超过省、自治区、直辖市规定的标准，多占的土地以非法占用土地论处。

无权批准征收、使用土地的单位或者个人非法批准占用土地的，超越批准权限非法批准占用土地的，不按照土地利用总体规划确定的用途批准用地的，或者违反法律规定的程序批准占用、征收土地的，其批准文件无效，对非法批准征收、使用土地的直接负责的主管人员和其他直接责任人员，依法给予处分；构成犯罪的，依法追究刑事责任。非法批准、使用的土地应当收回，有关当事人拒不归还的，以非法占用土地论处。非法批准征收、使用土地，对当事人造成损失的，依法应当承担赔偿责任。侵占、挪用被征收土地单位的征地补偿费用和其他有关费用，构成犯罪的，依法追究刑事责任；尚不构成犯罪的，依法给予处分。

依法收回国有土地使用权当事人拒不交出土地的，临时使用土地期满拒不归还的，或者不按照批准的用途使用国有土地的，由县级以上人民政府自然资源主管部门责令其交还土地，处以罚款。擅自将农民集体所有的土地通过出让、转让使用权或者出租等方式用于非农业建设，或者违反《土地管理法》规定，将集体经营性建设用地通过出让、出租等方式交由单位或者个人使用的，由县级以上人民政府自然资源主管部门责令其限期改正，没收违法所得，并处罚款。依照《土地管理法》规定，责令限期拆除在非法占用的土地上新建的建筑物和其他设施的，建设单位或者个人必须立即停止施工，自行拆除；对继续施工的，作出处罚决定的机关有权制止。建设单位或者个人对责令限期拆除的行政处罚决定不服的，可以在接到责令限期拆除决定之日起十五日内，向人民法院起诉；期满不起诉又不自行拆除的，由作出处罚决定的机关依法申请人民法院强制执行，费用由违法者承担。自然资源主管部门、农业农村主管部门的工作人员玩忽职守、滥用职权、徇私舞弊，构成犯罪的，依法追究刑事责任；尚不构成犯罪的，依法给予处分。

第三节　矿产资源法律制度

"双碳"目标的实现，某种程度上可以理解为矿产资源开发利用的约束性条件，是对矿产资源勘查、开采、保护，以及矿区生态修复的更高要求，是矿业领域实践"两山理论"的时间表，是高质量开发利用矿产资源的重要内容，而绝非矿产资源开发利用的禁止条件。

矿产资源的开发利用无法避免对生态环境的扰动，无法避免碳排放的产生。能源、交通、建筑等重点领域和钢铁、化工、石化、电力、煤炭等重点行业是碳排放的主要来源，尤其矿产能源的利用是碳排放的"大户"。仅就矿业而言，矿产资源勘查、开采及冶选的碳排放实属有限，但矿业的下游行业，如交通运输、冶金、电力等行业是碳排放的重要输出。我国"富煤、少油、缺气"的矿产资源禀赋特征决定了煤炭资源利用的重要地位。鉴于新能源尚未发展到全面替代传统能源的阶段，煤炭、石油、天然气依然肩负着保障国家能源安全的重任。[①] 由此，如何解决经济发展与减排降碳的矛盾成为政府与立法的两难选择。

一、矿产资源概述

（一）矿产资源的概念

一般认为，矿产资源是指通过地质成矿作用而形成的，天然赋存于地壳内部或地表，

① 曹宇，张琪，李显冬."双碳"目标实现的矿产资源法回应[J].中国人口·资源与环境，2022，32(4)：73-79.

具有开发利用价值的，以固体、液体、气体形式存在的物质。根据《矿产资源法实施细则》的规定，矿产资源是指由地质作用形成的，具有利用价值的，呈固态、液态、气态的自然资源。

矿产资源是人类社会发展不可缺少的重要的物质基础，世界已知的矿产资源种类达到160多种，其中大部分种类被人类广泛运用于生产和生活中。按照矿产资源的特点和用途可以将其分成四类，即能源矿产类、金属矿产类、非金属矿产类和水气矿产类。

一般矿产资源属于不可再生资源，但地下水作为矿产资源，在平均每年开采量不超过其多年平均补给量的情况下，均可自行恢复。① 矿产资源的储量有限，其再生的速度十分缓慢，需经过几百万年甚至几亿年的地质变化才能形成。因此，保护和合理开发利用矿产资源具有十分重要的意义。

（二）矿产资源特性②

1. 矿产资源耗竭性

矿产资源在开采和生产加工过程中，自身会被消耗转而变成为矿产品。有关研究表明，就世界储量寿命指数来看，铝是224年，铅、汞是22年，镍是65年，锡、锌是21年，铁矿是167年，可见很多主要矿产资源不久即将耗尽。

2. 矿产资源隐蔽性及不确定性

绝大多数的矿产资源都不是暴露于地表的，需要通过地质勘查才能发现其赋存状态，具有很高的隐蔽性。要发现其价值，从地质调查、普查、详查到勘探需要投入大量智力劳动和物化劳动。矿产资源经漫长的地质变化而形成，其状态千差万别，人类通过地表观察很难确定其实际情况，需要投入大量的资金、技术和人力进行矿产勘查研究工作，即使如此，人类对矿产资源的存在状态的认识仍然有限，存在诸多的不确定性。

3. 矿产资源的地理分布不均衡

由于成矿作用在地球上的分布不均匀，导致矿产资源在地球上的分布不均衡。这一现象对经济发展、军事战略，甚至国际政治均有直接的影响。

二、矿产资源立法概况

1986年3月19日，全国第六届人大常委会第十五次会议通过了《矿产资源法》。后经过1996年、2009年两次修正。1994年3月26日，国务院发布《矿产资源法实施细则》，1998年2月12日，国务院发布《矿产资源勘查区块登记管理办法》(2014年修正)和《矿产资源开采登记管理办法》(2014年修正)。

2022年全国人大常委会立法工作计划将《矿产资源法》(修改)列为本年度初次审议的法律案。目前，国务院相关部门对《矿产资源法(修订草案)》进行了多次修改完善。《矿产资源法》修改的趋势是：越来越重视矿产资源的财产属性和矿业权的物权属性，突出矿业权管

---

① 邓绶林. 地学辞典[M]. 石家庄：河北教育出版社，1992.

② 任思达. 中国矿业经济绿色发展研究[D]. 北京：中国地质大学，2019.

理制度;弱化行政许可审批,强化事中事后监管和矿产资源督察制度;注重矿产资源安全保障,对战略性矿产资源实行特殊保护制度;加大矿区生态修复和违法行为追究力度,增强矿区生态修复制度和法律责任。但在诸如矿业权区块来源、矿业权重叠设置、探矿权人的权利、探矿权出让方式、矿业权登记、矿业用地、矿业权出让收益、矿区生态修复的责任追究、矿业权人违法后收回矿业权的法律责任等问题上仍有争论。[①]

三、矿产资源法主要内容

综观各国矿产资源立法,主要包括以下几个方面的内容。

(1) 矿产资源的权属。由于各国的社会制度和具体情况不同,对于地下矿藏的所有权的规定也有不同。但总的发展趋势是加强国家对矿产资源的干预。例如,智利矿业法规定,国家是一切金、银、铜、汞、锡、宝石和化石物质的矿山的所有者,不论其地表土地为法人所有还是个人所有。联邦德国 1980 年颁布的矿产法规定私有矿藏的开采也必须经政府许可。联合国大会在 1974 年 12 月通过的《各国经济权利和义务宪章》中,确定每个国家对其全部自然资源享有充分的永久主权。

(2) 关于探矿和采矿的规定。矿业法的主要内容是规定探矿与采矿的企业(或个人)的权利和义务。美国、德国、日本、加拿大、智利、巴西等国的矿业法都规定法人或公民都可向国家申请探矿、采矿,获得批准后,即取得探矿权和采矿权,同时应向国家缴纳探矿、采矿税。我国《矿产资源法》规定:“勘查矿产资源,必须依法登记”;“开采矿产资源,必须依法申请取得采矿权”,不得不经批准私自采矿,采矿权亦不得买卖、出租和用作抵押。国家保护合法的探矿权、采矿权不受侵犯。

(3) 环境保护及能源问题。有些国家针对开采、利用矿产资源过程中出现的严重污染环境的问题,在矿业法中写进了环境保护条款;又由于能源问题的重要性,不少国家还对管理、保护、开发、利用石油问题制定了单独的法规。

(4) 对某些特殊矿产资源规定禁止出口。例如,有的国家规定一些能够生产原子能的矿产禁止出口。巴西矿业法规定铀、钍、镉、锂、铍、锆、硼,以及上述物质通过处理所得到的产品不得出口,并规定禁止以任何形式出口铀和钍及其化合物和矿石,铍矿须经总统批准后才能出口。

我国现行《矿产资源法》包括总则、矿产资源勘查的登记和开采的审批、矿产资源的勘查、矿产资源的开采、集体矿山企业和个体采矿、法律责任、附则,共七章五十三条。

(一) 矿产资源权属

1. 矿产资源属国家所有

《民法典》对国家所有作出了详细的规定,明确了法律规定属于国家所有的财产,属于国家所有即全民所有。国有财产由国务院代表国家行使所有权。

《矿产资源法》第三条规定,矿产资源属于国家所有,由国务院行使国家对矿产资源的所有权。地表或者地下的矿产资源的国家所有权,不因其所依附的土地的所有权或者使用权

---

① 鹿爱莉.我国矿产资源法的立法和修法历程与展望[J].自然资源情报,2022(11):1-7.

的不同而改变。国家保障矿产资源的合理开发利用。禁止任何组织或者个人用任何手段侵占或者破坏矿产资源。各级人民政府必须加强矿产资源的保护工作。

2. 探矿权与采矿权

1）概念

探矿权是指在依法取得的勘查许可证规定的范围内勘查矿产资源的权利。依法取得勘查许可证的单位或者个人称为探矿权人。采矿权是指在依法取得的采矿许可证规定的范围内,开采矿产资源和获得所开采的矿产品的权利。取得采矿许可证的单位或者个人称为采矿权人。

2）探矿权与采矿权的取得

勘查、开采矿产资源的,必须由有资质的单位或个人依法分别提出申请,经有权机关批准后方能取得探矿权、采矿权。

国家实行探矿权和采矿权有偿取得制度。国家对探矿权、采矿权有偿取得的费用,可以根据不同情况规定予以减缴、免缴,具体办法和实施步骤由国务院规定。开采矿产资源必须按照规定缴纳资源税和资源补偿费。国家保障依法设立的矿山企业开采矿产资源的合法权益。

禁止将探矿权、采矿权倒卖牟利,除下列情形外,探矿权、采矿权通常不可以转让。

(1) 探矿权人有权在划定的勘查作业区内进行规定的勘查作业,有权优先取得勘查作业区内矿产资源的采矿权。探矿权人在完成规定的最低勘查投入后,经依法批准,可以将探矿权转让他人。

(2) 已取得采矿权的矿山企业,因企业合并、分立,与他人合资、合作经营,或者因企业资产出售以及有其他变更企业资产产权的情形而需要变更采矿权主体的,经依法批准可以将采矿权转让他人采矿。

(3) 勘查、开采矿产资源,必须依法分别申请、经批准取得探矿权、采矿权,并办理登记;但是,已经依法申请取得采矿权的矿山企业在划定的矿区范围内为本企业的生产而进行的勘察除外。国家保护探矿权和采矿权不受侵犯,保障矿区和勘查作业区的生产秩序、工作秩序不受影响和破坏。同时,从事矿产资源勘查和开采的,必须符合规定的资质条件。

(二) 主管部门

国务院地质矿产主管部门主管全国矿产资源勘查、开采的监督管理工作。国务院有关主管部门协助国务院地质矿产主管部门进行矿产资源勘查、开采的监督管理工作。省、自治区、直辖市人民政府地质矿产主管部门主管本行政区域内矿产资源勘查、开采的监督管理工作。省、自治区、直辖市人民政府有关主管部门协助同级地质矿产主管部门进行矿产资源勘查、开采的监督管理工作。

(三) 矿产资源勘查的登记和开采的审批

国家对矿产资源勘查实行统一的区块登记管理制度。矿产资源勘查登记工作,由国务院地质矿产主管部门负责;特定矿种的矿产资源勘查登记工作,可以由国务院授权有关主管部门负责。矿产资源勘查区块登记管理办法由国务院制定。

开采下列矿产资源的,由国务院地质矿产主管部门审批,并颁发采矿许可证:①国家规划矿区和对国民经济具有重要价值的矿区内的矿产资源;②前项以外可供开采的矿产储量规模在大型以上的矿产资源;③国家规定实行保护性开采的特定矿种;④领海及中国管辖的其他海域的矿产资源;⑤国务院规定的其他矿产资源。开采石油、天然气、放射性矿产等特定矿种的,可以由国务院授权的有关主管部门审批,并颁发采矿许可证。

开采上述①②规定以外的矿产资源,其可供开采的矿产储量的规模为中型的,由省、自治区、直辖市人民政府地质矿产主管部门审批和颁发采矿许可证。

矿产储量规模的大型、中型的划分标准,由国务院矿产储量审批机构规定。

国家对国家规划矿区、对国民经济具有重要价值的矿区和国家规定实行保护性开采的特定矿种,实行有计划的开采;未经国务院有关主管部门批准,任何单位和个人不得开采。非经国务院授权的有关主管部门同意,不得在下列地区开采矿产资源:①港口、机场、国防工程设施圈定地区以内;②重要工业区、大型水利工程设施、城镇市政工程设施附近一定距离以内;③铁路、重要公路两侧一定距离以内;④重要河流、堤坝两侧一定距离以内;⑤国家划定的自然保护区、重要风景区,国家重点保护的不能移动的历史文物和名胜古迹所在地;⑥国家规定不得开采矿产资源的其他地区。

(四)矿产资源的勘查

矿产资源的勘查应当依照法律的规定进行。区域地质调查按照国家统一规划进行。区域地质调查的报告和图件按照国家规定验收,提供有关部门使用。矿产资源普查在完成主要矿种普查任务的同时,应当对工作区内包括共生或者伴生矿产的成矿地质条件和矿床工业远景做出初步综合评价。

矿床勘探必须对矿区内具有工业价值的共生和伴生矿产进行综合评价,并计算其储量。未作综合评价的勘探报告不予批准。但是,国务院计划部门另有规定的矿床勘探项目除外。普查、勘探易损坏的特种非金属矿产、流体矿产、易燃易爆易溶矿产和含有放射性元素的矿产,必须采用省级以上人民政府有关主管部门规定的普查、勘探方法,并有必要的技术装备和安全措施。

矿产资源勘查的原始地质编录和图件,岩矿心、测试样品和其他实物标本资料,各种勘查标志,应当按照有关规定保护和保存。矿床勘探报告及其他有价值的勘查资料,按照国务院规定实行有偿使用。

(五)矿产资源的开采

开采矿产资源,必须采取合理的开采顺序、开采方法和选矿工艺,以达到保障生态环境免受不必要损害的目的。矿山企业的开采回采率、采矿贫化率和选矿回收率应当达到设计要求。在开采主要矿产的同时,对具有工业价值的共生和伴生矿产应当统一规划,综合开采,综合利用,防止浪费;对暂时不能综合开采或者必须同时采出而暂时还不能综合利用的矿产以及含有有用组分的尾矿,应当采取有效的保护措施,防止损失破坏。开采矿产资源,必须遵守国家劳动安全卫生规定,具备保障安全生产的必要条件。

开采矿产资源,应当节约用地。耕地、草原、林地因采矿受到破坏的,矿山企业应当因地制宜地采取复垦利用、植树种草或者其他利用措施。开采矿产资源给他人生产、生活造成损失的,应当负责赔偿,并采取必要的补救措施。

（六）矿区的环境保护

矿区生态环境破坏一直是困扰矿产资源可持续开发利用和矿区所在地社会经济发展的现实问题。矿产资源的开发不仅会带来地下水位的急剧下降、大气和水体严重污染、生物多样性受到严重威胁等生态环境问题，还会使土地资源严重流失，甚至造成严重的地质灾害，时刻威胁民众的生命和财产安全，并由此引发一系列生态社会和经济问题。党的十八大报告明确提出了建设生态文明要给自然修复空间、要达到重大生态修复工程的具体要求，生态修复已经成为生态文明建设的重要手段之一。因此，生态修复也将成为生态文明矿区建设的重要措施。

矿区生态修复是一个以生态系统平衡以及社会经济可持续发展为目标的复杂而长期的工作。首先，要恢复或重建生态系统的平衡就需要实施以人工技术干预为手段的生态恢复或生态重建工程，这恰恰是生态修复工程在生态系统平衡建设领域的基本方面。为保障这一工程的运作，一是要有工程规划、方案以及相关标准；二是要有严格的管理和监管手段；三是要具备技术研发和激励手段；四是要有充足的资金。其次，作为生态文明矿区建设的社会要求，矿区生态修复要达到社会的和谐稳定与经济的可持续发展。一是要实现对矿区所在地政府和民众的分配正义，即通过补偿他们由于开发资源而造成的长期的生态环境不良状态来实现环境正义理念；二是通过赔偿来实现矿区公众因为生态环境破坏带来的权益减损；三是通过建立矿区生态修复保障制度，减少甚至消除因矿区生态环境破坏而造成的矿区居民生存危机，以及由这种生存危机引发的社会不稳定、不和谐状态。[①]

（七）法律责任

违反《矿产资源法》的相关规定，未取得采矿许可证擅自采矿的，擅自进入国家规划矿区、对国民经济具有重要价值的矿区范围采矿的，擅自开采国家规定实行保护性开采的特定矿种的，行使相关国家权力的机关可以责令其停止开采、赔偿损失，没收采出的矿产品和违法所得，同时可以并处罚款；拒不停止开采，造成矿产资源破坏的，依照刑法有关规定对其直接责任人员追究刑事责任。单位和个人进入他人依法设立的国有矿山企业和其他矿山企业矿区范围内采矿的，依照《矿产资源法》规定予以处罚。

超越批准的矿区范围采矿的，责令退回本矿区范围内开采、赔偿损失，没收越界开采的矿产品和违法所得，可以并处罚款；拒不退回本矿区范围内开采，造成矿产资源破坏的，吊销采矿许可证，依照刑法有关规定对直接责任人员追究刑事责任。盗窃、抢夺矿山企业和勘查单位的矿产品和其他财物的，破坏采矿、勘查设施的，扰乱矿区和勘查作业区的生产秩序、工作秩序的，分别依照刑法有关规定追究刑事责任；情节显著轻微的，依照治安管理处罚法有关规定予以处罚。买卖、出租或者以其他形式转让矿产资源的，没收违法所得，处以罚款。将探矿权、采矿权倒卖牟利的，行使相关国家权力的机关可以吊销勘查许可证、采矿许可证，没收违法所得，处以罚款。违反《矿产资源法》有关规定，收购和销售国家统一收购的矿产品的，没收矿产品和违法所得，可以并处罚款；情节严重的，

① 吴鹏. 论《矿产资源法》的修订：以矿区生态修复为要点的思考[J]. 南京工业大学学报(社会科学版)，2013，12(1)：64-70.

依照刑法有关规定，追究刑事责任。违反《矿产资源法》有关规定，采取破坏性的开采方法开采矿产资源的，处以罚款，可以吊销采矿许可证；造成矿产资源严重破坏的，依照刑法有关规定对直接责任人员追究刑事责任。

负责矿产资源勘查、开采监督管理工作的国家工作人员和其他有关国家工作人员徇私舞弊、滥用职权或者玩忽职守，违反《矿产资源法》相关规定批准勘查、开采矿产资源和颁发勘查许可证、采矿许可证，或者对违法采矿行为不依法予以制止、处罚，构成犯罪的，依法追究刑事责任；不构成犯罪的，给予行政处分。违法颁发的勘查许可证、采矿许可证，上级人民政府地质矿产主管部门有权予以撤销。以暴力、威胁方法阻碍从事矿产资源勘查、开采监督管理工作的国家工作人员依法执行职务的，依照刑法有关规定追究刑事责任；拒绝、阻碍从事矿产资源勘查、开采监督管理工作的国家工作人员依法执行职务未使用暴力、威胁方法的，由公安机关依照治安管理处罚法的规定处罚。

（八）争议的解决

矿山企业之间的矿区范围的争议，由当事人协商解决，协商不成的，由有关县级以上地方人民政府根据依法核定的矿区范围处理；跨省、自治区、直辖市的矿区范围的争议，由有关省、自治区、直辖市人民政府协商解决，协商不成的，由国务院处理。

第四节　森林与草原法律制度

一、森林法律制度

（一）概述

1. 森林的基本内涵及种类

根据《资源环境法词典》，森林的概念可以从不同的角度来理解。从植物学上说，它是存在于一定区域内以树木或其他木本植物为主体的植物群落；从生态学的观点来看，森林是一种生态系统，指有一定密度占一定面积的树木和其他木本植物为主的植物群落。《简明林业辞典》立足于经济与生态价值层面，提出森林是以乔木为主的群落，是集生的乔木及与共同作用的植物、动物、微生物和土壤、气候等的总体。森林不仅提供木材和其他产品、副产品，还具有保持水土、调节气候、防护农田、卫生保健、有利国防等对生产和人民生活有益的功能。在改善自然界的生态平衡方面，森林起着主导作用。

从法学的观点来看，森林是森林法律法规所称的森林。我国《森林法》所称的森林是指森林资源，包括林地以及林区的野生植物和动物；森林，包括乔木林、竹林和国家特别规定的灌木林。按照用途可以分为防护林、特种用途林、用材林、经济林和能源林；林木，包括树木和竹子；林地，是指县级以上人民政府规划确定的用于发展林业的土地。当然，也包括郁闭度 0.2 以上的乔木林地，以及竹林地、灌木林地、疏林地、采伐迹地、火烧迹地、未成林造林地、苗圃地等。可见，通常意义上的森林是指以乔木为主体的一种生物群落，是地球陆地上的植被类型之一。

按森林的作用及用途的不同，可分为防护林、用材林、经济林、薪炭林和特殊用途林五大类。

1）防护林

防护林是以防御自然灾害、维护基础设施、保护生产、改善环境和维持生态平衡等为主要目的的森林群落，包括天然防护林和人工防护林。在我国，根据防护目的和效能，防护林分为水源涵养林、水土保持林、防风固沙林、农田牧场防护林、护路林、护岸林等。

2）用材林

用材林是以培育和提供木材、竹材为主要目的的森林，也是我国最普遍的林种。根据使用的目的及范围而培育的用材林，可分为一般用材林和专用用材林。一般用材林是指培育大径通用材种为主的森林；专用用材林指专门培育某一材种的用材林，主要有泓森槐用材林、桉树用材林和杨树用材林等。

3）经济林

经济林又称为特用林。顾名思义，经济林是指以生产木料或其他林产品直接获得经济效益为主要目的的森林。包括以利用树木果实或种子为目的的木本粮食林（如板栗、枣、柿）、木本油料林（如油茶、核桃、油桐、油橄榄、乌柏等）、果木林（如苹果、梨、柑橘、荔枝等）；以利用树木浆液作为工业原料的橡胶林、漆树林等；以利用树皮为目的的栓木林（如栓皮栎、黄檗等）、纤维林（如松树、三桠等）、药用林（如厚朴、杜仲、奎宁等）；以利用树叶为目的的桑树林、柞树林及茶树林等；以利用树木杈条为目的的采条林（如荆条、桑条、杞柳等）。

4）薪炭林

薪炭林是指以提供柴炭燃料为主要经营项目的乔木林和灌木林。薪炭林树种一般选择易成活、萌生力强、速生、产量高、燃值大、能固氮、可一材多用的硬材阔叶树种。

5）特殊用途林

特殊用途林是指以国防、环境保护、科学实验等为主要目的的森林和林木，包括国防林、实验林、母树林、环境保护林、风景林，名胜古迹和革命纪念地的林木，自然保护区的森林。

2. 森林的功能和作用

在陆地生态系统中，森林具有涵养水源、保持水土、防风固沙、调节气候、减少污染、保护生物多样性等多重生态功能，在保障国土生态安全、改善生态环境、保护生物多样性、提供经济社会与文化方面的综合服务等方面发挥着巨大作用。

1）保障国土生态安全

森林的树冠有截留降水的作用，通过截留降水可以达到减少和节制地表径流的效果，从而降低洪水的冲击力。森林的林木根系发挥作用，使森林土壤形成涵水能力强的孔隙，能有效涵水。除此之外，森林发达的林木根系可以疏松土壤，林地通过落叶枯枝促进土壤微生物分解有机质，形成腐殖质层，有效减少成土母质和土壤养分的流失，提高土壤肥力，改良土壤，保持水土。

2）改善生态环境

对风沙运动和水土冲蚀来说，森林是其自然“天敌”，它可以影响气团移动，减弱风速，抑制飞沙、固定水土带来的流沙，而其根系可以将固沙变成土，利于作物生长，是农业生产的屏障。森林茂密的树冠，可以降低风速，将空气湿度提高10％～20％，减少水分蒸发量20％～30％，此外，森林能减少昼夜冬夏的温差变幅，以调节气温；同时，也能吸收大气粉尘和有害气体。可见，发挥森林的生态环境改善功能，既可以涵养水源，净化空气，又可以防风降噪，消除污染。

3）保护生物多样性

陆地生态系统的主体是森林，森林为大量的动植物提供了繁衍栖息之所，是多种生物的"安身立命之所"。我国拥有高等植物3.28万种，动物10.45万种，是全世界野生动植物种类最多的国家之一，物种、群落及系统的多样性是森林所具有的。因此，就维持生物多样性而言，森林是极其有效也必不可少的。所以，人类必须要重视森林生物多样性的保护功能，合理利用森林资源，保持森林保护与资源开发的平衡。

4）提供经济社会与文化方面的综合服务

森林有着巨大的生态效应，同时也具有经济的、社会的与文化的功能，这些功能相辅相成、互利互助。譬如，发展林下经济[①]，建立旨在实现资源共享、优势互补、循环相生、协调发展的生态农业模式；举办森林文化节，普及森林科普知识、生态文明观念，拉近人与森林的距离，增加人们对森林生态价值、社会价值、经济价值的了解，树立自愿投入森林文化的建设和推广、保护森林与热爱大自然的自主自觉意识；注重森林生态资源的开发与利用，发展森林旅游业，打造集游览、度假、休憩、保健疗养、科学教育、文化娱乐为一体的森林观光场所，实现多重效益。

综合来说，森林与人类息息相关，对经济、社会、生态的发展都大有裨益，不可缺少，是人类最重要的自然资源之一。因此，保护、培育和合理利用森林是国家和社会的责任，也是未来发展的重大战略方向。

3. 森林资源的战略意义

森林资源是由森林、林木、林地，以及依托森林、林木、林地生存的野生动植物、土壤微生物及其他自然因子等资源组成的森林有机体的总称。森林资源是一种可再生性资源，具有自力更生、复制的机制及循环再生的特征，也是一种无形的环境资源和潜在的"绿色能源"。但森林资源的再生性是长期性的，只有在人类对森林资源的利用遵循生态系统的规律，避免对森林资源造成不可逆的破坏的情况下，才能保证森林资源的可再生性及结构的稳定性。森林资源作为陆地生态系统的主体和重要资源，是人类生存发展的重要生态屏障。

（1）从国际层面看，停止和扭转森林砍伐和土地退化的趋势，恢复保护森林是全世界共同关注的焦点。2021年11月，在英国格拉斯哥市举行的《联合国气候变化框架公约》第二十六次缔约方大会领导人峰会上通过了《关于森林和土地使用的格拉斯哥领导人宣言》，全球110多个国家加入，各国领导人在峰会上做出承诺，将在2030年前停止和扭转毁林现象。2022年5月9日至20日，在西部非洲国家科特迪瓦经济首都阿比让召开的《联合国防治荒漠化公约》第十五次缔约方大会，以"土地、生命、传承：从匮乏到富足"为主题，重点讨论退化土地的恢复问题。2022年12月7日召开了第十五届世界林业大会，主题为"通过森林打造

---

① 林下经济主要是指以林地资源和森林生态环境为依托，发展起来的林下种植业、养殖业、采集业和森林旅游业，包括林下产业、林中产业与林上产业。

绿色、健康和有韧性的未来”，聚焦“扭转毁林和森林退化趋势”“实现可持续发展的绿色途径”“森林与人类健康”“管理与交流林业信息”等几大议题，通过了《首尔宣言》，强调了森林在保护生物多样性、维持碳平衡、水资源和能源循环中的作用，呼吁创新型的绿色金融机构加大对森林保护、修复和可持续利用的投资，强调可持续生产的木材作为可再生、可循环、复合型材料的潜力。

(2) 从国内层面看，森林资源保护管理是我国生态文明建设必不可少的环节。森林作为物种最好的保护屏障，是我国大部分的生物繁衍生息的栖息地，对保证生态系统的完整性，保护生物多样性具有重要作用。在陆地生态系统中，森林是最大的碳库，被公认为最为有效的生物固碳方式，在应对气候变化中发挥着重要作用。根据联合国粮农组织 2020 年《全球森林资源评估报告》评估结果，全球森林的碳储量约占全球植被碳储量的 77%，森林土壤的碳储量约占全球土壤碳储量的 39%，可谓“林草兴则生态兴”。党的十八大以来，我国着力巩固提升森林生态系统固碳能力，坚持森林调优，统筹推进山水林田湖草沙系统治理，科学开展国土绿化行动，改革森林资源管理体系，完善政策支持，从多方面稳定森林存量，提高森林质量，激发森林价值，为人民群众提供优美的生态环境，为建设美丽中国作出巨大贡献。

国家林草局于 2021 年发布的《全国林草生态综合监测评价报告》指出，我国森林面积和蓄积稳步增长，生态空间质量稳中向好；结构有所改善，保护格局初步形成，利用格局趋于科学，生态产品供给能力增强，森林碳汇[①]能力稳步提升。这表明，我国森林资源总体呈现数量持续增加、质量稳步提高、功能不断增强的良好发展态势，为增绿固碳、减缓全球气候变暖发挥了重要作用。英国广播公司的“中国的森林碳吸收量被低估”的报道指出，中国积极进取的植树政策看起来正发挥至关重要的作用，而中国两个区域的新森林吸收二氧化碳规模被低估了——“中国西南地区的云南、贵州、广西等地的森林的二氧化碳碳汇是较大的，可达中国陆地碳汇的 31.5%；东北地区黑龙江、吉林碳汇有季节性，碳汇约占 4.5%，这两片森林碳汇能达全国的 36%。”[②]足见，中国在世界减排及全球低碳事业发展上发挥着重要作用。当然，要全面发挥好森林植物的碳汇作用，除了大力发展林业生物质能源和木竹替代以实现生物减排固碳，我国还需着重发展以耐用木质林产品替代能源密集型材料、生物能源、采伐剩余物的回收利用的产业，进一步减少能源和工业部门的温室气体排放量。2021 年 10 月 24 日，国务院印发《2030 年前碳达峰行动方案》，在第八项“碳汇能力巩固提升行动”中提出，要严守生态保护红线，严控生态空间占用，稳定现有森林的固碳作用，构建有利于碳达峰、碳中和的国土空间开发保护格局。深入推进大规模国土绿化行动，巩固退耕还林成果，扩大森林资源总量。强化森林资源保护，实施森林质量精准提升工程，提高森林质量和稳定性。整体推进海洋生态系统保护和修复，提升红树林、海草床、盐沼等固碳能力。到 2030 年，全国森林覆盖率达到 25%左

---

① 森林碳汇是指森林植物吸收大气中的二氧化碳并将其固定在植被或土壤中，从而减少该气体在大气中的浓度。这一发生于自然界中的氧循环与碳循环，相比工业碳减排、碳转化、碳捕捉、碳封存技术，具有成本低、易施行、兼具其他生态效益等显著特点。

② 乔纳森·阿莫斯. 英媒：中国森林碳吸收量对全球的贡献被低估[EB/OL]. [2020-10-28]. https://oversea.huanqiu.com/article/40UQb7r7Vfg；中国老教授协会林业专业委员会，中国工程科技知识中心林业分中心. 充分发挥森林的碳汇作用[EB/OL]. [2021-12-14]. http://lyj.gd.gov.cn/news/forestry/content/post_3719033.html.

右，森林蓄积量达到 190 亿立方米。要依托和拓展自然资源调查监测体系，利用好国家林草生态综合监测评价成果，建立生态系统碳汇监测核算体系，开展森林碳汇本底调查、碳储量评估、潜力分析，实施生态保护修复碳汇成效监测评估，同时强调需建立健全能够体现碳汇价值的生态保护补偿机制，研究制定碳汇项目参与全国碳排放权交易相关规则，因此加强生态系统碳汇基础支撑。

2022 年 6 月 27 日，生态环境部在关于政协十三届全国委员会第五次会议第 03574 号(资源环境类 290 号)提案答复的函中，支持关于地方林业碳汇纳入全国碳市场交易，进一步提出“积极探索林业碳汇产品价值实现的路径，优化自愿减排交易机制下林业碳汇项目方法学等技术规范，支持更多生态效益明显的林业碳汇项目开发为温室气体自愿减排项目，并进入市场获取减排量收益，推动实现碳汇价值转化。”在森林碳汇保险领域[①]，我国内蒙古地区为助力国家“碳达峰、碳中和”目标，做出了有益探索。2022 年 4 月 3 日，中国人寿财产保险有限公司内蒙古分公司为鄂温克旗巴音岱林场提供了一份 36.14 万元森林碳汇价值风险保障，这是内蒙古更好地保障林草固碳能力、促进绿色发展的一次全新探索。[②] 我国关于固碳减排的有益探索，有利于实现“双碳”目标，推动经济高质量发展，也是负责任大国的充分体现。

（二）森林资源保护与利用的立法概况

1984 年颁布的《森林法》一共经历了三次修订。2018 年生态文明写入《宪法》之中，凸显了生态建设的重要性。2019 年十三届全国人民代表大会常务委员会第十五次会议通过了新修订的《森林法》，该版《森林法》第三条规定：“保护培育利用森林资源应当尊重自然、顺应自然，坚持生态优先、保护优先、保育结合、可持续发展的原则。”表明此次立法理念由注重“服务”的生态经济转变为以“保育”为重心的生态经济，强调生态与经济之间的协调发展。[③] 此外，此次修订强调以刑法保护森林，对部分林木犯罪的认定及处罚进行了更改，包括非法转让、倒卖土地使用权罪，危害国家重点保护植物罪，盗伐、滥伐林木罪，非法收购、运输盗伐、滥伐的林木罪等。

《森林法》正式实施之后，为了加强对森林资源的保护和加强对森林的管理与利用，通过了数项与森林建设有关的政策及行政法规。包括 1989 年国务院发布的《森林病虫害防治条例》、1995 年国家体制改革委员会、林业部联合颁布的《林业经济体制改革总体纲要》、1996 年林业部发布的《林木林地权属争议处理办法》、2003 年《中共中央国务院关于加快林业发展的决定》、2008 年《中共中央国务院关于全面推进集体林权制度改革的意见》、2019 年 12 月 28 日第二次修正的《森林法实施条例》，以及陆续出台的《陆生野生动物保护实施条例》《野生植物保护条例》《自然保护区条例》《林木和林地权属登记管理办法》《占用征用林地审

① 森林碳汇保险是以碳汇损失计量为补偿依据，保障森林因自然灾害、意外事故等原因导致保险林木损毁，进而导致森林碳汇量减少的碳汇保险。其赔款可用于对灾后林业碳汇资源救助和碳源清除、森林资源培育及加强生态保护修复等与林业碳汇富余价值生产活动有关的费用支出。该险种有效破解“无灾不能用，有灾不够用”的资金难题，将极大地提高灾后救助、修复能力和效率。

② 内蒙古日报.自治区首单森林碳汇价值保险签约[EB/OL].[2022-04-05].http://www.hlbrdaily.com.cn/news/2/html/316897.html.

③ 吴普侠，崔彩贤.森林文化价值的法制表达与《森林法》的文化担当[J].西北农林科技大学学报(社会科学版)，2022,22(2):140-145.

核审批管理办法》《林业行政处罚程序规定》等众多行政法规、部门规章。

(三)《森林法》的主要内容

1.《森林法》总则的主要规定

《森林法》在总则部分对立法目的、适用范围、基本原则以及各级政府、行政机关的权责进行了原则性规定。

《森林法》第一条规定，为了践行绿水青山就是金山银山理念，保护、培育和合理利用森林资源，加快国土绿化，保障森林生态安全，建设生态文明，实现人与自然和谐共生，制定本法。由此可见，我国制定《森林法》的目的是保障森林生态安全，建设生态文明，实现人与自然和谐共生。

《森林法》规定，保护、培育、利用森林资源应当尊重自然、顺应自然，坚持生态优先、保护优先、保育结合、可持续发展的原则。

国家实行森林资源保护发展目标责任制和考核评价制度。上级人民政府对下级人民政府完成森林资源保护发展目标和森林防火、重大林业有害生物防治工作的情况进行考核，并公开考核结果。地方人民政府可以根据本行政区域森林资源保护发展的需要，建立林长制。

国务院林业主管部门主管全国林业工作。县级以上地方人民政府林业主管部门，主管本行政区域的林业工作。乡镇人民政府可以确定相关机构或者设置专职、兼职人员承担林业相关工作。

2. 森林权属

1）森林、林木的所有权

《森林法》第十四条规定，森林资源属于国家所有，由法律规定属于集体所有的除外。国家所有的森林资源的所有权由国务院代表国家行使。国务院可以授权国务院自然资源主管部门统一履行国有森林资源所有者职责。

林地和林地上的森林、林木的所有权、使用权，由不动产登记机构统一登记造册，核发证书。国务院确定的国家重点林区(以下简称重点林区)的森林、林木和林地，由国务院自然资源主管部门负责登记。

农村居民在房前屋后、自留地、自留山种植的林木，归个人所有。城镇居民在自有房屋的庭院内种植的林木，归个人所有。集体或者个人承包国家所有和集体所有的宜林荒山荒地荒滩营造的林木，归承包的集体或者个人所有；合同另有约定的从其约定。其他组织或者个人营造的林木，依法由营造者所有并享有林木收益；合同另有约定的从其约定。

为了生态保护、基础设施建设等公共利益的需要，确需征收、征用林地、林木的，应当依照《土地管理法》等法律、行政法规的规定办理审批手续，并给予公平、合理的补偿。

2）森林、林木的使用权

国家所有的林地和林地上的森林、林木可以依法确定给林业经营者使用。林业经营者依法取得的国有林地和林地上的森林、林木的使用权，经批准可以转让、出租、作价出资等。林业经营者应当履行保护、培育森林资源的义务，保证国有森林资源稳定增长，提高森林生态功能。

集体所有和国家所有依法由农民集体使用的林地(以下简称集体林地)实行承包经营的,承包方享有林地承包经营权和承包林地上的林木所有权,合同另有约定的从其约定。承包方可以依法采取出租(转包)、入股、转让等方式流转林地经营权、林木所有权和使用权。未实行承包经营的集体林地以及林地上的林木,由农村集体经济组织统一经营。经本集体经济组织成员的村民会议三分之二以上成员或者三分之二以上村民代表同意并公示,可以通过招标、拍卖、公开协商等方式依法流转林地经营权、林木所有权和使用权。集体林地经营权流转应当签订书面合同。林地经营权流转合同一般包括流转双方的权利义务、流转期限、流转价款及支付方式、流转期限届满林地上的林木和固定生产设施的处置、违约责任等内容。受让方违反法律规定或者合同约定造成森林、林木、林地严重毁坏的,发包方或者承包方有权收回林地经营权。

3) 林权纠纷的处理

单位之间发生的林木、林地所有权和使用权争议,由县级以上人民政府依法处理。个人之间、个人与单位之间发生的林木所有权和林地使用权争议,由乡镇人民政府或者县级以上人民政府依法处理。当事人对有关人民政府的处理决定不服的,可以自接到处理决定通知之日起三十日内,向人民法院起诉。

在林木、林地权属争议解决前,除因森林防火、林业有害生物防治、国家重大基础设施建设等需要外,当事人任何一方不得砍伐有争议的林木或者改变林地现状。

3. 森林发展规划

县级以上人民政府应当将森林资源保护和林业发展纳入国民经济和社会发展规划。

县级以上人民政府应当落实国土空间开发保护要求,合理规划森林资源保护利用结构和布局,制定森林资源保护发展目标,提高森林覆盖率、森林蓄积量,提升森林生态系统质量和稳定性。

县级以上人民政府林业主管部门应当根据森林资源保护发展目标,编制林业发展规划。下级林业发展规划依据上级林业发展规划编制。县级以上人民政府林业主管部门可以结合本地实际,编制林地保护利用、造林绿化、森林经营、天然林保护等相关专项规划。

国家建立森林资源调查监测制度,对全国森林资源现状及变化情况进行调查、监测和评价,并定期公布。

4. 森林保护

在森林保护方面,立法主要确定了以下五个方面的措施和制度。

1) 资金支持

《森林法》规定,中央和地方财政分别安排资金,用于公益林的营造、抚育、保护、管理和非国有公益林权利人的经济补偿等,实行专款专用。国家支持重点林区的转型发展和森林资源保护修复,改善生产生活条件,促进所在地区经济社会发展。重点林区按照规定享受国家重点生态功能区转移支付等政策。

2) 建立自然保护地体系

国家在不同自然地带的典型森林生态地区、珍贵动物和植物生长繁殖的林区、天然热带雨林区和具有特殊保护价值的其他天然林区,建立以国家公园为主体的自然保护地体系,加强保护管理。

3）实行天然林全面保护制度

严格限制天然林采伐，加强天然林管护能力建设，保护和修复天然林资源，逐步提高天然林生态功能。

4）强化护林工作

地方各级人民政府应当组织有关部门建立护林组织，负责护林工作；根据实际需要建设护林设施，加强森林资源保护；督促相关组织订立护林公约、组织群众护林、划定护林责任区、配备专职或者兼职护林员。县级或者乡镇人民政府可以聘用护林员，其主要职责是巡护森林，发现火情、林业有害生物，以及破坏森林资源的行为，应当及时处理并向当地林业等有关部门报告。

5）林地保护

国家严格控制林地转为非林地，实行占用林地总量控制，确保林地保有量不减少。各类建设项目占用林地不得超过本行政区域的占用林地总量控制指标。矿藏勘查、开采以及其他各类工程建设，应当不占或者少占林地；确需占用林地的，应当经县级以上人民政府林业主管部门审核同意，依法办理建设用地审批手续。需要临时使用林地的，应当经县级以上人民政府林业主管部门批准；临时使用林地的期限一般不超过二年，并不得在临时使用的林地上修建永久性建筑物。占用林地的单位应当缴纳森林植被恢复费。县级以上人民政府林业主管部门应当按照规定安排植树造林，恢复森林植被，植树造林面积不得少于因占用林地而减少的森林植被面积。上级林业主管部门应当定期督促下级林业主管部门组织植树造林、恢复森林植被，并进行检查。

5. 造林绿化

《森林法》规定，国家统筹城乡造林绿化，开展大规模国土绿化行动，绿化美化城乡，推动森林城市建设，促进乡村振兴，建设美丽家园。

各级人民政府应当组织各行各业和城乡居民造林绿化。宜林荒山荒地荒滩，属于国家所有的，由县级以上人民政府林业主管部门和其他有关主管部门组织开展造林绿化；属于集体所有的，由集体经济组织开展造林绿化。

城市规划区内、铁路公路两侧、江河两侧、湖泊水库周围，由各有关主管部门按照有关规定因地制宜组织开展造林绿化；工矿区、工业园区、机关、学校用地，部队营区以及农场、牧场、渔场经营地区，由各该单位负责造林绿化。组织开展城市造林绿化的具体办法由国务院制定。

6. 经营管理

1）森林分类经营管理

《森林法》规定，国家根据生态保护的需要，将森林生态区位重要或者生态状况脆弱，以发挥生态效益为主要目的的林地和林地上的森林划定为公益林。未划定为公益林的林地和林地上的森林属于商品林。国家以培育稳定、健康、优质、高效的森林生态系统为目标，对公益林和商品林实行分类经营管理，突出主导功能，发挥多种功能，实现森林资源永续利用。

2）对公益林实施严格保护

公益林分为国家级公益林和地方级公益林，分别由国务院和省、自治区、直辖市人民政府划定并公布。下列区域的林地和林地上的森林，应当划定为公益林：①重要江河源头汇水区域；②重要江河干流及支流两岸、饮用水水源地保护区；③重要湿地和重要水库周围；④森林和陆生野生动物类型的自然保护区；⑤荒漠化和水土流失严重地区的防风固沙林基干林带；⑥沿海防护林基干林带；⑦未开发利用的原始林地区；⑧需要划定的其他区域。

3）鼓励发展商品林

国家鼓励发展的商品林主要包括：①以生产木材为主要目的的森林；②以生产果品、油料、饮料、调料、工业原料和药材等林产品为主要目的的森林；③以生产燃料和其他生物质能源为主要目的的森林；④其他以发挥经济效益为主要目的的森林。在保障生态安全的前提下，国家鼓励建设速生丰产、珍贵树种和大径级用材林，增加林木储备，保障木材供给安全。

4）严格控制森林年采伐量

省、自治区、直辖市人民政府林业主管部门根据消耗量低于生长量和森林分类经营管理的原则，编制本行政区域的年采伐限额，经征求国务院林业主管部门意见，报本级人民政府批准后公布实施，并报国务院备案。重点林区的年采伐限额，由国务院林业主管部门编制，报国务院批准后公布实施。

5）采伐森林、林木的规定

公益林只能进行抚育、更新和低质低效林改造性质的采伐。但是，因科研或者实验、防治林业有害生物、建设护林防火设施、营造生物防火隔离带、遭受自然灾害等需要采伐的除外。商品林应当根据不同情况，采取不同采伐方式，严格控制皆伐面积，伐育同步规划实施。自然保护区的林木，禁止采伐。但是，因防治林业有害生物、森林防火、维护主要保护对象生存环境、遭受自然灾害等特殊情况必须采伐的和实验区的竹林除外。省级以上人民政府林业主管部门应当根据前款规定，按照森林分类经营管理、保护优先、注重效率和效益等原则，制定相应的林木采伐技术规程。

采伐林地上的林木应当申请采伐许可证，并按照采伐许可证的规定进行采伐；采伐自然保护区以外的竹林，不需要申请采伐许可证，但应当符合林木采伐技术规程。农村居民采伐自留地和房前屋后个人所有的零星林木，不需要申请采伐许可证。非林地上的农田防护林、防风固沙林、护路林、护岸护堤林和城镇林木等的更新采伐，由有关主管部门按照有关规定管理。

7. 监督检查

《森林法》规定，县级以上人民政府林业主管部门对森林资源的保护、修复、利用、更新等进行监督检查，依法查处破坏森林资源等违法行为。

县级以上人民政府林业主管部门履行森林资源保护监督检查职责，有权采取下列措施：①进入生产经营场所进行现场检查；②查阅、复制有关文件、资料，对可能被转移、销毁、隐匿或者篡改的文件、资料予以封存；③查封、扣押有证据证明来源非法的林木，以及从事破坏森林资源活动的工具、设备或者财物；④查封与破坏森林资源活动有关的场所。

省级以上人民政府林业主管部门对森林资源保护发展工作不力、问题突出、群众反映强烈的地区，可以约谈所在地区县级以上地方人民政府及其有关部门主要负责人，要求其采取措施及时整改。约谈整改情况应当向社会公开。

二、草原法律制度

（一）草原及草原资源概述

1. 草原的基本内涵及类型

通常意义上的草原是指以水热条件为划定标准，将生长于温带地区的以草本植物为主的植被定义为（温带）草原。广义上的草原还包括热带（稀树）草原。从立法角度看，我国《草原法》规定，草原是指天然草原和人工草地，天然草原包括草地、草山和草坡，人工草地包括改良草地和退耕还草地，不包括城镇草地。

以纯自然条件生长与人类介入生长为划分标准，草原可以分为天然生长类草原与人工培育类草地。天然生长类草原，可以分为草甸草原、典型草原（干草原）、荒漠草原与高寒草原。人工培育类草地是指人类根据牧草的生物学、生态学和群落结构的特点，有计划地、因时因地制宜地种植或培育多年生或一年生的优质高产牧草而形成的草地。这类人工培育类草地主要包括人工草场与改良草场（半人工草地）。人工草场较少受到天气及地域的影响，耐高寒、高温，使用寿命长，环保安全且用途多样，不仅适合放牧，还可以成为青饲、青贮的重要来源，可减少牲畜因天然饲料不足引发的减产的损失。因此，许多国家特别重视对人工草场的建设与培育。如英国、新西兰、德国、法国、荷兰、美国等畜牧业发达的国家，人工草场的面积较大，这些国家的人工草场约占天然草地50%以上，俄罗斯、澳大利亚等国人工草场也占天然草地比例10%以上，这说明人工草场的种植规模与生产水平正逐渐成为衡量一个国家或地区草地畜牧业现代化程度的重要标志。相比之下，我国人工草场面积大约仅占天然草地面积的5%，还需要大力建设人工草场。①

2. 草原的功能

草原被誉为地球的皮肤，是地球生态系统的重要组成部分。作为陆地上最重要的生态系统类型之一的草原生态系统，具有保持水土、涵养水源、固碳释氧、维持生物多样性、净化空气、生态旅游、废弃物处理、营养物质循环等巨大的生态功能。概括来说，主要有环境改善功能、生物多样性保护功能与社会文化服务功能，涵盖草原的支持、供给、调节、文化的四大生态服务功能。②

1）草原的环境改善功能

环境改善功能是草原的基本功能，也是最重要的功能。水土保持是我国的基本国策，发挥草原在水土保持上的优势，可以有效防止水土流失，保护水土资源与保持土地生产力。植被素有“绿色水库”之称，发挥草原在涵养水源上的作用，有利于促进自然界水分的良性循环。草原植物是固碳释氧的重要载体，在提升生态系统碳汇增量、推进全球碳循环、减缓气候变暖以整体改善生态环境方面发挥着不可替代的作用。

2）草原的生物多样性保护功能

生物多样性是地球上一切生命的基础，更是人类赖以生存和发展的根基，保护生物多样

---

① 南志标. 我国草业科学的成就与挑战[EB/OL]. [2022-10-04]. https://www.sohu.com/a/298593571_120051851/.

② 尹剑慧，卢欣石. 中国草原生态功能评价指标体系[J]. 生态学报，2009，29(5)：2625-2626.

性归根结底就是保护人类自己。草原为动植物的栖息提供了良好的生存环境,为维护生态安全和保护生物多样性提供了基础保障,可以说一片草原就可构成一个生物多样性的载体。我国草原资源中蕴藏着极为丰富的生物多样性,有七千多种牧草和上千种动物,是巨大的生物基因库。从生态学演进过程看,土壤的形成与改良,植物的生长与更替,动物种群的增长与调节,都是草原生物多样性的表现形态。由此,需要注重增强草原的生物多样性保护功能,合理利用草原,大力推进草原畜牧业向现代化集约高效型转变,做到以草定畜、草畜平衡。

3）草原的社会文化服务功能

草原是生态、生产、生活“三生”空间的集合体,集聚经济、社会、文化与生态等诸多服务功能。草原是畜牧业发展和广大牧民赖以生存的物质基础,也是野生动物的栖息地、动植物基因库,逐渐衍生出提供景观游憩服务的重要功能,由此草原生态旅游成为旅游观光业发展的新增长点,蕴含巨大的经济综合效应。草原是草原文明形成与发展的基础,草原文明同农耕文明、海洋文明一道构成人类社会重要的文化形态。草原文明体现“敬畏自然、尊重自然、顺应自然与保护自然”的人与自然和谐相处的核心精神理念与基本生态价值,要求在城镇化建设与城市化进程中,遵循绿色、循环与低碳发展理念是草原文化的实质内涵。

草原具有独特的生态、经济、社会功能,在维护世界生态安全、促进经济社会可持续发展、农牧民增收等方面具有重要的战略价值,是人类极为宝贵的财富。由此,依法保护草原就是保障生态安全,保护草原建设成果也是维护人民生命财产安全和草原畜牧业健康发展的一项重要工作。

3. 草原资源的战略意义

草原资源是由生长在干旱和半干旱地区的草本植物,即草原、草山、草地、草坡,以及所含有的各类生物资源和牲畜的资源等所组成的对人类具有经济价值的生态综合体。据《农业大词典》等记载,草原资源具有资源分布的广泛性、资源构成的整体性、资源类型的地域性、资源演变的不可逆性、资源量的有限性和生产潜力的无限性等特点,具有重要的生态价值和战略意义。

草原资源具有不可替代的生态价值。草原占全球陆地面积的四分之一,属世界上主要生态系统之一。作为重要的可再生生物资源,草原资源在地球生物圈中具有不可替代的作用。保护、建设与利用好草原资源,改善生态环境,维护生物多样性,促进经济社会的可持续发展,不仅成为我国现代化建设中必须始终坚持的一项基本方针,也是国际层面一直关注与关心的重要议题。2022 年 3 月 15 日,联合国大会全体会议通过了由蒙古国申请提出、国际组织共同推动的决议,宣布 2026 年为“国际草原与牧民年”(International Year of Grasslands and Pastoral,IYRP),由联合国粮农组织负责推动计划的实施和落实。早在 2022 年 1 月 26 日联合国的第 76 届会议上,由安哥拉、多民族玻利维亚国、中非共和国和蒙古国提出的设立“2026 年国际草原与牧民年”决议草案上指出,“草牧业是一种动态的与变革性的生计,其以多样的生态系统、文化、身份、传统知识和历史经验等元素为纽带成为自然的共存部分,指出健康的草原对刺激经济增长、增强(牧民)生计促进草牧业的可持续发展具有重要作用。草原是地球上分布最广的植被类型,草牧业在全球范围内以不同的形式存在,超过地球表面 1/2 以上的面积,此刻正在遭受严重的荒漠化,呼吁各成员国进一步加强对草牧业部门能力的建设,加大对草牧及草牧业健康和饲养及服务推广的投资,提高生产力、减少温室气体的排放等”。

从国内层面看，草原资源的开发与保护是我国生态文明建设的题中之义。草原是我国主要江河的发源地和水源涵养区，60 亿亩草原构成我国陆地面积最大的绿色生态屏障，对国家生态安全具有基础性、战略性作用。草原也是广大牧区群众与边疆民族重要的生活生产资料，承担着维护民族团结和边疆稳定的重要任务，关系国家的长治久安。

草原建设是实现“双碳”目标的重要一环。草原植物是固碳的重要载体，尤其是在减缓全球气候变暖上，作为分布最广的生态系统的草原，发挥着重要吸碳降温作用。在“降碳减排”政策及目标下，一直备受忽视的草原碳汇功能逐渐受到人们的关注，计划将草原碳汇纳入碳汇项目类型，投入市场经济交易中，实现其生态效应与经济价值。

草原碳汇是指草原植被通过光合作用将大气中的二氧化碳转化为碳水化合物，并以有机碳的形式固定在植物体内或土壤中，形成高效安全低成本的草原生态系统的“碳容器”，以达到减少大气中二氧化碳浓度的过程或机制。草原是陆地上仅次于森林的第二大碳库，主要由草原地上植被层、地下根系层和土壤层这三个碳库组成，其总碳贮量约占全球陆地生态系统的 1/3，且约 93%的碳储存在土壤中，使得草地生态系统作为碳汇容器具有更高的稳定性。[①] 从分布上看，草甸草原和典型草原累积了全国草原 2/3 的有机碳，高寒草原约 95%的碳储存在土壤中，约占全国土壤碳储量的 55.6%，对全国总生物量碳储量的贡献最大。[②] 国家林业和草原局草原管理司副司长刘加文指出，我国草原总碳储量为 300 亿～400 亿吨，每年固碳量约 6 亿吨，足见我国草原碳汇潜力巨大。此外，草原固碳的成本仅为森林固碳的 2/5 左右，在提质增效的同时，亦达到降低成本的目的。在全面认识草原碳汇功能时，必须制定更加科学、合理的草原政策，全面发挥草原系统的碳储功能与碳库作用，建立良性循环的草原生态系统，助力国家“双碳”目标的实现。

2021 年 10 月 24 日国务院印发《2030 年前碳达峰行动方案》，第八项“碳汇能力巩固提升行动”中提出，要严守生态保护红线，严控生态空间占用，稳定现有草原的固碳作用，构建有利于碳达峰、碳中和的国土空间开发保护格局。

随着人们对草原碳汇作用的认识不断加深，我国在加快调整草原保护的相关立法及政策外，不断加强草原生态建设，通过草地改良、围栏封育、浅翻轻耙、松土补播、人工种草等禁牧休牧、草畜平衡的措施，加快草原生态保护与修复治理，着力强化草原管理与建设，积极引导草原合理与科学利用，大力推进草原资源调查及法治宣传工作。同时，积极查处和严厉打击各类违法、违规征占用草原、破坏草原植被的违法犯罪行为。通过这些措施，自党的十八大以来，我国的草原植被明显得到修复与改善，植被覆盖度和优质牧草的比例得到大幅度提高，土壤扰动活动减少，草原固碳能力和土壤蓄积碳能力不断增强。

（二）草原资源保护与利用的立法概况

1985 年 6 月第六届全国人民代表大会常务委员会第十一次会议通过的《草原法》，从草原权属、草原规划与建设、草原利用与保护、法律责任方面搭建起草原保护专门立法的骨架。

---

① 高玉娟，石娇，李新. 基于 CiteSpace 的草原碳汇研究的知识图谱分析[J]. 草业学报，2020，29(8)：19

② 刘加文. 重视和发挥草原的碳汇功能[EB/OL]. [2022-10-20]. http://www.forestry.gov.cn/main/72/20181206/110033750701384.html.

2002年12月28日第九届全国人民代表大会常务委员会第三十一次会议对《草原法》进行修订，进一步明确了草原家庭承包经营责任制的作用和管理方式，同时增加了大量关于草原保护、修复的条款，从法律层面增强了国家对草原保护建设的投入力度。其后，《草原法》又历经了2009年、2012年与2021年的多次修订与修正，最终建立起内容较为全面、体系相对完备的草原保护法律制度。

为了减缓与遏制草原退化，加强对草原的保护、利用与管理，国务院先后颁布了一系列有关草原保护与建设的政策和行政法规，包括1993年制定、2008年修订的《草原防火条例》、1996年的《野生植物保护条例》、1998年的《全国生态环境建设规划》、2000年的《国务院关于禁止采集和销售发菜制止滥挖甘草和麻黄有关问题的通知》与《国务院关于进一步做好退耕还林还草试点工作的若干意见》、2002年的《国务院关于加强草原保护与建设的若干意见》。

2015年，党中央、国务院印发了《关于加快推进生态文明建设的意见》和《生态文明体制改革总体方案》，明确将草原法修订列为重要改革保障内容。2016年，农业部印发《推进草原保护制度建设工作方案》，提出要全面落实基本草原保护、草原禁牧休牧轮牧和草畜平衡等制度，促进草原生态环境稳步恢复，规划我国草原保护制度建设路线图；同年发布《全国草原保护建设利用“十三五”规划》，提出推动构建草原产权制度、保护制度、监测预警制度、科学利用制度、监管制度等五大制度体系。2021年，国家林业和草原局发布了《“十四五”林业草原保护发展规划纲要》，提出要推进林草碳汇行动，深入研究草原碳汇能力及实现路径，鼓励社会主体参与林草碳汇项目开发建设，指导开展林草碳汇项目开发交易和碳中和行动。

（三）《草原法》的主要内容

1.《草原法》总则的主要内容

《草原法》总则规定了立法宗旨、适用范围、基本原则与管理体制等重要问题。《草原法》的立法宗旨包括保护、建设和合理利用草原，改善生态环境、维护生物多样性，发展现代畜牧业与促进经济社会的可持续发展四个方面。将人工草地纳入《草原法》调整范围，有利于草原建设、保护和利用，发展畜牧业生产，改善生态环境。草原工作必须遵循科学规划、全面保护、重点建设、合理利用的方针，促进草原的可持续利用和生态、经济、社会的协调发展。同时规定了针对草原管理、保护建设、合理利用和科学研究的奖惩制度与监管体制。

2. 草原权属

人类对草原资源的利用，形成草原上的权利义务关系。明确草原权属并实行依法保护，有利于减少权利滥用与冲突，落实草原生态保护监管职责。为了加强对草原的保护、管理、开发和合理利用，必须明确草原的所有权、使用权与承包经营权。

1）草原所有权

根据《草原法》的规定，草原属于国家所有，由法律规定属于集体所有的除外。国家所有的草原，由国务院代表国家行使所有权。任何单位或者个人不得侵占、买卖或者以其他形式非法转让草原。

2）草原使用权

国家所有的草原，可以依法确定给全民所有制单位、集体经济组织等使用。使用草原的单位，应当履行保护、建设和合理利用草原的义务。依法确定给全民所有制单位、集体经济组织等使用的国家所有的草原，由县级以上人民政府登记，核发使用权证，确认草原使用权。未确定使用权的国家所有的草原，由县级以上人民政府登记造册，并负责保护管理。集体所有的草原，由县级人民政府登记，核发所有权证，确认草原所有权。依法改变草原权属的，应当办理草原权属变更登记手续。

3）草原承包经营权

《草原法》规定集体所有的草原或者依法确定给集体经济组织使用的国家所有的草原，可以由本集体经济组织内的家庭或者联户承包经营。在草原承包经营期内，原则上不得对承包经营者使用的草原进行调整；集体所有的草原或者依法确定给集体经济组织使用的国家所有的草原由本集体经济组织以外的单位或者个人承包经营的，必须经本集体经济组织成员的村（牧）民会议 2/3 以上成员或者 2/3 以上村（牧）民代表的同意，并报乡（镇）人民政府批准。草原承包经营权受法律保护，可以按照自愿、有偿的原则依法转让。通过建立与完善草原承包经营责任制，可以最大效应发挥草原使用者的主体作用，促进畜牧业的发展。

4）争议处理

草原所有权、使用权的争议，由当事人协商解决；协商不成的，由有关人民政府处理。单位之间的争议，由县级以上人民政府处理；个人之间、个人与单位之间的争议，由乡（镇）人民政府或者县级以上人民政府处理。当事人对有关人民政府的处理决定不服的，可以依法向人民法院起诉。

在草原权属争议解决前，任何一方不得改变草原利用现状，不得破坏草原和草原上的设施。

3. 草原发展规划

草原是农牧民的基本生产资料，也是生态保护的屏障，在促进经济社会可持续发展方面发挥重要的基础性与战略性作用，需要做好规划工作并以法律形式确定下来，妥善处理好眼前利益和长远利益，减少草原资源的无度无序无质开发，加强对草原的分类管理与合理利用，切实把保护生态环境、提升经济收益、保障公众生存发展权利三者有机结合起来，实现对草原保护和利用的可持续、内涵式发展。

《草原法》设置了九个条文，从草原保护、建设、利用规划的编制、审批程序、编制原则、编制内容以及与有关规划的关系、草原调查，草原分等定级、草原统计和草原生态监测预警制度等方面规划草原的保护、建设、利用工作。

1）草原保护、建设、利用统一规划制度

《草原法》第十七条规定："国家对草原保护、建设、利用实行统一规划制度。国务院草原行政主管部门会同国务院有关部门编制全国草原保护、建设、利用规划，报国务院批准后实施。县级以上地方人民政府草原行政主管部门会同同级有关部门依据上一级草原保护、建设、利用规划编制本行政区域的草原保护、建设、利用规划，报本级人民政府批准后实施。经批准的草原保护、建设、利用规划确需调整或者修改时，须经原批准机关批准。"

2）草原调查制度与统计制度

草原资源调查是县级以上人民政府草原行政主管部门，根据需要在一定范围内和时间内、为查清草原的面积、质量、分布、利用和权属状况而采取的一项技术的、行政的、法律的调查措施。草原所有者或者使用者应当支持、配合调查，并提供有关资料。国务院草原行政主管部门会同国务院有关部门制定全国草原等级评定标准。县级以上人民政府草原行政主管部门根据草原调查结果、草原的质量，依据草原等级评定标准，对草原进行评等定级。国家建立草原调查制度，可确保草原调查制度化、规范化、程序化与法治化，为国家开展草原保护、管理、建设和利用提供真实全面的基础数据材料。草原统计制度是国家法定的统计项目的重要内容。县级以上人民政府草原行政主管部门和同级统计部门共同制定草原统计调查办法，依法对草原的面积、等级、产草量、载畜量等进行统计，定期发布草原统计资料。草原统计资料是各级人民政府编制草原保护、建设、利用规划的依据。建立草原统计制度，可以为国家和各级人民政府制定政策、规划和管好用好草原资源奠定良好基础。

3）建立草原生产、生态监测预警系统

国家建立草原监测预警系统，可以及时了解到草原生态动态，有助于做好草原灾害的应急预案准备工作。《草原法》规定，县级以上人民政府草原行政主管部门对草原的面积、等级、植被构成、生产能力、自然灾害、生物灾害等草原基本状况实行动态监测，及时为本级政府和有关部门提供动态监测和预警信息服务。

4. 草原的建设、利用与保护

1）草原建设

草原建设是指为了提升草原的生态功能与提高草原生产能力而进行的基本建设及采取的生产措施。加强草原生态保护与建设，对于维护国家生态安全，增强应对气候变化能力，促进草原畜牧业和牧区经济社会可持续发展，具有举足轻重的作用且能提供有力保障。《草原法》设置了七个条文，从人工草地、草原改良、草原生产生活设施、草种管理、草原防火设施、草原综合治理、建设专项资金安排等框定草原建设的基本内容。

《草原法》规定，县级以上人民政府应当增加草原建设的投入，支持草原建设。国家鼓励单位和个人投资建设草原，按照谁投资、谁受益的原则保护草原投资建设者的合法权益。国家鼓励与支持人工草地建设、天然草原改良和饲草饲料基地建设，稳定和提高草原生产能力。县级以上人民政府应当支持、鼓励和引导农牧民开展草原围栏、饲草饲料储备、牲畜圈舍、牧民定居点等生产生活设施的建设，支持草原水利设施建设，发展草原节水灌溉，改善人畜饮水条件。这是对政府应当加强草原建设投入的强制性规定及建立草原多元投资渠道的鼓励性规定。

《草原法》鼓励选育、引进、推广优良草品种。新草品种必须经全国草品种审定委员会审定，由国务院草原行政主管部门公告后方可推广。县级以上人民政府草原行政主管部门依法加强对草种生产、加工、检疫、检验的监督管理，保证草种质量。为了维护国内生态安全，《草原法》规定，从境外引进草种必须依法进行审批。同时，为了保障草种质量，还必须建立健全草种质量认证、检测体系与管理制度。

草原火灾风险防控工作是国家防灾减灾工作的重要组成部分，也是国家公共应急体系建设的重要组成内容，事关人民生命财产安全，事关资源环境保护和生态安全，事关经济社会大局稳定。《草原法》规定，县级以上人民政府应当有计划地进行火情监测、防火物资储备、防火隔离带等草原防火设施的建设，确保防火需要。

防治草原"四化"与水土流失。我国天然草场存在不同程度的"四化"与水土流失，《草原法》规定，对退化、沙化、盐碱化、石漠化和水土流失的草原，地方各级人民政府应当按照草原保护、建设、利用规划，划定治理区，组织专项治理。大规模的草原综合治理，列入国家国土整治计划。

2）草原利用

草原利用是指人类以直接或间接方式对草原资源进行收获、享用、开发和加工的活动，为人类的生产、生活和社会经济创造价值及提供服务。

《草原法》规定了保持草畜平衡基本要求和措施：草原承包经营者应当合理利用草原，不得超过草原行政主管部门核定的载畜量；采取种植和储备饲草饲料、增加饲草饲料供应量、调剂处理牲畜、优化畜群结构、提高出栏率等措施，保持草畜平衡；实行划区轮牧，合理配置畜群，均衡利用草原。这些规定的核心是核定适宜载畜量，要求草原承包经营者合理利用草原，防止超载过牧，破坏草原。过度放牧、超载放牧是我国天然草原退化的主要原因，作出遵循草原载畜量标准的强制性规定，有利于草畜平衡，实现草原生态系统良性循环。

国家提倡在农区、半农半牧区和有条件的牧区实行牲畜圈养，做好饲草饲料的调剂、储备，逐步改变依赖天然草地放牧的生产方式。在草原禁牧、休牧、轮牧区，国家对实行舍饲圈养的给予粮食和资金补助。

此外，《草原法》还确定了草场的割种期及轮割轮采的基本方法，明确了因建设、征用征收使用、临时占用以及在草原上修建直接为草原保护和畜牧业生产服务的工程设施而使用草原的审核审批程序与相关补偿与恢复费用。

3）草原保护

2021年3月30日，国务院办公厅印发《关于加强草原保护修复的若干意见》，明确了草原保护修复的工作措施，包括建立草原调查体系、健全草原监测评价体系、编制草原保护修复利用规划、加大草原保护力度、完善草原自然保护地体系、加快推进草原生态修复、统筹推进林草生态治理、大力发展草种业、合理利用草原资源、完善草原承包经营制度、稳妥推进国有草原资源有偿使用制度改革、推动草原地区绿色发展等，这是广义上的草原保护。《草原法》通过十四个条文，具体规定了草原保护的三项重要制度与五项禁止性规定。

（1）国家实行基本草原保护制度。草原是广大农牧民重要的生产生活资料，是畜牧业的重要生产基地，必须划定基本草原的范围，将对其的保护程度上升到基本农田保护程度，不仅进一步提升了广大群众对草原保护及生态文明建设的重要性的认识，更是通过法律保障了草原保护的红线。《草原法》规定，下列草原应当划为基本草原，实施严格管理：重要放牧场；割草地；用于畜牧业生产的人工草地、退耕还草地以及改良草地、草种基地；对调节气候、涵养水源、保持水土、防风固沙具有特殊作用的草原；作为国家重点保护野生动植物生存环境的草原；草原科研、教学实验基地；国务院规定应当划为基本草原的其他草原。

（2）建立草原自然保护区。国务院草原行政主管部门或者省、自治区、直辖市人民政府可以按照自然保护区管理的有关规定在下列地区建立草原自然保护区：具有代表性的草原类型；珍稀濒危野生动植物分布区；具有重要生态功能和经济科研价值的草原。自然保护区是大自然的一个缩影，保留、再现及还原大自然的最佳基地。因此，建立草原自然保护区，既是对自然底色的留存，保留美学价值，也有利于保护现有珍稀物种资源，保持生物遗传种群的多样性的，更是提供了极为重要的科考教研价值。

(3) 实行以草定畜、草畜平衡制度。国家对草原实行以草定畜、草畜平衡制度。县级以上地方人民政府草原行政主管部门应当按照国务院草原行政主管部门制定的草原载畜量标准，结合当地实际情况，定期核定草原载畜量。各级人民政府应当采取有效措施，防止超载过牧。实行以草定畜、草畜平衡制度，有助于草原生态系统的良性循环，落实畜牧业发展与保护草原生态并重的原则。

(4) 禁止开垦草原、实行禁牧、休牧制度。人类无序开垦草原是造成草原生态破坏的主要原因，必须严格落实保护草原、严禁开垦的基本政策，推进已垦草原退耕还草工程工作的规范化、法治化。《草原法》规定，禁止开垦草原，对水土流失严重、有沙化趋势、需要改善生态环境的已垦草原，应当有计划、有步骤地退耕还草；已造成沙化、盐碱化、石漠化的，应当限期治理。对严重退化、沙化、盐碱化、石漠化的草原和生态脆弱区的草原，实行禁牧、休牧制度。

(5) 禁止采挖及破坏草原植被的活动。在荒漠、半荒漠和严重退化、沙化、盐碱化、石漠化、水土流失的草原以及生态脆弱区的草原上禁止采挖植物和从事破坏草原植被的其他活动。在草原上从事采土、采砂、采石等作业活动，应当报县级人民政府草原行政主管部门批准；开采矿产资源的，并应当依法办理有关手续。经批准在草原上从事采土、采砂、采石等作业活动的，应当在规定的时间、区域内，按照准许的采挖方式作业，并采取保护草原植被的措施。在草原上种植牧草或者饲料作物、开展经营性旅游活动，应当符合草原保护、建设、利用规划；并不得侵犯草原所有者、使用者和承包经营者的合法权益，不得破坏草原植被。

此外，《草原法》还对草原鼠害、病虫害和毒害草防治工作进行了规定。

5. 监督检查

国务院草原行政主管部门和草原面积较大的省、自治区的县级以上地方人民政府草原行政主管部门设立草原监督管理机构，负责草原法律、法规执行情况的监督检查，对违反草原法律法规的行为进行查处。草原监督检查人员履行监督检查职责时，有权采取下列措施：①要求被检查单位或者个人提供有关草原权属的文件和资料，进行查阅或者复制；②要求被检查单位或者个人对草原权属等问题作出说明；③进入违法现场进行拍照、摄像和勘测；④责令被检查单位或者个人停止违反草原法律法规的行为，履行法定义务。草原监督检查人员在履行监督检查职责时，应当向被检查单位和个人出示执法证件。

第五节　特定区域环境保护法律制度

一、概述

（一）特定区域环境与特定区域环境保护

1. 特定区域环境

区域环境是指一个特定的地域空间的自然环境或人为环境的总体。区域环境具有独立的结构和特征，按功能可分为自然区域环境、人为区域环境、农业区域环境、旅游区域环境等。但相对于一般环境而言，区域环境中又存在着一些对于科学、文化、教育、历史、美学、旅游等方面有特殊价值和意义的环境结构，可以将其称为特定区域环境，如自然保护区、风景名胜区、森林公园、自然与人文遗迹、湿地、基本农田保护区、饮用水源保护区、禁猎区、禁渔区等。简言之，特定区域环境是以环境中的一定地域为单位，由特定的自然因素或人为因素共同组成的具有人文、生态价值的自然环境总体，主要包括自然遗迹、人文遗迹、自然保护区、风景名胜区等。

1978 年的《国际自然与自然资源保护公约》将各种保护区域分成十类：科学保护区、国家公园、自然纪念保护区、管理的自然区、景观保护区、资源保护区、人类学保护区、资源经营保护区、生物圈保护区、世界遗产保护区。

一般而言，特定区域环境及其特性是不可再生和复制的，一旦这些环境资源遭受破坏便难以恢复，有的甚至是不可逆转的，因此，必须采取更为妥善和严格的措施加以全面保护，防止其遭受破坏。

2. 特定区域环境保护

我国现行环境资源保护法律法规明确规定的需要特别保护的特定区域包括自然保护区、风景名胜区、森林公园、海洋自然保护区、湿地保护区、禁猎区、禁渔区等，并已实际形成了一套较为完备的法律制度体系。

特定区域环境保护是人类保护大自然的一种特殊手段和重要措施，它对于保护人类的自然财富、促进精神文明和物质文明建设、维护人与自然的和谐关系、维护生态安全、保护人类持久的幸福、实现可持续发展具有特殊意义。①有利于保存自然环境的本来面目，为人类观察、研究自然界的发展规律，以及为环境监测评价提供客观依据。比如各种自然保护区的设立，为保存生物物种的多样性和繁殖生物资源提供了可能性。②有利于提高环境质量，满足人类享受优美舒适环境的需要，提高人类的生活水平。如各种自然风景名胜区、国家公园的设立，既保持了生态系统的平衡，也为人类提供了欣赏自然、享受自然的场所。③有利于维持生物圈的生态平衡，有利于保持水土、涵养水源、调节气候，改善人类生活环境，促进农业生产发展。如农业生产与自然生产过程的紧密联系性客观上要求对农业环境进行全面保护。④有利于防治环境污染，改善区域环境质量。环境污染和破坏的产生都具有显著的区域性特征，针对不同区域环境结构特征进行环境污染的防治和生态环境的保护是环境保护的客观要求和不可或缺的手段。⑤有利于“双碳”目标的实现。生态系统具有重要的固碳、排碳的双重功能，根据生态环境部环境规划院报告，全球土壤碳储量为大气的 3 倍，土壤碳占基于自然的解决方案潜力的 25%（总潜力为每年 238 亿吨）；森林草地的碳汇能力占整个陆地生态系统的 2/3 左右。[①] 我国自然保护区、湿地保护区等特定区域的设立，提升了生态系统质量和稳定性，增强了生态系统调节气候、固碳释氧、减排增汇的能力，对“双碳”目标的实现具有重要作用。

---

① 国家发展改革委.资源统筹开发与生态保护 促进人与自然和谐发展：将碳达峰碳中和贯穿于资源开发利用和保护的方方面面[EB/OL].[2021-11-05]. https://www.ndrc.gov.cn/xxgk/jd/jd/202111/t20211105_1303106.html.

（二）特定区域环境保护法

1. 特定区域环境保护法的概念和特征

特定区域环境保护法是关于区域环境特殊保护的法律规范的总称，由散见于各相关法律法规中的法律规范所构成，是环境保护法的重要组成部分。由于特定区域环境保护法在立法目的和保护对象上的特殊性，较之于一般区域环境保护法，具有如下特征。

1）严厉性

和一般的区域环境保护法相比，特定区域环境保护法所采取的保护措施更为严格。对于特定区域的管理方针是“保护重于开发利用”，有时甚至根本不允许进行开发，保留景观的原貌仅供科学研究等使用。例如，根据《环境保护法》第二十九条规定：“各级人民政府对具有代表性的各种类型的自然生态系统区域，珍稀、濒危的野生动植物自然分布区域，重要的水源涵养区域，具有重大科学文化价值的地质构造、著名溶洞和化石分布区、冰川、火山、温泉等自然遗迹，以及人文遗迹、古树名木，应当采取措施予以保护，严禁破坏。”

2）专门性

对于特定区域环境的保护，往往按照保护对象的特征设定专门的标准，建立档案，并建立专门程序和制度，以此与一般的区域环境保护相区别。同时，特定区域环境保护的法律规定也因保护对象的差异而有所不同。如对自然保护区的立法，会因自然保护区的森林类别、野生动物类型不同而有所差别。

2. 我国特定区域环境保护法律体系

目前，我国对于特定区域环境保护的立法分为国家立法和地方立法两个层面。

从国家立法层面上看，我国对于特定区域环境保护反映在两个方面：一是专门的关于特定区域环境保护的法律法规，包括《湿地保护法》《自然保护区条例》《风景名胜区管理条例》《森林公园管理办法》等；二是反映在其他环境立法及规范性文件中关于特定区域环境保护的规定。如《环境保护法》《环境影响评价法》《森林法》《草原法》《水法》《土地管理法》《文物保护法》《长江保护法》等，另外还有一些具有法律意义的文件和通知也是特定区域环境保护法律体系的重要组成部分，为特定区域的发展提供一些纲领性的指导，如我国1997年发布的《中国自然保护区发展规划纲要（1996—2010）》提出自然保护区建设总目标是：建立一个类型齐全、分布合理、面积适宜、建设和管理科学的国家自然保护区网络。

从地方立法层面上看，目前我国大部分省（自治区、直辖市）都有关于特定区域环境保护的地方立法，如《江西武夷山国家级自然保护区条例》（2018年）、《新疆维吾尔自治区卡拉麦里山有蹄类野生动物自然保护区管理条例》（2020年修正）、《浙江省钱塘江管理条例》（2020年修正）、《遵义市凤凰山国家森林公园保护条例》（2021年）、《杭州市淳安特别生态功能区条例》（2022年）、《江苏南通狼山国家森林公园管理条例》（2022年）等。这些地方立法弥补了国家立法的不足，因地制宜地保护了地方特定区域环境资源，但也存在着立法权限不明、立法形式化、立法实效后评估缺失等问题。

为完善特定区域保护立法，在立法进程方面，国家林业和草原局已着手推进自然保护地立法工作，旨在构建形成“两法＋两条例＋N办法”的自然保护地立法体系框架，构建以《自然保护地法》为基本法，《国家公园法》《自然保护区条例》《风景名胜区条例》等法律法规为支撑,地方性法规为补充的自然保护地法律法规体系。[①]

二、自然保护区法律制度

(一) 自然保护区的概述

1. 自然保护区概念、特征及分类

根据《自然保护区条例》第二条规定,自然保护区是指对有代表性的自然生态系统、珍稀濒危野生动植物物种的天然集中分布区、有特殊意义的自然遗迹等保护对象所在的陆地、陆地水体或者海域,依法划出一定面积予以特殊保护和管理的区域。自然保护区的突出特点在于它是一种区域保护形式,采取特殊措施对一定的区域生态环境及其中的重要生态因子和自然因素一并予以严格保护。

自然保护区具有两个显著的特征。①自然保护区以保护自然整体性为前提。所有的自然保护区都有特定的保护对象,这个特定的保护对象是自然保护区的核心,和自然保护区完全融为一体。划定自然保护区的目的,就是要保护这个自然整体不受外界的干扰和破坏。②自然保护区的旅游开发,必须依托其生态价值。自然保护区是自然禁区,其首要任务是保护其免受干扰和破坏,保护其整体生态功能的正常发挥。在自然保护区开展旅游活动,应当结合自然保护区的生态特点,严格遵守自然保护区的各项管理规定,不得损害自然保护区的生态功能。

自然保护区在国际国内存在多种分类,一般分为以下几类。①综合生态系统自然保护区指在不同自然地带中,为保护具有代表性的,保持完好的自然生态系统建立的保护区,如以保护温带山地生态系统及自然景观为主的长白山自然保护区,以保护亚热带生态系统为主的武夷山自然保护区和保护热带自然生态系统的云南西双版纳自然保护区等。②生物物种自然保护区指为保护具有国家或世界意义的珍稀、濒危生物物种建立的保护区,如四川卧龙和王朗等自然保护区以保护大熊猫为主,黑龙江扎龙和吉林向海等自然保护区以保护丹顶鹤为主;四川铁布自然保护区以保护梅花鹿为主等。③自然遗产自然保护区指为保护在地质和自然景观的地质地貌方面有特殊科研、游览价值的自然遗产而建立的保护区,如以保护火山遗迹和自然景观为主的黑龙江五大连池自然保护区;保护珍贵地质剖面的天津蓟县地质剖面自然保护区;保护重要化石产地的山东临朐山旺古生物化石保护区等。④风景名胜自然保护区(含国家公园)指为保护比较完整的自然生态系统、自然环境优美的风景名胜等具有游览价值地区的保护区,如四川九寨沟、缙云山自然保护区、江西庐山自然保护区等。⑤文化遗产自然保护区指为保护在人类历史和文化中具有突出的科学、艺术和观赏价值的文化遗产建立的保护区,如福建闽南文化生态保护区、青海热贡文化生态保护区、浙江海洋渔文化生态保护区等。

2. 建立自然保护区的意义

建立自然保护区是保护自然环境和自然资源,防止生态破坏的有效途径,对推动中国式

---

① 国家林业和草原局政府网."关于加快自然保护地立法的建议"复文(2021 年第 3017 号)[EB/OL].[2021-12-22]. https://www.forestry.gov.cn/main/4861/20211122/121908720786415.html.

现代化建设发挥着重要的作用。习近平总书记在党的二十大报告中明确提出“中国式现代化是人与自然和谐共生的现代化”。坚持可持续发展,坚持节约优先、保护优先、自然恢复为主的方针,像保护眼睛一样保护自然和生态环境。自然保护区的建立对人类的生存及生态环境有着深远的意义。

(1)自然保护区为人类提供生态系统的天然“本底”。各种生态系统是生物与环境长期相互作用的产物。在各种自然地带保留下来的、具有代表性的天然生态系统或景观地带,被划为自然保护区加以保护的,都是极为珍贵的自然界的原始“本底”,它为衡量人类活动对自然界影响的优劣,提供了评价的准则,同时也对探讨某些自然地域生态系统的合理发展指出了一条途径。

(2)自然保护区是各种生态系统以及生物物种的天然贮存库。由于人类对自然环境的干扰和破坏日益加剧,许多物种濒临灭绝。自然保护区的建立正是为人类保存了这些物种及其赖以生存的环境。

(3)自然保护区是理想的科学研究基地和教学的实习场所。自然保护区保持着完整的生态系统、丰富的物种、生物群落及其生存的环境,被称为是“活的自然博物馆”。

(4)自然保护区对改善环境、保持水土、涵养水源,维持生态平衡具有重要作用。特别是在河流上游、公路两侧及陡坡上划出受保护的水源涵养林,是自然保护区的一种特殊类型,直接起到保护生态环境的作用。

(二)自然保护区建设、管理的法律规定

为了加强自然保护区的建设和管理,保护自然环境和自然资源,1994 年 10 月 9 日,国务院发布《自然保护区条例》,并于 2017 年 10 月 7 日进行修订。条例共四十四条,分为五章,包括总则、自然保护区的建设、自然保护区的管理、法律责任、附则。

1. 自然保护区的规划与管理体制

根据《自然保护区条例》及其他有关法律的规定,国家采取有利于发展自然保护区经济、技术的政策和措施,将自然保护区的发展规划纳入国民经济和社会发展计划。

国家对自然保护区实行综合管理与分部门管理相结合的管理体制,具体规定是:国务院环境保护行政主管部门负责全国自然保护区的综合管理;国务院林草、地质矿产、水利、海洋等有关行政主管部门在各自的职责范围内,主管有关自然保护区的相关事宜;县级以上地方人民政府负责自然保护区管理的部门的设置和职责,由省、自治区、直辖市人民政府根据当地情况确定。

2. 自然保护区建设的法律规定

1)建立自然保护区的条件

根据《自然保护区条例》第十条规定,建立自然保护区,必须具备下列条件之一:①典型的自然地理区域、有代表性的自然生态系统区域以及已经遭受破坏但经保护能够恢复的同类自然生态系统区域;②珍稀、濒危野生动植物物种的天然集中分布区域;③具有特殊保护价值的海域、海岸、岛屿、湿地、内陆水域、森林、草原和荒漠;④具有重大科学文化价值的地质构造、著名溶洞、化石分布区、冰川、火山、温泉等自然遗迹;⑤经国务院或省、自治区、直辖市人民政府批准,需要予以特殊保护的其他自然区域。

2）自然保护区的分级及设立审批

根据《自然保护区条例》第十一条规定，我国自然保护区分为国家级自然保护区和地方级自然保护区。

在国内外有典型意义、在科学上有重大国际影响或者有特殊科学研究价值的自然保护区，列为国家级自然保护区。国家级自然保护区的建立，由自然保护区所在的省、自治区、直辖市人民政府或者国务院有关自然保护行政主管部门提出申请，经国家级自然保护区评审委员会评审后，由国务院环境保护行政主管部门进行协调并提出审批建议，报国务院批准。

除列为国家级自然保护区的外，其他具有典型意义或者重要科学研究价值的自然保护区列为地方级自然保护区。地方级自然保护区的建立，由自然保护区所在的县、自治县、市、自治州人民政府或者省、自治区、直辖市人民政府有关自然保护区行政主管部门提出申请，经地方级自然保护区评审委员会评审后，由省、自治区、直辖市人民政府环境保护行政主管部门进行协调并提出审批建议，报省、自治区、直辖市人民政府批准，并报国务院环境保护行政主管部门和国务院有关自然保护区行政主管部门备案。

跨两个以上行政区域的自然保护区的建立，由有关行政区域的人民政府协商一致后提出申请，按国家级或地方级自然保护区的审批办法审批；建立海上自然保护区，须经国务院批准。

3）自然保护区的范围、界限

根据《自然保护区条例》第十四条规定，自然保护区的范围和界限由批准建立自然保护区的人民政府确定，并标明区界，予以公告。

确定自然保护区的范围和界限，应当兼顾保护对象的完整性和适度性，以及当地经济建设和居民生产、生活的需要。自然保护区范围、界限及其性质的调整或改变，应当经原批准建立自然保护区的人民政府批准。任何单位和个人不得擅自移动自然保护区的界标。

4）自然保护区的撤销

根据《自然保护区条例》第十五条规定，撤销自然保护区，应当经原批准建立自然保护区的人民政府批准。

5）自然保护区内部区域功能的划分

根据《自然保护区条例》第十八条规定，自然保护区内部可以划为核心区、缓冲区和实验区。自然保护区内保存完好的天然状态的生态系统以及珍稀、濒危动植物的集中分布地，应当划分为核心区，禁止任何单位和个人进入。因科学研究的需要，必须进入核心区从事科学研究观测、调查活动的，应当事先向自然保护区管理机构提交申请和活动计划，并经自然保护区管理机构批准；其中，进入国家级自然保护区核心区的，应当经省、自治区、直辖市人民政府有关自然保护区行政主管部门批准。核心区外围可以划定一定面积的缓冲区，只准进入从事科学研究观测活动。缓冲区外围划为实验区，可以进入从事科学实验、教学实习、参观考察、旅游以及驯化、繁殖珍稀、濒危野生动植物等活动。

原批准建立自然保护区的人民政府认为必要时，可以在自然保护区的外围划定一定面积的外围保护地带。

3. 自然保护区管理的法律规定

1）自然保护区管理体制

①管理机构。确立国家级和地方级自然保护区的行政主管部门，设立专门的自然保护

区管理机构,加强对自然保护区的管理和监督。国家级自然保护区由其所在地的省、自治区、直辖市人民政府有关自然保护区行政主管部门或者国务院有关自然保护区行政主管部门管理;地方级自然保护区由其所在地的县级以上人民政府有关自然保护区行政主管部门负责。有关自然保护区行政主管部门应在自然保护区内设立专门的管理机构,配备专业技术人员,负责自然保护区的具体管理工作。县级以上人民政府环境保护行政主管部门有权对本行政区域内各类自然保护区的管理进行监督检查。②制定技术规范和标准。全国自然保护区管理的技术规范和标准,由国务院环境保护行政主管部门组织国务院有关自然保护区行政主管部门制定;国务院有关自然保护行政主管部门也可以按照职责分工,制定有关类型自然保护区管理的技术规范,但要报国务院环境保护行政主管部门备案。③设置治安机构、公安派出机构,采取治安防范措施,维护自然保护区内的治安秩序。

2）自然保护区管理制度

我国立法对自然保护区的管理规定了禁限制度、污染防治制度、限期治理制度、突发性事件或事故的处理等。①禁限制度。禁止在自然保护区内进行开发、放牧、狩猎、捕捞、采药、开垦、烧荒、开矿、采石、挖沙等活动,但法律法规另有规定的除外。禁止任何人进入自然保护区的核心区。因科学研究需要必须进入的,应事先向自然保护区管理机构提交申请和活动计划,并经省级以上人民政府有关自然保护区行政主管部门批准。其中,进入国家级自然保护区核心区的,必须经国务院有关自然保护行政主管部门批准。禁止在自然保护区的缓冲区开展旅游和生产经营活动。因教学科研目的,需要进入缓冲区从事非破坏性的科学研究、教学学习和标本采集活动的,应事先向自然保护区管理机构提交申请活动计划,经自然保护区管理机构批准。在自然保护区的实验区开展参观、旅游活动的,必须按照经有关部门批准的方案进行,并加强管理。进入自然保护区参观、旅游的单位、个人应当服从自然保护区管理机构的管理。严禁开设与自然保护区保护方向不一致的参观、旅游项目。②污染防治制度。在自然保护区的核心区和缓冲区内,不得建设任何生产设施。在自然保护区的实验区内,不得建设污染环境、破坏资源或者景观的生产设施。建设其他项目,其污染物排放不得超过国家或地方规定的污染物排放标准。③限期治理制度。已经在自然保护区建成的设施,其污染物排放超过规定的排放标准的,应限期治理;造成损害的,必须采取补救措施。在自然保护区的外围保护地带建设的项目,不得损害自然保护区内的环境质量;已经造成损害的,应当限期治理。④突发性事件或事故的处理。因突发性事故或其他突发性事件,造成或可能造成自然保护区污染或破坏的单位和个人,必须立即采取措施处理,及时通报可能受到危害的单位和居民,并向自然保护区管理机构、当地环境保护行政主管部门和自然保护区行政主管部门报告,接受调查处理。

三、风景名胜区法律制度

(一)风景名胜区的概念及其分类分级

根据我国《风景名胜区条例》,风景名胜区是指具有观赏、文化或者科学价值,自然景观、人文景观比较集中,环境优美,可供人们游览或者进行科学、文化活动的区域。划定风景名胜区是对风景名胜资源进行的一种地域保护,是保护和改善环境的一种重要方式。

风景名胜区按其存在特点及构成要素的不同,一般分为自然风景名胜区和人工风景名胜区两类。前者是指其主要景观由自然环境组成的风景区；后者是指主要景观由人工建筑组成的风景区。风景名胜区按其景物的观赏、文化、科学价值和环境质量、规模大小、游览条件等，划分为省级风景名胜区和国家级风景名胜区，其中自然景观和人文景观能够反映重要自然变化过程和重大历史文化发展过程，基本处于自然状态或者保持历史原貌，具有国家代表性的，可以申请设立国家级风景名胜区；具有区域代表性的可以申请设立省级风景名胜区。

设立省级风景名胜区，由县级人民政府提出申请，省、自治区人民政府建设主管部门或者直辖市人民政府风景名胜区主管部门，会同其他有关部门组织论证，提出审查意见，报省、自治区、直辖市人民政府批准公布。

设立国家级风景名胜区，由省、自治区、直辖市人民政府提出申请，国务院建设主管部门会同国务院环境保护主管部门、林业主管部门、文物主管部门等有关部门组织论证，提出审查意见，报国务院批准公布。

未经审定公布，不是法律意义上的风景名胜区。

（二）风景名胜区保护的意义

我国是世界文明古国，历史悠久，风景名胜区资源富饶。山川、河流、森林、地貌等自然景观，亭台、楼阁、园林等人文景观世界闻名。风景名胜区的设立对于保护和改善人类环境，促进经济发展，提高人民生活质量具有十分重要的作用。

1. 风景名胜区是宝贵的旅游资源

风景名胜区环境优美、景观丰富多彩，适宜游览、休闲、娱乐，不但能丰富人们的精神生活，有利于身心健康，而且对于当地的经济发展起到了巨大的促进作用，有些著名风景名胜区的旅游业已经成为当地的经济支柱产业。

2. 保护风景名胜区有利于保护和改善环境

大部分风景名胜区林木茂盛、植被保护良好，对保护水土、涵养水源、调节气候、优化生态环境都有重要的意义，特别是不少风景名胜区地处城郊或市区，对改善城市环境质量和气候条件作用尤为突出。

3. 保护风景名胜区有助于促进科学研究和文化事业的发展

风景名胜区为科学研究、文化活动提供了基地，对激发人们的爱国热情，弘扬民族文化，扩大对外交流具有重要作用。

（三）保护风景名胜区的法律规定

为了加强对风景名胜区的管理，有效保护和合理利用风景名胜资源，2006 年 9 月 19 日国务院公布《风景名胜区条例》，并于 2016 年作了部分修订。条例共五十二条，分为七章，包括总则、设立、规划、保护、利用和管理、法律责任、附则。对风景名胜区依法进行规划管理，是加强风景名胜区保护的根本，也是有效保护生态、生物多样性和自然环境，永续利用风景名胜资源，服务当代，造福人类的重要途径。

1. 风景名胜区的管理体制

国务院及地方各级人民政府都应当将风景名胜区的建设、管理和保护纳入经济和社会发展计划，采取措施，切实做好风景名胜区的保护工作。风景名胜区依法设立人民政府，全面负责风景名胜区的保护、利用、规划和建设。风景名胜区没有设立人民政府的，应当设立管理机构，在所属的人民政府领导下，主持风景名胜区的管理工作。设在风景名胜区内的所有单位，除各自业务受上级主管部门领导外，都必须服从管理机构对风景名胜区的统一规划和管理。

2. 风景名胜区的规划制度

各级风景名胜区都应当在其所属人民政府领导下，由主管部门会同有关部门组织编制风景名胜区的建设、管理规划，其规划内容包括：确定风景名胜区性质；划定风景名胜区范围及其外围保护地带；划分风景区和其他功能区；确定保护和开发利用风景名胜资源的措施；确定游览接待容量和游览活动的组织管理措施；统筹安排公用、服务及其他设施；估算投资和效益；其他需要规划的事项。

在编制风景名胜区规划时，应当广泛征求有关部门、专家和人民群众的意见，进行多方案的比较和论证。风景名胜区规划经主管部门审查后，报审定该风景名胜区的人民政府审批，并报上级主管部门备案。

3. 风景名胜区的分级审定

市、县级风景名胜区，由市、县主管部门组织有关部门提出风景名胜资源调查评估报告，报市、县人民政府审定公布，并报国务院风景名胜区部门备案；国家重点风景名胜区，由省、自治区、直辖市人民政府提出风景名胜资源调查评估报告，报国务院审定公布。

4. 风景名胜区的环境质量保护制度

在各级风景名胜区及其外围保护地带内的各项建设，都应当与景观协调，不得建设污染环境的工业生产设施。建设其他设施，其污染物排放不得超过规定的排放标准；已经建成的设施，其污染物排放超过规定的排放标准的，限期治理。不得破坏景观、污染环境、妨碍游览。在珍贵景物周围和重点景点上，除必需的保护和附属设施外，不得增建其他工程设施。

5. 风景名胜区资源保护制度

风景名胜区的土地，任何单位和个人都不得侵占；风景名胜区内的一切景物和自然环境，必须严格保护，不得破坏或随意改变。风景名胜区及其外围保护地带的林木，不分权属都应当按照规划进行抚育管理，不得砍伐。在风景名胜区内采集标本、野生药材和其他林副产品，必须经管理机构同意，并应限定数量，在指定范围内进行。风景名胜区应做好封山育林、植树绿化、护林防火和防治病虫害工作，切实保护好林木植被和动、植物种的生长、栖息条件。对风景名胜区内的重要景物、文物古迹、古树古木，都应当进行调查、鉴定，制定保护措施并组织实施。风景名胜区要加强安全管理，保障游客安全和景物完好。

四、国家公园法律制度

（一）国家公园概述

现代意义的“国家公园”的概念源自美国，从“national park”一词直接翻译而来。“国家公园”一词最早由美国艺术家乔治·卡特林（George Catlin）提出，最初的目的是保护野生动植物,体现自然之美。我国古代已经有类似国家公园的存在,比如皇家园林,在古籍里面通常称之为“苑”“囿”“宫苑”“园囿”“御苑”等。周文王的灵圃是有文字可考的中国历史上最早的园林。《孟子·梁惠王篇》记:“文王之园,方七十里,刍荛者往焉,雉兔者往焉。”众所周知的圆明园便是清代大型皇家园林。1972年美国成立了世界上第一个现代意义上的国家公园——黄石公园,用以保护生态环境和生物多样性,这一做法逐渐被世界各国效仿。虽然不同国家的“国家公园”所指代的确切含义有所不同,但总的来说,其基本是一种保护自然和生态的保护地形式。1942年生效的《西半球自然保护与野生动植物保存公约》将国家公园界定为:出于保存极致的风景,保护珍稀的野生动植物的目的而设立的区域,公众可以欣赏并且当其处于公众控制之下时可以从中获益。1969年,国际自然及自然资源保护联盟(IUCN)对国家公园下了一个明确的定义,即国家公园是这样一种保护地:没有或很少得到人类的开发,具有科学、教育、休憩的作用,或者存在较高美学价值的自然景观。国家采取措施阻止人为开发,以最大限度地尊重自然的生态、地貌和景观,允许以游憩、教育及文化陶冶为目的观光游览。1994年,IUCN根据不同国家的保护地保护管理实践,将世界的保护地体系总结为6类,国家公园为第2类,指的是:大面积自然或近自然区域,被用以保护大规模生态过程以及这一区域的全部物种和生态系统特征,同时提供与其环境和文化相容的精神、科学、教育、休闲和游憩的机会。

2017年中共中央、国务院印发的《建立国家公园体制总体方案》,给国家公园下了一个明确定义:国家公园是指由国家批准设立并主导管理,边界清晰,以保护具有国家代表性的大面积自然生态系统为主要目的,实现自然资源科学保护和合理利用的特定陆地或海洋区域。

无论是IUCN首次对国家公园所下的定义,还是根据《建立国家公园体制总体方案》的表述来看,国家公园具有三个明显的特征。

1. 国家代表性

一般来说,国家公园属于国家所有,是国家的一张名片,受国家统一管理,应当通过法律或地方性法规进行规制。国家公园由国家主导、政府设置、维护、管理与监督,国家公园是政府行使公共服务职能,向社会大众展示公共形象的标志。国家公园由国家主导管理,管理机关对园区内的具体事务负责,承担的是照看管理的义务,其角色应定位于管家,并非业主,不能存在任意开发破坏的行为。

2. 自然保护性

尽管在国家公园的定义及管理模式等方面世界各国各不相同,但绝大多数国家对国家公园的自然保护属性都一致认同。《建立国家公园体制总体方案》指出,国家公园的保护要体现自然生态环境原真性和完整性,国家公园的所有权是国家的,全民可以共同享有、世代传承。为了保护生态系统、文化资源不受破坏,实现生态系统的完整性和保护生物多样性是建立国家公园的主要目标。这也是国家公园与城市公园、旅游度假区等其他公园的主要区别。

3. 全民公益性

国家公园作为一种严格保护的类型,通常禁止人为的开发和利用活动。但对于以休憩、科学教育、参观游览的方式对国家公园的使用却是各国都予以许可并且得到保护的。从民法的角度来说，国家公园属于一种公共自然资源。对于公共自然资源，社会全体成员都享有共同且平等的权利。国家作为公共管理机构，行使对公共自然资源管理和保护的权利，而不享有“私权”，不得对国家公园内的自然资源进行商业开发，也不得干预公众对公共自然资源的使用。从管理学的角度来说，国家公园是一种公共产品，由国家提供以满足社会公共需要为目的。

（二）与其他自然保护地制度的比较

所谓自然保护地，是政府依法界定或确定的，自然生态系统、自然遗迹、自然景观举足轻重的地方，划定自然保护地旨在对自然资源、生态功能和文化价值等方面进行保护。

1. 国家公园与自然保护区

国家公园和自然保护区在自然生态保护方面有着共同特点，也有很大的不同。二者的共同之处在于其功能都是保护自然生态系统。二者的管理体制存在不同，自然保护区是中央政府主管部门和地方政府依法分别建设和管理；而国家公园则是由中央政府直接行使统一管理权。在管理制度上，自然保护区实行分区管理制度，分为核心区、缓冲区、实验区，每个区具有不同的管理要求，其保护对象主要是自然生态系统、野生动植物及自然遗迹。而国家公园对自然资源、自然环境和生物多样性的保护方式则更为立体，它的功能不仅在于促进区域经济的发展，而且也满足了社会公众的科研和旅游需求，实行对外开放，为社会公众提供旅游、休憩和教育的场所。

2. 国家公园与风景名胜区

风景名胜区与国家公园在提供休闲、游玩的功能上具有相同之处，但二者存在着本质的区别。第一，风景名胜区的设立目的并不是保护自然生态系统。它所保护的对象主要是景观资源，目的是休息、欣赏、游乐，主要体现风景、景观资源的旅游价值；而建国家公园是为了保护自然环境，兼顾科学功能，首要目的是保护。第二，在负责管理的制度上也有很大差别。风景名胜区一般分为国家级和省级，都是由国家建设部门管理的，由国家中央财政和地方财政分别拨付资金，国家公园则由国家管理并提供资金支持，禁止人为开发利用。

3. 国家公园与其他公园

除上述以外的自然保护地，森林、地质、湿地、海洋公园也是自然保护地的具体类型。这些公园和国家公园存在一些相似的地方，比如在保护目的方面，但这些公园与国家公园相比仍存在着很多的不同。首先，保护范围方面不同。从各类公园的名称上可以看出，传统类国家级公园按照单一资源进行划分，所以只是针对生态系统某一方面进行保护；而国家公园则是对特定区域内全方位的自然资源进行立体化、综合化和完整性的保护。其次，管理体制方面不同。中央垂直管理是国家公园最大特点；而其他类型的公园是分散管理。再次，“国家”含义不一样。国家公园的“国家”指国家所有；而其他公园的“国家”指的是公园层级中的最高级，一般是规模大、辐射范围广的公园。我国一直没有引入国际 IUCN 对保护地体系的分类标准来对保护地进行分类建立，在新中国成立之后，为了迎合时代的需求，符合管理之需，我们在不同时期建立了自然保护区、风景名胜区、自然公园等不同类型的保护区。这些不同类型的保护地，为我国的自然环境保护和生态文明建设作出了巨大的贡献。当然，单一的自然保护模式是不够的，综合来看，建立一个制度化、体系化的国家公园体制是必然选择。

（三）我国关于森林公园的法律规定

在我国，森林公园属于国家公园的一种类型。根据我国《森林公园管理办法》，森林公园是指森林景观优美，自然景观和人文景物集中，具有一定规模，可供人们游览、休息或进行科学、文化、教育活动的场所。森林公园的自然景观包括：具有观赏价值的自然资源，如山岳、河川、湖泊、森林、海滨、瀑布、石林、溶洞、花草等；自然遗迹资源，如冰川、火山口、温泉、地质剖面、地下河流等；生物资源，如树木、植被、野生动物等。森林公园的人文景物包括：文物古迹、寺庙、道观、古文化遗址、古墓葬、古建筑、石窟、石刻、碑林、古城墙、古战场等。

我国地大物博，山水秀丽，文物古迹众多，具有丰富多彩的森林风景资源，兴建森林公园是保护和合理利用森林风景资源的需要。因此，我国法律法规对森林公园的保护作出了严格的规定。

1）森林公园的建立、规划、建设和保护

关于森林公园的建立、规划、建设和保护的立法规定主要有如下几点。第一，森林公园的建立必须依照法定程序选点、调查、评价、申报、审批从而使得一定区域成为森林公园。其建立的程序主要包括：收集资料、实地考察、申报、批准、公布。第二，国家级森林公园的总体规划设计，由森林公园经营管理机构组织具有规划设计资格的单位负责编制，报省级林业行政主管部门审批，并报国务院林业行政主管部门备案。第三，森林公园的开发建设可以由森林公园经营管理机构单独进行，由森林公园经营管理机构同其他单位或个人以合资、合作等方式联合进行的，不得改变森林公园经营管理机构的隶属关系。森林公园的设施和景点建设必须按照总体规划设计进行。在珍贵景物、重要景点和核心景区，除必要的保护和附属设施以外，不得修建宾馆、招待所、疗养院等。第四，对于森林公园的保护必须严于一般森林的保护。在《森林法》中规定的关于禁止毁林开荒、采石、采土，占用、征用或转让林地必须依法批准，植树造林、森林防火、森林病虫害防治、森林资源保护等，在森林公园保护工作中更应该严格遵守。

2）森林公园的分级与分级标准

森林公园按照其自然景观和人文景观的观赏价值、科学价值、文化价值、知名度和旅游条件等，划分为国家级森林公园、省级森林公园、市县级森林公园三级。

国家级森林公园的标准是：森林景观特别优美，人文景物比较集中，观赏价值、科学价值、文化价值高，地理位置特殊，具有一定的区域代表性，旅游服务设施齐全，有较高的知名度。

省级森林公园的标准是：森林景观优美，人文景物相对集中，观赏价值、科学价值、文化价值较高，在本行政区域内具有代表性，具备必要的旅游服务设施，有一定的知名度。

市县级森林公园的标准是：森林景观有特色，景点景物有一定的观赏价值、科学价值和文化价值，在当地的知名度较高。

3）森林公园的管理

森林公园的管理，是维护森林风景资源的需要，是使森林旅游的秩序良好、保障游人安全的需要，也是提高旅游服务质量的重要保证。根据我国《森林公园管理办法》，林业主管部门主管全国森林公园工作。县级以上地方人民政府林业主管部门主管本行政区域内的森林公园工作。

在国有林业部门、国有林场、国有苗圃、集体林场等单位经营范围内建立森林公园的，应当依法设立经营管理机构；但在国有林场、国有苗圃经营范围内建立森林公园的，国有林场、国有苗圃经营管理机构也是森林公园的经营管理机构，仍属事业单位。森林公园经营管理机构负责森林公园的规划、建设、经营和管理。森林公园经营管理机构对依法确定其管理的森林、林木、林地、野生动植物、水域、景点景物、各类设施等，享有经营管理权，其合法权益受法律保护，任何单位和个人不得侵犯。

森林公园管理的主要内容如下。①禁止在森林公园毁林开垦和毁林采石、采砂、采土以及其他毁林行为。采伐森林公园的林木，必须遵守有关林业法规、经营方案和技术规程的规定。②占用、征收、征用或者转让森林公园经营范围内的林地，必须征得森林公园经营管理机构同意，并按《森林法》及其实施细则等有关规定，办理占用、征收、征用或者转让手续，按法定审批权限报人民政府批准，交纳有关费用。依上述规定占用、征收、征用或者转让国有林地的，必须经省级林业主管部门审核同意。③对进入森林公园进行游览等活动的单位和个人，可以收取门票及有关费用。在森林公园设立网点，必须经过森林公园经营管理机构同意，并按规定向森林公园经营管理机构交纳有关费用。征收有关费用是用经济手段增强人们的自然保护观念，也是为了更好地保护森林风景资源。④森林公园范围内的单位、居民和进入森林公园内的游人，应当保护园内的各项设施，遵守有关管理制度。⑤森林公园经营管理机构，应当按规定设置防火、卫生、环保、安全等设施和标志，维护旅游秩序。⑥森林公园的治安管理工作，由所在地林业公安机构负责。

五、湿地保护法律制度

（一）湿地保护的概述

1. 湿地的概述

根据《湿地保护法》，湿地是指具有显著生态功能的自然或者人工的、常年或者季节性积水地带、水域，包括低潮时水深不超过六米的海域，但是水田以及用于养殖的人工的水域和滩涂除外。

江河、湖泊、海域等的湿地保护、利用及相关管理活动还应当适用《水法》《中华人民共和国防洪法》《水污染防治法》《海洋环境保护法》《长江保护法》《渔业法》《中华人民共和国海域使用管理法》等有关法律的规定。

根据我国《湿地保护法》规定，国家对湿地实行分级管理，按照生态区位、面积以及维护生态功能、生物多样性的重要程度，将湿地分为重要湿地和一般湿地。其中重要湿地包括国家重要湿地和省级重要湿地，重要湿地以外的湿地为一般湿地。国家重要湿地名录及范围由国务院林业草原主管部门会同国务院自然资源、水行政、住房城乡建设、生态环境、农业农村等有关部门发布；省级重要湿地名录及范围由省、自治区、直辖市人民政府或者其授权的部门负责发布并向国务院林业草原主管部门备案；一般湿地的名录及范围由县级以上地方人民政府或者其授权的部门发布。

2. 湿地的功能

我国领土面积广阔，湿地面积大、类型齐全，现有的湿地面积约 6 594 万公顷，在世界湿地总面积中约占10%。我国湿地分布较广,从东部沿海到西北边陲,从平原到高原都有分布,湿地的类型在同一地区往往不止一种,青藏高原湿地更是我国独有的湿地类型。因此,湿地在我国占据着重要的地位。湿地作为我国重要的生态系统,具有以下功能。

1) 生态功能

湿地在整个生态环境具有调节生态系统的作用,可以涵养水源、净化水体、改善盐碱地、过滤水体污染物,起到"排毒""解毒"的功能,甚至在参与地下水循环交流领域扮演着重要的角色,为人类的生存和发展提供了重要的保障。湿地在维护生物资源的多样性方面具有不可替代性。湿地动植物资源丰富,多种珍稀的野生动植物在湿地生存和繁衍,是鸟类、两栖类动物繁殖、栖息、迁徙、活动的场所。保护湿地是提升生态系统碳汇能力的重要途径和客观要求。科学保护和利用湿地的固碳和储碳的生态服务功能,对于中国实现碳达峰碳中和目标乃至应对全球气候变化都具有重要意义。

2) 经济功能

湿地所具有的物质生产功能比一般的土壤更具有优势,能够为人类提供丰富的物质或者非物质资源。湿地中大量的水生植物,或是可以作为药材,治病救人,或是可以燃烧,提供燃料,湿地中生长的大量的鱼虾也可以丰富人类的饮食。湿地在交通运输领域也发挥着自己的作用,内河航运加强了各地区的人文经济联系,减少了运输成本,提高了效率。湿地作为令人心旷神怡的旅游资源,使人们的生活丰富多彩,湿地公园的建立,人们可以近距离地贴近湿地、了解湿地,湿地公园作为旅游资源,可以拉动当地的经济,刺激消费,提高当地居民的收入水平。

3) 社会功能

湿地的社会功能涵盖了人类生存、生产、文化、科技的方方面面。湿地气候宜人,空气清新,不仅是动植物选择栖息生存的地点,还是适合人类生产生活的理想之地。河流湖泊作为湿地的一类,人类文明在此发扬光大。很多湿地建有娱乐、科研场所,融合了大量的人类社会创造的人文色彩。娱乐设施的建立,使得人们进一步利用湿地,扩展了人们闲暇的娱乐活动,丰富了人们的生活。湿地特有的野生动植物群落在科研领域具有重要的价值,成为科研人员的研究对象,吸引着研究人员前往湿地进行实地考察,因此湿地建立了许多重要的科研场所,有利于科学技术的发展。湿地创造的灿烂文化,境内优美的自然景色和巨大的科研价值,都展示了湿地强大的社会功能。

(二) 我国湿地保护立法

我国湿地立法经历了以下三个阶段。

第一个阶段是1992年前,这个阶段我国涉及湿地的立法只有关于湖泊、滩涂等湿地类型的法规文件,未出现湿地整体概念,保护分散且注重湿地资源的开发利用。

第二阶段为1992—2012年,湿地生态价值的重要性逐步得以重视,湿地保护的规划、技术规则等规范逐步建立起来,2003年国务院批准发布了《全国湿地保护工程规划(2002—2030)》。各省级行政区政府、人大陆续加强立法保护本省的湿地资源,地方立法的陆续出台,成为了湿地保护的主导力量。东北三省、甘肃省、江西省、云南省等结合本省所在的地理环境,按照实际情况制定有关湿地保护的地方性法规。黑龙江省于2003年制定了全国最早的湿地保护条例,其明确规定了湿地的概念、保护湿地所遵循的原则,以及因人为活动造成湿地生态环境退化的限期恢复法律责任，促进了本地湿地资源的可持续发展。甘肃省于2004年出台了《甘肃省湿地保护条例》，该条例强调了生物资源作为湿地资源的一种要加以保护。陕西省于2006年制定了《陕西省湿地保护条例》，该条例明确将人工湿地纳入保护范围。从地方立法实践看，各省、自治区、直辖市制定的湿地保护条例也是与时俱进，不断修改完善的，例如，2017年黑龙江省通过修改湿地保护条例，强化了对湿地保护的监督管理。

第三阶段为党的十八大以来，我国不断强化湿地保护，湿地保护管理体系初步建立。2021年12月24日，十三届全国人大常委会第三十二次会议审议通过《湿地保护法》，于2022年6月1日起施行。《湿地保护法》是我国首部专门保护湿地的法律，标志着我国湿地保护进入法治化发展新阶段。该法共七章六十五条，从湿地生态系统的整体性出发，制定完整的湿地保护法律制度体系，为加强湿地保护，保障生态安全，促进生态文明建设提供有力的法律保障，使得维护湿地生态功能及生物多样性有了确切的法律依据。湿地与森林、海洋并列为全球三大生态系统。我国在森林、海洋方面已经出台了专门法律。《湿地保护法》的出台，填补了我国生态系统立法空白，丰富完善了我国生态文明制度体系。

（三）湿地保护主要内容

1. 基本规定

1）湿地保护立法目的及基本原则

为了加强湿地保护，维护湿地生态功能及生物多样性，保障生态安全，促进生态文明建设，实现人与自然和谐共生，我国将湿地保护纳入法律调整范围，并制定了《湿地保护法》及其他相关法律规范。《湿地保护法》适用于在中华人民共和国领域及管辖的其他海域内从事湿地保护、利用、修复及相关管理活动。

为了发挥湿地涵养水源、调节气候、改善环境、维护生物多样性等多种生态功能，湿地保护应当坚持保护优先、严格管理、系统治理、科学修复、合理利用的原则。

2）监管体制及职责分工

根据《湿地保护法》规定，国务院林业草原主管部门负责湿地资源的监督管理，负责湿地保护规划和相关国家标准拟定、湿地开发利用的监督管理、湿地生态保护修复工作。

国务院自然资源、水行政、住房城乡建设、生态环境、农业农村等其他有关部门，按照职责分工承担湿地保护、修复、管理有关工作。

国务院林业草原主管部门会同国务院自然资源、水行政、住房城乡建设、生态环境、农业农村等主管部门建立湿地保护协作和信息通报机制。

县级以上地方人民政府应当加强湿地保护协调工作。县级以上地方人民政府有关部门按照职责分工负责湿地保护、修复、管理有关工作。

《湿地保护法》明确了协同高效的管理机制，厘清国务院各部门、国家至县级各层级政府以及社会各方面参与湿地保护的责任，提出国务院林草主管部门会同相关部门建立湿地保护协作和信息通报机制，与地方性湿地保护条例和规定形成了配套的衔接。目前，共有河北省、黑龙江省、江苏省、浙江省、安徽省、福建省、河南省、广西壮族自治区、海南省、云南省、青海省和宁夏回族自治区12个省或自治区规定了湿地执法协作制度。

2. 湿地资源管理

《湿地保护法》按照生态文明制度建设的总体要求，突出湿地资源管理的基础制度建设，明确了湿地资源调查评价制度、湿地面积总量管控制度、湿地分级管理和名录制度、湿地规划制度、湿地标准制度、湿地占用及修复制度等，并对专家咨询机制、湿地确权登记、监测与预警等方面作了规定，夯实了湿地保护基础。

1）湿地资源调查评价和湿地面积总量管控制度

湿地资源调查评价制度是指由国务院自然资源主管部门会同国务院林业草原等有关部门定期开展对全国湿地资源的湿地类型、分布、面积、生物多样性、保护与利用情况等进行调查评价，并建立统一的信息发布和共享机制的制度。

湿地面积总量管控制度是指由国务院林业草原、自然资源主管部门会同国务院有关部门根据全国湿地资源状况、自然变化情况和湿地面积总量管控要求，确定全国和各省、自治区、直辖市湿地面积总量管控目标，报国务院批准，由地方各级人民政府采取有效措施落实湿地面积总量管控目标要求的制度。湿地面积总量管控目标应当纳入湿地保护目标责任制。

2）湿地分级管理和湿地名录制度

国家对湿地实行分级管理，按照生态区位、面积以及维护生态功能、生物多样性等重要程度，将湿地分为重要湿地和一般湿地。重要湿地包括国家重要湿地和省级重要湿地，重要湿地以外的湿地为一般湿地。重要湿地依法划入生态保护红线。

国务院林业草原主管部门会同国务院有关部门发布国家重要湿地名录及范围。国际重要湿地应当列入国家重要湿地名录。省、自治区、直辖市人民政府或者其授权的部门负责发布省级重要湿地名录及范围，县级以上地方人民政府或者其授权的部门发布一般湿地名录及范围。

3）湿地规划制度

全国湿地保护规划由国务院林业草原主管部门会同国务院有关部门，依据国民经济和社会发展规划、国土空间规划和生态环境保护规划编制，报国务院或者其授权的部门批准后组织实施。

县级以上地方人民政府林业草原主管部门应当会同有关部门，依据本级国土空间规划和上一级湿地保护规划编制本行政区域内的湿地保护规划，报同级人民政府批准后组织实施。

湿地保护规划应当明确湿地保护的目标任务、总体布局、保护修复重点和保障措施等内容。经批准的湿地保护规划需要调整的，按照原批准程序办理。编制湿地保护规划应当与流域综合规划、防洪规划等规划相衔接。

4）湿地标准制度

湿地标准包括湿地分级分类、监测预警、生态修复等国家标准，由国务院林业草原、标准化主管部门会同国务院自然资源、水行政、住房城乡建设、生态环境、农业农村主管部门组织制定；国家标准未作规定的，可以依法制定地方标准并备案。

5）湿地占用制度

湿地占用制度的主要内容包括对湿地占用的禁限规定、占用湿地的审批程序、占用湿地的补偿及修复等内容。

国家严格控制占用湿地。禁止占用国家重要湿地，国家重大项目、防灾减灾项目、重要水利及保护设施项目、湿地保护项目等除外。

建设项目选址、选线应当避让湿地，无法避让的应当尽量减少占用，并采取必要措施减轻对湿地生态功能的不利影响。建设项目规划选址、选线审批或者核准时，涉及国家重要湿地的，应当征求国务院林业草原主管部门的意见；涉及省级重要湿地或者一般湿地的，应当按照管理权限，征求县级以上地方人民政府授权的部门的意见。建设项目确需临时占用湿地的，应当依照有关法律法规的规定办理。临时占用湿地的期限一般不得超过二年，并不得在临时占用的湿地上修建永久性建筑物。

临时占用湿地期满后一年内，用地单位或者个人应当恢复湿地面积和生态条件。除因防洪、航道、港口或者其他水工程占用河道管理范围及蓄滞洪区内的湿地外，经依法批准占用重要湿地的单位应当根据当地自然条件恢复或者重建与所占用湿地面积和质量相当的湿地；没有条件恢复、重建的，应当缴纳湿地恢复费。缴纳湿地恢复费的，不再缴纳其他相同性质的恢复费用。

3. 湿地保护与利用

湿地与人类的生存、繁衍和发展息息相关，是国家生态安全体系的重要组成部分，是经济社会可持续发展的基础。针对我国湿地不断退化的现状，国家对湿地资源利用设置了严格的禁止行为，强化了对湿地野生动植物物种的保护。

1）湿地保护的要求

明确了省级以上人民政府及其有关部门应根据湿地保护规划和湿地保护需要，依法将湿地纳入国家公园、自然保护区或者自然公园；列举了破坏湿地及其生态功能的禁止行为，强调了对国家重点保护物种及其栖息地的保护。

2）湿地利用的要求

明确要求在湿地范围内从事旅游、种植、畜牧、水产养殖、航运等利用活动，应当避免改变湿地的自然状况，并采取措施减轻对湿地生态功能的不利影响。鼓励单位和个人开展符合湿地保护要求的生态旅游、生态农业、生态教育、自然体验等活动，适度控制种植养殖等湿地利用规模。并对重要湿地周边的产业布局和绿色发展提出了要求。

3）对重点区域有针对性和专业性的保护措施

明确对红树林湿地、泥炭沼泽湿地的保护应当制定专项规划，并且采取有效措施对其进行保护。禁止占用红树林湿地，确因国家重大项目、防灾减灾等需要占用的，应当经省级以上人民政府有关部门评估，依照有关法律法规办理，并做好保护和修复工作。禁止在泥炭沼泽湿地开采泥炭或者擅自开采地下水；禁止将泥炭沼泽湿地蓄水向外排放，因防灾减灾需要的除外。

4）湿地生态保护补偿制度

国家建立湿地生态保护补偿制度，一方面由国务院和省级人民政府按照事权划分原则加大对重要湿地保护的财政投入，加大对重要湿地所在地区的财政转移支付力度；另一方面，国家鼓励湿地生态保护地区与湿地生态受益地区人民政府通过协商或者市场机制进行地区间生态保护补偿。因生态保护等公共利益需要，造成湿地所有者或者使用者合法权益受到损害的，由县级以上人民政府给予补偿。

国家坚持生态优先、绿色发展，完善湿地保护制度，健全湿地保护政策支持和科技支撑机制，保障湿地生态功能和永续利用，实现生态效益、社会效益、经济效益相统一，充分发挥自然保护的体系建设对湿地生态系统的保护作用。

4. 湿地修复

人类社会的快速发展给自然环境带来了破坏，全球的生态环境不断恶化，对于湿地的破坏尤为严重，湿地修复问题亟待解决。我国依法推进湿地修复工作，坚持以问题为导向，因地制宜推进湿地修复：明确自然恢复为主、自然恢复与人工修复相结合的湿地修复原则。

1）湿地修复责任主体

《湿地保护法》明确了县级以上人民政府及其生态环境、水行政、自然资源、住房城乡建设、农业农村等主管部门的湿地保护、修复、管理职责和要求。修复重要湿地应当编制湿地修复方案，并且应当按照批准的湿地修复方案进行修复。加强对河流、湖泊范围内湿地、滨海湿地、城市湿地的管理和保护，区分不同类型，采取不同的修复措施。

2）对重点区域的湿地修复作出了特别规定

《湿地保护法》对红树林湿地和泥炭沼泽湿地的保护和修复作出特别规定。对于红树林湿地的修复，应当对生态功能重要的区域、海洋灾害风险等级较高地区、濒临物种保护区域或者造林条件较好的地区的红树林湿地优先实施修复，对严重退化的红树林湿地进行抢救性修复，修复应当尽量采用本地树种。对于泥炭沼泽地的修复，应当因地制宜，组织对退化泥炭沼泽湿地进行修复，并根据泥炭沼泽的类型、发育状况和退化程度等，采取相应的修复措施。

5. 监督检查

我国湿地保护起步较晚，湿地保护、管理任务繁重，湿地保护执法亟待加强，湿地管理水平和执法队伍建设还不能适应湿地保护、修复、利用、管理的需要，加强与规范湿地执法与监督管理是《湿地保护法》的重要内容。《湿地保护法》对湿地监督管理职责、监督检查分级职责、监督检查措施、有关单位和个人的配合义务、目标责任制以及约谈制度和离任审计制度等方面作了规定。

1）湿地执法的主体

县级以上人民政府林业草原、自然资源、水行政、住房城乡建设、生态环境、农业农村主管部门应当依照法律规定，按照职责分工对湿地的保护、修复、利用等活动进行监督检查，依法查处破坏湿地的违法行为。

2）执法主体的职权及行政相对人的配合义务

执法主体有权询问被检查单位或者个人，要求其对与监督检查事项有关的情况作出说明；查阅、复制有关文件、资料，对可能被转移、销毁、隐匿或者篡改的文件、资料予以存封等。执法主体依法履行监督检查职责时，有关单位和个人应当予以配合，不得拒绝、阻碍。

3）约谈制度

国家实行湿地保护目标责任制，将湿地保护纳入地方人民政府综合绩效评价内容。对破坏湿地问题突出、保护工作不力、群众反映强烈的地区，省级以上人民政府林业草原主管部门应当会同有关部门约谈人民政府的主要负责人。湿地的保护、修复和管理情况，应当纳入领导干部自然资源资产离任审计。

《湿地保护法》针对监管的薄弱环节，要求县级以上人民政府各有关主管部门依法履行监督检查职责，国家实行湿地保护目标责任制，将湿地保护纳入地方人民政府综合绩效评价和领导干部自然资源资产离任审计，强化了湿地保护责任落实。

6. 法律责任

《湿地保护法》分别就违法行为、处罚种类和处罚幅度等内容作了规定，加大了对破坏湿地行为的处罚力度，赋予了县级以上林业草原等有关主管部门湿地保护执法权，明确了违法主体破坏湿地的法律责任，体现了国家依法保护湿地的决心。

1）监管部门及工作人员不依法履职的法律责任

县级以上人民政府有关部门发现破坏湿地的违法行为或者街道对违法行为的举报，不予查处或者不依法查处，或者有其他玩忽职守、滥用职权、徇私舞弊行为的，对直接负责的主管人员和其他直接责任人员依法给予处分。

2）违法主体破坏湿地的法律责任

《湿地保护法》对于违法主体建设项目擅自占用国家重要湿地、开(围)垦、填埋自然湿地、向湿地引进或者放生外来物种、在红树林湿地内挖塘以及投放和种植妨碍红树林生长物种、开采泥炭及从泥炭沼泽湿地向外排水等行为的法律责任作了具体规定。

3）处罚种类和处罚幅度

《湿地保护法》规定，建设项目擅自占用国家重要湿地的，由县级以上人民政府林业草原等有关主管部门责令停止违法行为，限期拆除在非法占用的湿地上新建的建筑物、构筑物和其他设施，修复湿地或者采取其他补救措施，按照违法占用湿地的面积，处每平方米一千元以上一万元以下的罚款；建设项目占用重要湿地，逾期未改正的，委托他人代为履行，所需费用由违法行为人承担，按照占用湿地的面积，处每平方米五百元以上二千元以下罚款。违法开(围)垦、填埋自然湿地的，没收违法所得，并按照破坏湿地面积，处每平方米五百元以上五千元以下罚款；破坏国家重要湿地的，按照破坏湿地面积，处每平方米一千元以上一万元以下罚款。排干自然湿地或者永久性截断自然湿地水源的，责令停止违法行为，限期修复湿地或者采取其他补救措施，没收违法所得，并处五万元以上五十万以下罚款；造成严重后果的，并处五十万以上一百万以下罚款。

典型案例：剧组拍摄外景引发环境问题

典型案例：湖南省益阳市民事公益诉讼案

思考题

1. 简述特定区域环境保护的作用。
2. 简述风景名胜区的分级。
3. 简述建立自然保护区的条件。

4. 法律规定有关自然保护区的保护管理措施有哪些?
5. 简述国家公园与其他自然保护地的关系。
6. 简述我国森林公园的分级。
7. 简述湿地的分类。
8. 简述《湿地保护法》的意义。

第八章 能源法律制度

能源是人类生存及社会发展的重要物质基础和动力，是衡量社会经济可持续发展的一项重要指标，攸关国计民生、国家安全和环境资源保护，为此，政府出台各种相关法律法规和政策对能源生产与消费进行调控。“双碳”目标的实现，要求我们进一步优化能源结构，发展清洁能源，控制能源消费，走节约、绿色的发展之路，《可再生能源法》《节约能源法》是能源法律制度中重要的专项立法，《中华人民共和国能源法(征求意见稿)》(以下简称《能源法(征求意见稿)》)已经发布，它的出台将使我国的能源法体系更加完备。

第一节 能源法概述

《巴黎气候协定》(又称《巴黎协定》)的签订和生效，表明全球对绿色和低碳转型达成了广泛的共识，许多国家宣布在 21 世纪中叶前后实现碳中和。G20、APEC 等框架下的全球能源治理改革，也在推动全球能源转型和落实《巴黎协定》。新一轮能源革命以新能源技术与信息技术的融合为主要标志，兼具高效化、清洁化、低碳化、智能化等特征。在这一时期，推动全球能源绿色低碳转型的基本框架已经形成。现在，越来越多的经济体坚持走绿色低碳发展道路，不断减少对化石能源的依赖，大力推动节约、清洁可持续能源供应体系的形成。

一、能源与能源问题

(一) 能源概述

1. 能源的定义

能源是人类生存及社会发展的重要物质基础和动力，是衡量社会经济可持续发展的一项重要指标，攸关国计民生和国家安全。

能源是一种多形式的，可以相互转换的能量的源泉[①]，是人类利用的自然界能量资源的总称[②]。能源有着包括“资源说”“能量说”等在内的 20 多种定义[③]。我国《能源百科全书》则将其定义为可以直接或经转换提供人类所需的光、热、动力等任一形式能量的载能体资源。

---

① 胡德胜. 能源法学[M]. 北京：北京大学出版社，2017.

② 秦华. 人类认识和利用能源的历史[J]. 清华北大理工学报，1975(1)：127-135.

③ 《大英百科全书》中将能源定义为包括所有燃料、流水、阳光和风的术语，人类用适当的转换手段便可让它为自己提供所需的能量；《日本大百科全书》中认为能源是可利用来作为热能、机械能、光能、电能等的能量源泉的自然界中的各种载体。

而从法律的角度来看，我国有关法律法规对能源科学中能源的定义进行了借鉴，通过对有关能源种类进行罗列，明确了能源的法律定义。2020年《能源法（征求意见稿）》第一百一十五条明确："能源，是指产生热能、机械能、电能 、核能和化学能等能量的资源，主要包括煤炭、石油、天然气（含页岩气、煤层气、生物天然气等）、核能、氢能、风能、太阳能、水能、生物质能、地热能、海洋能、电力及热力以及其他直接或者通过加工、转换而取得有用能的各种资源"。该征求意见稿还对涉及能源的相关专业名词进行了释义："化石能源，是指由远古动植物的化石演变而成的能源，主要包括煤炭、石油和天然气等。非化石能源，是指除化石能源之外的一次能源，主要包括水能、核能、风能、太阳能、生物质能、地热能和海洋能等。可再生能源，是指自然界中可以循环再生、反复持续利用的一次能源，主要包括水能、风能、太阳能、生物质能、地热能和海洋能等。清洁能源，是指开发利用、使用过程中环境污染物和二氧化碳等温室气体零排放或者低排放的能源。燃气，是指天然气（含页岩气、煤层气、生物天然气等）、人工煤气、液化石油气和沼气等气体燃料"。《节约能源法》（2017年修正）第二条规定，"能源，是指煤炭、石油、天然气、生物质能和电力、热力以及其他直接或者通过加工、转换而取得有用能的各种资源"。《可再生能源法》（2009年修正）第二条指出："本法所称可再生能源，是指风能、太阳能、水能、生物质能、地热能、海洋能等非化石能源。水力发电对本法的适用，由国务院能源主管部门规定，报国务院批准。通过低效率炉灶直接燃烧方式利用秸秆、薪柴、粪便等，不适用本法。"

2. 能源的分类

能源种类繁多，划分标准及方式也多种多样。通常而言，根据是否经过加工可分为一次能源和二次能源，如煤炭、天然气、石油、水能、核能、太阳能、风能等自然界中可直接取用的能源为一次能源；需对一次能源进行加工转换的诸如电能、蒸汽、汽油等能源产品为二次能源。

根据在消耗过程中或者消耗后是否造成环境污染可分为清洁能源和非清洁能源。水力、电力、风能等在消耗过程中或消耗后造成污染较小的能源为清洁能源，而非清洁能源则大多为煤炭等化石能源。

（二）能源问题

1. 我国当前的能源问题

当前，全球新一轮科技革命和产业变革深入发展，全球气候治理呈现新局面，新能源和信息技术紧密融合，生产生活方式加快转向低碳化、智能化，能源体系和发展模式正在进入以清洁化、低碳化为特征的非化石能源主导的崭新阶段。能源是国际社会博弈的重点，作为全球最大的发展中国家，我国正处在工业化阶段，能源结构高碳化严重，实现能源转型势在必行但又困难重重。

1）能源结构不合理，能源利用效率低

随着新型工业化和城市化的推进，我国经济增长已进入了高质量发展的新常态。据《自然资源部全国矿产资源量通报》，我国能源结构呈现以煤炭为主的特征，2020年，我国能源消费有56.6%来源于煤炭，我国的工业企业多以煤炭作为直接或间接的燃料，而煤炭是化石能源中碳排放因子最高的能源。因此，我国碳排放量大的主要原因是长期以来将煤炭作为主体能源。根据国家统计局发布的党的十八大以来经济社会发展成就系列报告显示，2020年我国煤炭占能源消费总量的比重为56%。同时，我国高耗能产业比重较高，如我国粗钢、水泥、电解铝等产量分别占全球的53%、60%和56%[①]，且高耗能产业的部分行业能源消费技术水平较低，导致我国单位GDP能耗较高，约为世界平均水平的1.4倍、发达国家的2.1倍。2020年9月，国家发展改革委印发的《完善能源消费强度和总量双控制度方案》中提出了我国2025年、2030年和2035年能耗双控的目标和实施路径，但作为全球最大的能源消费国和二氧化碳排放国，我国单位国内生产总值能耗与单位GDP碳排放量均大幅高于全球平均水平[②]，要降至全球乃至发达国家的水平仍然面临巨大挑战。所以，推动"双碳"目标的实现，必须要对能源结构进行调整，需要对以煤炭利用为主的传统工业进行转型，打破高碳能源为主体的传统能源产、供、储、销、贸格局，提升能源利用效率，逐步建立以可再生能源为主体的新的能源体系。

2）能源市场体系建设不完善

"双碳"目标推动经济发展方式由资源依赖型转向技术依赖型，需要形成能够反映能源稀缺程度、市场供求关系、生态环境价值和代际补偿成本的能源价格机制。市场是调节资源配置的"无形之手"，通过有效市场，利用价格发现功能可以以较低的经济成本实现资源的有效配置，构建统一开放、竞争有序的综合能源市场体系，这对于实现能源供需双侧的绿色低碳发展具有重要意义。相比发达国家而言，我国能源市场体系建设起步较晚，以碳交易市场为例，自《京都议定书》发布后，美国、欧盟等国家和地区均于20世纪90年代成立了碳交易市场。目前，全球共有20多个碳交易平台，伦敦与芝加哥已经成为全球碳交易的两大中心，而我国在2016年后才在北京、天津、上海、湖北、重庆、深圳、广东七个省市试点碳交易市场建设。

就现阶段我国综合能源市场而言，电力交易市场、碳交易市场以及电碳协同市场均存在明显不足：在电力交易市场方面，竞争性环节电力价格尚未放开，工商业用电成本不断下降与发电燃料成本上涨出现矛盾。尤其是煤炭与火电的市场供应链仍未完全理顺，煤电行业在能源结构低碳转型过程中存在市场价格波动风险和产业链错位风险。在碳交易市场方面，免费的单一配额方式与范围有限的市场覆盖面难以兼顾价格稳定与市场流动性，尚不足以形成对清洁能源产业的有效激励以及对化石能源产业的约束机制。在电碳协同市场方面，电力市场中的可再生能源超额消纳量交易、绿证交易等与碳市场中的碳配额、碳交易等政策性减排功能高度重复与交叉。叠加两个市场交易产品单一、市场流动性不足等壁垒，能源供需主体难以在市场中实现价格、资源、生产要素等方面的协同传导和有机融合。

除此之外，用于支持能源绿色低碳发展的资金扶持有限，融资工具单一，且缺乏良好的市场环境；环保违规信息发布机制仍不健全，绿色财税与绿色金融的战略安排和配套支持政策亟待完善；确保能源供需一体化需求的法制建设缺位，国家与地方专项能源规划的衔接性、统一性、落地性和权威性较弱；监管机构的监管措施和行政处罚手段不足、法律管理责权分配界限模糊等都是我国能源市场亟待解决的问题。

---

① 数据来源：中国统计年鉴2020。

② 2020年我国单位GDP能耗为3.4吨标准煤/万美元，单位GDP碳排放量为6.7吨二氧化碳/万美元。

3）实现碳达峰、碳中和时间短、任务重

从全球趋势来看，欧盟、美国等发达经济体已完成工业化，德国等部分欧盟国家已于20世纪90年代实现碳达峰，美国于2007年左右实现碳达峰。从时间上来看，欧美国家从碳达峰到碳中和有50～70年过渡期。而我国正处于工业化阶段，经济发展速度较快，碳排放尚未达到峰值。欧美等发达国家碳达峰时人均GDP达到2.5万～4万美元，相比之下，2020年我国人均GDP为1.05万美元，2030年人均GDP预计为2万美元左右，仍低于欧美等发达国家实现碳达峰时的人均GDP水平。

我国要在2060年前实现碳中和，意味着从碳达峰到碳中和只有30～35年，考虑到我国经济仍处于较快发展阶段，即使2025年碳排放达峰，未来35年内我国年减排率平均将达8%～10%，年均减排量仍远超发达国家减排的速度和力度。因此，10年之内实现碳达峰、30年内实现碳中和的"双碳"目标，时间紧、任务重、难度大。

2."双碳"目标下的能源革命

碳中和是指人类活动排放的温室气体（主要是二氧化碳）与大自然吸收的温室气体相平衡，其目的是促使大气层中温室气体的浓度保持平衡，控制全球气温上升的趋势。碳中和的实质是转变人类发展方式，淘汰现有的高碳发展模式，引入新的低碳乃至零碳模式。

化石能源是导致气候变化的主要原因，提升能源效率和碳排放效率是当前经济发展向绿色低碳迈进的关键，因此碳中和要求全球必须加速能源低碳转型。2021年5月，国际能源署（IEA）发布全球首份《能源部门实现2050净零排放路线图》报告，指出能源部门产生了当前全球约3/4的温室气体，推动能源低碳转型是应对气候变化的关键措施。截至2021年11月，全球已有140余个国家宣布碳中和目标。

我国作为最大的碳排放国家，长期以来能源结构以化石能源为主。2020年，我国煤炭和石油能源消费占一次性能源消费总量的比重为75.7%，超出全球平均水平17.3%。我国全部二氧化碳排放量约有88%来自能源燃烧。这种能源消费结构和方式决定了我国"双碳"目标的实现必须从根本上变革以化石能源为主导的高碳能源体系，构建以可再生能源为主体的低碳能源体系。在《中华人民共和国国民经济和社会发展第十四个五年规划和2035年远景目标纲要》中，我国进一步明确了2030年前实现碳达峰、2060年前实现碳中和的目标愿景，并强调对以化石能源为主的能源消费总量和强度的双控制度，以及确定了以碳排放强度控制为主、碳排放总量控制为辅的制度。

2022年2月国家发展改革委、国家能源局印发《关于完善能源绿色低碳转型体制机制和政策措施的意见》，提出了我国在"十四五"时期能源转型的目标和基本路径："十四五"时期，基本建立推进能源绿色低碳发展的制度框架，形成比较完善的政策、标准、市场和监管体系，构建以能耗"双控"和非化石能源目标制度为引领的能源绿色低碳转型推进机制，推动构建以清洁低碳能源为主体的能源供应体系。

在如何推进能源革命、助力实现"双碳"目标方面，理论和实务界进行广泛的探讨研究，综合来看主要有以下几点。一是要建设多元互补的综合能源供给体系，实现石油、煤炭、天然气和电力等多种能源与系统之间互补协调。二是要提高能效，注重节能技术的开发、推广及使用。三是要重视新能源的开发利用，比如风能、太阳能、氢能的利用就起到了很好的减碳作用。四是要推动互联网大数据、人工智能、5G等新兴技术与低碳产业深度融合。

二、能源法的概念及立法体系

能源领域包括能源勘探开发、生产建设、经营管理、输送供应、利用消费等环节，社会关系错综复杂，能源法通过调整这些社会关系从而保证能源安全、能源利用效率及能源的可持续发展。能源法的概念，目前尚未有统一的定义，我国的学者通常从广义和狭义两方面来进行理解。广义的能源法通常指调整人们在能源活动中所产生的社会关系的法律规范的总称；狭义的能源法则指以能源法或者类似名称命名的、由国家最高立法机关或者常设机关制定的法律。

法律体系是由本国各个部门法构成的，具有内在联系的整体。能源法律体系是能源法部门各法律要素的集合。我国能源法律体系是以《宪法》为基础，以能源基本法律和能源专项法为主体，包括能源法律、行政法规、地方性能源法规、国际条约等的体系。

（一）宪法

《宪法》是我国的根本大法，是制定能源法所必须遵循的母法。我国《宪法》中并未对能源予以专门性的规定，但对于自然资源的权属及保护作出了原则性的规定。我国《宪法》第九条规定，"矿藏、水流、森林、山岭、草原、荒地、滩涂等自然资源，都属于国家所有，即全民所有；由法律规定属于集体所有的森林和山岭、草原、荒地、滩涂除外。国家保障自然资源的合理利用，保护珍贵的动物和植物。禁止任何组织或者个人用任何手段侵占或者破坏自然资源"。本条针对自然资源的规定是能源法最为直接的宪法基础，《宪法》中关于倡导节约、保护环境等规定，也为能源法提供了立法依据。

（二）能源基本法律及能源专项法

能源法律是由国家最高立法机关制定的，专门调整能源开发、利用、管理活动中社会关系的规范性法律文件。改革开放以来，我国相继颁布实施了《节约能源法》(1997 年通过，2016 年修订)、《可再生能源法》(2005 年制定，2009 年修订)、《中华人民共和国煤炭法》(1996 年制定，2016 年修订)和《中华人民共和国电力法》(1995 年制定，2009 年修订，2015 年第二次修订)等多部能源专门立法以及《中华人民共和国矿产资源法(修正)》《环境保护法》《土地管理法(修正)》《循环经济促进法》等涉及能源开发利用的立法，能源法律体系的框架初步形成。但是，我国还缺少全面体现能源战略和总体政策导向的基础性法律，难以对能源安全、能源效率、能源结构、能源环境等综合性、全局性的问题进行有效调整。

从国际经验来看，有美国、德国、英国等二十多个国家采取制定综合性能源法律的方法规范能源活动。《能源法》是能源领域的基本法，是规范能源开发利用和管理，优化能源结构，提高能源效率，保障能源安全，促进能源和经济社会可持续发展的法律规范，对能源单行立法起到引领和指导作用。在我国能源立法推进上，2006 年《能源法》的起草工作正式启动，2020 年 4 月，国家能源局印发《能源法(征求意见稿)》，2022 年 7 月《能源法》被列入国务院 2022 年立法工作计划，此举为我国能源法的最终出台奠定了坚实的基础。

（三）能源行政法规、部门规章及地方性法规

国务院先后颁布了《全国污染源普查条例》《中华人民共和国防治海岸工程建设项目污染损害海洋环境管理条例》《建设项目环境保护管理条例》《城镇燃气管理条例》《中华人民共和国进口计量器具监督管理办法》《矿产资源开采登记管理办法》《矿产资源勘查区块登记管理办法》《中华人民共和国海洋石油勘探开发环境保护管理条例》《中华人民共和国对外合作开采海洋石油资源条例》《中华人民共和国对外合作开采陆上石油资源条例》等20多部能源行政法规及大量的能源行政规章。各省级行政区域也相继出台了一些地方性法规、规章等，如《河北省非煤矿山综合治理条例》《青海省矿产资源管理条例》《湖南省农村可再生能源条例》《浙江省可再生能源开发利用促进条例》等，这些均是我国能源法体系的组成部分。

（四）国际能源条约

我国目前批准和签署了《联合国海洋法公约》《联合国气候变化框架公约》《中国和美国关于加强气候变化、能源和环境合作的谅解备忘录》《中欧能源安全联合声明》等几十项国际条约。这些参加和承认的国际条约也是我国能源法律体系的重要组成部分。

第二节　可再生能源法律制度

《可再生能源法》于2005年2月28日经第十届全国人民代表大会常务委员会第14次会议通过，自2006年1月1日起施行。2009年12月26日第十一届全国人大常委会第四次会议表决通过了《可再生能源法》修正案，自2010年4月1日起施行。

《可再生能源法》明确了可再生能源发展战略及其路线图，国家将可再生能源的开发利用列为能源发展的优先领域，通过制定可再生能源开发利用总量目标并采取相应措施，推动可再生能源市场的建立和发展，为我国可再生能源发展提供了法律保证。该法共八章三十三条，从法律上确立了国家实行可再生能源发电全额保障性收购制度、电网企业收购可再生能源电量费用补偿机制，规定了设立国家可再生能源发展基金，要求电网企业提高吸纳可再生能源电力的能力等，这对推动我国可再生能源产业的健康快速发展、促进能源结构调整、建设资源节约型社会有着重要意义。

一、基本规定

（一）立法目的与适用范围

能源是国家经济发展的重要基础，我国作为一个能源大国，在全面建成小康社会的进程中，能源供需矛盾日益突出，能源问题逐步成为我国经济社会可持续发展面临的突出问题。《可再生能源法》第一条明确指出其立法目的是促进可再生能源的开发利用，增加能源供应，改善能源结构，保障能源安全，保护环境，实现经济社会的可持续发展。

《可再生能源法》的第二条明确了适用《可再生能源法》的可再生能源包括风能、太阳能、

水能、生物质能、地热能、海洋能等非化石能源。其中，水力发电的适用由国务院能源主管部门规定，报国务院批准，通过低效率炉灶直接燃烧方式利用秸秆、薪柴、粪便等不适用《可再生能源法》。

水力发电是其中争议较大的问题。大水电在我国已经商业化，上网、电价基本不存在问题，不需要额外的政策和法律支持，但按照国际惯例，小水电属于可再生能源，大水电由于环境保护等方面的问题不属于清洁的可再生能源。但这一观点遭到了强烈反对，反对者要求将所有水电纳入《可再生能源法》调整的范围，因此《可再生能源法》最终采取由国务院具体规定水力发电的适用方式。

（二）政府推动与市场运作相结合

《可再生能源法》的立法目的是鼓励、促进可再生能源开发利用，在这个过程中，需要政府的推动、引导与市场的作用充分结合。《可再生能源法》第四条规定："国家将可再生能源的开发利用列为能源发展的优先领域，通过制定可再生能源开发利用总量目标和采取相应措施，推动可再生能源市场的建立和发展。国家鼓励各种所有制经济主体参与可再生能源的开发利用，依法保护可再生能源开发利用者的合法权益"。在《可再生能源法》第一条明确了可再生能源战略地位后，该条进一步落实其发展目标和建立市场的具体措施，体现了开发和利用可再生能源，实行政府推动和市场运作相结合的原则。从国际经验和我国实践来看，只有明确政府在可再生能源发展中的责任，并相应规定公众的有关义务，才能推动可再生能源的开发利用进入大规模的商业化阶段。政府推动可再生能源开发利用的主要职责是制定市场规则、规范市场运行、促进市场发展，为可再生能源进入市场创造公平的环境，引导和鼓励各类经济主体积极参与可再生能源的开发利用。国家允许不同所有制形式的市场主体参与可再生能源开发，鼓励投资多元化，实际上为民营资本和国外投资可再生能源产业开了绿灯。

（三）监督管理体制

《可再生能源法》第五条明确了我国可再生能源开发利用的管理体系。"国务院能源主管部门对全国可再生能源的开发利用实施统一管理"。国务院能源主管部门作为可再生能源工作的主管部门，对全国可再生能源的开发和利用实施统一管理，可以做到统筹规划、统一部署，利用有限的人力和物力，提高可再生能源开发的总体效率，同时立法还明确了国务院有关部门在各自职责范围内负责有关的可再生能源开发利用管理工作。县级以上地方人民政府管理能源工作的部门负责本行政区域内可再生能源开发利用的管理工作。县级以上地方人民政府有关部门在各自的职责范围内负责有关的可再生能源开发利用管理工作。国务院能源主管部门和地方政府有关部门各负其责，密切配合，共同做好促进可再生能源开发利用的管理与服务工作。

二、资源调查与发展规划

（一）资源调查

可再生能源资源调查是可再生能源开发利用的基础工作，是为了查清我国可再生能源资源的种类、结构、数量、质量分布，掌握资源消长变化的规律，客观反映自然、经济条件，进行综合评价，并提出资源详查和精查的地区和开发利用的重点、图面材料、统计资料和调查报告等材料，从而对我国可再生能源的资源量和分布进行全面的调查了解，是可再生能源开发利用的基础条件。可再生能源开发利用总量目标和发展规划是我国可再生能源发展战略的具体体现，有关促进可再生能源开发利用的措施，是围绕总量目标按照规划来实现的。在可再生能源资源调查的基础上，根据我国能源发展规划，制定可再生能源开发利用总量目标与发展规划。

《可再生能源法》第六条明确了国家负有可再生能源资源普查，并将普查信息向社会公布的责任。国务院能源主管部门负责组织和协调全国可再生能源资源的调查，并会同国务院有关部门组织制定资源调查的技术规范。国务院有关部门在各自的职责范围内负责可再生能源资源的调查，调查结果报国务院能源主管部门汇总。开展可再生能源资源调查并向社会公布调查结果是政府的一项职责，其目的是让单位和个人了解我国可再生能源资源情况，给可再生能源开发利用者明确的信息。提高可再生能源资源普查信息的真实性和可靠性以及使用效率，同时降低企业开发可再生能源项目的风险。但是，国家规定需要保密的内容除外。

（二）发展规划的制定

在制定总量目标和可再生能源规划方面，《可再生能源法》规定：国务院能源主管部门根据立法规定的总量目标和省、自治区、直辖市经济发展与可再生能源资源实际状况，会同省、自治区、直辖市人民政府确定各行政区域可再生能源开发利用中长期目标，并予以公布。国务院能源主管部门会同国务院有关部门，根据全国可再生能源开发利用中长期总量目标和可再生能源技术发展状况，编制全国可再生能源开发利用规划，报国务院批准后实施。国务院有关部门应当制定有利于促进全国可再生能源开发利用中长期总量目标实现的相关规划。省、自治区、直辖市人民政府管理能源工作的部门会同本级人民政府有关部门，依据全国可再生能源开发利用规划和本行政区域可再生能源开发利用中长期目标，编制本行政区域可再生能源开发利用规划，经本级人民政府批准后，报国务院能源主管部门和国家电力监管机构备案，并组织实施。

规划内容应当包括发展目标、主要任务、区域布局、重点项目、实施进度、配套电网建设、服务体系和保障措施等。经批准的规划应当公布，但是，国家规定需要保密的内容除外。

我国可再生能源产业发展尚不成熟，对于这种具有战略性、长期性、高风险、低收益的新型基础产业，在尊重市场规律的基础上，政府予以推动的重要手段便是通过提出总量目标给市场明确的信号，引导投资和技术发展的方向，形成一定规模的市场需求，避免盲目性。

同时《可再生能源法》还要求“编制可再生能源开发利用规划，应当遵循因地制宜、统筹兼顾、合理布局、有序发展的原则”“组织编制机关应当征求有关单位、专家和公众的意见，进行科学论证”。公众参与可再生能源开发利用规划编制，提出自己的意见、建议，有利于使规划更为全面、准确，有利于推进决策的民主化、科学化进程，保证规划的顺利实施。

三、产业指导与技术支持

我国采取各种措施鼓励可再生能源的开发利用，制定有关可再生能源产业、技术发展政策，对我国可再生能源开发利用给予产业指导和技术支持。其中，政府是开发利用可再生能源的重要推动力量，为此，《可再生能源法》针对总则中关于政府的责任予以细化，要求政府定期发布可再生能源产业发展指导目录，编制可再生能源的产品标准和技术规范，并要求国务院职能部门在职权范围内，在促进可再生能源开发利用的教育、科研、宣传等方面发挥作用，特别强调了政府对科技投入和教育方面的支持。

可再生能源产业发展指导目录是指在一定时期内，根据我国的可再生能源资源量和分布、可再生能源不同技术的发展水平和经济条件，以及国家可再生能源产业发展的要求，由国务院能源主管部门编制和发布国家可再生能源技术和产品的优先发展领域或鼓励发展领域的指南。制定、公布可再生能源发展总量目标、发展规划和产业发展指导目录，可以加强对开发利用可再生能源的引导，减少盲目性，从而加快我国可再生能源开发的商业化、产业化和规模化发展。

《可再生能源法》对可再生能源的产品提出了较高的标准，可再生能源不能因为其环保的属性，就降低其服务质量和标准，可再生能源产品供应商必须为用户提供合格的能源产品。《可再生能源法》第十一条规定："国务院标准化行政主管部门应当制定、公布国家可再生能源电力的并网技术标准和其他需要在全国范围内统一技术要求的有关可再生能源技术和产品的国家标准。对前款规定的国家标准中未作规定的技术要求，国务院有关部门可以制定相关的行业标准，并报国务院标准化行政主管部门备案。"同时，考虑到可再生能源技术尚未成熟，《可再生能源法》在要求可再生能源企业生产符合质量标准要求的产品的同时，也要求政府安排资金支持可再生能源开发利用的科学技术研究、应用示范和产业化发展，促进可再生能源开发利用的技术进步，降低可再生能源产品的生产成本，提高产品质量。

可再生能源开发和利用，需要高技术人才的支撑。《可再生能源法》要求国务院教育行政部门应当将可再生能源知识和技术纳入普通教育、职业教育课程。通过专业培训、岗位培训等措施，培养大量的专业技术人才，以满足可再生能源开发利用的技术缺口。

四、推广与应用

推广和应用可再生能源、促进可再生能源的开发利用是《可再生能源法》的根本目的。在现阶段，为推广和应用可再生能源发展，加速实现可再生能源的商业化、规模化和产业化，需要综合运用行政、经济、法律手段。《可再生能源法》明确国家支持可再生能源发展的优先领域，并对可再生能源发电项目的市场准入、可再生能源发电全额保障性收购制度、不同类别可再生能源的推广应用等作出了规定。

发电是可再生能源商业化开发利用的重要技术之一，在可再生能源发电方面，并网发电和偏远地区的可再生能源独立发电系统属于强制发展的范围，国家予以积极支持，应该在政府的发展目标中予以明确规定；电网企业必须全额收购其电网覆盖范围内符合并网技术标准的可再生能源的上网电量，并提供相应的服务；在可再生能源燃料方面，国家鼓励开发和利用生物质燃料，鼓励发展能源作物。国家扶持在电网未覆盖的地区建设可再生能源独立电力系统，为当地生产和生活提供电力服务。

在太阳能利用方面，国家鼓励单位和个人安装和使用太阳能热水系统、太阳能供热采暖和制冷系统、太阳能光伏发电系统等太阳能利用系统，并要求国务院建设管理部门会同有关部门制定太阳能利用系统与建筑结合的技术经济政策和技术规范，同时还要求："房地产开发企业应当根据前款规定的技术规范，在建筑物的设计和施工中，为太阳能利用提供必备条件。对已建成的建筑物，住户可以在不影响其质量与安全的前提下安装符合技术规范和产品标准的太阳能利用系统；但是，当事人另有约定的除外。"通过这样的规定，对政府、建设单位和业主在太阳能利用方面的权利和义务都进行了规范。

在农村可再生能源的应用方面，《可再生能源法》规定："国家鼓励和支持农村地区的可再生能源开发利用。县级以上地方人民政府管理能源工作的部门会同有关部门，根据当地经济社会发展、生态保护和卫生综合治理需要等实际情况，制定农村地区可再生能源发展规划，因地制宜地推广应用沼气等生物质资源转化、户用太阳能、小型风能、小型水电等技术"，同时强调县级以上人民政府应当对农村地区的可再生能源利用项目提供财政支持，为农村能源的发展提供资金保障。

五、价格管理与费用补偿

为明确可再生能源发电项目的上网电价的定价机制，以合理的价格和价格形成机制，利用市场引导可再生能源的开发利用，《可再生能源法》确立了可再生能源产品实行政府定价和用户分摊的原则，实行价格公告制度，消除可再生能源产品进入市场的价格阻碍，同时为市场主体提供准确的信息。

立法规定，可再生能源发电项目的上网电价，由国务院价格主管部门根据不同类型可再生能源发电的特点和不同地区的情况，按照有利于促进可再生能源开发利用和经济合理的原则确定，并根据可再生能源开发利用技术的发展适时调整。根据《可再生能源法》第十九条第二款规定："依照本法第十三条第三款规定实行招标的可再生能源发电项目的上网电价，按照中标确定的价格执行；但是，不得高于依照前款规定确定的同类可再生能源发电项目的上网电价水平"。根据国家发展改革委发布的《上网电价管理暂行办法》规定，上网电价是指发电企业与购电方进行上网电能结算的价格。受现有资源、技术、经济等条件的限制，不同种类的可再生能源发电成本差距较大，因此，可再生能源发电上网实行政府定价、不竞价上网的原则，由国务院价格主管部门确定上网电价，或按照中标确定的价格执行。《可再生能源法》还对政府定价的原则和适用范围作了明确的规定，以保证在不同地区、不同时段开发利用不同可再生能源电力获得较为均衡的发展。

关于收购补偿，《可再生能源法》第二十条规定了"电网企业依照本法第十九条规定确定的上网电价收购可再生能源电量所发生的费用，高于按照常规能源发电平均上网电价计算所发生费用之间的差额，由在全国范围内对销售电量征收可再生能源电价附加补偿"。可再生能源电价附加，是指为扶持可再生能源发展而在全国销售电量上均摊的加价标准。补偿制度的核心是要求各个地区的电力消费者相对公平地承担发展可再生能源的额外费用，以保证可再生能源开发利用的积极性。现行《可再生能源法》第二十条将原《可再生能源法》中的“附加在销售电价中分摊”修改为“由在全国范围对销售电量征收可再生能源电价附加补偿”，并删除了“具体办法由国务院价格主管部门制定”的表述。

可再生能源电力成本包括发电成本和电网成本，其中电网成本主要指电网企业为可再生能源发电项目提供输配电服务所支出的费用，具体包括共用网络输配、专项服务和辅助服务等。可再生能源的发电项目通常规模小，距离主网远，接入系统工程的建设和运营费用高。电网企业承担为社会提供普遍电力输配售服务的义务，对其所产生的必要费用进行回收符合《可再生能源法》立法原则。因此《可再生能源法》第二十一条规定：“电网企业为收购可再生能源电量而支付的合理的接网费用以及其他合理的相关费用，可以计入电网企业输电成本，并从销售电价中回收”。第二十二条还规定：“国家投资或者补贴建设的公共可再生能源独立电力系统的销售电价，执行同一地区分类销售电价，其合理的运行和管理费用超出销售电价的部分，依照本法第二十条的规定补偿”。这样规定的目的是消除电网公司和电力销售企业在经营可再生能源电力方面的费用分摊的障碍，提高这些企业经营可再生能源发电的积极性。

同时，《可再生能源法》也对其他可再生能源产品的定价和分摊原则作出了规定，即按照有利于促进可再生能源开发利用和经济合理的原则，根据价格管理权限确定进入城市管网的可再生能源热力和燃气的价格。

六、经济激励与监督管理

可再生能源是一个新兴产业，资金短缺又缺乏融资机制是产业化发展的主要障碍，国家在资金、信贷、税收等方面的支持对可再生能源市场的形成十分重要。因此，《可再生能源法》规定了相应的经济激励与监督的具体措施，主要包括建立可再生能源专项资金、信贷支持和税收优惠等实质性的激励措施。

（一）建立可再生能源专项资金

在资金方面，设立可再生能源发展基金是国际上通行且有效的推进可再生能源发展的方法。从我国现实来看，将现有的可再生能源电价附加和可再生能源专项资金统筹起来，用政府基金的方式统一管理和使用，可以有效地扶持我国可再生能源产业的发展。《可再生能源法》在第二十四条中规定国家设立可再生能源发展基金，用于补偿本法第二十条、第二十二条规定的差额费用，用于支持前述的科学技术研究、标准制定和示范工程，农村和牧区可再生能源利用项目，偏远地区和海岛可再生能源独立电力系统建设，可再生能源的资源勘查、评价和相关信息系统建设以及促进可再生能源开发利用设备的本地化生产等事项，利用公共财政支持可再生能源的发展。

（二）信贷支持

可再生能源开发利用项目投资多，回收期长，融资难度大，通过提供优惠的信贷支持，降低贷款利率，延长还款期限，对降低可再生能源产品成本，促进可再生能源开发利用是十分必要的。因此《可再生能源法》要求金融机构对列入国家可再生能源产业发展指导目录的符合信贷条件的可再生能源开发利用项目提供有财政贴息的优惠贷款。

（三）税收优惠

对列入国家可再生能源产业发展指导目录的项目给予税收优惠。具体办法由国务院规定。税收优惠包括减税、免税，是国家根据一定时期经济、社会发展的需要，对特定行业、特定产品、特定纳税人所给予的减少征收或者免除征收应纳税款义务的鼓励性、照顾性措施，体现了国家税法的统一性与灵活性。我国对减免税权限规定得非常严格，减税、免税的优惠措施只能由法律、行政法规作出规定，或者由法律、行政法规授权国务院作出具体规定，考虑到今后有关税收改革的情况，《可再生能源法》对可再生能源的开发利用给予税收优惠只作原则规定，具体的税收优惠办法由国务院规定。

此外，可再生能源开发利用的主要形式是可再生能源发电，《可再生能源法》所规定的可再生能源发电项目的强制上网、费用补偿及享受政府可再生能源发展基金、信贷、税收等方面的优惠都须真实无误地用于可再生能源的开发利用，因此，为了保证可再生能源项目信息的真实性，《可再生能源法》要求电力企业应当真实、完整地记载和保存可再生能源发电的有关资料，并接受电力监管机构的检查和监督。电力监管机构进行检查时，应当依照规定的程序进行，并为被检查单位保守商业秘密和其他秘密。

七、法律责任

《可再生能源法》规定了负责可再生能源开发利用工作的管理部门、电网企业、经营燃气管网、热力管网的企业及石油销售企业违反本法的行为所应承担的相关责任。

（一）政府主管部门的责任

政府是实施可再生能源法的重要主体，为了保障该法确实能够发挥促进可再生能源开发利用的作用，从法律实施效果的角度对政府的行为进行制约，《可再生能源法》规定了国务院能源主管部门和县级以上地方人民政府管理能源工作的部门和其他有关部门及其相关责任人员不能按照本法规定履行职责所应承担的法律责任。

（二）企业责任

电网企业、石油销售企业等特许经营的企业担负着一定的公益服务职能，如果这些企业违反《可再生能源法》的规定，将承担一定的法律和经济赔偿的责任。《可再生能源法》第二十九条至第三十一条对电网企业未按照规定完成收购可再生能源电量，造成可再生能源发电企业经济损失所应承担的法律责任，经营燃气管网、热力管网的企业不准许符合入网技术标准的利用生物质资源生产的燃气、热力入网，造成该燃气、热力生产企业经济损失所应承担的法律责任以及石油销售企业未按照规定将符合国家标准的生物液体燃料纳入其燃料销售体系，造成生物液体燃料生产企业经济损失所应承担的法律责任进行了详细的规定。

第三节 节约能源法律制度

一、概述

(一)立法概述

我国的节约能源法始于1986年颁布的《节约能源管理暂行条例》,第一次以行政法规的形式对节能工作进行全面规范。1997年颁布了《节约能源法》,标志着我国第一次将节能工作上升到法律高度。全国人大常委会分别于2007年、2016年、2018年修订了《节约能源法》,现行《节约能源法》提出了完善节能管理的一系列措施,如实行节能目标责任制和节能考核评价制度等;在规范用能单位节能方面,对工业节能、建筑节能、交通运输节能、公共结构节能、重点用能单位的节能管理者、节能内容、节能方法和节能对象等进行了相关规定;该法还加大政策激励力度,提出国家实行促进节能的资金投入、税收、价格、信贷和政府采购等政策措施;同时,进一步明确了节能管理部门、固定资产投资项目审批或核准机关、节能产品监督部门、各用能单位及重点用能单位的法律责任。

(二)立法宗旨及调整范围

1. 立法宗旨

节约资源是我国的一项基本国策,制定《节约能源法》的目的是推动全社会节约能源,提高能源利用效率,保护和改善环境,促进经济社会全面协调可持续发展。节约优先是我国经济社会发展的长远战略方针,节能是当前的一项紧迫任务,能源利用涉及社会生产、生活的各个领域,以法律形式确定我国节约能源的基本原则、制度和规范,是推动全社会节约能源的直接手段。

《节约能源法》是关于节约能源资源的专门法,其第四条将《中共中央关于制定国民经济和社会发展第十一个五年规划的建议》中强调的“要把节约资源作为基本国策”进行重申,明确“节约与开发并举、把节约放在首位的能源发展战略”,该规定明确了我国的能源发展战略,充分说明节约能源并非是为了解决一时能源紧缺问题而采取的权宜之计,而是符合我国的长远利益和根本利益、实现可持续发展的重大举措,须不懈地坚持。

2. 调整范围

明确调整对象的范围是法施行的基础。关于能源的定义和范围,目前尚未形成统一的认识,《节约能源法》第二条明确“本法所称能源,是指煤炭、石油、天然气、生物质能和电力、热力以及其他直接或者通过加工、转换而取得有用能的各种资源”。因此,该法所定义的能源范围包括:①主要的一次能源,如煤炭、石油、天然气、生物质能等;②主要的二次能源,如电力、热力;③其他直接或者通过加工、转换而取得的有用能的各种资源。

二、管理体制

（一）纳入规划

《节约能源法》规定，国务院和县级以上地方各级人民政府应将节能工作纳入国民经济和社会发展规划、年度计划，并组织编制和实施节能中长期专项规划、年度节能计划，国务院和县级以上各级人民政府每年向本级人民代表大会或者其常务委员会报告节能工作。将节能工作纳入国民经济和社会发展规划有利于从宏观上、战略上推进和保障节能工作的开展。而节能中长期专项规划是确定节能工作战略、指导方针、主要任务、主要政策措施的中长期专门规划，年度节能计划则是各级人民政府根据节能中长期专项规划对年度节能工作任务和具体措施的部署和安排，这样规定的目的是保证具体的节能工作的落实，保障节能目标的实现。围绕立法目的，《节约能源法》从两个方面强调了节约能源的内涵：一是节能措施必须是“技术上可行、经济上合理、环境和社会可承受的”，节能工作的推进无法超越技术发展水平，同时还需考虑用能单位的承受能力和经济收益；二是强调节能的目的是“有效、合理地利用能源”，《节约能源法》强调从能源生产到消费的各个环节，降低能耗、减少损失和污染物排放、制止浪费，便是要求减少提供同等能源服务的能源投入，即提高能源效率。

（二）监管主体及其职责

节能工作的管理体制。国务院管理节能工作的部门主管全国的节能监督管理工作。国务院有关部门在各自职责范围内负责节能监督管理工作，并接受国务院管理节能工作的部门的指导。县级以上地方各级人民政府管理节能工作的部门负责本行政区域内的节能监督管理工作。县级以上地方各级人民政府有关部门在各自的职责范围内负责节能监督管理工作，并接受同级管理节能工作的部门的指导。立法明确了中央和地方的节能工作的主管部门，同时厘清了相关部门在节能监督管理工作中的职责。除此之外，国务院和各级人民政府还需要合理调整产业结构、企业结构、产品结构和能源消费结构，推动企业降低单位产值能耗和单位产品能耗，淘汰落后的生产能力，改进能源的开发、加工、转换、输送、储存和供应，提高能源利用效率，鼓励、支持开发和利用新能源、可再生能源，为节能工作的开展做好宣传、教育、培训等工作。

（三）目标责任与考核评价

节能工作是各级政府的一项重要工作，要确保节能目标的实现，规划的落实，必须建立节能目标责任和节能考核评价制度，切实落实节能责任，加强对节能目标完成情况的监督和考核。《节约能源法》明确的节能目标责任制和节能考核评价制度主要包括两方面内容：一是将节能目标完成情况作为对地方人民政府及其负责人考核评价的内容；二是要求省、自治区、直辖市人民政府每年向国务院报告节能目标责任的履行情况。长期以来，经济增长、财政收入等是政绩考核的重心，健全与政绩相关的考核评价制度，有利于节能目标落到实处，同时，各地人民政府向国务院报告节能目标责任的履行情况的要求压实了各省（区、市）的责任，使得国务院能够更全面地了解各地的节能工作进展情况。

三、节能管理

（一）政府领导

节能工作是一项涉及全社会的系统工程，不能完全依靠市场自发进行，而应由政府推动和全社会参与共同推进，节能工作要取得实效，需要各级人民政府重视，并实施有效的宏观管理和政策调控，协调、督促好有关部门的工作。

《节约能源法》规定国务院和县级以上地方各级人民政府对节能工作负有领导责任，这是政府加强对节能工作领导的直接法律依据。

此外，管理节能工作的部门和有关部门还负有节能监督管理的职责，“县级以上人民政府管理节能工作的部门和有关部门应当在各自的职责范围内，加强对节能法律、法规和节能标准执行情况的监督检查，依法查处违法用能行为”。

（二）标准的管理

节能标准是节能工作的指针，企业实施节能管理的基础，也是政府加强节能监管的依据。节能标准体系由国家标准、行业标准、地方标准和企业标准构成，包括各类用能产品和设备的能耗标准、高耗能产品单位能耗限额标准、建筑节能标准、交通运输营运车船的燃料消耗量限量标准、用能系统运行标准以及公共建筑空调温度控制标准、公共机构能源消耗定额标准等，这些标准是开展投资项目节能评估审查，对落后的高耗能产品、设备、工艺等实行禁止生产销售、限期治理和淘汰的重要依据。为建立健全节能标准体系，《节约能源法》第十三条规定，节能标准制定和修订的主体是国务院标准化主管部门和国务院有关部门，节能标准的修订要适时进行，随着经济发展、技术进步和生产管理水平的提高而逐步修改完善。同时，除制定和颁布推荐性节能标准外，还需制定强制性的节能标准，并鼓励企业制定更为严格的企业节能标准。考虑到我国能源资源分布和经济发展水平不均衡，产业结构、能源消费结构等地区差异大，《节约能源法》为地方根据本地实际情况制定地方节能标准留下了一定的空间。

关于建筑节能标准，国务院建设主管部门为建筑节能国家标准、行业标准的制定主体，依照法定程序发布建筑节能标准，允许省级政府建设主管部门根据本地实际情况制定更严格的地方建筑节能标准，但须报国务院标准化主管部门和国务院建设主管部门备案。

（三）节能评估和审查制度

《节约能源法》规定了对固定资产投资项目的节能评估和审查制度，不符合强制性节能标准的项目，建设单位不得开工建设；已经建成的，不得投入生产使用。政府投资项目不符合强制性节能标准的，依法负责项目审批的机关不得批准建设。《节约能源法》仅对固定资产投资项目节能评估和审查制度进行了原则性规定，评估和审查的具体办法授权国务院管理节能工作的部门会同国务院有关部门制定。

（四）淘汰制度

国家采取一系列措施进行节能管理，对于落后的耗能过高的用能产品、设备和生产工艺实行淘汰制度，对于国家明令淘汰或不符合强制性能源效率标准的用能产品、设备禁止生产、进口、销售；对于国家明令淘汰的用能设备、生产工艺禁止使用。对于使用面广、耗能量大的家用电器等用能产品，国家实行能源效率标识管理，实行能源效率标识管理的产品名录和实施办法，由国务院管理节能工作的部门会同国务院市场监督部门制定并公布。采取淘汰制度，有利于促进企业加强技术改造，采用先进工艺、技术和设备，生产节能产品，也有利于提高我国企业整体能源利用水平。

（五）能源统计

为保证节能工作的开展，《节约能源法》第二十一条规定："县级以上各级人民政府统计部门应当会同同级有关部门，建立健全能源统计制度，完善能源统计指标体系，改进和规范能源统计方法，确保能源统计数据真实、完整。国务院统计部门会同国务院管理节能工作的部门，定期向社会公布各省、自治区、直辖市以及主要耗能行业的能源消费和节能情况等信息。"改进和规范能源统计方法，确保能源统计数据的真实性、完整性，同时接受社会监督，增强全民的节能意识。节能目标的完成，除应当发挥政府主导作用，强化企业主体责任，推动社会公众参与之外，还应当充分发挥节能服务机构和行业协会的作用，因此，国家鼓励节能服务机构的发展，支持节能服务机构开展节能服务，并鼓励行业协会在节能规划、节能标准的制定和实施、节能技术推广、能源消费统计、节能宣传培训和信息咨询等方面发挥作用。

四、合理使用与节约能源

《节约能源法》对合理使用与节约能源的一般要求，以及工业、建筑、交通运输、公共机构和重点用能单位等领域的节能做了规定。

（一）一般规定

一般规定是针对本法调整对象在使用能源中存在的共性行为所做出的规定。在一般规定中明确了用能单位加强能源管理的义务，首先，用能单位必须建立节能目标责任制和奖励制度，明确节能工作各个环节的岗位目标责任，并根据各个岗位所分解的目标责任进行严格的考核。其次，能源使用贯穿于用能单位生产经营的方方面面，为实现合理用能，用能单位必须定期进行节能教育和岗位节能培训工作，将节能教育与岗位节能培训制度化、常态化，宣传国家有关节能环保的法律、法规和有关政策，使有关人员熟悉和掌握与本职工作有关的节能政策、制度、方法和技能，增强职工的节能意识。再次，用能单位应当加强能源计量管理，按照规定配备和使用经依法检定合格的能源计量器具。用能单位应当建立能源消费和能源利用状况分析制度，对各类能源的消费实行计量和统计，并确保能源消费统计数据真实、完整。实行用能单位消费统计和能源利用状况分析制度，是改善用能单位能源利用状况、强化节能管理、提高能源利用效率的有效手段。

（二）工业节能

工业是我国能源消耗最大的产业，工业节能是我国节能工作的重点。宏观方面，当前主要耗能行业技术与装备良莠不齐，部分装备技术性能低下，生产水平落后，总体用能效率偏低，严重制约了国民经济持续快速发展。尽快在主要耗能行业制定和实施节能技术政策，有利于指导节能技术的研发和节能项目投资，同时为编制能源开发利用规划和节约能源规划提供技术支持。为此，国务院和省、自治区、直辖市人民政府应当做好推进能源资源优化开发利用和合理配置、推进有利于节能行业的结构调整、优化用能结构和企业布局的工作。同时，国务院节能工作管理部门会同国务院有关部门制定主要耗能行业的节能技术政策，推动企业的节能技术改造。技术方面，实现节能降耗，技术进步是根本，国家鼓励工业企业采用高效节能的设备和先进的技术进行生产经营，减少能源浪费。对于电网企业，应当按照国家规定安排清洁、高效及其他符合资源综合利用规定的发电机组并网发电，禁止新建高耗能燃煤发电机组、燃油发电机组和燃煤热电机组，这是落实国务院确定的电力企业关停小火电机组的重要配套措施，对于节能减排具有重要意义。

（三）建筑节能

国务院建设主管部门负责全国的建筑节能监督管理工作，县级以上地方各级人民政府建设主管部门负责本行政区域内建筑节能的监督管理工作。

建筑工程的建设、设计、施工和监理单位必须遵守建筑节能标准，建设主管部门必须履行职责，保证建筑节能标准的执行，并将对建筑节能标准执行情况的监督检查经常化和制度化。房地产开发企业是建筑节能的重要主体，《节约能源法》规定，房地产开发企业在销售房屋时，应当向购买人明示所售房屋的节能措施、保温工程保修期等信息，在房屋买卖合同、质量保证书和使用说明书中载明，并对其真实性、准确性负责。使用空调采暖、制冷的公共建筑必须实施室内温度控制。

实施供热计量收费是城镇供热体制改革的重要内容，从国内外实践经验来看，该方法是解决供热节能的最佳选择。县级以上人民政府有关部门可以通过制定节约用电计划、实行高耗电产品电耗限额管理和电力需求侧管理，支持节约用电科学技术的研究和推广，加强节约用电宣传等手段推动节电工作，在确保城市道路、广场等功能照明正常运行的前提下，严格控制公用设施和大型建筑物装饰性景观照明的能耗，是城市节电的重要手段。同时，国家鼓励在新建建筑和既有建筑节能改造中使用新型节能建筑材料、设备和可再生能源利用系统，以期有效降低建筑能耗水平。

（四）交通运输节能

交通运输是经济社会运行的重要支撑条件，是主要的终端用能行业领域之一。国务院有关交通运输主管部门按照各自的职责负责全国交通运输相关领域的节能监督管理工作，并会同国务院管理节能工作的部门分别制定相关领域的节能规划。由于每种运输方式都有自身的适用范围、运行条件和能源消费特征，因此，只能结合各种运输方式的技术经济特点，建设分工协作、有机结合、布局合理、联结贯通的节能型综合交通运输体系，尽可能提高交通运输业的能源、资源利用效率，实现交通与经济、社会、资源和环境的和谐发展。《节约能源法》第四十二条规定，国务院及其有关部门指导、促进各种交通运输方式协调发展和有效衔接，优化交通运输结构、建设节能型综合交通运输体系。

面对我国城市化和机动化进程的加快，立法要求县级以上地方各级人民政府应当优先发展公共交通，加大对公共交通的投入，完善公共交通服务体系，鼓励利用公共交通工具出行;鼓励使用非机动交通工具出行。鼓励开发、生产、使用节能环保型交通工具,鼓励开发和推广应用交通运输工具使用的清洁燃料、石油替代燃料,这也是节能减排,实现“双碳”目标的重要手段。为把好交通运输营运车船的市场准入关口,降低交通运输营运车船的燃料消耗,《节约能源法》第四十六条规定:“国务院有关部门制定交通营运车船的燃料消耗量限制标准,不符合标准的,不得用于营运。国务院有关交通运输主管部门应当加强对交通运输营运车船燃料消耗监测的监督管理。”

(五)公共机构节能

公共机构是指全部或者部分使用财政性资金的国家机关、事业单位和团体组织。公共机构是能源消费的重点部门,同时也是社会行为和公共道德的示范和标杆,公共机构自身对节能的重视程度影响着社会公众的能源消费观念。公共机构应当厉行节约,杜绝浪费,带头使用节能产品、设备,提高能源利用效率。国务院和县级以上地方各级人民政府管理机关事务工作的机构会同同级有关部门制定和组织实施本级公共机构节能规划。公共机构节能涉及面非常广,立法规定公共机构应当制定年度目标和实施方案,加强能源消费计量和监测管理,向本级人民政府管理机关事务工作的机构报送上年度的能源消费状况报告。国务院和县级以上地方各级人民政府管理机关事务工作的机构会同同级有关部门按照管理权限,制定本级公共机构的能源消耗定额,财政部门根据该定额制定能源消耗支出标准。公共机构应进行用能系统管理和能源审计工作,并根据能源审计的结果采取提高能源利用效率的措施。同时,公共机构应当优先采购节能产品、设备,政府采购监督管理部门会同有关部门制定并公布节能产品、设备政府采购名录。

(六)重点用能单位节能

抓好重点用能单位的节能工作,强化政府对其节能工作的监督管理,对于缓解经济社会发展面临的能源和环境约束具有重要意义。《节约能源法》明确的重点用能单位包括:年综合能源消费总量一万吨标准煤以上的用能单位及国务院有关部门或者省、自治区、直辖市人民政府管理节能工作的部门制定的年综合能源消费总量五千吨标准煤以上不满一万吨标准煤的用能单位。重点用能单位需每年向管理节能工作的部门报送上年度的能源利用状况报告,通过了解这些用能单位的用能情况,有关部门可以有针对性地制定相应的措施,及时消除节能工作中存在的问题。管理节能工作的部门应对重点用能单位报送的能源利用状况报告进行审查,对于审查出来的节能管理制度不健全、节能措施不落实、能源利用效率低的重点用能单位,管理节能工作的部门有权采取现场调查等进一步措施。重点用能单位必须设立能源管理岗位,聘任能源管理负责人,并明确了能源管理负责人的职责。这为推动重点用能单位建立完善的节能管理和监督体系,推动其节能工作奠定了良好的基础。

五、促进节能技术进步

各级政府及相关部门在推动节能技术进步方面负有责任。国务院节能主管部门会同科技主管部门发布节能技术政策大纲,县级以上各级人民政府应把节能技术研究开发作为政府科技投入的重点领域,国务院节能主管部门会同有关部门制定并公布节能技术、节能产品的推广目录，组织实施重大节能科研项目、节能示范项目、重点节能项目，县级以上政府应加强农业和农村节能工作，农业、科技等有关主管部门应当支持、推广、应用节能技术和节能产品，国家鼓励、支持在农村大力发展沼气，推广可再生能源利用技术等。

节能技术政策大纲是我国实践证明行之有效的做法，《节约能源法》以法律的形式将其确认，明确了国务院管理节能工作的部门会同科技主管部门发布节能技术政策大纲的职责，为今后政府有关部门定期发布节能技术政策大纲，指导节能技术的研发、推广，推动节能技术进步提供了法律依据。

为推动节能技术的发展，县级以上各级人民政府应把节能技术研究作为政府科技投入的重点领域。政府科技投入是指政府为扶持和推动科技进步安排的财政资金，将节能技术研究作为重点领域，是为了保证政府对节能技术的财政支持，发挥财政资金的引导和带动作用。国家制定并公布节能技术、节能产品的推广目录，并组织实施节能重大项目和重点工程。

农业农村节能是国家节能工作的重要组成部分，《节约能源法》第五十九条明确了加强农村和农业节能工作应当坚持"因地制宜、多能互补、综合利用、讲求效率"的基本原则，规定县级以上政府要增加对农业和农村节能技术、节能产品推广应用的资金投入，并规定农业、科技等有关主管部门要支持、推广农业节能技术和节能产品，鼓励更新和淘汰高耗能的农业机械和渔业船舶，并鼓励、支持在农村大力发展可再生能源利用技术。

六、激励措施

针对节约能源，立法规定了多种激励措施，包括有利于节能的财政、税收、政府采购、信贷和价格等，从总体上构建了一个明确的引导和推动节能的政策框架。

（一）财政资金支持

节能具有较明显的公益性特征，政府必须予以支持，建立节能专项财政资金是政府推进节能管理的重要保证。《节约能源法》第六十条规定："中央财政和省级地方财政安排节能专项资金，支持节能技术研究开发、节能技术和产品的示范与推广、重点节能工程的实施、节能宣传培训、信息服务和表彰奖励等"。明确规定了节能专项资金的用处，财政部门应当会同有关部门制定具体的节能专项资金管理办法，以规范资金使用行为，提高资金使用效益。

（二）税收优惠

在税收方面，国家对生产、使用列入推广目录的需要支持的节能技术、节能产品实行税收优惠等扶持政策。旨在通过税收优惠等方式，发挥推广目录的作用，引导用能单位和个人采用先进的节能技术、节能产品。《节约能源法》第六十二条规定，"国家实行有利于节约能源资源的税收政策，健全能源矿产资源有偿使用制度"，目的在于促进能源资源的节约及其开采利用水平的提高。同时，国家运用税收等政策，鼓励先进节能技术、设备的进口，这里所指的税收等政策，包括进出口关税政策，进出口环节增值税、消费税政策和将部分产品列入加工贸易禁止类目录等政策措施。

（三）信贷扶持

在信贷方面，国家除引导金融机构为符合条件的节能技术研究开发、节能产品生产以及节能技术改造等项目提供优惠贷款外，还推动和引导社会有关方面加大对节能的资金投入。

（四）价格激励

为引导用能单位和个人用能，国家实行有利于节能的价格政策。在电价方面，国家实行峰谷分时电价、季节性电价、可中断负荷电价制度，鼓励电力用户合理调整用电负荷；对钢铁、有色金属、建材、化工和其他主要耗能行业的企业，区分淘汰、限制、允许和鼓励类别实行差别电价政策。国内外经验表明，电力需求侧管理、合同能源管理、节能资源协议等，是推动节能的有效办法，因此，国家运用财政、价格等政策进行支持。

七、法律责任

《节约能源法》主要规定了各项违反节能管理行为的法律责任，明确了各个承担法律责任的主体在违反本法规定时相应的处罚措施。这些规定为《节约能源法》的施行提供了切实的法律保障，有利于将节能管理纳入法制轨道，推动节能工作的顺利开展。

固定资产投资项目节能评估和审查工作是节能工作的重要组成部分，《节约能源法》第六十八条对直接负责审批或核准固定资产投资项目的主管人员和其他直接责任人员，以及固定资产投资项目建设单位、投入单位和使用单位两类主体进行了规定："负责审批或者核准固定资产投资项目的机关违反本法规定，对不符合强制性节能标准的项目予以批准或者核准建设的，对直接负责的主管人员和其他直接责任人员依法给予处分。固定资产投资项目建设单位开工建设不符合强制性节能标准的项目或者将该项目投入生产、使用的，由管理节能工作的部门责令停止建设或者停止生产、使用，限期改造；不能改造或者逾期不改造的生产性项目，由管理节能工作的部门报请本级人民政府按照国务院规定的权限责令关闭。"

扩展阅读：全球能源危机的成因、演变与影响

对用能单位等企业而言，《节约能源法》针对不同的主体也规定了不同的法律责任。主要强化了政府等公共机构、节能服务机构的法律责任。

思考题

1. 简述能源的概念及分类。
2. 简述我国能源法的渊源。
3. 简述我国能源管理模式。
4. 《节约能源法》规定了哪些主要制度？
5. 从立法体系和法律规范体系两个方面分析我国节约能源法律体系仍存在哪些问题？
6. 可再生能源利用的局限性是什么？以某一具体类型能源说明。
7. 政府、企业、个人在可再生能源利用中各自应当发挥什么作用？

第九章 减排降碳国际公约与合作

应对全球气候变化是人类的共同目标，减排降碳是世界各国的共同任务，要求各国之间不仅要形成共识，而且要通力合作。在人类环境保护进程中，各类全球性、区域性或国家间国际组织经过不懈努力，在国际环境法的发展与国际环境保护合作领域作出了令人瞩目的贡献。在科学与政策的合力支持下，一些重要的应对气候变化的国际公约、协定相继出台，以《联合国气候变化框架公约》为先驱，《京都议定书》《巴黎协定》《格拉斯哥气候公约》相继在不同时期的应对气候变化一致行动中起到了重要作用。实现我国"双碳"目标可以借鉴欧盟、美国等发达国家和地区的先进经验，与各国进行广泛密切的合作，通过合作采取共同的环境资源保护措施，实现可持续发展的目的。

第一节 环境资源保护国际组织

一、概述

20 世纪 70 年代初期，随着环境问题频繁出现，在联合国及非联合国机构的日程中，国际组织在国际环境法领域中发挥着越来越重要的作用，其最显著和最重要的作用是提供了发展国际环境政策所必需的国家间合作的论坛，尤其是联合国 1972 年的斯德哥尔摩人类环境会议及 1992 年的里约环境与发展大会。非政府组织在一些领域也很有影响力，尤其是国际自然保护同盟。

国际组织有全球性的，如联合国和世贸组织；有区域性的，如欧盟或美洲国家联盟；也具有共同利益的国家组成的，如经济合作与发展组织。它们的运作可以以一个成员一票的方式进行表决，如联合国大会或世贸组织进行表决；或在其他基础上投票，如由主要出资国控制的世界银行投票；或由五个常任理事国支配的联合国安理会进行表决。联合国专门委员会及其他管理环境事务的国际组织已成为重要的全球性和区域性的环境管理机构。

二、政府间国际环境保护组织

（一）联合国

联合国(United Nations，UN)是当今世界上唯一具有最广泛代表性的国际组织，它所独有的广泛代表性使其成为讨论全球环境保护事务、协调各国有关环境应对问题的最适当的组织。虽然《联合国宪章》中没有直接提到环境问题，但其关于联合国宗旨的含义、广泛的条文已普遍被理解为包含了国际环境保护事务。联合国共有六个主要机关：联合国大会、安全理事会、经济及社会理事会、托管理事会、国际法院、联合国秘书处。这六个机关中除联合国秘书处以外,其余五个都以不同方式和不同程度直接参与国际环境法的实践。

1. 联合国大会

根据《联合国宪章》,联合国大会(United Nations General Assembly,UNGA)由联合国全体会员国组成。大会除每年举行一次常会外,还可根据安理会或过半数会员的请求,召开特别会议或紧急特别会议。联合国大会具有广泛的职权,可以讨论宪章范围内的任何问题和事项,并可就这些问题和事项向会员国或安全理事会提出建议。大会的建议虽不具法律约束力,但由于大会的广泛代表性和大会决议所体现的多数会员国的意志,使它们对于国际法和国际环境法的发展具有比较大的影响力。[①]根据《21 世纪议程》,联合国大会作为最高级别的政府机制,是有关环境与发展大会后续工作的主要决策和评价机构。

联合国大会对于国际环境法的贡献主要是通过它的一系列决议体现的。联合国大会有关国际环境法的决议主要有:1962 年第 1803/62 号关于自然资源永久主权的决议、1968 年第 2398 号关于召开联合国人类环境会议的决议、1972 年第 2997 号关于成立联合国环境规划署的决议、1980 年第 35/8 号关于国家保护自然的历史责任的决议、1982 年第 37/7 号关于通过《世界自然宪章》的决议、1987 年第 42/187 号关于确认《布伦特兰报告》(《我们共同的未来》)的决议、1989 年第 44/228 号关于召开联合国环境与发展大会的决议、1990 年第 45/212 号关于举行《气候变化框架公约》谈判的决议、1992 年第 47/418 号关于举行《荒漠化公约》谈判的决议等。除了联合国大会本身,联合国大会还设立了一些有关环境与发展问题的辅助机关和组织,其中主要有:联合国环境规划署、联合国开发计划署、联合国可持续发展委员会。

1) 联合国环境规划署(United Nations Environment Programme,UNEP)

UNEP 于 1973 年 1 月正式成立,是联合国系统内唯一一个专门处理环境问题的常设机构,主要负责处理联合国在环境方面的日常事务,促进环境问题的调查研究,协调联合国内外的环境保护和环境管理工作。UNEP 被视作全球最重要的环境问题方面的权力机构:负责制定全球环境议程、积极筹划环境可持续发展的连贯落实以及作为权威倡导者为全球环境问题服务,并确定了《21 世纪议程》中所设想的拓展授权。UNEP 还将承担两项特别责任:联合国环境公约的协调与实施以及国际环境法的进一步发展。它也会向可持续发展委员会提供科学的、专业的政策建议。随后的一些决议试图增加 UNEP 的资金,使之完成其职责,要求加强 UNEP 与全球环境基金之间的联系以及在联合国所有相关环境团体中发起更广泛的审议,这些决议与环境与发展大会后所强调的重点相一致,即环境公约的有效执行及保证各条约之间的连贯与协作,将可能成为发展的重点,它们体现了 UNEP 在促进国际环境法和国际环境体制的演进等问题中的特殊重要性。

2) 联合国开发计划署(United Nations Development Programme,UNDP)

UNDP 成立于 1965 年 11 月,总部设立于美国纽约,是联合国系统内最大的多边援助机构。自 1970 年以来,它加强了在环境领域里的任务,参加了热带雨林行动计划和全球环境基金(GEF)的工作。《21 世纪议程》要求联合国开发计划署通过其遍布全球的办事处网络以支持《21 世纪议程》的执行。联合国开发计划署将编制和实施《中国 21 世纪议程》列为

① 那力. 国际环境法[M]. 北京:科学出版社,2005.

与中国政府的合作项目,联合国开发计划署对《中国21世纪议程》的参与分三个阶段。第一阶段为1993—1994年,UNDP几次派出专家小组,帮助中国制定合乎国际规范的议程;1994年,UNDP与21世纪管理中心共同发起了第一次国际高级圆桌会议,共同研讨《中国21世纪议程》。第二阶段为1994—1996年,UNDP协助中国政府将《中国21世纪议程》纳入国家经济及社会发展计划,包括中国的"九五"计划和2010年长远计划;1996年,UNDP与中国共同发起了第二次国际高级圆桌会议。第三阶段为1997—1999年,帮助中国把可持续发展从高层推向地方,将计划变成现实,在地方扶持典型,再向全国及世界推广。联合国开发计划署更多的是做管理性的工作,起到的是催化作用。

3) 联合国可持续发展委员会(Commission on Sustainable Development,CSD)

CSD于1992年为推动联合国大会和经济与社会理事会执行《21世纪议程》成立,首次会议于1993年6月召开,它要求联合国成员国向委员会汇报执行《21世纪议程》的进程,并在此基础上,向联合国大会和联合国其他机构提出建议。联合国大会赋予了CSD以下任务:在全球、区域和国家水平上对联合国环境与发展大会最终文本——《21世纪议程》《里约环境与发展宣言》以及森林原则的实施进度进行评估;加强联合国与非政府组织及其他外部机构间的对话;收集环境条约执行的信息,并向经济与社会理事会和联合国大会提出建议。

2. 安全理事会

联合国安全理事会(United Nations Security Council,UNSC)是联合国维持国际和平与安全的主要机构,在联合国六大主要机构中居于首要的政治地位。安理会由15个国家组成,并由5个常任理事国主导,除非被常任理事国投票否决,它依照宪章第七条做出的重建国际和平与安全的措施的决议将约束联合国所有的成员国。在此基础上,它可以授权使用武力、施加制裁、建立特别刑事法庭、鼓励争端的和平解决或者决定国家非法侵略的责任,包括环境损害责任。在这方面安理会的行动十分慎重,宪章第七条的权力仅使用了1次,即在1991年,安理会通过了第687/1991号决议,认定伊拉克对因其侵略科威特所致环境损害负有责任。在1992年,安理会通过了一项宣言,宣布"在经济、社会、人文和生态领域里的非军事的不安定源已成为对和平与安全的威胁",该宣言表明环境问题已经引起安理会的重视。

3. 经济及社会理事会

经济及社会理事会(Economic and Social Council,ECOSOC)是在大会权力下负责协调联合国及各专门机构的经济与社会工作的机构。它的主要权力是发起研究和就经济、社会、卫生和相关问题进行研究,并就这些事项向联合国大会、会员国和有关专门机构提出建议案,它也协调这些机构的行动来准备条约的起草、召开国际会议。因此,它有可能在促进经济发展和环境保护中发挥重要作用。然而,到目前为止,这种可能性并没有被充分意识到,因为过去许多经济与社会理事会的作用主要由联合国大会接管。

经济与社会理事会与国际环境法有关的活动有:1946年发起并于1949年召开的联合国关于保护和利用资源的科学大会;接受并向联合国大会转呈环境规划署理事会和可持续发展委员会的报告,以及它所属的联合国欧洲经济委员会关于欧洲国际环境问题的国际环境立法工作。

4. 托管理事会

托管理事会(Trusteeship Council,TC)因1989年的瑙鲁含磷土地案而涉及国际环境法。瑙鲁于1989年向国际法院状告澳大利亚，指控其在托管瑙鲁期间(1947—1968年)滥采瑙鲁的磷矿资源，应对破坏瑙鲁自然资源的行为负责。国际法院于1992年6月作出裁定，驳回了澳大利亚关于环境权利要求的放弃、诉讼时效、善意原则和共同和连带责任的主张。澳大利亚于1993年8月提出对瑙鲁提供1.07亿美元以了结此争端，瑙鲁接受了这一建议并停止诉讼。

5. 国际法院

国际法院(International Court of Justice，ICJ)以其对有关环境问题案件的判决和咨询意见来影响和促进国际环境法的发展。由于国际环境法是国际法的一个新领域，现有的判例很少，因此国际法院的每一项有关环境问题的判例都具有重要意义。国际法院有关国际环境法的判例主要有1974年的渔业管辖权案和核试验案、1989年的瑙鲁含磷土地案和1993年的盖巴斯科夫——拉基玛洛大坝工程案；国际法院有关环境问题的咨询意见有1993年为世界卫生组织提出的关于使用核武器的合法性的咨询意见。鉴于国际环境法的发展，国际法院于1993年决定设立一个由7人组成的环境事务庭，专门处理环境事务。

6. 联合国秘书处

联合国秘书处(United Nations Secretariat，UNS)是联合国的主要机构之一，负责为联合国大会和其他主要机构处理各项日常工作，并执行联合国其他机构制定的方案和政策。秘书处设多个下属部门和办事处，彼此各司其职，互相协调，确保团结一致实施联合国各项方案和政策。联合国秘书处在应对气候变化和减排方面积极开展行动，其主要措施有：①推动全球应对气候变化行动的协调。联合国秘书处是《联合国气候变化框架公约》的主要执委之一，致力于协调各国积极应对气候变化，包括在应对气候变化议程方面协调各国立场，定期组织应对气候变化谈判，促进各国在减排和应对气候变化方面的合作等。②支持减排和可持续发展。秘书处通过推广清洁能源、提升能效和发展绿色经济，鼓励各国加强政策和技术创新，实现减排和可持续发展双重目标。③推动全球应对气候变化机制的建立和实施。秘书处设立了应对气候变化支持团队，《联合国气候变化框架公约》《京都议定书》《巴黎协定》的达成都有秘书处不可替代的贡献。

（二）联合国专门机构

在联合国众多专门机构中，与国际环境法关系比较密切的有联合国粮农组织、联合国教科文组织、国际海事组织、世界气象组织、世界卫生组织、国际劳工组织等专门机构。作为政府间组织，这些专门机构在其组织章程规定的职权范围内为国际环境发展作出了巨大贡献。

1. 联合国粮农组织

联合国粮农组织(Food and Agriculture Organization of the United Nations，FAO)主要为提高粮食农业生产效率而建。广义上讲，它的权限也涉及森林、植物基因资源、渔业及淡水资源等领域。其还被授权收集信息、促进研究、为政府提供援助、对自然资源保护及其他事务提供建议。所有成员国都从属于成员国大会，还有一个较小的议事机构，在各委员会的协助下行使由大会所赋予的权力。

粮农组织在推进渔业管理、淡水资源管理和农药杀虫剂管理等农业的可持续发展方面起着重要作用，为1991年国际植物保护公约、1998年危险化学品和农药的国际贸易知情同意公约，粮农组织提供了高质量的论坛。

2. 联合国教科文组织

联合国教科文组织(United Nations Educational,Scientific and Cultural Organization,UNESO)对国际环境法的主要贡献是1972年通过了《世界自然与文化遗产保护公约》。在“人与生物圈计划”(MAB)框架内，它还建立了“生态保护区”的系统工程。这些保护区旨在促进“人与生物圈关系的平衡”。生态保护区由相关国家提出请求，MAB计划的国际协调委员会指定，保护区在保留国家主权的前提下自愿参与。联合国教科文组织也促进了自然科学与社会科学的合作与研究，在人才培养和教育方面提供技术援助。它还维持着一个权威的政府间海洋学委员会(IOC)，这个委员会所处理的事务中，就包括对海洋污染的研究。

3. 国际海事组织

国际海事组织(International Maritime Organization,IMO)的建立是为了推进国际航运管理合作。在1982年《联合国海洋法公约》的数个条款中，它被授权推进“海事安全、航行效率、防止和控制来自船舶的海洋污染等相关事宜的国际标准的采纳”。国际海事组织已参与了近40个公约的国际标准制定，还通过了无约束力的章程、建议和准则。国际海事组织内通过建立海事安全委员会、海洋环境保护委员会和法律委员会来分工负责有关事项。

《21世纪议程》强调国际海事组织应进一步对待海洋环境恶化问题，包括敏感海域的保护、进一步规制船只造成的空气污染问题和压舱水污染问题。然而，对国际海事组织也存在批评，主要是其对成员国尤其是船旗国对现有公约和标准的违反和不履行现象没给予足够重视。这些国家中有许多是国际海事组织理事会成员。1993年国际海事组织建立了一个船旗国履行(公约)委员会，其任务是“为保证国际海事组织在全球高效、持续的执行公约而拿出必要措施，尤其注意发展中国家所面临的特殊困难”。但该委员会作用甚微，这个问题也凸显了国际海事组织作为一个监督机构的局限性。

4. 世界气象组织

世界气象组织(World Meteorological Organization,WMO)于1988年协同联合国环境规划署建立了气候变化政府间专家工作组。工作组为国际社会建立关于保护臭氧层、减缓全球变暖和气候变化和控制跨界大气污染的国际法制度提供科学依据。

5. 世界卫生组织

世界卫生组织(World Health Organization,WHO)的宗旨是“使所有人达到最高可能的卫生水平”。WHO大会可制定关于卫生方面的条约、协议条例标准等。WHO与粮农组织一道负责管理食品标准计划；此外，WHO还制定了不具法律约束力的饮用水和空气质量标准供各国政府参考使用。WHO于1990年设立环境与健康委员会，该委员会的任务是评价环境变化对人类健康的影响。

6. 国际劳工组织

国际劳工组织(International Labour Organization,ILO)的宗旨包括保护劳工的职业安全和劳动福利。ILO发起并帮助缔结了一系列有关保护工作环境、防止职业病和工伤事故的公约，其中主要的有1981年《关于职业安全、健康和工作环境公约》。

（三）非联合国系统的普遍性政府间国际组织

除了联合国系统以外，还有一些重要的普遍性政府间国际组织包括国际原子能机构、国际标准化组织、世界银行、全球环境基金、经济合作与发展组织、关税及贸易总协定和世界贸易组织等，也是国际环境法的主体。

1. 国际原子能机构

国际原子能机构（International Atomic Energy Agency，IAEA）的宗旨是促进原子能的和平利用。国际原子能机构并非联合国系统的正式成员，但它对联合国大会和联合国其他机构呈送报告。它发起并帮助缔结了一系列有关原子能利用的国际条约，其中主要的有1963年《核能损害民事责任维也纳公约》、1980年《核材料实质保护公约》和1986年《核安全公约》、1994年《核安全公约》。该机构作为这些公约的秘书处，还制定了很多有关核能利用的标准，旨在使各核能利用国家采取加强核安全的措施，并通过国际合作在世界范围内实现和维持高水平的核安全，使人类社会在发展的同时保护自己的生存环境。

2. 国际标准化组织

国际标准化组织（International Organization for Standardization，ISO）是一个包括政府和非政府成员的国际组织，宗旨是促进标准化和有关活动的开展。ISO迄今为止已经制定了数以百计的有关空气、水、土壤等的环境标准，供各国参考使用，例如在1995年颁布ISO14000系列环境管理标准。

3. 世界银行

由于世界银行（World Bank，WB）是国际环境保护事业的重要的资金来源，因此在国际环境法律关系中扮演重要角色。世界银行自20世纪80年代初以来，大大加强了对贷款项目的环境影响的审查。1980年，世界银行发表了《有关经济发展的环境政策和程序宣言》，重申了其支持联合国人类环境会议发表的宣言和行动计划。此后，世界银行发布了一系列有关环境保护的指令，要求贷款和技术援助项目充分考虑项目的环境影响。此外，世界银行还是1990年成立的全球环境基金的托管者并负责管理其投资项目。

4. 全球环境基金

全球环境基金（Global Environment Facility，GEF）是由世界银行、联合国开发计划署和联合国环境规划署共同托管的全球性基金，成立于1990年，经过三年的试验期，最后在1994年成为永久性的金融机构。全球环境基金设立的目的是为全球环境保护项目提供支持资金。它设有一个大会、一个理事会和一个独立的秘书处。大会每三年召开一次；理事会负责领导工作，每年至少召集两次会议。理事会由三十二名成员组成，其中有十六个发展中国家和两个经济转型期国家。全球环境基金的目标是通过国际合作、不同组织间的伙伴与协作关系在四个关键领域（气候变化、生物多样性、国际河流、臭氧层消耗以及与这些关键领域有关的土地退化）获得全球环境效益。[①] GEF还资助了1992年《联合国气候变化框架公约》和《联合国生物多样性公约》的实施。还帮助各国国内有利于可持续发展的项目和规划。1994年改组后，有34个国家（包括13个接受全球环境基金援助的国家）许诺向全球环境基

① 王曦. 联合国环境规划署环境法教程[M]. 北京：法律出版社，2002.

金捐款 20 亿美元。迄今为止，全球环境基金已核准 800 多个投资和能力建设项目，并已拨款约 35 亿美元。在全球环境基金的小额赠款方案下，至多 50 000 美元的 1 300 多笔赠款已直接提供给非政府组织和社区组织。

5. 经济合作与发展组织

经济合作与发展组织（Organization for Economic Co-operation and Development，OECD）的前身是欧洲经济合作组织，成立于 1960 年。经济合作与发展组织现在的成员国包括欧洲、北美和亚洲的发达国家。因此人们常称其为“富国俱乐部”。经济合作与发展组织的领导机关是经济合作与发展组织理事会。理事会有权颁布两类文件：一类是对成员国有法律约束力的文件，称为“决定”；另一类是不具法律拘束力的文件，称为“建议”。经合组织已颁布了大量的有关环境问题的决定和建议，这些决定和建议中含有不少对国际环境法的发展起到促进作用的内容。例如关于“污染者负担”原则、关于环境影响评价制度、经济手段和综合污染预防与控制的规定和要求。经合组织于 1960 年缔结了《核能方面第三方当事者责任公约》。

6. 关税及贸易总协定和世界贸易组织

《关税与贸易总协定》（General Agreement on Tariffs and Trade，GATT）缔结于 1947 年，于 1948 年 1 月 1 日生效，其目的是消除贸易障碍，促进自由贸易。自《关税与贸易总协定》签订以来，成员国进行了 8 个回合的多边贸易谈判。1993 年 12 月，经过 7 年艰苦谈判，成员国结束了最后一个回合，即乌拉圭回合的谈判并达成《关贸总协定最后文件》。该最后文件决定建立世界贸易组织（WTO）以取代关贸总协定。《关税与贸易总协定》是一个多边贸易协定，原本与环境问题没有太大联系。20 世纪 80 至 90 年代，关贸总协定的贸易争端解决小组审理了几起有关贸易与环境的国际争端，这些判例对国际环境法的发展有一定影响。在世界贸易组织成立之后，发达国家成员国与发展中国家之间在世贸组织是否是一个讨论环境问题的适当组织的问题上有不同看法。发展中国家主张环境问题应交由联合国可持续发展委员会讨论，认为世贸组织在这个问题上不是一个适当的讲坛。但发达国家成员国利用其在关贸总协定中的传统优势，力图把世贸组织变成一个在贸易与环境问题上对其有利的组织。

（四）区域性政府间国际组织

区域性国际组织对国际环境法的发展有重要的作用。作为国际环境法主体的区域性国际组织主要有欧洲联盟、欧洲理事会、非洲统一组织、北美自由贸易区、东南亚国家联盟和各大洲的区域开发银行。

1. 欧洲联盟

欧洲联盟（European Union）始于 1951 年法国外交部部长罗伯特 · 舒曼（Rober Schuman）关于建立联合西欧的煤、钢产业的建议。1992 年，欧共体成员国签订《马斯特里赫特条约》（《欧盟条约》），将欧洲经济共同体的名称改为欧洲共同体，并引入关于防卫、司法和内部事务的新的合作领域，创立了欧洲联盟。欧洲联盟致力于建设统一的欧洲大市场、共同的货币和对外贸易、共同的外交和安全政策、共同的治安和司法合作。欧盟的决策机构主要是欧洲议会、欧盟理事会和欧洲委员会。欧盟的司法机构是欧洲法院。在环境保护领域，欧盟设有欧洲环境署。

从1972年至今，欧共体已制定并实行了八个《环境行动计划》。在这八个《环境行动计划》期间，欧盟制定了数以百计的有关环境保护的条例、指令和决定，对成员国之间和欧盟与欧盟外部世界的各种环境问题作出规定。这些欧盟环境法律文件已经形成一个具有欧盟特色的区域国际环境法体系。自从20世纪90年代以来，欧盟在国际环境保护的舞台上一直扮演非常积极的角色，最明显的例子是欧盟为《京都议定书》的谈判和生效所做的巨大努力。欧洲法院审理的很多环境案件在一定条件下可作为查证国际环境法的法律规范的辅助资料。

2. 欧洲理事会

欧洲理事会(Council of Europe)成立于1949年，它的宗旨是推行法治和保障其成员国公民的人权。欧洲理事会制定了一系列有关环境问题的条约，其中主要的有1968年《关于限制在产品清洗中使用某些洗涤剂的欧洲协议》、1969年《保护考古学遗产的欧洲公约》、1979年《保护欧洲野生生物及其自然生境的伯尔尼公约》、1993年《关于有害于环境的活动所致损害的民事责任公约》、1998年《通过刑法保护环境公约》和2000年《欧洲风景公约》。①

3. 非洲统一组织

非洲统一组织(Organization of African Unity，OAU)成立于1963年，其宗旨是促进非洲的统一和非洲国家间的合作。非洲统一组织主持制定了两项重要的区域性环境条约。一项是1968年《保护自然和自然资源非洲公约》，另一项是1991年《禁止向非洲进口危险废物并在非洲内管理和控制危险废物越境转移的巴马科公约》。②

4. 北美自由贸易协定

北美自由贸易协定(North American Free Trade Agreement，NAFTA)系美国、加拿大和墨西哥三国缔结的一项旨在建立北美自由贸易区的协定。它于1994年1月1日生效，1993年，这三个国，订立了一项《环境合作协定》。根据该协定，三个国家设立一个环境附属委员会，委员会的职责是监督协定的执行和提出有关建议。根据该协定，任何非政府组织和个人可向该委员会指控成员国未有效执行环境法，委员会如果认为有必要，可就该指控要求被控成员国政府作出答复。鉴于美国和墨西哥两国边境地区的严重环境问题，两国设立了一个边境环境合作委员会来专门处理有关事项。

5. 东南亚国家联盟

东南亚国家联盟(Association of Southeast Asian Nations，ASEAN)由印度尼西亚、马来西亚、菲律宾、新加坡、泰国、缅甸、越南等东南亚国家组成。东南亚国家联盟于1985年签订了《东南亚国家联盟保护自然和自然资源协定》。

(五) 环境条约设立的国际组织

大多数环境条约都设立级别较高的专门机构来监督条约的实施。这种环境条约设立的专门机构具有一定的国际法律人格并享有一定的决策和解决争端的权力，有的甚至有一定的执行权。这类国际组织中比较重要的有1979年《长程越界空气污染公约》执行局、1985

① 王曦. 国际环境法与比较环境法评论(第1卷)[M]. 北京：法律出版社，2002.
② 王曦. 国际环境法与比较环境法评论(第2卷)[M]. 北京：法律出版社，2005.

年《保护臭氧层维也纳公约》缔约国大会、1987 年《蒙特利尔议定书》缔约国会议、1992 年《气候变化框架公约》缔约方大会、1982 年《联合国海洋法公约》国际海底管理局大会、1972 年《防止因倾弃废物及其他物质而引起的海洋污染的公约》协商会议、1973 年《国际防止船舶污染公约》及其 1978 年议定书国际海事组织大会、1974 年《防止陆源海洋污染公约》巴黎委员会、1971 年《设置赔偿油污损害国际基金的国际公约》大会和执行委员会 1992 年《联合国气候变化框架公约》缔约方大会、1992 年《生物多样性公约》缔约国大会、1973 年《濒危野生动植物物种国际贸易公约》缔约国大会、1971 年《关于特别是作为水禽栖息地的国际重要湿地公约》、《拉姆萨尔公约》大会、1946 年《国际捕鲸公约》委员会、1972 年《世界自然和文化遗产公约》世界遗产委员会、1989 年《巴塞尔公约》缔约国大会等。

三、非政府间国际环境保护组织

自英国维多利亚时代的自然学家和博物学家创建非政府组织时算起，现代的非政府组织(Non-Governmental Organization，NGO)已经存在了约 100 年。20 世纪末期以来，非政府组织作为国际环保事业的重要参与者，在国际舞台上更加引人注目，对国际环境法的发展和实施起到了独特的、不可替代的作用。它们通过参加国际环境会议、参与国际谈判、参加环境条约的拟订、组织非政府组织论坛等各种方式，促进了国际环境法的编纂和发展。20 世纪 90 年代以来，联合国主持召开的每次世界性环境会议都有非政府组织的广泛参与。在环境问题和环境条约的国际谈判中，从确定问题、议定日程及目标、提出有关规则、提供专家意见和有关信息、进行游说等各方面，直到缔结环境条约，都有非政府组织的积极介入。非政府组织还参与审议和监督环境条约的实施和执行，敦促有关国家执行条约或对其作修改和调整。有些非政府组织通过与国家、政府的合作，帮助国家实施其签署或加入的条约。

鉴于非政府组织的重要作用，《21 世纪议程》要求制定程序，让非政府组织(包括与主要群体有关的非政府组织)发挥扩大的作用，并根据环境与发展大会适用的程序认可资格。

当前，在国际环境保护领域里影响较大的非政府组织主要有以下几个。

(一) 世界自然保护联盟

世界自然保护联盟(International Union for Conservation of Nature and Natural Resources，IUCN)，于 1948 年成立。它是世界上成立最早的国际性环境保护组织，其宗旨是“影响、鼓励、协助世界各团体维持自然界的完整性和多样性，确保自然资源使用的平衡和生态的可持续发展”。IUCN 具有两个显著特点：一是参加成员非常广泛，包括国家、环保团体和其他机构；二是该组织的结构非常严密，颇似政府间国际组织。世界自然保护联盟促进了 1968 年《非洲保护自然界和自然资源公约》、1973 年《濒危野生动植物物种国际贸易约》、1979 年《保护野生动物物种公约》和 1992 年《生物多样性公约》等公约的发起与通过。它于 1980 年编写的《世界自然保护大纲》，对全球自然资源保护有重大影响；1982 年在联合国大会通过的《世界自然宪章》也是由世界自然保护联盟最先起草的。中国政府于 1996 年在加拿大蒙特利尔举行的世界自然保护联盟第二届世界自然保护大会上正式加入该联盟。

经世界自然保护联盟理事会批准，联盟的环境法委员会于 2003 年 11 月 4—6 日同联合国环境规划署、上海交通大学共同举行了世界自然保护联盟环境法学成立典礼暨首届学术年会,来自全世界45个国家代表的90多所大学的近150名环境资源法学界的著名学者参加了此次盛会,会议受到联合国的高度关注,时任联合国秘书长安南发来了贺信。[①]

(二)绿色和平组织

绿色和平组织(Green Peace)成立于1971年。该组织主要致力于防止气候变化、防止核威胁、保护海洋、拯救原始森林等方面的环境保护活动。1985年7月,绿色和平组织成员为阻止法国在南太平洋进行核试验而派出的"彩虹勇士"号船在试图穿过法国军舰的封锁时,被法国军事安全部门击沉,造成轰动一时的"彩虹勇士"号事件。后来,法国政府为此事付出了沉重代价。另外,为反对捕鲸,它曾派出船舶封锁直布罗陀海峡,阻止苏联的捕鲸船队通过;它反对越境转移有害废弃物,曾举行新闻发布会,揭露一些国家越境转移废弃物的真相;海湾战争后,还派出船只调查污染状况,敦促召开国际会议,以解决战争造成的环境问题等。

(三)世界自然基金会

世界自然基金会的原名是世界野生动物基金会(World Wild Fund,WWF),成立于1961年,总部设在瑞士。它的会标由中国珍贵野生动物大熊猫的图像构成。它的主要活动之一是为全世界的自然保护活动,如保护湿地、草原、森林、海洋资源等活动提供资金。它经常同其他国际组织合作,尤其是联合国环境规划署、世界卫生组织等,共同致力于环保项目的实施和投资。在国际立法方面,WWF主要致力于现有公约的实施,尤其关注1973年《濒危野生动植物物种国际贸易公约》和1971年《保护国际重要湿地公约》的有效实施。

除了这几个规模较大、知名度较高的非政府组织,在国际环境法学界较为活跃的非政府组织还有科学团体如科学联盟国际理事会、环境团体如地球之友社等;法律团体如世界自然保护联盟环境法中心、环境法委员会、自然资源保护理事会等;公司团体如国际商会等。

第二节 减排降碳环境保护公约

一、概述

气候变化问题与化石燃料的使用密切相关,而化石燃料从18世纪晚期的工业革命时起就成为人类文明的基础。为了理解这一现象,就有必要说明某些气体在全球气候系统中的作用。

大气的第一层,通常被称为对流层(距离地球表面12千米范围内),其包含了某些气体的浓聚物,允许太阳紫外线的进入,而且当这一射线被地球表面以红外线的形式反射到太空时,这些气体保存了部分红外线。这种对能量的留存所发挥的作用是维持地球的平均温度(当前是约15℃),这一温度在不同地质时期一直在发生变化。这些温室气体(包括二氧化

① 王曦,姚兆亮.球环境法学界的盛世:世界自然保护联盟环境法学院成立典礼暨首届学术年会综述[J].现代法学,2004(4):187-192.

碳、甲烷氧化氮、氟氯化碳、含氢氟氯化碳、氢氟碳化物、炭黑、对流层臭氧和其他大量物质）的浓度升高，就会导致一个更高的能量留存，也就会造成地球气温的升高，这就是通常所说的“全球变暖”。但是，“气候变化”这一术语并不仅限于全球变暖问题，它还涉及气候更大的可变性，或者更具体地说，极端天气事件（如热浪、暴雨、暴风、干旱和其他问题）的更频繁发生。

基于这一背景，就能更好地理解自工业革命以来化石燃料的广泛使用对气候变化所造成的影响。源自人类活动（人为排放）的温室气体的排放增加了这些气体在对流层中的数量，因此也提升了地球的平均温度，这就可能会导致一系列后果，虽然当前想要精确预测这些后果还有一定难度，但是，冰川融化、海平面上升、极端干旱和荒漠化、物种和疾病在地理上的重新分布等后果则是基本能够确定的。人类已经充分认识到解决这一问题的必要性。17 个可持续发展目标中的一个目标（第 13 个）是致力于“采取紧急措施应对气候变化及其影响”，其认知基础是，应对气候变化的主要国际公约是《联合国气候变化框架公约》。因为清晰和可信赖的科学信息是政策应对的基础，所以该公约并不是气候变化体制的唯一支柱。

二、应对气候变化体制的两大支柱

现有体制的特点可以用两个关键“支柱”来归纳，即科学支柱和政策支柱。这两个支柱是紧密相关的。

科学支柱指的是政府间气候变化专门委员会（Intergovernmental Panel on Climate Change，IPCC）。这一组织的起源可以追溯到 20 世纪 70 年代晚期的研究项目，特别是世界气象组织下的项目。20 世纪 80 年代，一系列报告和科学会议关注了人类对气候系统造成影响的可能性。特别是 1985 年在奥地利菲拉赫召开的一次会议上，一名来自瑞典的权威专家（Bert Bobolink）起草了一份报告，指出 20 世纪上半叶温室气体的人为排放可能已经造成了气温的升高。[①] 之后，联合国环境规划署、世界气象组织和国际科学理事会（International Council for Science，ICSU）联合提出了一个倡议，促使成立政府间气候变化专门委员会以便应对 20 世纪 80 年代盛行的科学认识上的混乱。政府间气候变化专门委员会的使命是审查与这一主题相关的所有重要的科学问题并得出结论；换言之，在面对争议各方提出的证据和主张时，采用一种法庭判决的方式来评估各种对抗性的主张。这种审查评估采用了各式各样的“评估报告”的方式，每个报告都有成千页的内容。在其成立后的近三十年内，政府间气候变化专门委员会已经提交了五份评估报告（1990 年、1995/1996 年、2001 年、2007 年和 2013/2014 年）。

需要指出的是，每一份评估报告都与气候变化体制下政策支柱的每次重大进展相关联。在分析那些调整气候变化问题的国际法律文件的内容之前，有必要将其进展与科学支柱的进展关联起来进行概括。政府间气候变化专门委员会的成立以及其在 1990 年发布的第一份评估报告促成了《联合国气候变化框架公约》的通过和开放签署（1992 年 6 月）。1995 年，在其第一份评估报告发布前不久，政府间气候变化专门委员会与《联合国气候变化框架公

---

① J. E. Viñuales. Legal Techniques for Dealing with Scientific Uncertainty in Environmental Law[J]. Vanderbilt Journal of Transnational Law，2010(43)：486.

约》缔约方大会分享了其调查结果。这一信息影响了缔约方大会的第一个决议，即所谓的《柏林授权》，为两年后《京都议定书》的制定奠定了基础。[①]《柏林授权》还加大了发达国家与发展中国家之间的差别，这一点通过《京都议定书》建立的分隔墙得以体现。2001 年发布的第三份评估报告极大地影响了所谓的《马拉喀什协议》，它是缔约方大会通过的一系列决议，用于细化《京都议定书》建立的制度，即使这一法律文书尚未开始生效。2007 年发布的第四份评估报告推动了《巴厘授权》(*Bali Mandate*)，《巴厘授权》推动了在 2009 年哥本哈根气候大会上制定一项新的议定书。虽然哥本哈根气候大会以失败告终，但是《巴厘授权》的目标——减少或消除发达国家和发展中国家(特别是新兴经济体)两者间义务的差别依然还是谈判的优先内容。引起争议的《哥本哈根协议》以及后来的《坎昆协议》(*Cancun Agreements*)都曾试图减少这两类国家在承担义务方面的差别，而它们对共同但有区别的责任原则的作用都持一个模棱两可的态度。[②] 为此，2011 年 12 月在南非德班召开的缔约方大会上，一个新的工作组被授权"在公约框架下制定一份适用于所有缔约方的议定书、法律文书或具有法律效力的议定成果"。这一项协商授权最终促成在 2015 年 12 月召开的缔约方大会上制定了《巴黎协定》。这一协商的时间范围经过了特别设定，目的是能顺利发布第五次评估报告(2013/2014 年)。

三、《联合国气候变化框架公约》

全球变暖问题在 20 世纪 80 年代后期引起国际社会的关注。1990 年，联合国大会成立了政府间谈判委员会，1992 年里约会议通过了《联合国气候变化框架公约》，于 1994 年 3 月 21 日生效。

(一)《联合国气候变化框架公约》的特点

首先，《联合国气候变化框架公约》的特点表现为它的"框架"性。它确立了关于控制温室气体排放，将大气中温室气体的浓度稳定在防止气候系统受到危险的人为干扰的水平上的原则，为发展中国家和发达国家规定了有关控制温室气体的不同义务。但是，对于那些关键性的义务，如限制和削减二氧化碳的排放量，《公约》没有规定具体的指标和时间表，而是将此类具体措施留给各国的国内法或缔约国在未来另行议定。其次，它是第一个由国际社会的全体成员参与谈判的国际环境条约，具有广泛的国际社会基础。再次，《公约》的影响非常广泛，几乎所有的人类活动都要受到它的影响，包括消耗化石燃料并排放温室气体的各种人类活动，以及开发森林等与《公约》规定的"库"和"汇"有关的人类活动。最后，《公约》直接关系各国的重大经济、社会和环境利益，因为限制二氧化碳等温室气体的排放将直接影响各国的能源、农业、林业等重要产业部门。

---

① 皮埃尔. 玛丽·杜普，豪尔赫·E. 维努阿莱斯. 国际环境法[M]. 胡斌，马亮译. 北京：中国社会科学出版社，2021.

② L. Rajamani. The Durban Platform for Enhanced Action and the future of the Climate Re-Gime[J]. International and Comparative Law Quarterly, 2012(61): 505-506.

(二)《联合国气候变化框架公约》的目标和原则

《公约》的最终目标是"将大气中温室气体的浓度稳定在防止气候系统受到危险的人为干扰的水平上"。《公约》要求尽快达到这一目标,以使生态系统能够自然地适应气候变化、确保粮食生产免受威胁并使经济能够可持续地发展。

为实现上述目标,《联合国气候变化框架公约》规定了五项原则。

第一项原则是代际公平原则和共同但有区别的责任原则的结合,它要求为人类当代和后代的利益保护气候系统,并要求发达国家缔约方率先采取行动对付气候变化及其不利影响。

第二项原则要求充分考虑发展中国家的愿望和要求。

第三项原则包括风险预防原则和成本效益原则。它规定当存在造成严重或不可逆转的损害的威胁时,不应当以科学上没有完全的确定性为理由推迟采取预防措施。它还要求对付气候变化的政策和措施应当讲求成本效益,确保以尽可能最低的费用获得全球效益。

第四项原则体现了可持续发展原则并承认经济发展对于采取措施应对气候变化的重要性。

第五项原则是国际合作原则的体现,它强调这种合作的目的是促进建立有利于各国,特别是发展中国家的可持续经济增长的国际经济体系。

四、《京都议定书》及其修正案

为加强《联合国气候变化框架公约》实施效果,1997 年《公约》第三次缔约方会议通过《京都议定书》,于 2005 年 2 月 16 日生效。

2012 年多哈会议通过包含部分发达国家第二承诺期量化减限排指标的《〈京都议定书〉多哈修正案》。第二承诺期为期 8 年,于 2013 年 1 月 1 日起实施,至 2020 年 12 月 31 日结束。2014 年 6 月 2 日,中国常驻联合国副代表王民大使向联合国秘书长交存了中国政府接受《〈京都议定书〉多哈修正案》的接受书。

(一)《京都议定书》的主要内容

《京都议定书》包括 28 条款和两个附件,其主要内容如下。

1. 定量减排目标

《京都议定书》对公约附件一国家的温室气体排放量作出了具有法律约束力的定量限制。议定书第三条第一款规定:"附件一缔约方应个别地或共同地确保附件 A 所列温室气体的排放总量(以二氧化碳当量计)不超过按照附件 B 中所登记的其排放量限值、削减承诺和根据本条规定所计算的分配数量,并使这类气体的全部排放量在 2008 年至 2012 年的承诺期间削减到 1990 年水平之下 5%"。以 1990 年的排放水平为基准,议定书为附件一缔约方确定了具体的、有差别的减排指标,如欧盟减排 8%,美国减排 7%,日本、加拿大各减排 6%,俄罗斯、乌克兰、新西兰维持零增长,澳大利亚、冰岛的排放量增长限制在 8%和 10%。另外,欧盟成员国作为一个整体参与减排行动。议定书还要求在 2005 年这些国家对实施上述承诺应当取得可证实的进展。根据《联合国气候变化框架公约》规定的共同但有区别的责任原则,议定书未对发展中国家规定温室气体减排的目标。

议定书为附件一国家规定的温室气体减排指标,体现了共同但有区别责任原则和对发达国家率先行动采取措施减少温室气体排放的要求。

2.“灵活机制”

基于发达国家,尤其是美国的坚持,议定书在上述硬性的减排指标以外,规定了三个“灵活机制”(又称“京都三机制”),即第六条所确立的公约附件一缔约方之间的联合履行机制(Joint Implementation,JI)、第十二条所确立的附件一缔约方与非附件一缔约方之间的清洁发展机制(Clean Development Mechanism,CDM)和第十七条所确定的附件一缔约方之间的排放贸易机制(Emission Trading,ET)。这三个机制体现了通过市场机制促进温室气体减排的主张。

这些机制允许附件一国家通过相互之间及其同非附件一国家之间的合作,完成温室气体减排的承诺。其中,前两个灵活机制是以旨在减少温室气体排放的投资项目为基础,投资方可以得到相应的减排额度作为其实现议定书的减排指标的组成部分;第三个机制则是基于附件一缔约方之间温室气体排放限额的交易。

为避免附件一国家利用这些灵活机制逃避对本国的温室气体排放量进行实质性削减的义务,议定书明确规定这三种灵活机制都是作为附件一缔约方国内减排行动的补充。

3. 森林的作用

议定书允许附件一缔约方以“汇”(如森林)的活动所产生的温室气体的清除量,冲抵其所承诺的温室气体的减排量。议定书第三条第三款规定:在自 1990 年以来直接由人类引起的土地利用变化和森林活动——限于造林、重新造林和砍伐森林——产生的温室气体源的排放和碳吸收方面的净变化,作为每个承诺期碳贮存方面可核查的变化来衡量,应用来以实现附件一所列每一缔约方在本条中的承诺。

4. 履约机制

议定书要求《公约》缔约方制定适当且有效的程序和机制用以断定和处理不遵守本议定书的情形。

(二)《京都议定书》的意义和缺陷

《京都议定书》坚持了“柏林授权”的规定,没有为发展中国家规定减排义务。它是人类历史上第一个专为发达国家规定温室气体减排义务的具有法律约束力的文件。它以量化的指标和具体的达标时间表落实了发达国家在国际环境事务中的“有区别的”责任。《京都议定书》将国际环境立法从以往着重法律基本原则和宣言性声明的“软法”向实体性、可操作性、与国内环境管理制度相匹配的实质国际环境法推进了一大步。

《京都议定书》存在不少缺陷和漏洞。首先,它规定的减排目标较低,它规定的减排总目标离 1996 年第二届缔约方会议《日内瓦部长宣言》指出的“为将大气中温室气体浓度维持在两倍于工业化前时代的水平,当前全球温室气体的人为排放需削减 50%”的目标有很大的差距。其次,在减排数量的核算和核查方面,存在很多不确定的因素。例如,森林的作用如何计算,如何避免“灵活机制”应用中的虚假和不同温室气体之间的“全球增温潜值”如何准确转换,都需要进一步的规定。

五、《巴黎协定》

2011 年,气候变化德班会议设立“加强行动德班平台特设工作组”,即“德班平台”,负责在《联合国气候变化框架公约》下制定适用于所有缔约方的议定书、其他法律文书或具有法律约束力的成果。德班会议同时决定,相关谈判需于 2015 年结束,谈判成果将自 2020 年起开始实施。

2015 年 11 月 30 日至 12 月 12 日,《联合国气候变化框架公约》第 21 次缔约方大会暨《京都议定书》第 11 次缔约方大会(气候变化巴黎大会)在法国巴黎举行。巴黎大会最终达成《巴黎协定》,对 2020 年后应对气候变化国际机制作出安排,标志着全球应对气候变化进入新阶段。

《巴黎协定》主要内容包括如下几个。①长期目标。重申 2℃的全球温度上升控制目标,同时提出要努力实现 1.5℃的目标,并且提出在 21 世纪下半叶实现温室气体人为排放与清除之间的平衡。②国家自主贡献。各国应制定、通报并保持其“国家自主贡献”,通报频率是每五年一次。新的贡献应比上一次贡献有所加强,并反映该国可实现的最大力度。③减缓。要求发达国家继续提出全球经济范围绝对量减排目标,鼓励发展中国家根据自身国情逐步向全经济范围绝对量减排或限排目标迈进。④资金。明确发达国家要继续向发展中国家提供资金支持,鼓励其他国家在自愿基础上出资。⑤透明度。建立“强化”的透明度框架,重申遵循非侵入性、非惩罚性的原则,并为发展中国家提供灵活性。透明度的具体模式、程序和指南将由后续谈判制定。⑥全球盘点。每五年进行定期盘点,推动各方不断提高行动力度,并于 2023 年进行首次全球盘点。

《巴黎协定》在《联合国气候变化框架公约》及其《京都议定书》履约实践的基础上,创新和强化了《公约》下的全球气候治理体系。这一体系以缔约方“自下而上”提出国家自主贡献为核心,以强化的透明度机制确保体系运行所需的信息,以促进履行和遵约机制帮助和督促各方履约,以全球盘点机制督促缔约方集体和个体不断提高行动力度,从而最终实现协定目标。

六、《格拉斯哥气候公约》

2021 年 10 月 31 日至 11 月 13 日在格拉斯哥举行了《联合国气候变化框架公约》第 26 次年度峰会(COP26),由英国担任主席国,世界各国领导人抵达苏格兰参加为期十四天的会议,陪同的还有无数谈判专家、政府代表、企业和公民社会团体。2021 年 11 月 13 日,COP26 在格拉斯哥闭幕,并签署了《格拉斯哥气候公约》,以《联合国气候变化框架公约》、《京都议定书》和《巴黎协定》为基础,体现了这三个公约的基本精神和原则,包括:多边主义,自然和生物多样性对气候行动的重要意义,人权,原住民、当地社区、移民、儿童、残疾人和弱势群体的权利,性别平等,妇女赋权和代际公平。所有国家都同意保持 1.5℃的目标不变,并最终确定了《巴黎协定》的未决要素。与会各方认识到加强适应行动的必要性,同意启动为期两年的《关于全球适应气候变化目标的格拉斯哥—沙姆沙伊赫工作计划》,目标在于:①推动《巴黎协定》的全面和持续实施,以加强适应行动和支持;②增进对适应气候变化全球目标的理解；③协助审查在实现适应气候变化全球目标方面取得的总体进展；④加强国家适应行动的规划和实施；⑤使各方更好地沟通其适应优先事项、需求、计划和行动；⑥促进建立健全、适合本国的适应行动监测和评价系统；⑦在脆弱发展中国家，加强适应行动的实施。这是人类共同应对气候变化向前迈出的重要一步，将使人们为减少脆弱性、加强韧性、提高人类与地球适应气候变化影响的能力而采取行动。

第三节　典型国家减排降碳主要制度

一、减排降碳的由来

关于减排降碳的议题最早可追溯至1992年的哥本哈根气候变化大会，虽在《联合国气候变化框架公约》中并没有对减排降碳制定法律意义上的条款，但是大会过程中表示要将温室气体浓度控制在稳定水平，并提出了重要的共同但有区别的责任原则以及建立国家间的碳交易制度等内容，为1997年《京都议定书》对发达国家规定具有法律约束力的温室气体排放量起到了一定的基础奠定作用，并推动了《京都议定书》的进程。

1997年12月，《联合国气候变化框架公约》第三次缔结方大会通过的《京都议定书》规定了从2008年至2012年期间附件一国家（发达国家与苏联东欧经济转型国家）的减排指标以及对温室气体排放量的定量限制，成为人类历史上第一个具有法律约束力的减排文件，使减排降碳成为主要发达国家的法律义务。《京都议定书》规定了在第一承诺期间内（2008年至2012年）主要发达国家要以1990年确立的排放量削减水平为基线，将6种温室气体的总排放量减少5.2%，发展中国家不承担有法律约束力的减排义务；并且分别为各国或国家集团制定了具体减排任务，《京都议定书》对全世界减排降碳、应对气候变化具有里程碑意义。[①] 2001年3月，美国总统布什刚开始他的第一任期就以“减少温室气体排放将影响美国经济的发展”和“发展中国家也应该承担减排和限排温室气体的义务”为借口，宣布退出《京都议定书》。在中国和其他发展中国家的积极努力下，全世界共有180多个国家签署了《京都议定书》。

《京都议定书》自2005年2月16日正式生效，该议定书为承担减排责任的附件B国家“自上而下”地设定了一个总量控制目标，推动了一个庞大的全球交易体系，这个交易体系包括了三个境外减排的灵活合作机制：公约第十六条的国际排放贸易机制（Emission Trading，ET）、第六条的联合实施机制（Joint Implementation，JI）和第十二条清洁发展机制（Clean Development Mechanism，CDM）。其中，CDM市场联结了发展中国家和发达国家之间的减排活动，它允许发达国家通过向发展中国家的减排项目提供资金和转让技术，以购买来自发展中国家的温室气体减排额度，帮助其履行部分减排义务。关于排放贸易机制，欧盟的排放权交易体系（European Union Emissions Trading Scheme，EU ETS）在全世界范围内，是规模最大的；2005年，欧盟为达成其在《京都议定书》中所作出的减排任务目标（2020

---

① 中国人大网.《京都议定书》介绍[EB/OL].[2009-08-24].http://www.npc.gov.cn/zgrdw/npc/zxft/zxft8/2009-08/24/content_1515035.htm.

年温室气体的排放量要比1990年温室气体的排放量降低至少20%)，建立了一个覆盖29个国家、五大类工业部门、一万多个工业设施的排放权交易体系，该交易体系占了全球碳市场交易额的85%左右。此外，欧盟为衔接《京都议定书》中的CDM市场，欧盟2004年第101号指令对欧盟2003/87/EC指令作出相应修改，以实现欧盟温室气体排放贸易机制与《京都议定书》相联结。[①]

此后，第二承诺期谈判启动，在谈判过程中，一些西方发达国家不断提出要求，出现分歧，使《京都议定书》第二期签署陷入了僵局。2011年加拿大宣布退出《京都议定书》，日本、俄罗斯等国也对第二承诺期持拒绝参加的态度，而澳大利亚等国也不再向绿色气候基金(Green Climate Fund，GCF)注资，致使“京都模式”的前景与实施效果更加黯淡。于是在2011年11月28日至12月9日，在南非的海港城市德班召开了气候变化公约第17次缔约方会议(COP17)，会议达成将《京都议定书》延长至第二承诺期为2013年至2020年的协定。随着德班会议的落幕，后京都时代的大门已然开启。

根据2011年德班会议以及2012年多哈会议的内容和精神，《京都议定书》第二承诺期虽得以延续，但其更多的是一种形式意义，以保持国际社会应对气候变化进程形式上的完整性、延续性和应对气候变化国际合作的共识。面对国际气候秩序的新旧交替、发达国家与发展中国家的谈判较量，德班会议提出，启动一个囊括了所有缔结方的新平台，即“德班增强行动平台”(Durban Platform for Enhanced Action)，该平台要求从2012年开始启动一个谈判进程，在2015年前缔结一项对所有缔结方适用的议定书、法律文书或具有法律约束力的新协定，以取代近乎失败的《京都议定书》，以便在2020年由各国作出决议。在德班平台的不断努力下，2015年12月12日在巴黎举行的气候大会(COP21)上正式通过了《巴黎协定》，这是史上第一份覆盖近200多个国家和地区的全球减排协定，确立了以国家自主贡献(Nationally Determined Contributions, NDC)为核心的气候变化国际合作模式。《巴黎协定》作为继《京都议定书》后第二个具有法律约束力的协定，其通过和实施成了气候变化国际合作最重要的进展，《巴黎协定》的生效也意味着“巴黎模式”的开启。《巴黎公约》在《联合国气候变化框架公约》下为2020年后应对气候变化的国际合作设定了灵活的总体框架，在《联合国气候变化框架公约》的基础上为全球气候治理引入了一种不同于《京都议定书》“自上而下”义务模式的新方案，即以国家自主贡献承诺的方式“自下而上”地由各国根据自身能力自主贡献方案、自主承担减排责任。这种模式是基于缔约方自身能力的减排承诺，在承认国家应对气候变化共同责任的同时，也消弭了发达国家和发展中国家在责任承担上的长期对立，更是凝聚了应对气候变化的全球共识。[②]

《巴黎协定》将《联合国气候变化框架公约》第二条的定性目标量化为将全球平均气温升幅控制在工业化前水平以上低于2℃之内，并努力将气温升幅限制在工业化前水平以上1.5℃之内。近年来，大气中CO_2浓度仍在持续增加，数据显示，2021年全球平均气温比工业化前水平高出(1.11±0.13)℃，按照该进度，至21世纪末，温升幅度将突破2.7℃。[③] 随着《巴黎协定》的实施，碳中和目标已经成为各国实现应对气候变化长期目标的重要途径。

---

① 黄志强. 国际碳市场发展历程及展望[J]. 中国金融，2012(09)：74-75.

② 王云鹏. 论《巴黎协定》下碳交易的全球协同[J]. 国际法研究，2022(3)：91-109.

③ 冯帅. 多边气候条约中遵约机制的转型——基于“京都—巴黎”进程的分析[J]. 太平洋学报，2022，30(4)：30-43.

目前，已经超过130个国家(地区)提出了碳达峰、碳中和气候目标，但除了苏里南和不丹已经实现"碳中和"，仅有欧盟、英、韩等14个地区和国家制定了相关立法。

二、欧盟和美国的减排降碳主要制度

《巴黎协定》明确了国家自主减排方式，缔结方承诺以自主贡献的方式参与全球应对气候变化行动，在各国雄心壮志地在国内实施严格的减排降碳政策过程中，碳泄漏逐渐成为破坏减排成果的首要难题。由于国际上并没有对碳市场统一定价，也使得利用国际交易市场完成减排任务面临困境，《巴黎协定》中的京都三机制也无法发挥出以往的作用，碳排放交易市场也逐渐从协定实施的过程中淡出。相比于碳排放交易制度，碳边境调节制度(Carbon Border Adjustment Mechanism，CBAM，简称"碳关税")作为一种更简单、更有效并且超出预期效果的减排机制，逐渐成为国际上的一种新型贸易措施以应对全球气候变化。目前，发达国家关于碳边境调节制度主要有两个，即2021年欧盟通过的《关于建立碳边境调整机制法案》与美国民主党参议员2022年6月向参议院提交的碳关税立法提案——《清洁竞争法案》。

(一) 欧盟《关于建立碳边境调节机制法案》

在全球变暖的背景下，减少温室气体的排放、发展低碳经济成为国际共识，减排降碳也一跃成为国际热词，欧盟作为全国气候治理的领军力量，也是实施碳关税的主要推动者。早在2006年以法国为代表的一些欧盟国家就提出了将边境调节机制理论借鉴至碳排放领域。2006年之后，法国不断尝试碳边境调节机制的制定和推行，多次提出对可能面临碳泄漏或不公平国际竞争风险的产品采取边境税措施。由于欧盟国家内部和国际社会均未达成统一观点，欧盟碳关税提议未获得实质性进展。

2019年德国首次公开表态支持碳关税的实施，成为转变形势的关键，加之作为反对方的英国脱欧，欧盟成员围绕碳关税基本统一了立场。欧盟碳关税所面对的主要压力从内部转向外部，需要同其他主要国家协调立场。2019年，新一届欧盟委员会主席冯德莱恩(vanderleyen)主张将全球气候危机转化为欧洲机遇，把"绿色新政"作为执政纲领之一。2019年12月，欧盟委员会官方在"绿色新政"首次正式提出CBAM，并于2021年3月投票通过原则性决议，拉开了欧盟推动CBAM的序幕。2021年7月14日，欧盟委员会正式公布《关于建立碳边境调节机制的立法提案》，2021年11月29日，欧洲议会国际贸易委员会提出《关于建立碳边境调节机制的立法提案》的修正草案，提议将过渡期从3年缩短为2年，拟从2025年起开征碳关税，同时扩大了征收范围和覆盖面，明确了CBAM收入的用途和违法处罚力度。2022年3月15日该法案正式获得欧盟理事会通过，也意味着全球首个"碳关税"的到来。6月22日，欧洲议会以450票赞成、115票反对和55票弃权通过了《碳边境调节机制(Carbon Border Adjustment Mechanism，简称CBAM)》。

环境问题并非只存在于个别国家、地区，其带来的影响早已突破了国界。欧盟作为当今世界上最发达的国家集团，自其以欧洲共同体出现以来，就积极参与国际经济、政治活动，尤其是全球气候治理方面，一直是应对气候变化的领导者和推动者。欧盟拥有着全世界最大、最具影响力的碳交易市场，在某种方面上说，欧洲也成了全球碳交易的中心，无论是碳市场的定价，抑或是碳交易中具体规则的制定，欧盟都具有较大的话语主导权和影响力。也正因为欧盟在全球气候变化应对中的重要地位，其通过的《碳边境调节机制》是应对全球气候变化的重大变革，该变革也推动着全球各国制定碳关税的进程。但各国对此态度不一，大部分的发达国家对欧盟的 CBAM 持支持或开放态度。例如美国民主党派参议员受欧盟影响已经积极提出了碳边境税计划，于 2022 年提出《美国清洁竞争法案》；加拿大政府于 2020 年出台了新的气候政策，提出设置碳边境税，财政部于 2021 年 8 月启动了关于碳边境调节机制的咨询并向国民征求意见；日本也在试图与欧盟、美国建立三方合作框架，探讨引入碳边境税。而大部分发展中国家对此法案则持观望或是谨慎态度。

（二）美国《清洁竞争法案》

美国自 20 世纪末以来，提出了一系列联邦层面的碳边境调节、限额交易和碳税制度提案，但始终未能推出全国性的政策。美国碳关税、碳交易的政策最早是在奥巴马（Obama）政府时期正式提出的，自奥巴马政府时期，气候议题就成了政治领域中的重要部分，尤其是在以民主党为中心的自由主义力量推动下，在美国政治生活中从低级政治领域加速进入高级政治领域。① 在奥巴马竞选时便提出将所有碳排放的额度进行拍卖的议案，并支持加利福尼亚州已经开展的碳排放权交易和汽车温室气体排放标准；2009 年 3 月 17 日，美国能源部部长朱棣文正式提出征收“二氧化碳关税”的建议，同年 6 月，美国出台了《2009 年美国清洁能源与安全法案》（*American Clean Energy and Security Act of 2009*），该法案意在建立类似欧盟的碳排放交易系统体系，如果 2018 年 1 月 1 日前全球未能达成应对气候变化协议，则总统需建立碳边境调节机制，该法案最后于 2009 年在众议院通过，这也是美国最早接近碳定价的一次立法。此后，尽管相关的法案被提出，但主要是作为政治因素产物，在两党议员严格按党派站队的情况下，相关法案几乎无法抵达参议院。在美国州政府层面，虽未建立碳税体系，但也有部分州政府已经实施或正在计划实施碳排放交易体系，分别是加利福尼亚州的总量控制与交易体系和覆盖东北部 10 余个州的区域温室气体倡议。加利福尼亚州早在 2006 年就通过 AB-32 法案，正式建立了总量控制和交易体系。2014 年，加州体系与加拿大魁北克省体系建立了联系，可相互交易配额，在每个季度联合开展配额拍卖，形成两国地方政府之间的跨境碳市场。该交易体系中关于电力行业的内容被认为是唯一正在实施的碳边境调节机制。②

关于碳定价及碳边境调节相关立法进程在美国第 116 届（2019—2020 年）、117 届（2021—2023 年）国会期间较为活跃。在美国第 116 届国会期间，国会共提交了 10 项碳定价和碳边境调节相关立法议案，但均停留在相关委员会审议阶段，无一进入参议院或众议院的讨论表决议程，未能成为正式的法律；这种情况也与时任美国总统特朗普的态度相关，身为共和党的特朗普秉持着共和党派的理念，而对减排降碳也展现了其消极态度。而拜登政府上台以来，重启气候新议程，将气候政策全面融入美国未来经济发展规划，构建气候驱动发展战略。2021 年 3 月，美国出台的《2021 贸易政策议程及 2020 年度报告》中，明确表示考虑将碳边境调节税纳入贸易议程，同年 6 月的欧美峰会上，明确将“促进绿色增长”作为声明

① 王瑞彬．当前美国应对气候变化的战略分析[J]．人民论坛，2021(31)：93-95．

② 姚颖，刘侃，费成博，王冉．美国碳边境调节机制工作进展及思考[J]．环境保护，2021，49(10)：71-76．

要点。2021年7月19日，在拜登的支持以及欧盟通过的《关于建立碳边境调整机制法案》的影响下，美国参议院民主党推出了碳边境税计划，将对减排力度不足的国家出口到美国的商品按其碳排放量征税。2022年6月7日，美国民主党参议员向参议院金融委员会提交一个设立碳边境调节机制的立法提案——《清洁竞争法案》(*Clean Competition Act*，CCA)。该法案有两个主要目的：一是减少气候污染；二是通过新的激励政策来加强美国的竞争力。

《清洁竞争法案》的主要内容包括以下两个方面。

1. 征收范围

在该法案下，碳关税的征收产品是能源密集型初级产品。该法案规定了燃料类和工业类两大类别的产品为碳关税的征收产品，并授权每年根据相应的情况予以追加其他类别的产品。该法案的征收对象则是进口商和美国国内生产商。法案根据不同的时间段对进口商的产品征收范围有着相应的规定。在2024年至2025年，进口碳税适用于碳密集型的初级产品；在2026年至2027年，进口成品的范围开始延伸，当进口成品中含有至少500磅的碳密集型初级产品，则也需要被征收碳税；到2028年之后，当进口成品中含有至少100磅的碳密集型的初级产品时就需要征收碳税，以上的进口产品若由多种初级产品组成，则对该进口成品征收的碳税为每一种初级产品组成部分的碳税之和。法案中对于美国国内生产商也有特殊规定：首先，是对碳密集型的初级产品，在出口其他国家时，可以退税；其次，是对于美国本土生产的成品，该成品中所包含的碳密集型初级产品已经支付过相应的碳税，则该成品无须再支付碳税。

2. 征收方式

该法案直接采取征收进口费用的方式，对其规定的进口产品征收一定金额的费用。对法案中规定的生产碳密集产品的美国企业，在负有向美国环保署报告温室气体排放量义务的同时，还必须向美国财政部提交其二氧化碳排放量、年用电量总额和每一种主要货物的年产量数据，美国财政部根据收集的数据计算出每一种产品的平均碳排放强度作为基准线。自2024年起，无论是美国产品还是进口产品，若该产品的碳含量低于基准线，则不需要缴纳碳税。相反，对于产品的碳排放强度超过预设碳排放基准线的部分，也就是相对碳排放强度征收55元/吨的碳税，并且碳税标准在此基础上每年上涨5%。

该法案是一种区别于欧盟《关于建立碳边境调节机制法案》的一种新型的碳关税制度设计。欧盟《关于建立碳边境调节机制法案》对进口产品的碳排放计算范围是一种"内嵌排放"，使得所有进口产品的单位碳排放成本必须与欧盟产品的单位排放成本持平，这也就需要各国的碳价须与欧盟相差无几。而美国的《清洁竞争法案》采用了另一种设计思路，采取同样的方式对美国国内生产商和进口商征收碳税。此外，由于美国实行的是高度地方自治的联邦制，所有的生产商都受到联邦非价格气候政策的约束，而部分生产商还受到地方层面明确的碳定价的约束，也正是这两种约束导致了统一的碳价格难以计算。在没有统一碳价的情况下，也使得以往的碳边境调整相关提案受到阻碍，而2022年提出的《清洁竞争法案》突破了在没有统一碳价的情况下难以征收碳税的桎梏，该法案设置了碳税征收标准线，对进口商和国内生产者无区别征收碳税，还提供了出口退税的措施，使其更贴合碳边境调整税，也极大地遵守了世界贸易组织的保护主义原则。目前而言，《清洁竞争法案》的发展尚未可知，但其将动摇美国碳税的传统结构已成为现实，也为美国以及其他国家建立碳边境税制度提供了一种新的路径、新的思路。

第四节 减排降碳国际合作

国际合作原则是指在国际环境保护领域，各国进行广泛密切的合作，通过合作采取共同的环境资源保护措施，实现保护国际环境的目的。[①]

严峻的气候变化形势已然成为整个人类系统生存的威胁，联合国政府间气候变化专门委员会(IPCC)于2021年8月发布了气候变化评估报告《气候变化2021：自然科学基础》(简称AR6)，该报告是通过60多个国家的234名科学家在5年的时间里撰写、评估和反复修改中得出的，阐述了人类活动与气候变化的关系，首次肯定地说明了人类活动导致气候变暖的结论是明确的。应对气候变化带来的危机是全人类需要肩负的责任，实现碳中和、阻止气候变暖需要全世界地区、国家、政府、国际组织、企业甚至个人的通力合作。国际合作对解决碳泄漏、促进全球减碳技术的发展和实现全球碳中和起着至关重要的作用。

一、减排降碳的国际合作实践

由于各地在气候变化程度、减排降碳的技术以及成本等方面必然存在差异以及差距，也使得各国在减排降碳的积极性上存在差异。但随着国际社会对气候变化的现状和严峻后果了解的增强，以及国际气候大会的召开、国际气候谈判进程的推动，让各个国家(地区)在应对气候变化、减排降碳的共识得以凝聚。尤其是在2011年德班世界气候大会召开之后，这种凝聚力更为明显。随着《巴黎协定》进入实施阶段，碳中和目标已成为各国实现应对气候变化长期目标的重要途径。目前已有超过130个国家和地区提出了零碳或碳中和的气候目标。[②] 截至2021年1月，已有127个国家承诺在21世纪中叶实现碳中和。其中，英国、瑞典、法国、新西兰等还将碳中和写入法律。目前，全球已有54个国家的碳排放实现达峰，占全球碳排放总量的40％。[③]

欧盟作为国际气候谈判的倡导者和主要推动者，各成员国均以积极的态度参与、应对气候变化行动在减排降碳问题上也采取相应的措施，在2010年的墨西哥召开的坎昆气候大会上，提出发展中国家也应当承担相应的责任，欧盟已经做好了更大力度的减排准备；2018年，欧盟提出到2050年实现碳中和的目标；2019年12月，欧盟委员会发布《欧洲绿色协议》，制定了碳达峰、碳中和总体规划和路线图，提出经济向可持续发展转型的七大路径，并提出了更高的减排目标，承诺2030年温室气体排放要较1990年而言减少50％至55％的目标，到2050年实现碳中和。2021年7月，欧盟又发布了“Fit for 55”一揽子立法改革计划，涉及了对8项现行法规的修订计划和5项新的立法建议，为推进绿色低碳转型提供了完善的政策依据。尤其是在2021年，欧盟委员会公布的《关于建立碳边境调整机制法案》，引入碳关税，以应对碳泄漏的风险，落实欧盟气候目标。[④]

---

① 林灿铃. 国际环境法[M]. 北京：人民出版社，2004.

② 陈迎. 碳中和概念再辨析[J]. 中国人口·资源与环境，2022，32(4)：1-12.

③ 包存宽. 破解当前全球气候治理之困的新思路[J]. 人民论坛，2021(33)：56-59.

④ 崔大鹏. 国际气候合作的政治经济学分析[M]. 北京：商务印书馆，2003.

作为《巴黎协定》主办方的法国，2015 年首次提出《国家低碳战略》，颁布《绿色增长能源转型法》，公布了绿色增长与能源转型计划。为落实《巴黎协定》中到 2050 年实现碳中和的目标要求，法国政府于 2017 年 6 月正式提出气候计划，启动了“国家低碳战略”和“能源计划”的修订工作，并制定了法国政府未来 15 年内实现能源结构多样化和温室气体减排目标的行动蓝图。2020 年，法国颁布“国家低碳战略”法令，明确 2050 年实现碳中和目标。

欧盟的另一个主要国家——德国，在应对气候变化问题上走在全球前列，于 1990 年已经实现碳达峰。2019 年，德国颁布《气候保护法》，提出 2050 年实现碳中和的目标，明确了能源、工业、建筑、交通、农林等不同经济部门在 2020—2030 年的刚性年度减排目标。2020 年，德国出台《气候保护计划 2030》，构建了包括减排目标、措施、效果评估在内的法律机制，并确立了六大重点领域的减排目标。2021 年，德国修订了《德国联邦气候保护法》，提出了更加严苛的排放目标，将实现碳中和目标的时间点提前到 2045 年，同时将 2030 年温室气体减排目标提高到 65%。[①]

美国碳达峰、碳中和行动深受政治因素的影响，这种影响在不同的政党的气候政策中表现得十分明显。作为民主党派的克林顿在担任总统期间，于 1997 年签署了《京都议定书》；布什担任美国总统期间，于 2001 年宣布退出《京都协定书》；奥巴马担任总统期间，于 2005 年出台了《新能源法案》《美国清洁能源与安全法案》，把削减温室气体排放纳入法律框架。特朗普总统在任期间，于 2017 年宣布退出《巴黎协定》。2021 年拜登就任美国总统后立即宣布重返《巴黎协定》，并提出了 2050 年实现碳中和的目标。但从总体来看，作为“伞形国家”核心的美国尽管在国际气候谈判中历来受到诟病，但近年来在推动碳中和、应对气候变化国际合作方面与其他国家包括发展中国家的共识也在逐渐加强，气候问题也经常成为美国对外博弈的重要手段。[②]

发展中国家方面，由于大多数发展中国家并没有减排降碳的义务，所以，其在温室气体减排方面的立场基本一致，认为按照“共同但有区别的责任”原则，发达国家要承担全球气候变化的主要责任，不仅应减少本国的温室气体排放量，还应当帮助发展中国家减少温室气体的排放。此外，发展中国家还坚持，为对付环境问题的全球化而开展国际合作是必要的，但这种合作应建立在尊重别国主权和公平之上，发达国家不得借此干涉发展中国家的内政。因此，发展中国家目前在温室气体减排方面采取的政策和法律主要是完成《气候变化框架公约》为它们确定的编制本国温室气体人为排放“源与汇”的国家清单，采取减缓气候变化的措施，并向缔约方会议提供信息。[③]

近年来，中国经济的快速发展和庞大的人口基数，导致碳排放量及人均排放量增长迅速，巨大的减排降碳压力、环境压力，进一步促进了中国政府和社会公众对气候变化议题的重视程度，也增强了中国与国际合作的凝聚力。

二、减排降碳国际合作模式

国际合作对提升全球应对气候变化的能力至关重要。南北合作和南南合作是目前气候

---

① 杨婉琼. 碳达峰碳中和的国际经验及启示[J]. 中国工业和信息化，2022(6)：38-43.

② 陈贻健. 国际气候法律新秩序构建中的公平性问题研究[M]. 北京：北京大学出版社，2017.

③ 邵津. 国际法[M]. 北京：北京大学出版社，2011.

变化国际合作的两种主要模式，近年来，随着新兴发展中国家的经济发展和技术进步，南南合作的作用变得日益重要。同时，“三方合作”作为一种新兴的、可充分调动多方资源开展气候变化国际合作的模式也成为环境保护的一种新路径。

（一）南南合作

南南合作指的是发展中国家之间的合作，是全球发展中国家间就知识、经验、政策、技术和资源等发展方案进行分享交流的合作机制。由于这些国家多位于南半球，人们习惯于称这些国家为南方国家，它们之间的合作也因此被称为南南合作。

南南合作开始于20世纪50年代。1955年的万隆会议是南南合作的先声，1961年不结盟运动的诞生，1964年七十七国集团的建立，标志着整体性南南合作的开始。中国一直是南南合作的积极倡导者和重要参与者。60多年来，中国积极参与国际发展合作，共向166个国家和国际组织提供了近4 000亿元人民币援助，派遣60多万援助人员。在南南合作框架下，几十年来，中国通过分享发展经验、传授专业技术知识、减免最不发达国家的债务等途径，向120多个发展中国家提供援助，覆盖医疗、教育、气候变化、农业等多个领域。[①]

中国通过开展应对气候变化南南合作，提供力所能及的支持和帮助，与广大发展中国家一起，共同提高应对气候变化的能力。2011年至2022年1月，中国累计安排资金约12亿元人民币，与36个发展中国家签署41份气候变化合作文件，采取了多种多样的合作方式，如共建低碳示范区，援助气象卫星、光伏发电系统和照明设备、新能源汽车、环境监测设备、清洁炉灶等应对气候变化的相关物资，开展能力建设培训等，取得良好的合作效果。[②]

（二）三方合作

三方合作，又称三角合作，是在南南合作的基础上发展而成的一种国际合作模式，它在2009年联合国南南合作高级别会议发表的《内罗毕宣言》中被正式提出，是指“传统捐助国和多边组织通过提供资金、培训、管理和技术系统以及其他形式的支持促进南南倡议的合作”。因此，三方合作一般包括经济发展与合作组织（OECD）发展援助委员会中的传统捐助国、发展中国家中的新兴捐助国及受援国三方，这些合作还有多边国际组织的参与。与南南合作相比，三方合作可以增加传统南南合作的援助资金规模，能充分利用发达国家和发展中国家捐助国互为补充的知识、资源和技术，包括多边组织在内的多方介入易于激发更灵活和创新的解决方案，因此被普遍认为是一种具有广阔发展前景的新型国际合作模式。

除了通过南南合作、第三方合作的模式进行减排降碳的国际合作之外，还存在着其他的合作方式，例如日本通过“东京净零排放周”加强与欧洲国家、美国合作，推进要素技术标准化，消除技术贸易壁垒。美国拜登政府将气候变化纳入外交政策和国家安全战略，以提升气候谈判话语权。法国积极推动全球各国履行气候减排承诺，主办联合国气候变化大会，在国际气候谈判中获得举足轻重的地位。2022年5月，中国和巴西、印度、俄罗斯及南非组成金砖国家（BRICS）举办应对气候变化高级别会议，发布《金砖国家应对气候变化高级别会议联

---

① 中国政府网. 中国与南南合作[EB/OL]. [2015-09-27]. http://www.gov.cn/xinwen/2015-09/27/content_2939505.htm.

② 中华人民共和国生态环境部. 应对气候变化南南合作有实效（大道不孤）[EB/OL]. [2022-01-07]. https://www.mee.gov.cn/ywgz/ydqhbh/qhbhlf/202201/t20220107_966426.shtml.

合申明》，共同维护多边主义，推动全面有效落实《气候变化框架公约》及其《巴黎协定》，共建合作共赢、公平合理的全球气候治理体系。

思考题

1. 应对气候变化的国际公约有哪些？其相互关系如何？
2. 减排降碳的国际合作的意义是什么？
3. 减排降碳的国际合作模式有哪些？

参考文献

一、著作类

[1] 曹明德,刘明明,崔金星. 中国碳排放交易法律制度研究[M]. 北京:中国政法大学出版社,2016.

[2] 蔡守秋. 环境资源法教程[M]. 3版. 北京:高等教育出版社,2017.

[3] 王树义. 俄罗斯生态法[M]. 武汉:武汉大学出版社,2001.

[4] 韩德培,陈汉光. 环境保护法教程[M]. 北京:法律出版社,2018.

[5] 陈泉生. 环境法[M]. 厦门:厦门大学出版社,2013.

[6] 史学瀛. 环境法[M]. 北京:清华大学出版社,2006.

[7] 金瑞林. 环境法学[M]. 北京:北京大学出版社,2016.

[8] 汪劲. 环境法学[M]. 4版. 北京:北京大学出版社,2018.

[9] 周珂,莫菲,徐雅,等. 环境法[M]. 6版. 北京:中国人民大学出版社,2021.

[10] 高家伟. 欧洲环境法[M]. 北京:中国工商出版社,2000.

[11] 张梓太. 环境法律责任研究[M]. 北京:商务印书馆,2005.

[12] 杨立新. 侵权法论[M]. 北京:人民法院出版社,2004.

[13] 王利明. 侵权行为法研究[M]. 北京:中国人民大学出版社,2004.

[14] 克雷斯蒂安·冯·巴尔. 欧洲比较侵权行为法(下)[M]. 焦美华,译. 北京:法律出版社,2004.

[15] 李响. 美国侵权法原理及案例研究[M]. 北京:中国政法大学出版社,2004.

[16] 高铭暄. 刑法专论(上编)[M]. 北京:高等教育出版社,2002.

[17] 赵秉志. 刑法修改研究综述[M]. 北京:中国人民公安大学出版社,1999.

[18] 刘仁文. 环境资源保护与环境资源犯罪[M]. 北京:中信出版社,2004.

[19] 郭冬梅. 中国碳排放权交易制度构建的法律问题研究[M]. 北京:群众出版社,2015.

[20] 胡德胜. 能源法学[M]. 北京:北京大学出版社,2017.

[21] 那力. 国际环境法[M]. 北京:科学出版社,2005.

[22] 王曦. 联合国环境规划署环境法教程[M]. 北京:法律出版社,2002.

[23] 王曦. 国际环境法与比较环境法评论(第1卷)[M]. 北京:法律出版社,2002.

[24] 王曦. 国际环境法与比较环境法评论(第2卷)[M]. 北京:法律出版社,2005.

[25] 王曦. 国际环境法[M]. 2版. 北京:法律出版社,2005.

[26] 陈贻健. 国际气候法律新秩序构建中的公平性问题研究[M]. 北京:北京大学出版社,2017.

[27] 邵津. 国际法[M]. 北京:北京大学出版社,2011.

[28] 皮埃尔·玛丽·杜普,豪尔赫·E. 维努阿莱斯. 国际环境法[M]. 胡斌,马亮,译. 北京:中国社会科学出版社,2021.

[29] 崔大鹏. 国际气候合作的政治经济学分析[M]. 北京:商务印书馆,2003.

[30] 林灿铃. 国际环境法[M]. 北京:人民出版社,2004.

二、期刊类

[1] 张忠民. 环境法典绿色低碳发展编对可持续发展理念的体系回应与制度落实[J]. 法律科学(西北政法大学学报),2022(1).

[2] 李艳芳. 环境法的独立部门法地位[J]. 清华法学,2018(5).

[3] 陈迎. 碳中和概念再辨析[J]. 中国人口·资源与环境,2022,32(4).

[4] 包存宽. 破解当前全球气候治理之困的新思路[J]. 人民论坛,2021(33).

[5] 杨婉琼. 碳达峰碳中和的国际经验及启示[J]. 中国工业和信息化,2022(6).

[6] 刘志坚. 环境法损害担责原则法理基础的经济与社会论证[J]. 法学评论,2022(2).

[7] 李飞. 罗马环境法初探:理念、设施与法制[J]. 河南财经政法大学学报,2017(1).

[8] 王玉锁. 当前我国的土壤污染现状及防治措施[J]. 资源节约与环保,2021(2).

[9] 王彬辉,叶萍. 我国农用地污染风险管控制度问题及其完善[J]. 湖南农业大学学报(社会科学版),2021,22(6).

[10] 工明远. 论碳排放权的准物权和发展权属性[J]. 中国法学,2010(6).

[11] 黄志强. 国际碳市场发展历程及展望[J]. 中国金融,2012(9).

[12] 吴普侠,崔彩贤. 森林文化价值的法制表达与《森林法》的文化担当[J]. 西北农林科技大学学报(社会科学版),2022,22(2).

[13] 高玉娟,石娇,李新. 基于 CiteSpace 的草原碳汇研究的知识图谱分析[J]. 草业学报,2020,29(8).

[14] 王瑞卿、张明祥. 从《中华人民共和国湿地保护法》解析湿地定义与分类[J]. 湿地科学,2022,20(3).

[15] 胡攀. 湿地保护纳入自然保护地体系的规范困境及出[J]. 南京工业大学学报(社会科学版),2022,21(2).

[16] 王曦,姚兆亮. 球环境法学界的盛世——世界自然保护联盟环境法学院成立典礼暨首届学术年会综述[J]. 现代法学,2004(4).

[17] J. E. Viñuales. Legal Techniques for dealing with Scientific Uncertainty in environmental law[J]. Vanderbilt Journal of Transnational Law,2010(43):486.

[18] L. Rajamani, The Durban Platform for Enhanced Action and the future of the Climate Re-Gime[J]. International and Comparative Law Quarterly, 2012(61): 505-506.

[19] 王云鹏. 论《巴黎协定》下碳交易的全球协同[J]. 国际法研究,2022(3).

[20] 冯帅. 多边气候条约中遵约机制的转型:基于"京都—巴黎"进程的分析[J]. 太平洋学报,2022,30(4).

[21] 姜华,王斯一,吕连宏. 欧盟碳边境调节机制的影响与应对措施[J]. 环境保护,2022,50(7).

[22] 汪惠青,王有鑫. 欧盟碳边境调节机制的外溢影响与我国的应对措施[J]. 金融理论与实践,2022(8).

[23] 王瑞彬. 当前美国应对气候变化的战略分析[J]. 人民论坛,2021(31).

[24] 姚颖,刘侃,费成博,王冉. 美国碳边境调节机制工作进展及思考[J]. 环境保护,2021,49(10).

[25] 赵振鹏,刘培华. 欧美开征碳关税对我国贸易收支的影响研究[J]. 北方金融,2022(7).

三、其他类

[1] 黄润秋. 把碳达峰碳中和纳入生态文明建设整体布局[N]. 学习时报,2021-11-17.

[2] 联合国经济与社会理事会.《21 世纪议程》的执行情况[R]. 担任可持续发展问题世界首脑会议筹备委员会的可持续发展委员会第二届会议,2002.

[3] 刘满平. "双碳"目标带来的机遇与挑战[N]. 经济日报,2021-05-27.

[4] 贺克斌. "双碳"行动:生态文明建设的新征程[N]. 新华日报,2022-8-30.

[5] 齐云,徐国栋. 罗马的法律和元老院决议大全[M]//徐国栋.罗马法与现代民法. 厦门:厦门大学出版社.

[6] 张明祥.《中华人民共和国湿地法》解读[EB/OL]. [2022-11-18]. http://www. chinaware. TV/magazine/detail/id/7570. html.

[7] 中国人大网.《京都议定书》介绍 [EB/OL]. [2009-08-24]. http://www. npc. gov. cn/zgrdw/npc/zxft/zxft8/2009-08/24/content_1515035. htm.

[8] 中国政府网. 中国与南南合作[EB/OL]. [2015-09-27]. http://www. gov. cn/xinwen/2015-09/27/content_2939505. htm.

[9] 中华人民共和国生态环境部. 应对气候变化南南合作有实效(大道不孤)[EB/OL]. (2022-01-07)[2022-01-07]. https://www. mee. gov. cn/ywgz/ydqhbh/qhbhlf/202201/t20220107_966426. shtml.

[10] 欧盟加速推进"碳关税",中国企业如何应对?[EB/OL]. [2022-09-02]. http://chinawto. mofcom. gov. cn/article/br/bs/202209/20220903345448. shtml.